湖南省社会科学院（湖南省人民政府发展研究中心）
哲学社会科学创新工程丛书（2022）

主　编：钟　君
副主编：贺培育　刘云波　汤建军
　　　　王佳林　侯喜保　蔡建河

湘学研究报告
（2022）

李斌　张建坤　主　编

中国社会科学出版社

图书在版编目（CIP）数据

湘学研究报告.2022／李斌，张建坤主编.—北京：中国社会科学出版社，2023.7
（湖南省社会科学院（湖南省人民政府发展研究中心）哲学社会科学创新工程丛书.2022）
ISBN 978–7–5227–2141–5

Ⅰ.①湘⋯　Ⅱ.①李⋯②张⋯　Ⅲ.①学术思想—思想史—研究报告—湖南—2022　Ⅳ.①B2

中国国家版本馆 CIP 数据核字（2023）第 119235 号

出 版 人	赵剑英
责任编辑	党旺旺　马婷婷
责任校对	王佳玉
责任印制	王　超

出　　版	中国社会科学出版社
社　　址	北京鼓楼西大街甲 158 号
邮　　编	100720
网　　址	http://www.csspw.cn
发 行 部	010–84083685
门 市 部	010–84029450
经　　销	新华书店及其他书店

印刷装订	三河市华骏印务包装有限公司
版　　次	2023 年 7 月第 1 版
印　　次	2023 年 7 月第 1 次印刷

开　　本	710×1000　1/16
印　　张	20.25
字　　数	322 千字
定　　价	108.00 元

凡购买中国社会科学出版社图书，如有质量问题请与本社营销中心联系调换
电话：010–84083683
版权所有　侵权必究

前　言

中国幅员辽阔，文明早熟，在新石器时代已形成"满天星斗"的文化区域与区域文化。随着区域社会经济的发展，人们的文化自觉意识、文化本位意识逐渐增强，以区域命名的中华优秀传统文化随之被广泛接受和使用。以传道济民、经世致用为精神内核的宋代"湖湘学"（或称"湖南学"），即湖南区域文化的显著标识。晚清民国时期，湖南学者发扬"湖湘学"精神，进一步提出具有一定传承谱系的"湘学"范畴，指称清末民初以前薪火相传的湖南思想学术。

一代人有一代人的学术使命。面对不断凸显的时代问题，基于相应的社会发展需要，历史上固有的概念范畴的内涵与外延，也需要随之作出适当的调整。20世纪80年代以来，湘学成为学界研究的热点。新时代以来，以湖南省湘学研究院的成立为契机，湘学研究进入蓬勃发展阶段，湘学研究的范围得到极大的拓展。方克立先生曾将湘学的内涵分殊为三个层次，并且辩证地看待"湘中之学"与"湘人之学"。① 简而言之，湘学研究的完整内容，应包括以"濂溪学""湖湘学""船山学""近代湘学"为主体的"湖湘思想学术"，以湖南地区的社会经济、政治军事、文学艺术、历史文献、民族宗教、民风民俗、饮食服饰、建筑遗存等为主要内容的"湖湘文化"及其当代价值。

为方便学者按图索骥，快速、充分掌握学界湘学研究的最新动态，促进湘学研究的深入发展，湖南省湘学研究院从2013年开始编辑出版《湘学年鉴》，于2016年改名《湘学研究报告》，旨在通过全面收集、分

---

① 方克立：《湘学研究的对象、范围和意义》，《湘学》第二辑，湖南人民出版社2002年版，第3—6页。

析、总结和评价学界上一年度关于湘学的研究成果，为拓展和深化湘学研究提供一份具有学术性、思想性和前瞻性的文献综述。近十年来，我们始终不忘初心，把撰写《湘学研究报告》作为一项常规工作，每年年初召集院内专业研究人员，分工合作，尽最大努力网罗上一年度有关湘学的全部研究成果和活动信息，分门别类，向学界汇报湘学研究的具体情况。需要交代的是，《湘学研究报告》不仅仅是作为湘学研究的文献综述，更是承载着我们对于湘学研究的持续关注与思考。作为中华优秀传统文化的重要内容，湘学需要传承和弘扬，需要创新性发展和创造性转化。《湘学研究报告》既是一种及时性的研究工具，也是弘扬中华优秀传统文化、推动湘学与社会经济发展有机结合、促进湘学现代转化的学术交流媒介。我们真诚希望学界同仁向我们提出客观批评和宝贵建议，提供最新的湘学研究成果信息。

《湘学研究报告（2022）》延续以往的内容和体例，兼顾湘学的理论研究与应用研究，按照内涵源流、思想学术、政治军事、社会经济、文学艺术、宗教民俗、历史文献、当代价值等类别，综述上一年度的湘学研究成果。综观2021年度的湘学研究，成果比较丰富，不少领域内的传统议题得到一定程度的深化，新兴议题也在不断被发掘和阐发，但不能否认，仍存在较多低水平的重复研究之作，多数论著在思想性、创新性、开放性与时代性方面表现乏力。

我们期盼学界进一步宏通地看待各区域文化之间的关系，及其与中华优秀传统文化的关系，既注重湘学对各区域文化与中华优秀传统文化的影响，又关注各区域文化与中华优秀传统文化对湘学的滋养，以更加宽阔的学术视野、更加开放的学术心态和面向时代课题的学术关怀，在湘学研究的各层面深耕细作，共同创造出可以与历史上的"湖湘学""近代湘学"相媲美的"新时代湘学"，为新时代中国特色社会主义的社会经济与文化建设，贡献湖湘文化智慧。

本研究报告各章撰写者依次为：第一章，李超；第二章，张建坤；第三章，毛健；第四章，张凯；第五章，杨乔、杨志军；第六章，郭钦；第七章，杨斌；第八章、第九章，李斌、谢潇。全书的提纲经反复讨论而定，湖南省社会科学院（湖南省人民政府发展研究中心）党组成员、副院长（副主任）贺培育研究员，科研处处长潘小刚研究员给予很好的意见和建议，在此致以诚挚的谢意！由于编者水平有限，也因资料收集的局限，疏漏甚至不当之处在所难免，敬请学界同仁和广大读者不吝赐正，为今后湘学研究报告的编纂工作提出宝贵建议。

目　　录

第一章　内涵与源流：文化交融中的湘学 ……………………（1）
　第一节　地域文化比较中的湘学 ……………………………（1）
　第二节　湘学形成中的外来影响 ……………………………（6）
　第三节　晚清危局下的湘学转型 ……………………………（9）
　第四节　湖湘文化在海外的传播 ……………………………（12）

第二章　思想与学术：凝铸千年湖湘的精髓和灵魂 ……………（17）
　第一节　周敦颐"道学宗主"地位的丰富内涵得到多
　　　　　角度呈现 …………………………………………（18）
　第二节　湖湘学研究的进一步拓展 …………………………（22）
　第三节　探访"低谷"中的湖湘思想学术风景 ………………（30）
　第四节　船山学庞大精致的气学世界更加显豁 ……………（32）
　第五节　近代湘学研究议题表现贫乏 ………………………（45）
　第六节　现代湘籍人物思想学术研究焦点集中 ……………（52）
　第七节　毛泽东思想的多重维度得到全方位展现 …………（61）

第三章　政治与军事：南征北战中的湘学实践 ………………（79）
　第一节　古代湖南地区的政治与军事 ………………………（79）
　第二节　湘军研究的新视野 …………………………………（82）
　第三节　改革、革命、自治与湖南近代政治的开端 …………（88）
　第四节　湖南抗日战争研究的新成果 ………………………（97）

— 1 —

第五节　湘籍无产阶级革命家的丰功伟绩 …………………………（99）

第四章　从农业经济到商品经济：湖南多元经济社会的
　　　　产生与发展 ……………………………………………………（119）
第一节　历史上湖南农业经济发展历程 …………………………（119）
第二节　历史上湖南商贸业发展历程 ……………………………（126）
第三节　"国家化"进程下湖南区域经济社会的形成与发展 ……（130）
第四节　湘人的经济思想与活动 …………………………………（135）

第五章　湘中无限景，文艺继三都 ………………………………（139）
第一节　以文学本位为中心的文学研究 …………………………（139）
第二节　聚焦于名家的书画及工艺研究 …………………………（159）
第三节　专注于戏曲、音乐、舞蹈、皮影戏表演艺术的
　　　　继承与发展研究 …………………………………………（168）

第六章　宗教民俗：社会信仰与慰藉的视角 ……………………（177）
第一节　宗教中国化政策下的宗教管理和研究态势 ……………（177）
第二节　信仰与关怀同存的宗教思想文化 ………………………（179）
第三节　仪式与功能并重的民间信仰 ……………………………（186）
第四节　传承与融合中的民俗文化 ………………………………（189）

第七章　湖湘史志与文献：千年多元复合中的独特与辉煌 ……（193）
第一节　环境、族群与空间探讨中的湖湘史志研究 ……………（193）
第二节　互为补益的湘学出土文献与传世文献研究 ……………（210）

第八章　当代价值：推动"两个结合"赋能湖南高质量发展 ……（232）
第一节　红色湖湘浸润党史教育 …………………………………（232）
第二节　岳麓书院与实事求是思想 ………………………………（236）
第三节　拓展传统文化教育功能 …………………………………（239）

第四节　湖湘文化赋能高质量发展 ································（242）

第九章　研究热点与研究动态透视 ································（249）
　　第一节　聚焦世纪热点 ··（249）
　　第二节　湘学研究动态分析 ····································（254）

参考文献 ···（262）

第一章

内涵与源流：文化交融中的湘学

习近平总书记指出："中华优秀传统文化是中华文明的智慧结晶和精华所在，是中华民族的根和魂，是我们在世界文化激荡中站稳脚跟的根基。"[①] 湘学作为中华优秀传统文化的一部分，其优秀文化成分在各历史时期对湖南的发展发挥过重要的推动作用，充分发掘和阐释优秀的湘学文化内涵，传承湘学的优秀基因，对于当下湖南的社会经济发展依旧有着重要的现实价值和意义。近些年，湘学研究无论是在专业机构与队伍的打造，还是在湘学研究的学术成果产出上，都处于不断增长中，并在国内外产生了较为显著的影响。就湘学的内涵与源流方面而言，一些学者在深入研究湘学的基础上，归纳、总结湘学的概念、内涵与源流。2021年围绕湘学内涵与源流研究的进展，突出表现在四个方面，即湘学与其他地域学术之间的比较、湘学形成过程中所受外来因素之影响、晚清时期湘学的转型和湘学在海外的传播与影响。

第一节 地域文化比较中的湘学

中国历史悠久、幅员辽阔，虽然早已形成大一统格局，但在不同的地区，因地理环境、人情风俗、文化传统等诸多因素的差异，在不同时期诞生了诸多各具特色的地域性学术文化。在文化繁荣的历史时期，这种学术地域性的分化尤为明显。春秋战国，礼崩乐坏，诸侯纷争，但在

---

① 习近平：《把中国文明历史研究引向深入 增强历史自觉坚定文化自信》，《求是》2022年第14期。

学术文化上却是百花齐放，百家争鸣，儒家、道家、法家、墨家等学术流派竞相出现，相互论战。这些学派就呈现出较为明显的地域色彩，儒家诞生于山东齐鲁之地，道家则盛行于南方楚地，法家则多出于三晋地区。两宋时期，是中国历史上另一文化高峰。宋代，无论北宋抑或南宋，皆以"积贫积弱"著称于后世，国力不振，饱受契丹、党项、女真、蒙古之威胁，终至亡国。但一如春秋战国，两宋亦是中国历史上少有的文化兴盛期，陈寅恪先生评价称："中华文化，历数千年之演进，而造极于赵宋之世。"在这一文化繁荣期，同样出现了地域文化纷呈的景象，福建的闽学、陕西的关学、四川的蜀学、浙江的婺学、永嘉学派、永康学派，当然还包括湖南的湖湘之学，不一而足。不同的地域性学术文化之间，在学术旨趣、师承源流、历史影响等方面固然存在种种差异，但也要注意到，这些不同文化之间并非壁垒森严、格格不入，它们在形成与发展过程中往往存在诸多的相互交流、相互借鉴、相互影响，尤其在宋代，这种情况表现得更为明显，湘学就是突出的例证。

宋代是湘学发展的重要时期，周敦颐、胡安国、胡宏、张栻等名贤辈出，在当时和后世皆产生了广泛而深远的影响，湖湘学派也因此而著称于世。但湖湘之学并不是孤立的存在，其与当时并存的其他学术流派之间关系密切，交流频繁。其中，与湖湘学派关系最为密切的地域学术文化主要包括闽学、浙学、蜀学等。

2021年，曾亦教授出版了专著《湖湘学派研究》，该书依循儒家学术中所强调的工夫论这一进路，遵照湖湘学派自身的思想脉络，展示了胡安国父子、张栻等人对于性情问题的思考，揭示出宋明道学思想中存在两条迥然有别的工夫论进路，一种以程颐、朱熹为代表，主张下学而上达的工夫论；另一种则以程颢、胡宏为代表，主张上达而下学的工夫论。两种工夫论的进路恰好相反。这两种不同工夫论进路，凸显了湖湘学术本身的独特性及其在道学发展史上的重要性。在该书的论述中，尤为强调湘学与闽学等不同学术流派之间的比较，围绕张栻与朱熹之间关于"中和""仁"等儒学概念的辩论进行了重点阐释，指出了两者之间的相互影响与分歧。①

---

① 曾亦：《湖湘学派研究》，商务印书馆2021年版。

第一章　内涵与源流：文化交融中的湘学

朱汉民、徐艳兰则着重讨论了宋代湖湘学与婺学之间的关系。婺学属浙学的一支，南宋定都临安，偏安东南，浙江地区作为京畿重地，不仅在社会经济上呈现出繁荣景象，文化上也迎来了前所未有的兴盛，形成了诸多有影响力的学术派别，代表性的就有永嘉学派、永康学派，以及以金华为中心的婺学。婺学开创于吕祖谦，吕祖谦出身宋代著名的吕氏家族，该家族无论在政治上还是文化上都是人才辈出。吕祖谦就是吕氏家族在文化上的杰出代表，他与朱熹、张栻在当时被并称为"东南三贤"，门人弟子众多，影响盛极一时。吕祖谦既与张栻同辈，而张栻又为宋代湖湘学奠基者胡宏弟子，可知婺学在形成的时间上要晚于湖湘学。因此，他在相当程度上受到湖湘之学的影响。朱汉民等指出，吕祖谦与湖湘学的渊源颇深，其除受"中原文献之传"的家学影响外，受湖湘学的影响最大。他们将湖湘学视作婺学形成的重要源头之一，并具体指出了吕祖谦受湖湘学影响的六条途径，即曾几、吕本中、张九成、胡宪、汪应辰、张栻六人。正因为这种思想上的渊源，导致了婺学与湖湘学在学术旨趣上的相通，最为突出的体现就是两派皆强调希望共同重建儒家内圣外王之道。宋代儒学本来皆主张内圣外王并重，强调儒学的经世价值，但由于王安石为推行变法而对外王之学的片面发展，随着变法的失败带来的严重历史后果，导致儒学在南宋转向了内在，儒学主流越来越朝内圣之学发展。但湖湘学与婺学并未随波逐流，在两者的学术旨趣中，仍然保留着对儒学内圣外王之道的坚守。湖湘学派性理与经世并重的内圣外王之学深深地吸引了吕祖谦，这也成为湖湘学与婺学在南宋时期有着密切的交流和相互沟通的主要原因。共同的学术旨趣促成了婺学与湖湘学在思想理念上的诸多共识，主要表现在三个方面，即道兼体用的义理架构、经史通贯的学术理念、以治道为核心的经世思想。[1] 朱熹曾声称："君举到湘中一收，收尽南轩门人。"[2] 君举即陈傅良，作为婺学代表的陈傅良在湖南为官期间，将张栻的弟子尽数收入门下，成为宋代学术史上一段有名公案。陈傅良何以有此能力在张栻去世后赢得张栻门人的

---

[1] 朱汉民、徐艳兰：《论婺学、湖湘学的交流与共识》，《浙江社会科学》2021年第8期。
[2] 朱熹：《朱子全书》，朱杰人、严佐之、刘永翔主编，上海古籍出版社、安徽教育出版社2010年版，第3865—3866页。

归附，文章从两派的学术渊源、学术宗旨的比较中为我们提供了一个有说服力的解释。

不过，湖湘学固然可以视作婺学的重要来源，一方面湖湘学仅仅是婺学的来源之一，婺学的形成还有着其他同样重要的来源，如吕氏家学可能就更为重要。另一方面，不少所谓婺学与湖湘学的共同之处未必是婺学直接承袭自湖湘学，而更可能是源于两者共同的思想渊源，即北宋周敦颐、二程等人的思想。相较于婺学，蜀学与湖湘学的关系可能更为直接，也更为密切。

湘学与蜀学的渊源集中在张栻身上。出生于四川而人生大部分时间皆在湖南讲学论道的张栻，成为湘学与蜀学共同尊崇的学术宗师。张栻祖籍四川绵竹，为南宋前期抗金领袖张浚之子。张浚因坚决主战而不为力主对金议和的宋高宗与秦桧君臣所容，长期贬谪安置于湖南。张浚因一生未能完成驱逐金人、收复中原的夙愿，自认无颜归葬四川祖坟，临终之际特意嘱咐张栻兄弟："吾尝相国，不能恢复中原，雪祖宗之耻，即死，不当葬我先人墓左，葬我衡山下足矣。"① 张栻兄弟遵循父志，便随之在湖南安家落户。张栻师从湖湘之学奠基者之一的胡宏，胡宏之父亲胡安国私淑于二程，张栻也由此属道学一脉。南宋孝宗时期，正是南宋政治、经济最为稳定繁荣的时期，也迎来了文化、学术上的兴盛，各种学术流派竞相出现，名家辈出，张栻就是这一时期最具影响力的学者之一，其与朱熹、吕祖谦被时人并称为"东南三先生"。他在长沙讲学于城南书院、岳麓书院，名重一时，从游、从学者不下千人，以至于当时学子"以不得卒业于湖湘为恨"。

正是张栻在学术上的深厚造诣，也让其学术的影响力溢出了湖湘的界限，产生了更为广泛的影响，首当其冲的就是张栻的祖籍四川。杨世文就专文论及了张栻对湘学与蜀学的共同影响，他指出，"南轩之教始兴于湖南，再盛于四川。张栻作为蜀人，长期在湖南一带活动。他讲学于岳麓，传道于二江，湘、蜀门徒之盛，他处不能相比"。张栻在湖南讲学期间，不少四川士人千里迢迢前来求学问道，学成之后归还四川，将张栻之学传播于蜀地。在四川的张栻后学中，同样是英才辈出，无论是人

---

① 《宋史》，中华书局 1977 年版，第 11311 页。

数还是影响力皆不小于湖湘，著名者如宇文绍节、范仲黼、陈概、黄裳、程公许、魏了翁，等等，大多既为学者亦为名臣，"淳熙、嘉定而后，蜀士宵续灯、雨聚笠以从事于南轩之书，湖湘间反不如也"。张栻之学在四川逐渐占据了主导地位。不仅如此，杨世文还指出，张栻之学在湖南和四川的影响并不局限于宋代，在后世亦有着深远的回响。如曾国藩、左宗棠、黄兴、毛泽东、蔡和森、任弼时等就皆曾就读于渊源张栻创办之城南书院，及其后续的湖南第一师范，王夫之、魏源、谭嗣同、宋教仁、蔡锷等均与岳麓书院有密切渊源，"这些杰出人物在青年时期世界观形成阶段，都受到张栻传道济民、成才善俗、经世致用、知行互发等思想影响"。[1]

既往对于湘学的研究多局限于湘学本身，注重的是对湘学自身产生、发生、演变、影响等问题的分析阐释，较少将之与其他地域学术之间进行比较研究。这当然有两个方面的原因，一是任何一种学术的研究首要之务都是从本身的建设开始，只有先厘清自身的历史源流、发展脉络、内涵与外延等情况，才能为更进一步的研究奠定基础；二是源于其他地域学术的发展状况。如今在全国各地对自身地方学术资源的开发日益重视，各种地域学术得到了较为充分的发掘与阐释，这也为不同的地域学术之间进行横向的比较研究提供了条件。正因如此，湘学与其他地域学术的关系是湘学研究值得深入拓展的方向。朱汉民等人的研究已经为我们做出了较好的示范。不过从总体来看，一方面类似的研究数量还相对有限，主要还局限于湘学与蜀学、婺学等的关系，还可以进一步放宽视野，关注湘学与江西学、与闽学等之间的关系。另一方面类似的地域研究一定程度上多存在着一些乡土情结，研究者通常有意无意地对自身所处地域学术存在着偏好，反映在研究中往往表现为对自身所处地域学术的拔高，更多的是强调自身所处地域学术对其他地域学术的影响，而较为忽视他者对自身的影响。另外，既有研究有些过分放大自身地域学术的特征，如经世致用固然是湖湘学的突出特征，但放在南宋特定的时代背景下，这实际上是其时各个学派所共有的特征，所谓南宋时期以朱熹为代表的理学逐渐转向内在，缺乏现实关怀，这样的观点也已经被余英

---

[1] 杨世文：《蜀湘共宗南轩学——张栻的历史贡献》，《巴蜀史志》2021年第6期。

时等学者的最新研究所修正，故难以以朱熹之学来凸显湖湘学在宋代的经世性质。因此，将湘学置于不同地域学术的比较视野下进行深入研究还有着很大的拓展空间。

第二节　湘学形成中的外来影响

湘学渊源于先秦，中经两宋的蓬勃发展，绵延至于晚清民国，以至于今天亦受其影响。在讨论湘学的特征时，论者多强调其经世致用的一面，这固然有其道理，但湘学还有另外一个容易为人所忽视的特征，这就是湘学的开放性。湘学在形成发展过程中，外来人物的影响不容忽视。湖湘地区在很长的历史时期都被视作蛮荒偏远之地，社会经济、思想文化等皆较为落后，正是外来人物的不断进入，带来了一系列新的政治、经济、文化等资源，为湖湘的发展注入了新的活力。这些外来人物中，既包括中央王朝派遣的各级官僚，也包括遭到贬谪流放的官员、士人，还有因其他种种原因而来至湖湘的人士。他们带来的新的思想理念、文化资源，与湖湘本地既有的思想文化、风土民情相结合，湘学就是在这个过程中得以形成与发展，如南宋时期湖湘学派的出现可以说是湘学发展中的高峰，而其奠基者无论是胡安国父子，还是张栻等，皆非生长于湖湘者，但他们对湘学的贡献则是无论如何形容也不为过的。因此，有意识地考察湘学形成发展中的外来影响，对于更深入地理解湘学的源流、内涵与特色，有着重要的学术价值。已有部分学者注意及此，2021 年出现的一些著作与论文就此问题进行了探讨。

蒋波等人于 2021 年出版专著《秦汉时期湖湘历史文化初探》，重点探讨了湖湘文化在先秦、秦汉时期的发展状况，其突出特点就是强调外来因素对湖湘文化形成的作用与影响。该书共四章，第一章分析舜帝与秦汉湖湘历史文化的关系，史书有记载称其晚年巡狩南方时在今天湖南的九嶷山去世，故湖南自古就流传着种种与舜帝相关的传说。作者将这一故事视作广义湖湘文化的一部分而加以探讨。第二章考述两汉寓湘及湘籍人士，其中重点考察了汉代最为著名的寓湘人士贾谊，对贾谊迁谪长沙的心态，以及贾谊本身具有的忧国忧民的忧患精神予以了分析，指出贾谊在贬谪长沙时期撰写的《吊屈原赋》《鵩鸟赋》等作品及其中蕴含的忧患精神，给早期湖湘文化留下深深烙印，成为后世湖湘士人的重要精神、思想资源。第三章分析了两汉湖湘四郡太守群体，详细考察了两汉时期中央派遣至湖湘四郡担任太守的官员群体的相关情况，对于他们的籍贯、选任、任期、迁转等情况进行了考述，并重点考察了这一太守群体在湖湘任上的作为。作者认为，总体上看，两汉朝廷派遣的太守群体在湖湘地方治理上取得了良好效果，促进了湖南地区的经济、文化教育事业的发展，推动了民族融合，影响深远。就文化发展来说，西汉时期湖南地区的文化教育发展程度与中原相比差距甚大，但至东汉时期，经过桂阳郡太守卫飒、许荆、栾巴，武陵郡太守应奉、李进，长沙郡太守郅恽等人的积极兴学，湖南地区的学校教育得到发展，推动了儒家学说的传播，蔡伦、刘常、祝良等一批出身湖南本地的人才开始出现。第四章分析周秦两汉湖湘学术文化，通过对近现代发掘出土的大量简牍、帛书等考古资料的分析解读，揭示出早期湖湘文化中楚文化的深刻影响。尽管后世熟知的湖湘学术要到宋代理学兴起后方大显于世，但湖湘学术的一些本质特征早在周秦两汉时期就已埋下了种子，最为典型就是"原道"传统，即重视天地本原之道、探讨天人关系的传统。[①] 综观该书很容易就可以发现，无论是舜帝、楚人，还是两汉时期的寓湘人士和湖湘四郡太守的群体，这些相对湖湘来说都可以视作是外来者，作者选择这些对象来作为探讨先秦、秦汉时期湖湘文化的切入点，其背后所依循的基本思路无疑正是意识到了外来人物对湖湘文化形成与发展的重要影响。

虽然经过了春秋战国时期楚国的开拓，以及秦汉时期的各色人物的苦心经营，使得湖南地区的社会文化得到了很大发展，奠定了进一步发展的基础，但总体上看，在秦汉至隋唐的漫长历史时期内，湖湘文化相较于中原文化都处于相对落后的地位，在全国范围内的影响并不显著。这种状况至宋代，尤其是南宋开始，以湖湘学派的形成为标志发生了明显转变。伴随着靖康之变后大量外来士人的进入，以及国家政治、经济、文化重心南移带来的对包括湖南在内的广大南方地区的开发，湖南的地位得到提升，进而也为湖湘文化的发展注入了新的活力。在南宋湘学的发展中，同样明显受到外来因素的深刻影响，胡安国父子、张栻等湖湘

---

① 蒋波等：《秦汉时期湖湘历史文化初探》，湘潭大学出版社2021年版。

学派的奠基者本身就是外来者，而张栻与朱熹这两位湘学与闽学的宗师之间的学术交流，尤其是南宋孝宗乾道三年（1167）在岳麓书院的"朱张会讲"更是传为佳话。不仅如此，在张栻去世后的湖湘学派发展中，同样可以看到外来人物的贡献。蒋菲的两篇文章就分别探讨了真德秀和魏了翁与湘学的关系。

真德秀与魏了翁是南宋后期理学的领袖人物，不仅学识渊博，在政治上亦颇有建树，是当时有着重要影响力的官僚学者。真德秀曾于宋宁宗嘉定十五年（1222）至宋理宗宝庆元年（1225）担任潭州知府、湖南安抚使。来到湖湘学派大本营的真德秀，自难免与湖湘之学发生关系。据蒋菲所述，真德秀与湖湘之学的关系表现在如下几个方面：首先，真德秀自小便对湖湘学派奠基者的胡安国十分推崇，熟读其《春秋传》，故在主政湖南期间，积极寻访胡安国后人，亲自或者遣人祭奠胡氏父子，并与胡安国学术的门人后学等相交往，通过这些方式表达对湖湘之学的推崇。其次，真德秀在思想上虽传承朱熹之学，但并不局限于此，学术上也受到胡安国、胡寅、胡宏、张栻等人之影响，思想中存在明显的湖湘学术因子，集中表现在其"性即太极""理即事，事即理"的主张和道统思想等方面。最后，真德秀认为湖湘学自周敦颐开始，接续孔孟道统，承认其道学正宗地位，并在此前提下梳理了湖湘学的师承源流，为湖湘学学统的建立做出了重要贡献。[①]

在另外一篇文章中，蒋菲继续探讨了魏了翁与湘学的关系，主要体现在以下几个方面：首先，南宋中后期四川儒学的主流是回传四川的张栻之学，张栻门人弟子遍及蜀中，在这样的背景下，魏了翁在学术上私淑张，与范荪、宇文绍节、虞刚简等张栻在四川的门人后学交往密切；其次，魏了翁在治学方法上考证与义理兼习，强调经史融合，在治学思路上理学与心学并重，有意融会朱学与陆学，在理学中人注重的理欲观上强调"节欲"而非"禁欲"，赞赏"理欲同体"，这些思想都不同程度地受到了湖湘学的影响；最后，魏了翁为湘学学统的确立也做出了重要贡献。在朱熹理学占据主导地位的情况下，朱熹门人弟子建构的道统体系中是没有胡宏、张栻等湖湘学派学者的，但魏了翁与此不同，他在肯

[①] 蒋菲：《真德秀与湘学之关系》，《上饶师范学院学报》2021年第1期。

定朱熹接续道统之功的同时，也强调胡宏与张栻的地位，将两人纳入儒家道统体系。不仅如此，他还积极向朝廷请命为周敦颐立谥号，肯定了周敦颐的理学贡献。[①]

　　从已有的成果来看，既往对于湘学的研究存在着两点突出的不足：第一，广义上的湘学虽源远流长，但其高峰无疑是宋代的湖湘之学，以及晚清以曾国藩、魏源等为代表的近代湘学，故多将目光集中在这两个时段，对于其他时期湘学发展演变则着墨不多。第二，就宋代湖湘学的研究而言，多将关注的目光集中在湖湘学派内部，进而又聚焦在胡氏父子、张栻等少数几个代表性人物的研究上，导致对于他们之后南宋中后期湘学的发展关注相对欠缺，更导致对于外来人物对湖湘学派之影响的研究不足。从2021年的相关研究中，我们看到这样的状况正在发生一些改变，先秦秦汉时期作为湘学的形成阶段，得到了专门而深入的考察，更为重要的是，不同的论者不约而同地注意到了外来因素对于湘学形成与发展所产生的影响，并肯定了其价值。无论在先秦秦汉的湘学形成阶段，还是在两宋湖湘发展的高峰，外来因子都是湘学研究不可忽视的因素。对于这些外来因素的强调并不会降低湘学的地位与影响，相反恰恰体现了湘学的开放性与包容性，而这也正是湘学源远流长、生命常新的一个根本原因之所在。当然，就目前的研究状况来说，还有不尽如人意之处：一则相关的研究还比较少，关注的面向也较为局限。二则研究的深度尚有不足，如对真德秀、魏了翁等人与湘学关系的研究，其中作者所揭示的很多真德秀等人受到湘学影响的方面，其中思想不都是宋代道学中人所共享，而非湖湘学派独有，因此很难坐实这是他们受到湖湘学影响之处。这就需要我们对不同学术流派的思想进行深入挖掘，真正揭示不同学派之间的异同，而后才能阐释不同学派及其人物的相互影响之所在。

第三节　晚清危局下的湘学转型

　　湘学经过宋代周敦颐、胡安国父子、张栻等人的发展，成为具有重

[①] 蒋菲：《魏了翁与湘学之关系》，《怀化学院学报》2021年第1期。

要影响力的地域学术之一，但相较于主流学术仍然存在着相当的距离，在全国范围内产生的影响相对有限。然而，时移世易，随着晚清时期中国的历史巨变，湖湘之学迎来了新的发展契机。随着西方势力以坚船利炮强行打开中国的大门，古老的清政府遭遇了前所未有的危机，中国也面临着"三千年未有之变局"。新威胁的产生引起了有识之士对中国自身思想文化的深刻反思，有清一代占据主流地位的乾嘉汉学在质疑与批判声中日渐动摇，而重视经世致用的经学流派开始受到关注，湖湘学术向来就以经世致用著称，与重视训诂考据的乾嘉汉学隔膜甚深，受其影响较少，多数士大夫始终坚持尊奉程朱理学，故因应时代的变化，湖湘学术在晚清时期大放异彩，诞生了陶澍、贺长龄、贺熙龄、唐鉴、汤鹏、胡达、罗泽南、曾国藩、左宗棠、胡林翼等一大批在政治、军事、思想、学术等领域具有举足轻重地位的杰出人物，湖湘学术也在这一过程中不断发展演变，不断推进着从传统向近代的转型。

与乾嘉汉学的重视考据相对应的，是以义理阐释为特征的宋学，宋学又以程朱理学为代表，晚清对经世致用思潮的推崇一定程度上表现为对宋学的回归。因此，清政府制定了旨在重振朱子学的文化政策。在此背景下，全国范围内掀起了一股重振朱子正学的浪潮，湖南在其传统经世学风的影响下成为全国重振朱子学的重要地区。在湖湘学术群体中，唐鉴被认为是晚清重振与弘扬朱子正学的第一人。周接兵专门考察了唐鉴为重振与弘扬朱子学而做出的种种努力，并讨论了他对近代湘学转型的影响。文章指出，在理论层面，唐鉴以深厚的朱子学理论素养编纂了《国朝学案小识》《朱子学案》《朱子年谱考异》等理论著作，站在维护孔孟程朱道统的高度，系统寻绎朱子学学术源流和传承谱系，深入阐发朱子学学术思想，特别是其中若干重要的学术概念和范畴。与正面宣扬朱子学相配合，唐鉴又对阳明心学、乾嘉汉学等非朱子学的学术流派进行了严厉批判，从反面捍卫了朱子正学的学术地位。在现实层面，他从朱子学修齐治平的义理精神和湘学经世致用的思想特质出发，提出了"守道救时"的理念，并以实际行动致力于革除弊政、振兴教育、挽救世道人心等现实努力。唐鉴的思想理念对近代湘学的转型也产生了间接的影响。所谓湘学的近代转型，周接兵指出，本质上是湘学从传统到近代的转换，是湘学从固守义理精神到应对西方文化冲击、接受西方文化洗礼的转换,是湘学从相对保守封闭的儒家一元文化精神到吸收西方近代文化元素、走向开放多元文化元素的转换。唐鉴的"救时"思想与实践影响了湘军集团的主要人物,尤其是曾国藩,从而间接影响了19世纪中叶的政治风云和学术走向。周接兵认为,没有唐鉴就没有咸、同时期的朱子学复兴局面的顺利出现,就没有湘学近代转型的顺利进行。[①]

阳海燕则以时务学堂事件为中心,探讨了近代湘学的转型问题。所谓"时务学堂事件"是指1898年三四月间,时务学堂学生因春节放假归乡,将刊有课堂批语、课堂答问的《湘报》带回家中,长沙一些书坊也刊刻发行了时务学堂的札记、考卷销售,致使时务学堂的革新思想在社会上广泛传播,由此引发了王先谦、叶德辉等偏向守旧的乡绅与熊希龄等倾向维新的人士之间关于近代文化与政治改革路径的争论。这场争论在事实上造成了湖南新政运动的停滞,在近代湖湘文化转型中具有重要地位。这一事件因其本身的重要性,早已引起学术界的关注,阳海燕此番旧话重提,力图跳出传统上将此事件或者视作不同阶级之间的"维新"与"守旧"之争,或者视作湖湘文化系统内部"崇新"与"守旧"的价值之争的解释框架,提出了一个新的观察视角,即认为近代湖湘文化具有经世致用与维护道统的二重特征,这种二重特征构成了湖湘文化对近代社会变革作用的复杂性。"维护道统"构成了湖湘文化的"守旧性",而"经世致用"则成为变革维新的推动力量。湖湘文化内部的这种张力,在一定程度上导致了时务学堂事件中的不同士人群体的激烈冲突。作者指出,时务学堂事件是近代湖南士林的第一次大规模意识形态论争与分化,在近代湖湘文化"巨变"的时代语境下,双方在文明判断的标准、经世致用的范围和舆论斗争的手段上呈现差异。但同时也要注意到,争论的双方在看似针锋相对的背后也有着诸多共识,或者说"未脱旧形",如双方共守修身型、实用型和斗争型的文化立场。在此基础上,作者提出了近代湖湘文化转型是一场"未完成的巨变"的判断。作者发现时务学堂事件中争论的双方存在着尚"道德"而非"私欲"、强"功利"而弱"学理"、崇"革命"而轻"包容"等三个方面共同缺陷,凸显湘学

[①] 周接兵:《唐鉴对朱子正学的重振与弘扬——兼论其对湘学近代转型的影响》,《朱子学研究》2021年第2期。

向近代的转型依旧未能真正意义上实现。①

"周虽旧邦,其命惟新",任何一种学术,只有与时俱进,不断适应时代变化,才能具有持久的生命力。当然这并不意味着学术应该迎合时势,随波逐流。就湖湘学术来说,在清代中前期乾嘉学派风靡一时之际,并没有刻意地追随时尚,而是继续坚持似乎已不受待见的正统的程朱理学。正因如此,随着时代风气的转变,湘学一跃而成为济世救民的重要思想资源,在晚清的救亡图存浪潮中发挥了自身独特的作用。在这个过程中,湘学也并非固守成规,不知变通,而是在坚持经世致用等基本思想原则的前提下进行着新的探索,推动着湘学从传统向近代的转型。上述两篇文章,分别从唐鉴和时务学堂事件这样两个具体的点入手,在细致梳理分析史实的基础上,回应了湘学近代转型的大问题,以小见大,由点及面,皆是具有相当学术价值的文章。尤其是阳海燕的文章,提出了湘学近代转型为"未完成的巨变"这样一命题,从而将湘学的近代转型视作一个连绵持续的过程,将湘学的转型与当下的时代紧密联系起来,向当代的湖湘学者提出了重要的任务与使命,对于推动湘学的进一步发展完善有着一定的意义。

第四节　湖湘文化在海外的传播

湖湘文化是立足于湖南的地域学术,是中国古往今来为数众多的地域学术中的重要一种,但这并不意味着湖湘之学的影响力只局限于湖南,或者国内。在历史上,与中国历代王朝在东亚的政治、经济地位相适应,中华文化也在东亚地区产生了深远影响,朝鲜半岛、日本、琉球等构成了一个儒学文化圈,在很长的历史时期内共享了类似的价值理念。作为中华文化重要组成部分的湖湘文化也在这个过程中走向了海外,在以日本、朝鲜半岛为代表的海外地区发挥了自身的影响力。因此,海外湖湘文化的研究是湖湘文化研究的重要内容。换句话说,如果没有对海外湖湘文化状况的清晰深入考察,我们对于湖湘文化的认知

---

① 阳海燕:《"未完成的巨变"——时务学堂事件与近代湖湘文化转型》,《长沙大学学报》2021年第4期。

将是不完整的。一直以来，因为各种主客观因素的限制，海外湖湘文化研究的状况还存在着很大的提升空间。幸运的是，部分湘学研究者和研究机构业已注意到了这方面的不足，开始有意识地弥补相应的研究短板。

周骅、王晚霞以胡安国《春秋传》在古代朝鲜的传播为中心，探讨了湖湘学派在海外的传播状况。胡安国是南宋湖湘学派的奠基者，其撰写的《春秋传》是南宋时期对《春秋》最重要的经解著作，该书诞生于靖康之变后宋金战争的时代大背景下，尤为强调"尊王""攘夷"，甚为符合当时统治阶层凝聚士气民心、共同抵抗外侮的需要，故甚获推崇。不仅如此，该书在南宋之后，也成为元明清各朝科举考试中《春秋》的官方定本，影响十分深远，可以称得上是湖湘学派对后世最有贡献的学术著作之一。这样一部著作也走出了中国，流入了朝鲜半岛，得到了朝鲜统治者的尊崇。周骅等详细考察了胡安国《春秋传》在朝鲜的刊刻与流传情况，而后从历史、理论、政治三个维度深入剖析了《春秋传》在朝鲜得以流传的内在逻辑。就历史逻辑而言，南宋以后，华夏各族交融，东亚诸国加速了深度融合的进程，为春秋学的繁荣提供了历史契机。就理论逻辑而言，中古以后的朝鲜佛教影响力式微，儒学的重要性不断提升，而与更偏重心性之学的朱熹理学等不同，湖湘之学素来强调"经世"与"致用"并重，这就为朝鲜的统治者提供了更为实用的理论工具，而《春秋传》则是对湖湘学派贯通"经世""致用"精神的典范。就政治逻辑而言，一直以来，朝鲜始终处在强权环伺的艰难政治生态下，无论是西部的辽朝、金朝、蒙古、清朝，还是东部隔海相望的日本，都在不同时期对朝鲜构成了严重威胁，甚至迫使其不得不俯首称臣以委曲求全。在这种情况下，为求得生存，朝鲜在捍卫自身的地理边界外，还需要通过《春秋》等儒家典籍划定自身的"文化边界"，《春秋传》恰好为朝鲜坚守"华夷之辨"、树立自身民族意识、建立文化认同提供了绝佳的文本。[①] 文章跳出了就《春秋传》而言《春秋传》的窠臼，从大的政治、文化、思想

[①] 周骅、王晚霞：《论湖湘学派朝鲜传播的内在逻辑——以胡安国〈春秋传〉为中心》，《湖南大学学报》（社会科学版）2021年第5期。

演变的时代背景进行阐发，既有微观层面对《春秋传》文本海外流传的细致考证，又有宏观层面对《春秋传》海外流行原因的深入探讨，为我们提供了一个湘学海外传播与影响研究的典型范例，有着重要的学术价值与意义。

相较于周骅等人的单篇文章，2021年对于海外湘学传播与影响研究更值得注意的事件，则应该是由湘潭大学社科处、碧泉书院哲学与历史文化学院共同主办的"湖湘文化海外传播研究"学术研讨会。会议集中就湖湘文化海外传播的途径、意义，以及目前海外湖湘文化研究的现状、研究路径等主题进行了交流与探讨。洪波教授指出，湖湘文化作为中华文化的一部分早已在朝鲜、日本、南洋列国所构成的儒家文化圈内传播。他以《张南轩集》在海外传播为例，强调应弄清楚《张南轩集》输入朝鲜和流传到日本的时间、方式，以及南轩思想在朝鲜、日本的传播等问题，并将之视作研究湖湘文化海外传播的一个路径。就湖湘文化海外传播的意义问题，肖永明教授认为，湖湘文化海外传播体现出湖湘文化自信。他以岳麓书院为例，探讨了向海外传播湖湘文化的具体实践。①

习近平总书记指出："我们要坚持道路自信、理论自信、制度自信，最根本的还有一个文化自信。"② 所谓文化自信，就是"一个国家、一个民族、一个政党对自身文化价值的充分肯定和积极践行，是对自身文化生命力的坚定信念"。③ 湖湘文化作为中华文化的重要组成部分，对其海外传播的研究当然是可以彰显中国的文化自信，这也正是致力于海外湖湘文化传播研究的重要意义之一。当然，在此之外，这一研究同样有重要的学术价值。湖湘文化植根于湖湘大地，但它从来都不仅仅局限于湖湘一隅之地的地方学术，在其发展过程中始终与外部的学术保持着密切的联系，不断辐射着自身的影响力，这种影响力越是晚近时期越是凸显。对于湖湘学术在国内的影响，论者已多有关注，但对走出国门，在海外

---

① 胡杰、李永红、李恩润：《"湖湘文化海外传播研究"学术研讨会综述》，《湘潭大学学报》（哲学社会科学版）2021年第3期。
② 《习近平总书记同人大代表、政协委员共商国是纪实》，《人民日报》2014年3月13日。
③ 李国良：《增进文化认同 坚定文化自信》，《学习时报》2016年10月27日。

的传播及影响状况却一直有所忽视，这当然有着历史与现实的多种原因。如今随着改革开放的深入发展，随着与海外各国联系的日益紧密，相互的政治、经济、文化交流不断加深，为展开湖湘文化海外传播的研究提供了前所未有的良好条件，相关的学者与机构敏锐地抓住了这样的历史机遇，积极致力于湖湘文化海外传播的研究，无疑是值得肯定与赞扬的。当然，就目前的研究状况来说，还存在着一些不足：一是相关研究尚处于起步阶段，对于海外湖湘文化的各种典籍、研究论著的搜集、整理这样的文献基础工作还有待于进一步加强。二是，既有研究还多是站在自身的立场上，强调湖湘文化在海外的传播与产生的影响，有着明显的自我中心的痕迹。实际上，还应该关注湖湘文化在海外传播中发生的种种新的演变，也就是说还应该站在海外各国的立场上，看待他们是如何吸收、利用、阐释湖湘文化的，这些新的发展对于我们全面、深入理解湖湘文化的内涵与价值无疑也有着重要的学术意义。总体而言，将目光投向海外湖湘文化的研究本身就是近年湘学研究最为值得肯定的学术成果，而就2021年来说，学术界也确实取得了一部分具有较高学术价值的成果，但这一领域进一步拓展的空间还很大，对于湘学研究者来说，依旧可谓任重而道远。

通过对2021年湘学内涵与源流研究状况的梳理与分析，可以看到本年度的研究表现出一些重要的突破与进展：一是研究视野的大大拓展，一定程度上跳出了湖南的狭隘边界，开始较多注意到外来因素对于湖湘文化形成与发展的影响，更注意到湖湘文化在海外的传播状况，这对于全面深入理解湘学的内涵与影响有着重要的学术意义。二是研究方法上更多注重使用比较研究的方法。有意识地将不同地域学术流派的思想进行比较研究，通过挖掘其中的异同，来更好地把握湘学的本质与特色。当然，相关研究也有着不尽如人意之处：第一，可能是在一定程度上受到乡土意识的影响，一些学者在考察湘学与其他地域学术的关系，以及湘学在海外的传播状况时，还是自觉不自觉地以一种居高临下的姿态强调湘学对其他学术、其他地区的影响，而对反向的输入与影响的关注略显不足。第二，在对湘学的认知上可能受制于传统观念的束缚，过分突出湘学的经世致用等特征，忽视了这乃是儒学本身的传统特征，只是体现在湖湘学术上可能更为突出而已，以至于在做不同地域学术的比较研究时，存在有意无意贬低其他学术流派经世性质的倾向。诸如此类不足的存在，也昭示着湘学研究还存在很大的深入拓展空间，昭示着从事湘学研究的学者在这一领域还大有可为，我们期待着更多更为出色的湘学研究成果的问世。

第 二 章

思想与学术：凝铸千年湖湘的精髓和灵魂

濂溪学、湖湘学、船山学与近代湘学，是湖湘思想与学术在历史演进中迭相递嬗的主体形态，构成湖湘文化最深层次的精神内核，以及现代湘籍人物思想学术创发的重要理论源泉。现代湘籍人物的思想学术和传统湖湘思想学术虽然在形态与本质上均有着显著的差别，但二者之间的承继性也不可否认，因此，本章将学界对于包括毛泽东在内的现代湘籍人物思想学术的研究，与濂溪学研究、湖湘学研究、船山学研究、近代湘学研究一起置于"湖湘思想与学术"这一整体框架内。

作为一种区域性思想学术，湖湘思想学术何以具有全国性意义，是学界持续关注的基础性问题。只有厘清这一基础性问题，才能更好地进一步思考湖湘思想学术应该如何走向世界，如何在文明互鉴中为人类命运共同体的构建贡献湖湘大地的智慧。2021年，学界对湖湘思想学术的研究，多角度呈现了周敦颐"道学宗主"地位的丰富内涵，进一步开拓了南宋湖湘学的研究边界与王夫之的气学世界，全方位展现了毛泽东思想的多重维度。不过，对于元明湖湘思想学术的挖掘还不够，在近代湘学研究上表现贫乏，现代湘籍人物研究范围也仍需拓展。无论如何，相关研究都在总体上彰显了湖湘思想学术不曾间断的连续性，以及对宇宙人生、家国天下与民族文化的深切关怀与普遍性思考，这既有助于把握千年湖湘的精髓与灵魂，也有助于认识湖湘思想学术的全国性乃至世界性意义。以下按照湖湘思想学术演进的历史脉络，以哲学思想、政治思想、学术思想和历史思想等内容为主，对学界2021年的湖湘思想学术的研究成果予以分类阐释。

第一节 周敦颐"道学宗主"地位的丰富内涵得到多角度呈现

周敦颐生前声名不显，逝后长期无闻，他既未提出过宋明理学的核心范畴"天理"，其儒家身份又因《太极图说》中的"无极"观念含有道家以"无"为宇宙本原的思想印记而遭到质疑。尽管如此，周敦颐仍被尊为"道学宗主"、湖湘哲学的源头。这虽离不开湖湘学派学者与朱熹等人的塑造与建构，但他们的塑造不是捏造，建构亦非虚构，濂溪之学对理学话语的形成确有开创性意义。2021年，学界立足于文献考辨与义理阐发，从更加多元的角度提炼、把握濂溪之学的精髓，进一步丰富了周敦颐作为"道学宗主"的具体内涵，明确了周敦颐的儒者身份及其理学奠基者地位。

一是从哲学的角度，展现周敦颐的宇宙生成论、道德本体论与道德修养论建构。在《中国哲学通史·宋元卷》中，田文军、文碧芳对周敦颐的哲学思想及其历史地位进行了比较全面的论述，指出，周敦颐的《太极图》《太极图说》在儒家的宇宙生成论中引进道家的"无极"概念，为儒家的宇宙生成演化论确立起了形而上的源头或说本源，使儒家的宇宙生化论更具哲学的色彩；《通书》通过对"诚""几""神"等范畴的辨析，将"诚"确立为道德本体。[①] 就周敦颐哲学为后世学者提供的"借鉴与拓新的可能"来说，胡静认为，二程提出以"主敬"来克服"主静"的空寂之病，是对周敦颐的"主静"修养工夫的反思与厘革；[②] 王子剑指出，在陆九渊从本体论到工夫论的整个心学建构中，周敦颐的"太极说"都发挥了重要作用；而陆九渊对于周敦颐"太极说"的吸收与

[①] 田文军、文碧芳：《中国哲学通史·宋元卷》，江苏人民出版社2021年版，第162—188页。

[②] 胡静：《从"主静"到"主敬"——"二程"对周敦颐修养工夫的厘革》，《武汉理工大学学报》（社会科学版）2021年第5期。

改造也是一种体系性的改造与融合。①

　　黄宗羲曾言："周子之学，以诚为本……千变万化皆从此出。"② 这其实是在突出《通书》"诚"本论的同时，把《太极图说》与道家纠缠不清的"无极学说"搁置了起来，相当于只认可《通书》而否定《太极图说》。这种认识，自南宋以来，便不乏其人。学界目前均认为，《通书》蕴含的道理与《太极图说》是相贯通的。刘乾阳即围绕周敦颐的"诚"本学说，认为他创立了"以诚为本"的哲学体系，"诚"既指天道，又涉及人道，"诚"学使儒家形上智慧得以显豁，并为世人的日用常行指明了一种可供选择的儒家式道路，直接影响了后世理学家的理论创构。③ 不过，"诚"虽然贯通天道、人道，是沟通天、人的根本途径，但是如何实现天与人的"合一"呢？林孝斌着眼于"感通"的认识论功能，认为周敦颐将"诚"视为圣人的根本特征，圣人在"希天"中以"诚"呈现天命，并在"感"和"思"的双重作用下，达到自身善观念与天命一致的状态，即"思通"或"感通"，遗憾的是，周敦颐对于"感""思"如何能到"通"并未能深入展开。④

　　就人道而言，它虽然是《太极图说》与《通书》共同关注的主题，但自朱熹以来，学者一般都认为周敦颐的《太极图》是《易》学"三才"之道的先天部分的一个局部表象，并不直接包含人道之象，使《太极图》与《太极图说》《通书》之间缺乏完整的对应关系。对此，唐文明提出了一个新的解释，他通过"衡之于《易》、核之于《太极图说》、验之于《通书》，并比之于《太极解义》"，论证了濂溪之学的逻辑完整性，认为其《太极图》的五层圈分别对应于太极、天道、地道、人道和万物化生之道。⑤ 邓剑纯即以人生哲学为视角，从生命观、生死观、人生价值观及道德修养论等方面，论述了周敦颐人生哲学的主要内容，指出

---

① 王子剑：《"降衷"与"保极"——陆九渊对周敦颐"太极"说之融会》，《哲学动态》2021年第4期。
② 黄宗羲原著，全祖望补修：《宋元学案》，中华书局1986年版，第523页。
③ 刘乾阳：《本立而道生：周敦颐"诚"学探微》，《船山学刊》2021年第5期。
④ 林孝斌：《"感通"具有认识论功能吗？——基于周敦颐、张载的感通观研究》，《中国哲学史》2021年第3期。
⑤ 唐文明：《气化、形化与德化——周敦颐太极图再论》，《清华大学学报》（哲学社会科学版）2021年第4期。

其人生哲学具有以"诚"为本的思想特征、开启宋明理学的历史影响，以及指导社会道德建设与实践的现实价值。①

二是从经学的视域考察濂溪之学与儒家经典之间的内在关系。早在南宋时期，张栻即指出，濂溪之学"本乎《易》之太极、《中庸》之诚，以极乎天地万物之变化"。② 周敦颐如何吸收、利用或转化《易传》《中庸》的思想资源，是学界近年来一直比较关注的问题。2021 年，郑熊在其《宋儒〈中庸〉学研究》一书的基础之上，进一步加强《中庸》学与宋儒形而上学构建之间关系的论证，其中指出，周敦颐在《通书》中抛弃了《太极图说》的道家式的"无极"本体，重新构建一个新的本体"诚"，这是对《中庸》进行研究的成果，也是《中庸》与《周易》互训的结果。③ 与郑熊略有不同，周娜、梅涵着眼于周敦颐"诚"本论与《周易》之间的深刻内在关系，认为周敦颐关于"诚"的动、静的规定性，是来自对《周易》卦辞与义理，亦即"至诚则动"与"寂然不动"的阐发；"诚"的天人合一逻辑架构与主静、无欲修养方法，则来自对《周易》"通天命""立人极"逻辑架构，和"惩忿窒欲""省思改过"修养方法的阐发。④ 钱思远、吐尔逊娜依·赛买提则认为，周敦颐构建的以"诚"为核心的圣人观，是以易理诠释《中庸》之"诚"实现的，打通了人与天道的隔阂，把人能成圣的原因内在化，从而建立起了理学圣人思想的主要理论框架，深刻影响了宋明理学的发展方向。⑤

三是发掘周敦颐的礼学思想、政治思想。周敦颐被奉为"道学宗主"，既有的研究往往聚焦于他的理学思想，至于他的礼学思想，学界则关注不多。刘丰转从宋代"礼学开山"这一视角阐述周敦颐的礼学思想，指出周敦颐的思想既继承了传统儒家积极用世的一面，也与北宋中期儒

---

① 邓剑纯：《周敦颐人生哲学研究》，硕士学位论文，江西师范大学，2021 年。
② 张栻：《张栻集·新刊南轩先生文集》卷十《道州重建濂溪周先生祠堂记》，中华书局 2015 年版，第 907 页。
③ 郑熊：《〈中庸〉学与儒家形而上学关系研究》，人民出版社 2021 年版。
④ 周娜、梅涵：《周敦颐"诚"的哲学思想对〈周易〉的发微》，《河北工程大学学报》（社会科学版）2021 年第 4 期。
⑤ 钱思远、吐尔逊娜依·赛买提：《周敦颐圣人思想的内在性哲学探析——基于以〈易〉释〈庸〉的易学本体论》，《文化创新比较研究》2021 年第 17 期。

家推明治道的政治主张完全一致，他完整地继承了儒家内圣外王的思想。① 此外，周敦颐长期在地方为官，既积累了丰富的行政经验，更有丰富的政德思想。李訚如玉、王杰对周敦颐的政德思想进行了比较系统的概括：周敦颐政德思想的形成，受到"慎动主静"的德性修养的影响，把"以诚为本"的伦理原则作为出发点，以"重视礼乐"为教化的基本主张，处处体现出"以民为贵"的价值取向、清廉无私的为官持守、家国天下的政治情怀。②

四是濂溪学文献的研究持续推进。在推尊周敦颐的历史过程中，学者除了探讨《通书》《太极图说》，阐扬其理学思想之外，还为祭祀周敦颐的祠堂撰写祠堂记，给周敦颐的著作撰写序跋，将有关周敦颐的文献汇编成《濂溪志》，不断追加、强化周敦颐的历史光环。这些围绕周敦颐的文献，不仅与周敦颐著作一起构成濂溪学的基本内容，而且具有超出濂溪之学本身的多方面价值。粟品孝对明朝万历年间的3种《濂溪志》进行了详细的考辨，指出万历二十一年（1593）的"胥本"（十卷）最早，是祖本；万历三十七年（1609）的"林本"（四卷）改编自"胥本"；万历末的"李桢版"（四卷）改编自"林本"。就文献价值而言，"胥本"最高，但"林本"和"李桢版"仍有补充价值，如"林本"的周敦颐画像为编者林学闵描刻，为后来众多版本采用，在周子图像史上占有重要地位；同时，"林本"和"李桢版"合计增补了50多篇诗文，具有文献保存之功。③ 王晚霞通过长期细致的收集整理，发现历代文献中收录的濂溪祠记至少有160多篇，这些濂溪祠堂记的一个共同点即"肯定濂溪思想在宋以后思想史上的地位，赞美其思想之高明"。④ 同时，她还广罗宋、明、清时期的94篇有关周敦颐的序跋，根据它们的内容，划分出"追忆周敦颐生平""阐述文献编订因缘""表明观点立场""阐发周敦颐思想"等主要类型，展现出后世学者对濂溪学的进一步发展，及

---

① 刘丰：《"吟风弄月"还是"得君行道"——周敦颐礼学思想新论》，《湖南大学学报》（社会科学版）2021年第6期。
② 李訚如玉、王杰：《周敦颐政德思想探微》，《领导科学》2021年第10期。
③ 粟品孝：《万历〈濂溪志〉三种及其承继关系》，《图书馆杂志》2021年第5期。
④ 王晚霞：《濂溪祠记的内容和价值》，《延安大学学报》（社会科学版）2021年第6期，第30页。

其文学和文献学等方面的价值。①

第二节 湖湘学研究的进一步拓展

"湖湘学"或谓"湖南学",是特指在南宋时期的湖南地区产生、传承和发展的理学学派,它由胡安国发端,胡寅、胡宏奠基,张栻集大成,以碧泉书院和岳麓书院为研究、讲学基地,与朱熹"闽学"、吕祖谦"婺学"及陆九渊"江西之学"鼎足而立,盛极一时。湖湘学的本体论、工夫论、道统论等,在宋明理学中别具一格。2021 年,学界对湖湘学派的哲学思想、经学思想、政治思想、历史哲学等内容进行了持续的探究。

一 整体展现湖湘学派的求仁成性之学

湖湘学派之所以被称为一个学派,除了具有脉络分明的学术传承之外,最根本的原因在于他们对道德心性问题的独特思考,提出了不同于程朱理学的仁说和性学。洪梅探讨了湖湘学派"求仁""成性"理论中的道德理想主义,认为其理论来源于从周敦颐"以诚论性"到张载"民胞物与",再到程颢"万物一体"的道德理想精神,在此基础上,湖湘学派以"性气合一""以诚论性""明体致用",将道德性命之学与经世致用之功有机结合,赋予经学之术深厚的传统文化价值理念基础,构建出对人生、对社会的道德理想主义。② 马俊以"觉仁说"为中心,探讨了朱熹与湖湘学派的仁学论争,认为朱熹将湖湘学派"觉仁"判为佛说是一种误解,他们"以心观心"并非二心,不存在无穷倒退的问题,湖湘学派"觉仁说"发展了孔子仁论中的知觉维度,其背后所蕴含的"反身自证"的工夫理路是儒释道三家工夫论的共法,在义理上有着合理性与必然性。③

对于《论语》"观过知仁"章,自汉以来便有不同的理解与诠释,湖

---

① 王晚霞:《濂溪学序跋的内容与价值》,载贺培育主编《湘学研究》第 17 辑,湘潭大学出版社 2021 年版,第 162—174 页。
② 洪梅:《湖湘学派道德理想主义探论》,《伦理学研究》2021 年第 5 期。
③ 马俊:《湖湘学派"觉仁"说探析——以朱子与湖湘学派的论战为中心》,《中国哲学史》2021 年第 5 期。

湘学派与朱熹的论辩使"观过知仁"的诠释争议达到顶峰。王金围绕朱熹与湖湘学派仁学之争中的几个关键问题，亦即观过究竟是观他人之过还是观自己之过，观己之过是否可能，观己之过能否知仁，阐发了湖湘学派观点的合理性与意义。① 刘晓颖指出，朱熹与湖湘学派在诠释"观过知仁"上的分歧，不仅表现在字义解释不同，还在于理论架构不同，朱熹是持以"党"为"类"、以"仁"为"仁爱"和"观他人之过"的观点，认为考察他人过于厚或过于薄，可知其仁与不仁，并将"观过知仁"置于工夫论的视域之下，认为湖湘学派有"强窥仁体"、流入佛老之嫌；湖湘学派则持以"党"为"偏"、以"仁"为"一体之仁"和"观己之过"的观点，认为"观过知仁"是观自己内心之偏，使其回归仁体的本然状态，着重从本体视域建构"仁"，认为"仁"是即体即用、即存有即活动的。②

二 深化胡安国"私淑洛学而大成"的义涵

作为湖湘学派的开创者，胡安国的思想学术渊源于何派何人，其创造性体现在哪些方面，是认识和研究胡安国之学的基本问题。全祖望在《宋元学案·武夷学案》中称胡安国是"私淑洛学而大成者"，此说已为学界定论。但是，胡安国通过什么途径"私淑洛学"，其学又何以称"大成"，尚有申说的空间。闫云即指出，胡安国"私淑洛学"主要是通过与程门弟子谢良佐、杨时、游酢等义兼师友，理解、吸收《二程遗书》和程颐《春秋传》，以及受太学师友朱长文、靳裁之启发等途径实现的；其学之所以能够称得上"大成"，则因他在洛学蛰伏和程门凋敝情形下，表彰和发展二程理学思想，完成了《春秋》宋学对"治体"理论的建构。③ 田文军、文碧芳等学者认为，胡安国之学是站在体用统一的立场上来解决经世问题的，强调体用之间的圆融性，既贵体又重用，为整个湖湘学派的理学确定了一个基本方向和框架，对湖湘儒学起到了撑开规模、奠

---

① 王金：《〈论语〉"观过知仁"章诠释浅探——以湖湘学派为重点的考察》，《汉字文化》2021年第18期。

② 刘晓颖：《〈论语〉"观过知仁"释义——以朱子与湖湘学派的辩论为中心》，《汉字文化》2021年第19期。

③ 闫云：《胡安国"私淑洛学而大成"解》，《中国哲学史》2021年第5期。

立纲维的作用。①

胡安国之学"大成"的结晶，无疑是其《春秋传》。《春秋传》诚如王蕴婕所述，将"天理"融入《春秋》经义的阐释中，以"天理"正"人心"、统摄《春秋》大义，实现了人心与天理，亦即人道与天道的贯通。② 不过，胡安国是如何把理学与春秋学冶为一炉的，仍需借助文本内容加以具体说明。王沁凌着眼《春秋传》对公羊学传统的"借事明义"诠释方法的改造，认为胡安国抛弃了公羊学传统"借事明义"中的事与义表面相即、实则相离的关系，而以事中有义、义不离事作为"借事明义"的基础，将"借事明义"等同于"格物穷理"，把儒家经典中的"大义"作为《春秋》史事所要述明的对象，将"格物穷理"贯彻到对《春秋》的解释当中，实现了诠释方法上的突破。③ 闫云从《春秋传》的书法解释体系这一角度分析指出，胡安国在继承《公羊传》《谷梁传》以凡例褒贬说经的基础上，自创"正例""变例"的"书法解释体系"，建构书法、天理与史实之间的联系，使作为"天理"的圣人之道（道体）、寄寓笔削间的"史外传心"（道心），借助具体书法规则，以"即例穷理"的方式得到落实和发见。④ 左志南则从历史哲学的角度论证说，胡安国强调"心"在解经中的作用，以心体之先验作为正确认识历史事件、会得圣人之意的关键；以基于家庭作为历史单位，以父子君臣之义是否被遵循作为历史视角，标明天理这一抽象的绝对精神如何体现于具体人事；在历史规律的认识方面，将三代解释为按照礼义规范运行的理想治世，依据天理的本体体认，提出了"以人合天""以义立命"的个体自处原则。⑤

《春秋传》之所以能够成功地实现彻底的理学化，也离不开胡安国对

---

① 田文军、文碧芳：《中国哲学通史·宋元卷》，江苏人民出版社2021年版，第542—560页。

② 王蕴婕：《胡安国理学视域下的〈春秋〉学思想》，硕士学位论文，山东大学，2021年。

③ 王沁凌：《〈春秋〉"借事明义"说辨析：〈公羊传〉的传统与宋代理学的新诠》，《中国哲学史》2021年第2期。

④ 闫云：《"理一分殊"与〈春秋〉笔削——论胡安国〈春秋传〉的书法解释体系》，《宋史研究论丛》2021年第2期。

⑤ 左志南：《湖湘学派之历史哲学特色与渊源流变——以胡安国对程颐〈春秋〉学的承继发展为中心》，《船山学刊》2021年第5期。

传统春秋学与程颐春秋学的继承和发展。曾亦即指出,《春秋传》不仅着力发挥了《春秋》中"尊王攘夷"的精神,而且对程颐春秋学中的某些内容加以发挥,提出"以夏时冠周月"的观点,引发了后世学者的不断讨论。[①] 不过,葛焕礼则强调,《春秋传》与程颐的一些经文解说存在显著的差异,而非"继承发展"所能概括,并从"继承引申者"和"几近完全不同者"两方面,条举且加按语说明二人存有明显差异的经解。[②]

至于《春秋传》的理学思想内容,义利、夷夏、王霸之辨是其中的核心,也是学界研究的焦点,几无剩义。陈代湘、孟玲认为,《春秋传》中的义利之辨的展开以天理、人欲之辨作为理论依据,以公、私作为义、利的现实判断标准,义利之辨在民族文化和治国方式上分别体现为华夷之辨和王霸之辨。[③] 乐爱国将朱熹的义利观与胡安国"义者,天理之公;利者,人欲之私"之说相比较,从侧面突出了胡安国义利观的二元对立性质。[④] 秦行国在探讨乾隆五十八年(1793)科考废胡安国《春秋传》而改用《左传》时指出,《春秋传》强调"以天制王"、宣扬"攘夷"大义,构成与专制皇权之间的深层矛盾,是其在科考中被废除的根本原因所在。[⑤]

三 打破重胡宏而轻胡寅的研究格局

胡寅、胡宏昆仲是湖湘学派的奠基者,但受张栻"主胡五峰而抑致堂"的影响,胡寅之学在湖湘学派中被长期边缘化。尽管现当代学者对胡寅之学展开了持续不断的研究,但是在"宋明理学史"与"中国哲学史"著作中,胡寅之学仍一直缺席或者仅为他人之学的配角。就目前胡寅思想研究的专著与论文而言,相关成果大多集中在胡寅的辟佛思想、历史哲学方面,论著数量与研究的系统性、全面性都无法与胡宏研究相

---

① 曾亦:《论胡安国的〈春秋〉学》,《社会科学辑刊》2021年第4期。
② 葛焕礼:《程颐、胡安国〈春秋〉异解析证》,《隋唐辽宋金元史论丛》2021年第1期。
③ 陈代湘、孟玲:《胡安国〈春秋传〉义利之辨的展开及其影响》,《湘潭大学学报》(哲学社会科学版)2021年第3期。
④ 乐爱国:《论朱熹"利者,人情之所欲"的内涵——兼与胡安国"利者,人欲之私"之比较》,《西南民族大学学报》(人文社会科学版)2020年第9期。
⑤ 秦行国:《乾隆时期科考废除胡安国〈春秋传〉原因再析》,《原道》第42辑。

比拟。而《中国哲学通史·宋元卷》将"胡寅的哲学思想"单独列为一章，这应该说是学界首次将胡寅之学放在"中国哲学史"的脉络中进行的系统的考察，有望推动胡寅之学研究层次的提高，同时提升湖湘学派研究的全面性。

在《中国哲学通史·宋元卷》中作者认为，胡寅的整个理学思想是在"中道观"的基础上建构的，在胡寅看来，"中道是极圆融之道，具有不偏不倚、无过不及、大公至正、纯粹精一、赅摄万有、圆融一切的特征，充分体现出儒家的根本精神；同时，中道融摄道、理、心、性诸本体范畴的义涵，既是万事万物存在及运行的根本法则和一切价值的来源，也是人生修养的终极理想和最高境界"。[①]

与《中国哲学通史·宋元卷》的认识略有不同，彭祎炫认为，对"仁"的思考贯穿了胡寅的一生。作者指出，首先，胡寅以仁道"体用不二"批判佛教虚妄，说明儒家仁道更为圆满；其次，在道德心性上，胡寅从"天人一理"的宇宙本体根源揭示了人性本善的缘由，从"本心为仁"的道德本体的视角回答了人应行仁、应畏天命的根本原因；再次，在为仁方法上，胡寅认为由仁的发用可识仁的本体，人人皆可成仁善本性；最后，胡寅将仁道本体贯通于经世致用上，提出以王道治国，严辨华夷，力主统一的政治主张。[②] 胡寅以"本心为仁"，与胡宏以"天地之心"为仁显然是不同的，既有的关于湖湘学派仁学的研究多集中在胡宏、张栻，作者的研究显然有助于丰富我们对于湖湘学派仁学思想的认识。

此外，李超以胡寅的孝道观为中心，从思想与政治互动的角度展现了胡寅通过对南燕君臣因孝求和、前代帝王尊崇妾母、奉行短丧之制等历史事实的批判来否定宋高宗的"孝子"形象、消解高宗君臣主张和议的合法性之意图。[③]

当然，学界对于胡宏之学的研究也并未止步，相关成果主要集中在胡宏的本体论、心性论、工夫论与道统论方面，整体上并无太大的突破。

---

① 田文军、文碧芳：《中国哲学通史·宋元卷》，江苏人民出版社2021年版，第561—593页。
② 彭祎炫：《胡寅仁学思想研究》，硕士学位论文，湘潭大学，2021年。
③ 李超：《胡寅对南宋初期主和论的批判——基于胡寅孝道观的考察》，《求索》2021年第5期。

其中，田文军、文碧芳等人指出，胡宏的本体论是综合北宋道学家的理论而后形成的，继承了北宋道学家的基本精神，为仁义道德作理论论证是其理论的基本宗旨；经过综合，胡宏以心、性、命三个范畴作为其本体论的基本线索，建立了本体论的三条基本原则——天命流行的生生不息原则、性立天下之大本的原则、尽心以成性的原则，较好地贯通了道学家的基本理论观点，并对之做出独具特色的理解，提出与北宋道学家颇不相同的重要命题，如"性立天下之大本""善恶不足言性"的性本体论，"未发只可言性、已发乃可言心"的性体心用说，"心以成性"的工夫论，"天理人欲同体异用"的理欲观等。①

蔡杰分析了朱熹批判胡宏"先察识后存养"的工夫进路的原因，包括：第一，胡宏视性为未发、心为已发，故只需在已发上做工夫；朱熹认为心有未发和已发两段，故未发时也需做工夫。第二，胡宏认为仁体是心体，做工夫针对的是仁体；朱熹则认为仁体是性体，未发的涵养并非针对仁体，而是作用在心道上。第三，胡宏主张从已发到未发的工夫进路；朱熹主张从未发到已发的工夫进路。第四，胡宏与程颢的识仁理论较为接近，朱熹则倾向于程颐重视未发。②

赵聘从三个层面展现出胡宏道统思想的内容与意义：第一，胡宏宣扬周敦颐在道统中的地位，影响了张栻、朱熹、魏了翁的道统思想，对确定周敦颐在宋代理学道统传承中的官方地位起到了重要作用；第二，胡宏将孔孟以来的仁义思想发展为道统的核心内容，并把它与心性论、体用论相结合，建立了以仁义为核心的理学道统论；第三，胡宏强调"学道者，以心传为主"，对朱熹道统心传说产生了一定影响，体现出宋代心性哲学对宋代理学道统论的影响。③

此外，钱玲从"仁"的意涵、工夫、功用、影响及启示等层面论述

---

① 田文军、文碧芳：《中国哲学通史·宋元卷》，江苏人民出版社2021年版，第594—640页。
② 蔡杰：《胡宏与朱熹"察识""涵养"先后之争的原因检论》，《船山学刊》2021年第2期。
③ 赵聘：《胡宏的道统思想及其在道统思想发展史上的地位和影响》，《中共宁波市委党校学报》2021年第6期。

了胡宏仁学思想;① 胡亚辉比较了朱熹与胡宏在性、心、已发未发、察识涵养等范畴和命题的认识上的异同,并从社会背景、学术视野、学术传承方面分析了其中的原因。②

四 呼唤张栻思想学术研究的新篇章

张栻是湖湘学派的集大成者,但他英年早逝,所撰著述由朱熹编订,删掉了不少张栻早年"未定之论",后人因朱熹的删改而对张栻的认识难免有所偏差,这成为研究张栻理学思想的发展和形成过程,展现其本来的思想面貌和理学特色的一大缺憾。对此,杨世文提出,张栻文献的整理与研究应超越简单的点校,而对其著作进行更进一步的"深加工",例如作编年、注释、辑佚、考订等研究,特别是搜集张栻"早年未定之论",展现其思想发展演变的历程,为研究者提供一份真正全面、可靠的文献,使张栻研究的基础更加牢固。③ 相信对张栻著作整理的深加工,能够开启张栻研究的新篇章。

田文军、文碧芳等人阐述了张栻的天道论、心性论、理欲论、义利之辨及其思想的影响,认为张栻的理学建构旨在回应佛老思想的挑战,即如何救治当时儒学内部所出现的空谈心性而不务实际的弊病,如何在世衰道微、内外交困的严峻社会局势下经邦济世、救亡图存。为解决这些问题,张栻一方面积极建构形上世界,以此为儒家的纲常伦理以及合理社会秩序的重建确立形上的根基;另一方面大力开拓人生实践论,以使超越的形上本体或者说天道性命之理真正贯彻落实到人生日用当中,将天理的真实意义在修齐治平的人生实践中开显出来,也就是要将超越追求与现实关怀、本体论语人生实践论有机统一起来,注重形上与形下之间、本体与工夫之间、知与行之间、内圣与外王之间的平衡统一于互动融通,使张栻的整个理学充满了圆融、务实、辩证的色彩,不仅极大地丰富和深化了湖湘学派的理学思想,而且对蜀学和闽学的发展也产生

---

① 钱玲:《胡宏仁学思想研究》,硕士学位论文,中国科学技术大学,2021年。
② 胡亚辉:《朱熹与胡宏心性思想比较研究》,硕士学位论文,湘潭大学,2021年。
③ 杨世文:《张南轩著作整理研究五题》,《国学》第九辑,巴蜀书社2021年版,第234—250页。

了重要影响。其思想学说博大深邃，颇具开放性、包容性、辩证性、务实性和生命力，影响了王夫之、曾国藩等一代又一代的学人，对于丰富和发展宋明理学乃至整个中国儒学，都具有重要意义。①

对于张栻的义利观，陈力祥、汪美玲则从"义利双彰"的角度提出新的解释：一方面，义利双彰的"以义为先"是张栻政治伦理思想逻辑起点之重点；另一方面，义利双彰的"合理之利（而非私利）"是张栻政治伦理思想逻辑起点中的难点。义利双彰蕴含了张栻在政治上的义政和利政的双重诉求，亦即义政关涉礼义，其重心在维护国家和社会的合理秩序上；利政主要涉及经济，它是社会稳定的物质保障。同时，张栻主张无论是义政还是利政，都需要以仁义为衡断，而因为义内涵于仁，所以政治伦理中的圭臬实际上就是仁，而仁在现实中的载体则是礼制。无论义政还是利政，都需要行政主体（君、臣）将其落实。具体而言，是要求君仁臣义，亦即君主应以民为本，臣子出仕应秉持意图正义和行为正当。② 就"仁"的现实载体礼来说，李长泰指出：张栻对礼范畴内涵的诠释从理、序、义、美四个维度展开，体现了理之礼、序之礼、义之礼和美之礼的四要义，以此为基础，礼的内涵以"道善本体""节文致用""内外相合""体用和美"四个方面为主要内容，理、序、义、美四个方面的要义体现了体、用、合、和的哲学思维，理是礼范畴的核心内涵，以理为体，达到序、义、美内涵的发用和展开，其礼内涵的诠释彰显了张栻学术思想的理学性质。③ 曹珂以《论语解》为中心，对张栻的政治思想也进行了探讨，包括自我修养方面的修身、修德，施政措施方面的注重教化和民生，在施政目标方面的遵循礼制。④

此外，道统论也是张栻思想的特色所在。毛丽娅认为，张栻在乾道年间就已形成了道统思想，他以儒家经典为载体、以书院为基地讲学授徒、立祠供祀，倡扬儒家道统，并且重视义理解经、开义利之辩，强调

---

① 田文军、文碧芳：《中国哲学通史·宋元卷》，江苏人民出版社2021年版，第719—791页。
② 陈力祥、汪美玲：《张栻义利双彰视域下之王道政治伦理思想探微》，《中原文化研究》2021年第6期。
③ 李长泰：《张栻对礼范畴内涵诠释的四个维度》，《中原文化研究》2021年第6期。
④ 张震英主编《中华优秀传统文化研究》第三辑，社会科学文献出版社2021年版。

传道济民、经世致用，对儒家道统传承与发展作出重要贡献。① 李丽珠则分析了朱熹与张栻在各自的《太极图说解义》中围绕"主静"问题的争论，说明其根源在于二人对于"太极"内涵有不同的理解：朱熹以为太极即理，严格区分作为形上本体的太极与形下发用的阴阳动静；张栻以为太极即性，对太极的理解融贯体与用、动与静。②

第三节　探访"低谷"中的湖湘思想学术风景

相较于宋代、清代这两座湖湘学术发展史上的高峰期，晚宋以迄晚明显然是高峰之间的低谷。不过，低谷中也有别样的风景，等待着人们去发现。其实，尽管湖湘学派在张栻去世后，多转投陈傅良门下，泛滥无统，但朱熹任职湖南，对湖湘学派进行一番朱子学的改造，使湖湘学术进入了朱子学时代。后经真德秀、魏了翁在湖南传播理学、建构学统，湖湘学术形成坚牢的"朱张之学"传统，以至于在明代王阳明、湛若水心学勃兴之时，未能充分预流。清代尊朱辟王，湖湘学术的"朱张之学"传统更加根深蒂固，这也是李肖聃《湘学略》等著作表现出"宗朱子"的"湘学观"的原因所在。③ 从朱子学的视角考察元明湖湘学术，尚有一定的余地。遗憾的是，学界对从张栻到王夫之之间的湖湘学术，因限于文献史料、视角方法，以及习惯于关注大思想家而轻忽普通士大夫等原因，始终缺乏充分关注。

当然，学界也始终在努力发掘从张栻到王夫之之间的湖湘学术史。其中，蒋菲分别探讨了魏了翁、真德秀与湖湘学术的关系，指出魏了翁与湘学具有深厚的渊源，他"与张栻门人交往密切，私淑张栻之学"，"在治学方法、治学思路以及理欲观上深受湖湘学的影响"；同时，他推崇胡宏与张栻，为周敦颐请谥，将他们纳入儒家道统体系，凸显他们在

---

① 毛丽娅：《张栻的道统思想及其对儒家道统传承的贡献》，《中国哲学史》2021年第1期。
② 李丽珠：《孤悬与浑融——朱熹与张栻太极思想异同比较》，《中国哲学史》2021年第2期。
③ 张晶萍：《近代"湘学观"中的"宗朱子"现象》，《上饶师范学院学报》2017年第5期。

理学中的地位,"为湘学学统的确立也做出重要贡献"。① 真德秀与湖湘学术的关系也大体如此,例如"真德秀在担任潭州知府期间,兴学崇儒,重视和推崇湖湘学派代表人物胡安国、胡宏、胡寅、胡宁、张栻等",在"性即太极""理即事,事即理"的主张和道统思想方面受到湖湘学的影响,"承认湖湘学的道学正宗地位,梳理了湘学的传承统绪,为湘学学统的建立做出了重要贡献"。②

对于湖湘学术在元代的发展,彭曙蓉以湖南学人的学记文为中心,发现他们在文中"往往借梳理湖湘学术源流,把周敦颐确立为理学奠基人、湖湘学术创始人和元代道统谱系中的首位传人,进而提出'湖南道学说'",以"传续湖湘学脉、发扬湖湘学术和开拓湖湘学派";元代湖湘学术以知行合一的内在精神为共同旨归,开始进入教化百姓的现实层面,而反对科举利禄深刻地影响了元代湖南学校的立学宗旨。③ 这一论述有力地表明,元代湖湘学术也是湖湘学术的重要组成部分、理学发展史上的关键一环,值得进一步探究。

刘三吾、李东阳、何孟春、蒋信、冀元亨、江盈科、李腾芳等是明代湖湘学术的代表人物。胡琴考察了何孟春《馀冬录》"君道""政治""职官"等卷中的政治思想,着重阐述了何孟春的君道思想、臣道思想、治理思想,认为其君道思想包括"居正守义"的修养思想、"义利兼求"的功德思想、"根深本固"的治政思想;臣道思想包括尽忠尽孝,以修身为要、涵养君子之道和亲近百姓,以养民为贵、实行仁义之政;治理思想包括"清明廉洁治政""古为今用理政""勤勉恳政劝农桑";《馀冬录》政治思想具有"重视法治、兼重人治,强调专制、兼顾地方,褒扬务实、提倡清廉"等特点。④ 姚才刚、曾诚以蒋信的"万物一体"说为研究对象,指出其说在吸收、借鉴先秦及宋明诸儒之说的基础上,进一步把"万物一体"视为儒学的"立根处",认为"万物一体"不仅是指人与自然万物应相融为一体,还指人与人之间相亲相爱、和谐共处,并

---

① 蒋菲:《魏了翁与湘学之关系》,《怀化学院学报》2021年第1期。
② 蒋菲:《真德秀与湘学之关系》,《上饶师范学院学报》2021年第1期。
③ 彭曙蓉:《元代湖湘学术源流考论——基于学记文中的记述》,《地方文化研究》2021年第4期。
④ 胡琴:《何孟春〈馀冬录〉政治思想的哲学研究》,硕士学位论文,湘潭大学,2021年。

倡导通过"默识涵养""主静无欲""戒慎恐惧"等修养功夫论，由此确立起自身的学术宗旨。①

清代中期，湖湘学术在经学、文学与经世致用之学方面开始崭露头角，出现李文炤、张九钺、严如熤等学宦名流，以及王文清、罗典、欧阳厚均、袁名曜等岳麓书院山长群，在某种程度上为近代湘学的勃兴奠定了基础。杜以恒以吉林省社科院所藏王文清《仪礼分节句读》乾隆十三年刻本为中心，窥探其《仪礼》学面貌，指出该书是为"初学便读"而作，重在分节、句读。② 王高鹏挖掘严如熤的经世思想与事功，指出严如熤继承湖南理学经世传统，主张明体达用，学以致用，不仅是乾嘉之际的经世典范，亦是湖湘经世派先驱，为学以实地考察为基础，博览群书，撰成《苗防备览》《三省边防备览》等书，为地方治理提供资鉴。这种经世作风对湖湘经世派官员陶澍、贺长龄，学者魏源、唐鉴都起到了榜样的作用，甚至与道咸之降的曾国藩、左宗棠等人亦有某种学术上的联系。③

第四节　船山学庞大精致的气学世界更加显豁

作为中国古代哲学的集大成者、宋明理学的总结批判者，王夫之的思想学术以"气"为本，遍及经史子集四部之学，构筑了一个庞大而精致的气学世界。2021 年，学界从哲学、经学、史学等方面继续探究船山之学，进一步展现了王夫之哲学的主体层面本体论、致知论、伦理学、政治哲学、历史哲学等，深化了王夫之与周敦颐、张载、朱熹等人的思想比较，开拓了王夫之在《五经》《四书》研究方面的广阔论域，发掘了王夫之会通儒释道、批判天主教的思想，并追寻了船山之学对近代湘学和现代湘籍人物的广泛影响。

---

① 姚才刚、曾诚：《传统儒家"万物一体"说及其现代价值——以明儒蒋信为中心》，《文化发展论丛 2021 年卷》，社会科学文献出版社 2021 年版。
② 杜以恒：《王文清〈仪礼分节句读〉析论》，《中国经学》2021 年第 2 期。
③ 王高鹏：《严如熤经世思想与事功》，硕士学位论文，湖北大学，2021 年。

第二章　思想与学术:凝铸千年湖湘的精髓和灵魂

一　展现船山哲学的主体层面

吴根友在《中国哲学通史·清代卷》中,从本体论、致知论、伦理学、政治哲学、历史哲学四个方面,对王夫之的哲学思想进行了比较全面的说明。作者不赞同以"太极"为王夫之哲学的根本概念,认为"气"是王夫之哲学中的根本概念,太极、太和、诚、天、道、实有等概念都是在不同语境下,从不同侧面阐述阴阳二气的不同存有状态、特征与性质的,"以气论为根本出发点",王夫之提出了"'能必副所''行可兼知'的哲学认识论"以及"'行可兼知'的重行理论,在中国哲学史上开辟了重视人的社会实践的新思想道路";其人性论的突出贡献在于"第一次明确而系统地从日常生活的动态过程角度论证人性的变化、发展特征";其政治哲学的灵魂在于"生民之生死"高于"一姓之兴亡"的民本主义或者说人道主义精神;其历史哲学,除提出"理势合一"的历史规律说外,更深刻之处是突出地强调了人道与天道的差异性,通过对人的道德理性、自由意志的阐扬,肯定了历史前进过程中人的主观能动性的价值;在文明史观上,王夫之通过接触来华传教士和少量西方著作,"对人类的文明形态有了新的认识,不再将中华文明看作是唯一的文明形态",王夫之文明史观的精蕴在于他对中华民族未来命运的担忧。[①] 毫无疑问,这一系统的、整体性的论述,十分便于我们快速了解王夫之哲学思想的核心要义及其历史价值,但这是否因本质主义的追寻而遮掩了王夫之哲学思想的动态发展,显然也是有商榷余地的。

其他学者对于王夫之哲学思想的研究,大体上并未超出上述四个方面。对于王夫之的气学,刘又铭强调,王夫之哲学"实实在在是个气本论无误,但这气本论却是蕴含着一个理本论在内的气本论,是跟一个理本论融合共构的气本论,也就是一个神圣气本论",并通过心性论、修养工夫论来展示、论证王夫之以神圣元气为本原、本体的观点。[②] 张星、文碧方突出王夫之气论的层次结构,认为他明确将气区分为"太和之气"

[①] 吴根友:《中国哲学通史·清代卷》,江苏人民出版社2021年版,第114—175页。
[②] 刘又铭:《王船山神圣气本论的哲学典范》,《哲学探索》2021年第2辑。

与"成形之气"两个层次，由此来说明至善的根据、恶的原因等。① 李长泰从"人本之仁"切入，指出王夫之诠释人本之仁从四个逻辑层次上展开：一是人本之仁根源于气化流行之仁，气化成仁；二是人本之仁妙合于物理之仁，万理有仁；三是人本之仁顺应于良能之仁，良能安仁；四是人本之仁贯通于天道之仁，天体全仁，由此表明其诠释"完成了气化、物理、良能和天体的四层演化，体现了王夫之气学集大成的理论品质"。② 王志华认为，气学贯穿于王夫之的天道观、历史解读、政治批判、社会风气认知、士人反省、心性思考、工夫准备与读人知人等方面，这些方面的论述构成了庞大精致的气学世界体系。③ 尽管多数学者认为"气"是王夫之哲学的根本范畴，但学界仍有不同意见，程志华就坚持认为王夫之以"太极"为真正本体，太虚、天、太和、道等概念只是从多重角度对"太极"的疏解。④

对于王夫之的人性论，付定裕以王夫之对《易传·系辞上》"继善成性"命题的诠释为例，指出其人性论存在前期与后期的不同：他在三十六岁所作《周易外传》中，有"继之则善，不继则不善"之说，"隐含着人性可善可不善，是'后天不断生成的'观念"；在六十六岁所作《周易内传》中，则认为"人无有不继天道者，'继之者善'是纯善无恶的，即'人无有不善'"。⑤ 焦茵着眼于王夫之人性论中的道德动力问题，指出他虽然是以"气"为人性形成的根本动力，但又认为"气"并不能直接推动道德行为的生成，道德行为实现的根源来自"气"之"道心"，一方面，"道心"的先天性引导道德方向的确立；另一方面，"道心"在"人道"中的扩充使人性走上道德的路径，从而达到最高的道德境界。⑥ 人性是人与禽兽区分开来的根本，因而对于人性的讨论，经常会伴随着"人禽之辨"这一古老的话题。李秀娟、陈力祥分析了王夫之关于人禽之

---

① 张星、文碧方：《从〈张子正蒙注〉管窥船山"气"的层次》，《船山学刊》2021年第4期。
② 李长泰：《王夫之人本之仁诠释的四层逻辑》，《船山学刊》2021年第2期。
③ 王志华：《王船山气学思想研究》，博士学位论文，湖南大学，2021年。
④ 程志华：《无有不极也，无有一极也——关于究竟何为王船山哲学本体之辨析》，《河北大学学报》（哲学社会科学版）2021年第3期。
⑤ 付定裕：《王夫之"继善成性"说辨证》，《鹅湖学刊》2021年第7期。
⑥ 焦茵：《王夫之道德动力研究》，《衡阳师范学院学报》（社会科学）2021年第2期。

辨的基本理路,指出他"以两个世界和三重进路为视角","两个世界"即形而上的本体世界与形而下的生活世界,"三重进路"分别是从形而上层面审视人禽之辨,"别"在气之层级上、在人因气而成的时位上;从心性论的角度而言,"别"在道德情感上;就生活世界而言,"别"在形色冠衣、章服之美、形气之正、形色之正上。两个世界、三重进路的区分方法,最大限度地实现了人禽之"别"的可区分性,并为人伦道德的提升提供方法论上的指导。[1] 钮则圳认为,《俟解》集中体现了王夫之后期关于人禽之辨问题的思考,在《俟解》中,他指出明末社会的"庶民禽兽化",因为他们不善的"习气"替代了本有的"性气",所以沉溺于物欲生活不能自拔,因而应通过礼乐教化等方式拯救庶民,体现出强烈的时代关切。[2]

人性现实之恶的来源,是人性论的题中之义。自李翱提出"性善情恶"之论以来,"情"往往成为恶的来源,王夫之的看法亦然。高阳将王夫之的情论概括为"罪情论",认为王夫之将不善归罪于情,但又肯定情有为善与为不善的双重可能,其罪情的目的不在于去情、贬情,而是肯定情存在的合理性,进而践行"知几审位"的省察工夫,既发挥情为善的生发机能,又治不道之情,最终实现向善的理想,凸显了"情"范畴的独立意义,探索出去恶向善的新路径,消解了晚明重情思潮所带来的情之泛滥的负面影响。[3] 陈力祥、汪美玲比较了王夫之与朱熹的"四端七情"论,指出二人对"四端"内涵的认定存在根本差异:朱熹根据"已发未发"的性情体用之别将四端视为情,王夫之则从"有无自质"的立场视四端为性;对于"七情",朱熹认为其有善有恶,王夫之认为其可善可恶,具有极强的可塑性,因此二人对待"七情"的态度分别是"制"和"导","制"强调的是对情进行内敛的工夫,而"导"则注重发挥情

---

[1] 李秀娟、陈力祥:《论王船山的人禽之辨何以可能——以两世界与三进路为中心》,《衡阳师范学院学报》(社会科学)2021年第4期。
[2] 钮则圳:《王船山后期的"人禽之辨"思想及其时代关切》,《湖州师范学院学报》2021年第11期。
[3] 高阳:《王夫之罪情论发微——兼论其对情的界定及省察治情之道》,《海南大学学报》(人文社会科学版)2021年第6期。

的积极效用，同时也严防情的消极影响。① 王夫之的性情论与其修养工夫论显然是紧密联为一体的，祝浩涵即以《俟解》为中心，指出王夫之的工夫论"深受其善恶由相交之时地而起的思考以及习与性成的人性观的影响"。②

在道德伦理学方面，学界探讨了王夫之的义利观、孝道观、智德论等。王学锋指出，王夫之在坚持"义重于利"的前提下肯定个人追求合理的私人利益的正当性，同时又十分注重分辨合理的"自利"与损人利己的自私自利，反对极端利己主义，在学理上弥补了晚明以"人必有私"为出发点的功利主义伦理学的不足。③ 杨超逸对王夫之在《西铭》题解中的"孝"观念进行阐释，认为他以"孝"为人道的起点，"孝"在格物与致知之间的展开，是站在人的立场上不断体证天道，体证天道的过程即人道一步一步完成的过程，"天亲合一"于是在践行孝道得以实现。④ 晁佳佳按照"智"的对象，将之分为知天之智、知己之智、知人之智、知礼之智与知政之智，认为王夫之的智德论以"知天"作为哲学基础，以"知己"为起点，以智识为仁、义、礼、信提供理性支持，因而他既坚持"依于四德"，亦即"德"对"智"的引导规约作用，又强调"智统四德"，亦即"智"对"德"的理性基础作用。⑤ 以上论述进一步显示出王夫之思想的丰富性、发展性。

历史哲学是王夫之思想的另一亮点，充分体现出他的思想高度。张学智即指出，"哲学是历史的灵魂，决定史著的思想高度、艺术高度"，历史与哲学是"成一家之言"的关键，王夫之的《读通鉴论》不言正统，因理事而论得失，都是在哲学的指引下做出的，"是史评中最富哲学思想

---

① 陈力祥、汪美玲：《朱子与船山体用视域下的"四端""七情"之分判》，《船山学刊》2021年第2期。

② 祝浩涵：《简析船山工夫论的特色——以〈俟解〉为中心》，《船山学刊》2021年第5期。

③ 王学锋：《王夫之义利观的价值取向》，《南华大学学报》（社会科学版）2021年第5期。

④ 杨超逸：《践形闺庭内 位育天地间——船山〈西铭〉题解之"孝"探微》，《船山学刊》2021年第3期。

⑤ 晁佳佳：《王船山智德论及其当代价值》，硕士学位论文，湖南师范大学，2021年。

的著作"。① 罗焱、甄龙认为，王夫之的历史观"在一定程度上保留了历史循环论和历史退步论的观点"，不能仅以"历史进步论"衡定，其历史进步论有"线性进步模式"和旧破新立的"沿革模式"两种，只能"在民众生产生活之器和与之适应的社会政治制度这两个有限的维度上成立"。② 罗鸿也提出不同于学界以往的新观点，认为将王夫之的"宋代观"概括为"陋宋"，并不能体现其论宋的精要与复杂，他对于宋代的苛评，更多的是作为明遗民深负家国之悲的激愤之语，有着鲜明的夷夏之辨之背景，而在讨论宋代的贵士传统、"祖宗家法"及思想学术等方面则有诸多颂扬。③ 刘治立着眼于王夫之的"诸葛亮论"，介绍了他对诸葛亮的"隆中对"、联吴抗曹外交策略、个人品格和功业的独特评价，认为他选取的角度、得出的结论均很独特，可圈可点之处颇多，对于深化三国历史研究具有重要的意义。④ 吴戬更是打破时空限制，将王夫之的史学思想与黄仁宇的进行比较，指出二人均强调历史的连续性、大视域与逻辑性，注重历史的结构性变迁和长期发展趋势，重视历史的制度结构和地理基础，强调历史的借鉴价值与现代反思，兼具世界眼光与中国情怀；王夫之更重视传统文化的历史嬗变与自我更新，对历史传统既有求真辨伪的精神和理性批判的态度也有同情的理解。⑤

二 深化船山思想的比较研究

综观王夫之思想中的哲学概念，无一是其新的创造，他始终通过挖掘前贤的哲学概念内涵来表达自己的思想，这其中最显著的莫过于周敦颐的"太极"和张载的"气"。周欣分析王夫之《思问录》指出，该书中的"太极""动静""人极"等理学概念，既融合了周敦颐的"太

---

① 张学智：《中国哲学与史学——兼论王夫之〈读通鉴论〉的历史哲学》，《船山学刊》2021年第5期。
② 罗焱、甄龙：《论王船山"有限的"历史进步论》，《周易研究》2021年第4期。
③ 罗鸿：《王船山宋代观探赜》，《船山学刊》2021年第1期。
④ 刘治立：《王夫之的诸葛亮论》，《湖北文理学院学报》2021年第6期。
⑤ 吴戬：《黄仁宇与王夫之史学思想之比较》，《衡阳师范学院学报》（社会科学）2021年第1期。

极"思想，又贯通了张载的"气"学主张。① 当然，因为王夫之与张载拥有共同的气本论主张，所以二人的学术关系是学界更为关注的重点。不过，学界在讨论二人的学术关系时，并不限于比较他们的气学，如郑熊从"诚"说角度指出，张载延续了前人把诚解释为天道、修养工夫、人的道德以及境等看法，同时把诚解释为"真正""真实""实在"；王夫之继承了张载"诚"说的一些内容，但他把诚直接界定为"实有"，并以此为基础来观照本体和天地万物、体用关系、有无辨析以及批判佛老。② 吴国梁则着眼张载与王夫之的"礼之本"论，指出"王夫之在承继张载思想的基础上，提出礼之所以具有自运而运天下的特性，就在于道为礼之本"。③ 谷继明比较张载与王夫之对于"亲亲"之道的看法，认为《西铭》的立足点在于如何确立与宗族之外的他者的伦理关系，亦即如何聚合小的宗族使之成为一个整体，同时给"士"的角色加以定位，而非关注在宗族内部特别是纵向的父母子女之间的感情；王夫之的问题意识在于"天地为父母"说可能带来的人伦瓦解，因而强调普遍性的关怀和凝聚必须奠基于人最根本的内在性情"孝悌"中。④ 张大为从"文明儒学"视域说明张载与王夫之共同通过"大易不言有无"的本体论重建、"大心"的认识论拓展、"范围天用"、本之"天道"的价值论与信仰论体认，重建了人性与天道之间具有宽度与厚度的联动、互动关系。⑤

作为中国古典哲学的终结者，王夫之对前贤的批判与继承是极其广泛的。嵇雪娇指出，王夫之基于易学体系建构的需要，对北宋以来的图书易学传统及朱子易学都进行了深入的批判和新的诠释。⑥ 游森以王夫之

---

① 周欣：《王船山〈思问录〉对理学思想的建构——〈太极图说〉为中心的诠释》，《南华大学学报》（社会科学版）2021 年第 4 期。
② 郑熊：《从"实在"到"实有"——王夫之对张载"诚"说的继承与发展》，《船山学刊》2021 年第 4 期。
③ 吴国梁：《王夫之对张载"礼之本"论的承继与新释》，《船山学刊》2021 年第 1 期。
④ 谷继明：《张载与王夫之关于乾父坤母说的政治哲学差异》，《人文杂志》2021 年第 1 期。
⑤ 张大为：《"本天道为用"：文明儒学引论——以张载、王夫之为中心》，《学术界》2021 年第 5 期。
⑥ 嵇雪娇：《王船山对宋易图书学及朱子易学的批判与新诠》，《山东青年政治学院学报》2021 年第 6 期。

的心性论为中心，说明他采用了宋代理学家"性体心用"的架构来阐述性的显明方式，但与胡宏、朱熹之说不同，其"性体心用"并非已发之际对心的省察、存养，而是充分伸张心思，使性在心之思的作用下以思之原则显现，展现出"用中备体"的思想。① 赵阳阐述王夫之对程朱"在中"之说的讨论，认为在心性关系上，他通过区分"在中"的不同用法，修正了"在中"把心、性对立割裂的倾向；在体用关系上，他强调体用合一，肯定主体本身与本体的统一，因而批评"在中"有割裂心性体用的倾向，容易在功夫上出现"沦虚"与"逐物"的偏差。② 杨柳岸聚焦于王夫之的"造命论"，指出他对"君相所以造命"的讨论涉及"命的不可抗逆性、无定性"与"人能够理解和参与"这一对矛盾，认为其"造命论"是"在继承和修正林之奇造命说与批判以王艮为代表的认为人能改变自身命运的明末俗见中展开"，一方面，他把"命"理解为"命令"，因而"天之所命即理之流行"，循理即是受命，应以理性精神面对不可测的外部力量，"突破了以意志之天与传统德福观念论命的语境"；另一方面，他"只将实际发生的变化认定为命，反对将可能之趋势视作命，从而得出命只能被接受，而不能被改造的结论"，维护了"命的不可抗逆性"。③ 鲁晓聪分析王夫之的"慎动以永命"思想说，他承袭《周易》与理学的动静观，强调要将"动生万物"与"静中修养"相结合，共同促使"保命"的完成。④ 此外，喻中论述王夫之对儒家法理学的重整，认为他是在批判老庄与申韩的基础上阐扬了儒家法理学，认为礼是国家治理所依据的基本规范，在礼与仁之间，具有互为体用的关系；文明秩序应当通过"人禽之辨、夷夏之分、君子小人之别"三重关系来

---

① 游森：《理气之会转向理气之合——从朱子到船山的心统性情说》，《船山学刊》2021年第1期。

② 赵阳：《"在中"与"时中"：王夫之对程朱"中和"说的整合与反思》，《朱子学研究》2021年第2期。

③ 杨柳岸：《人能改变命运吗？——王夫之"造命论"新解》，《南京大学学报》（哲学·人文科学·社会科学）2021年第5期。

④ 鲁晓聪：《王夫之"慎动以永命"思想的三个维度》，《衡阳师范学院学报》（社会科学）2021年第4期。

建构。①

三　开拓船山经学的广阔论域

除了发明前贤的哲学概念内涵来表达自己的思想外，王夫之的哲学思想的表达，更多的还是通过经典诠释这一途径，其代表性的思想著作无一不是对儒家经典的再阐释。康宇指出，王夫之将解读经典与哲学建构融为一体，创造出一套独具特色的经典诠释思想。富有哲理的批判精神，忧怀家国的情感指向，重视人格的精神旨意以及重建秩序的政治理想，是这一诠释思想的突出特色，而他发明出的"两端一致"的诠释思维，在丰富儒学诠释思想的同时，扩充了中国古代辩证法内容体系。②

对于王夫之的具体的经典诠释实践，在《易》学方面，阳姣概括说，王夫之易学中"象"的本体伦理学，从"絪缊不可象"的宇宙本体论开始，由"错综合一"的道德构象论展开，最终以"乾坤并建"的本体伦理学为旨归。③王政杰关注学界尚未注意到的王夫之易学中的矛盾表述，指出以"智"配"贞"主要存在于《续春秋左氏传博议》《读四书大全说》等作品中；以"信"配"贞"则主要出现在晚年的《周易内传》《张子正蒙注》与重订的《周易外传》里，"贞信"说是其晚年产生的转变。④秦晋楠以王夫之在《周易外传》中对性、形、情、才等范畴的论述，展现出王夫之对孟子学与朱子学立场的融合，及其对宋明理学的发展。⑤耿子扬、张莉则将《周易外传》纳入系统科学的视域，揭示出其中"一系列与现代系统科学相呼应的观点"，认为王夫之的易学思想"有助于建立一种对开放复杂巨系统研究具有启示意义的阴阳二元趋势的多层

---

① 喻中：《王夫之对儒家法理学的重整及当代价值》，《中南大学学报》（社会科学版）2021年第4期。
② 康宇：《试论王夫之经典诠释的思想与实践》，《中南大学学报》（社会科学版）2021年第1期。
③ 阳姣：《船山易学中"象"的本体伦理学》，《周易研究》2021年第4期。
④ 王政杰：《王夫之易学中的"贞智"说与"贞信"说辨》，《周易研究》2021年第2期。
⑤ 秦晋楠：《性形同原 情才同原——〈周易外传〉对人性的看法再论》，《周易研究》2021年第6期。

叠加分析框架"。①

在《诗经》学方面,颜清辉指出,王夫之的《诗广传》"以自身独特的哲学为根本,结合自己的历史际遇,并综合史学、诗学、政治等诸多科目而创作,整体性地清理文化学术得失,反思历史气运兴衰",最终呈现为一个以"情"为核心的解释结构。② 高文霞、杨建艳发掘《诗广传》中的生死观,将之概括为"裕于死生",并认为,相对于"裕于死",王夫之更关注劫后余生的君子如何"裕于生"的问题,提出"择"与"恒"是实现"裕于生"的基本保障。③ 周阿红从文化诗学的视域解读王夫之的"训诂必依古说",认为此说充分体现了王夫之崇古尚古的文化思想,其逻辑理路是在承认事物发展变化、古今变易的基础上去依古,去还原《诗经》时代的历史语境。④

在《尚书》学方面,马华、焦茵分析王夫之在《尚书引义》中对道学"十六字真言"的论述,认为他通过阐述"人心"的三重之"危"建构起有关"心"的思想体系。⑤ 周轩宇将《尚书引义》中的人格美思想概括为:"至诚尽性"的独立人格美、"志为气帅"的刚健人格美、"身任天下"的豪杰人格美。⑥

在《礼记》学方面,付兵深入研究了学界关注不多的《礼记章句》,认为该书"沿用章句诠释体例,具有浓烈的汉学色彩",王夫之在《礼记》学衰微时期借助《礼记》文本展开系统诠释,开一代《礼记》研究之先河,推动了明清之际黜虚崇实的学风转变,也助推了清朝中期"以礼代理"思想的产生。⑦

---

① 耿子扬、张莉:《系统科学视角下的王夫之〈周易外传·系辞传〉解读》,《船山学刊》2021年第2期。
② 颜清辉:《情之功夫——王船山〈诗广传〉的诠释核心》,《衡阳师范学院学报》(社会科学)2021年第5期。
③ 高文霞、杨建艳:《王夫之"和乐"〈诗〉教思想影响下的生死观——以〈诗广传〉为核心》,《邯郸学院学报》2021年第2期。
④ 周阿红:《王夫之"训诂必依古说"新解》,《船山学刊》2021年第5期。
⑤ 马华、焦茵:《论王船山"人心"之三重"危"——以〈尚书引义〉为例》,《山西高等学校社会科学学报》2021年第12期。
⑥ 周轩宇:《王夫之〈尚书引义〉中的人格美思想研究》,硕士学位论文,山东师范大学,2021年。
⑦ 付兵:《王船山〈礼记〉诠释研究》,硕士学位论文,中央民族大学,2021年。

在《春秋》学方面，田丰从"义例、善恶与工夫"三个向度考察王夫之的《春秋》学著作，认为王夫之没有给学者提供一套义例结论，而是在一个个历史公案中综合参考多方要素，追溯分析《春秋》义例如何理随势变，引领学者思想与经传互动对话，从而提升权衡中道的能力，其着眼点并不是通过思辨最终建构出某个能够整全地涵盖政治、伦理、历史、王道的理论，而是在描述与展示通过怎样的工夫能够让学者自己一以贯之，察于古今，明乎事变，进而通过工夫论生成心体本身。①

在《四书》学方面，吴姝环基于《读四书大全说》考察王夫之的理欲观，认为他一方面"批评程朱理学离欲谈理、重理轻欲的倾向"；另一方面，"又注重吸取重义轻利、以理制欲的因素"，形成了"理寓于欲"与"以理导欲"的创新性观点。②李敬峰从动态的视角考察王夫之在不同时期的《大学》注本，由此在王夫之与朱子学的关系问题上提出了不同于学界或宗承、或修正、或参伍的新观点，即王夫之对于朱子学的态度，有一个"由批评到依违，再到推衍、发越和卫道朱子"的发展过程。③李玮皓讨论了王夫之对《中庸》与《孟子》的诠释，指出他对《中庸》"君子观"的诠释，使君子之道"在内在修养与外在化成的内外贯通中得以挺立"；他对《孟子》"才情观"的诠释，发挥出"主横渠、兼朱子、反陆王"的思想。④

四 发掘船山思想的会通面向

虽身为儒家学者，但王夫之并不绝对保守儒家教义，而是积极研究佛道的哲学，以儒家为本位会通儒道佛。这种开放包容的治学态度，也是其成功建构出体大思精的思想体系的重要原因。不过，对于天主教思想，王夫之虽接触不多、评论亦少，但他对天主教思想的相关评论均显示出强烈的驳斥态度。

---

① 田丰：《义例、善恶与工夫——王船山〈春秋〉学中的变与常》，《船山学刊》2021年第6期。
② 吴姝环：《从〈读四书大全说〉看王夫之"理气关系"》，《长安学刊》2021年第5期。
③ 李敬峰：《从〈大学〉诠释看王船山对朱子学态度的嬗变》，《求索》2021年第6期。
④ 李玮皓：《论王船山诠释视域下〈中庸〉的"君子"观》，《孔子学刊》第十二辑；《论王船山〈孟子〉学的"情""才"观》，《船山学刊》2021年第6期。

第二章 思想与学术:凝铸千年湖湘的精髓和灵魂

就会通儒道来说,因为儒道拥有"气化宇宙论"的共同主张,而"气"的运行转化本身就是自然而然的,所以"自然"成为儒道都十分重视的一个哲学概念。陈赟分析王夫之哲学中的"自然",认为船山哲学中的"自然"意味着一种与"人为"不同的自发性运作方式,它无法为人的知能所穿透,也不能被理解为作为根据的终极原因或造物主,而是一种自发性、自本自根的以自正性命为指向的秩序,关联着一种终极无为宇宙观。船山以人之天、物之天、天之天三个概念将自然区分为人的自然、物之自然与宇宙之自然三个层面,人的自然规定了人的性分,人对其自然的深化与拓展不过是回归自身。这样一来,"人之自然"就不再同质于物之自然与宇宙之自然,而包含了"围绕着人的本性的提升与转化而展开的积极的历史文化创造"。① 由此可见,王夫之对道家"自然无为"观念的改造,使之脱离形式上的"无为",而转化为更高层次的"自然"。蔡家和则以王夫之《庄子解》对《达生篇》的解释来考察其儒道会通思想,指出王夫之对于"达生"的解读,以"性日生日成"及两端一致为主轴,认为"生"不只是生存,还有道德上之努力不懈而为生,是把庄子的义理合辙于儒家君子之道。② 杨柳青分别对王夫之的《老子衍》和《庄子解》进行解读,提出了一些新的看法,如他认为王夫之对待老子的态度"不仅不似《自序》中严厉消极,反而多有认同",《庄子解》"始终以内七篇的思想为研究视域和判断基准,注重保存庄子思想的整体性与独特性",并善于总结庄子说理过程中的方法、规律,化为己用。③

在儒佛会通方面,徐孙铭指出,王夫之对唯识心学的借鉴,形成了"主客一致、能所结合、现量实证的认识论,破执立志、树立浩然正气的精神导引论,以及转识成智、相天造命的成圣论",其会通儒佛是从开展

---

① 陈赟:《自然与天道:船山哲学中的"终极无为宇宙观"》,《哲学与文化》2021年第9期。
② 蔡家和:《王船山〈庄子解·达生〉之儒道会通》,《商丘师范学院学报》2021年第1期。
③ 杨柳青:《王夫之老学思想辨析》,《船山学刊》2021年第3期;《论王夫之解〈庄子〉方法》,《湖南工程学院学报》(社会科学版)2021年第2期。

哲学批判、发展儒家正学和融通世间与出世间法的需要出发。①

至于儒耶会通，朱锋刚指出，在儒耶相逢的明清之际，与利玛窦采用寻求儒耶的相似之处的"适应"策略不同，王夫之则是沿用"华夷之辨、圣学与异端之辨"的正统观思路，遵照亲亲尊尊的原则对"天主"概念、"地圆说"等进行驳斥；但王夫之对于天主教的误判，并非简单地因个人固陋，而更多的是其知识传统下的系统性"剧场假象"所致。依据现代人的生存经验来苛责船山的守旧过于简单化。②谷继明认为，与明清之际的一些儒者加强经典中"天""帝"的人格化解释，以会通或应对天主教不同，王夫之进一步发展理学，基于理学的立场，来应对天主教义的挑战，他对天主教的理解，虽没有现代人理解得深入和准确，但他仍然敏锐地意识到了儒家文明与天主教的根本差别，并就此展开辨析，这也使得他对儒家的宗教向度和伦理特色都有深刻的揭示。③

五 追寻船山学的近现代影响

王夫之的思想学术在沉寂无闻百余年后，经过晚清经世学派的重新发现才逐渐大显于世。晚清以降，王夫之的思想学术，尤其是他的经世致用学风，在社会上产生了广泛而深远的影响。

郑佳明指出，王夫之在批判理学、心学知行观的基础上提出了自己"知行相资"，强调实践，主张力行，呼吁变革的新知行观，近代湘学中的一条注重实践、强调"应变"的认识论思想线索，即从王夫之的知行观衍生出来的。④冯琳从维新派的思想管窥王夫之的实践观对近代的深远影响，认为王夫之的实践观受到明清之际西学东渐的影响，将实践的内容逐渐拓展到了自然科学的领域，对谭嗣同、梁启超均有深刻影响，前者运用其易学、实学，并融合西方自然科学理论来构建哲学思想，后者吸收了其思想中的实证主义因素，形成了"求是"与"求实"的科学实

---

① 徐孙铭：《船山心性学与唯识心学的辨析会通》，《衡阳师范学院学报》（社会科学）2021年第2期。
② 朱锋刚：《中西哲学对话中的认知、方法与立场——以王船山论利玛窦为例》，《船山学刊》2021年第6期。
③ 谷继明：《重思王夫之对天主教的理解与评价》，《船山学刊》2021年第6期。
④ 郑佳明：《船山知行观与近代湘学认识论》，《船山学刊》2021年第4期。

践观。① 朱君鸿从本体论、人生论、学论三个方面进一步说明了王夫之对熊十力哲学思想建构的影响。②

此外，王夫之对青年毛泽东的思想影响，亦是一个饶有兴味的话题。王兴国指出，自 1914 年船山学社成立开始，青年毛泽东就受船山重民族气节、重知行统一、重个人独立等思想影响；自 1920 年 7 月至 1923 年 11 月，以毛泽东为重要代表的新民学会成员或早期中国共产党党员"接管"了船山学社，在社内组织长沙中韩互助社、创办湖南自修大学，培养了一批党的优秀干部；在领导中国革命和建设的漫长岁月中，毛泽东认真研读船山著作，将其作为马克思主义中国化的重要思想资源，关心有关船山的文物保护。毛泽东的一生与船山的关系是密切而深刻的。③ 王泽应从伦理思想入手，更加具体地表明了王夫之对青年毛泽东思想的影响，认为青年毛泽东伦理思想的形成，是由杨昌济等老师的教导，"赓续着王夫之伦理思想的精神血脉"，并将王夫之的伦理思想"与其寻找救国救民的大本大源联系起来加以创造性转化和创新性发展"，从而对王夫之的伦理思想做出了超越式的理解。④

第五节　近代湘学研究议题表现贫乏

近代湘学是湖湘学术继宋代湖湘学之后的又一高峰，涌现出一大批人才，不仅改变了湖南保守落后的文化局面，而且对于中国的改革进步发挥出了巨大的推动作用。近代湘学，按类型可分为理学经世之学、维新变法之学、共和革命之学和传统的经学与理学。2021 年，学界对于近代湘学的研究成果不多，议题略显贫乏。

---

① 冯琳：《王船山实践观的近代影响——以维新派谭嗣同、梁启超为例》，《孔子研究》2021 年第 1 期。
② 朱君鸿：《熊十力对王船山哲学思想的继承与创发》，《中国石油大学胜利学院学报》2021 年第 2 期。
③ 王兴国：《毛泽东与船山学社和船山学》，《船山学刊》2021 年第 4 期。
④ 王泽应：《船山伦理思想和青年毛泽东对船山伦理思想的创新性发展》，《船山学刊》2021 年第 5 期。

一　湖湘经世之学研究

湖湘理学经世派以魏源、罗泽南、曾国藩、左宗棠等人为代表，相关研究主要集中在他们的经世致用思想。对于魏源，陈邵桂将其在《默觚》中提出的"履不必同，期于适足；治不必同，期于利民"的"变古"之道称作"履"论，其意为"国家治理之道随着时代的变迁进行相应变革是历史的必然"，在近代中国社会影响深远。① 宗坤分析魏源史学著作《圣武记》指出，该书并不只是简单歌颂清朝皇帝的历史功绩，而是具有突出的内容、体例特点，如史源广泛、以地为序、史论与纪事本末体相结合等，是中国传统史学到近代史学的转折、近代爱国主义史学的开端。② 曹晓娇以魏源的经世致用思想为基础，从魏源的现有著作中梳理挖掘其对边疆及边疆民族问题的相关记述，从历史学的角度剖析魏源的边疆观和边疆民族观，论述魏源的边疆民族史学思想。③ 雷鹏文杰以魏源"师夷长技以制夷"的爱国主义思想为对象，指出魏源从政治改革入手，提倡"德位相配"的政治主张，提出"利国以利民"的经济改革主张、"通经以致治"的文化改革主张以及"精兵且善战"的军事改革主张等，以期达到"师夷制夷""富国强民""抵御外辱"的目的。④ 刘骞澧从管理哲学视角讨论了魏源的国家治理思想，通过对魏源以经世实务为根本原则、以扩大政治参与为基本路径、以加强国家权力为核心的家国思想体系的研究，挖掘其中现代国家治理意识的萌芽，探寻近代思潮中发自中国本土的现代国家思维脉络及其自身的发展趋势。⑤

关于罗泽南，刘俊展现了他在《姚江学辨》中认为罗泽南的批判在学术史上具有重要的典范意义：一是标揭程朱、重振宋学，使程朱理学得以在乾嘉汉学没落之后再度崛起；二是显豁程朱、陆王之学的创获与

---

① 陈邵桂：《魏源"履"论及影响述略》，《邵阳学院学报》（社会科学版）2021 年第 3 期。
② 宗坤：《魏源〈圣武记〉研究》，硕士学位论文，曲阜师范大学，2021 年。
③ 曹晓娇：《魏源边疆民族史学思想研究》，硕士学位论文，内蒙古民族大学，2021 年。
④ 雷鹏文杰：《魏源经世致用爱国主义思想研究》，硕士学位论文，湖南师范大学，2021 年。
⑤ 刘骞澧：《魏源家国思想的现代治理寓意研究》，硕士学位论文，黑龙江大学，2021 年。

局限。① 范大平指出,"尊崇程朱理学、捍卫封建纲常、重视思想教育、坚持忠义血性、倡导经世致用、热心文治武功,是罗泽南基本的文化品格,也是其理学经世思想的精神内核",其理学经世思想对湘军的创建、训练、治军及其内部组织结构与军制的确立,以及晚清学术风气的转变与近世湖湘经世派文化的兴盛均有重要影响。②

对于曾国藩,刘敏璇、朱耀斌以《曾国藩家书》为中心,从立德的属性、立德的目标、立德的途径、立德的方法四个方面对曾国藩"立德"思想的内容进行梳理,并从"严私德:立德文化涵养优良家风""孕公德:家庭私德孕育社会公德""明大德:应对价值失落感的启示"这三个方面总结曾国藩"立德"思想的现代价值。③ 郭慧鑫将曾国藩伦理思想概括为社会伦理思想、家庭伦理思想和个人伦理思想三个方面,对其各自的主要内容和特征进行了阐述,认为其伦理思想具有"时代进步性、朴实平民性、封建保守性以及内在矛盾性",并重点研究了曾国藩伦理思想的现实意义。④ 钱朝军、田密挖掘曾国藩书信中的重农、爱农思想及劳动实践,介绍了曾国藩以"崇尚劳动""劳动养生""勤敬有恒""劳动兴家""严谨细致"为主要内容的劳动思想。⑤ 吴照云、姜拾荣梳理曾国藩家书中的组织管理思想,指出其"立志"思想对于明确组织目标及规划达成目标的路径,以"智"治人思想对于克服组织效益低下,人在器先思想对于人才的识别和使用,孝友传家思想对于组织的迭代传承等都有独到的见地。⑥ 程谦、程峰则关注曾国藩的廉洁之道,认为曾国藩以身作则,以廉律己,以廉律他,不仅成就了磊落非凡的清廉人生,奠定了

---

① 刘俊:《罗泽南〈姚江学辨〉的核心要旨及其思想史意义》,《东岳论丛》2021 年第 9 期。
② 范大平:《论罗泽南理学经世思想及其对湘军的影响》,《湖南人文科技学院学报》2021 年第 6 期。
③ 刘敏璇、朱耀斌:《曾国藩"立德"思想及其现代价值——以〈曾国藩家书〉为中心》,《湖南人文科技学院学报》2021 年第 4 期。
④ 郭慧鑫:《曾国藩伦理思想现实意义研究》,硕士学位论文,沈阳工业大学,2021 年。
⑤ 钱朝军、田密:《曾国藩劳动思想及其当代价值》,《湖南人文科技学院学报》2021 年第 5 期。
⑥ 吴照云、姜拾荣:《曾国藩家书中的组织管理思想探究》,《江西社会科学》2021 年第 3 期。

"不世大业"的坚实基础,而且为当代的廉政建设提供了宝贵的资鉴。①

学界对左宗棠思想的研究,也主要以其《家书》为中心,着重分析其家庭教育思想。如刘茂旺、刘德军指出,左宗棠的家庭教育观主要表现在持家、立德、明志、经世四个方面,并在教育方针、育人实践和人才定位上也展示了丰富的思想内涵。②吴根友、孔建龙认为,左宗棠《家书》的核心价值取向是"成人"优于"举业"。③程军、汪慧中指出,在谨守儒家倡导的"耕读家风"基础上,左宗棠的读书观继承、发扬了程朱理学关于读书、修身的优良传统。④

此外,刘美君指出,左宗棠终其一生都在为复兴传统儒学思想而奋斗,顺应了时代和历史潮流,客观上促进了中国传统教育在形式上的逐步解体,创设了"产学结合"的新型教学模式,推动了西北地区的近代化,开启了中国教育近代化的进程。⑤袁天阳从政治、军事、经济、民族和教育五个维度阐释左宗棠的边疆治理思想。⑥王泓论述了左宗棠德育思想的核心内容,即修身育人思想、爱国安民思想和经世致用思想,并从中小学生、高校大学生、社会人群三类群体出发,结合具体道德现状及问题探究左宗棠德育思想的当代价值的应用及实践路径。⑦

二 湖湘维新之学研究

谭嗣同、唐才常、熊希龄等是湖南维新运动的代表性人物。对于谭嗣同思想学术的研究,魏义霞从仁学、人性论、老子观、荀子观、国学观、佛学观等方面,对康有为与谭嗣同的思想进行审视和比较,康有为、

---

① 程谦、程峰:《以廉律己与以廉律他:曾国藩的廉政之道及其资鉴》,《焦作大学学报》2021年第3期。
② 刘茂旺、刘德军:《左宗棠家庭教育观的"四个维度"及其当代价值》,《湖南人文科技学院学报》2021年第2期。
③ 吴根友、孔建龙:《"成人"优于"举业"——左宗棠〈家书〉的核心价值取向探论》,《湖北大学学报》(哲学社会科学版)2021年第1期。
④ 程军、汪慧中:《论左宗棠的读书观——以〈左文襄公家书〉为中心》,《长春大学学报》2021年第9期。
⑤ 刘美君:《左宗棠教育思想研究》,硕士学位论文,沈阳工业大学,2021年。
⑥ 袁天阳:《左宗棠的边疆治理思想研究》,硕士学位论文,吉林大学,2021年。
⑦ 王泓:《左宗棠德育思想研究》,博士学位论文,哈尔滨工程大学,2021年。

谭嗣同的思想既有相同点，又有不同点，①并结集为《康有为与谭嗣同思想比较研究》②一书出版。胡治洪从谭嗣同的宇宙论、人生论、认识论方面说明其哲学思想具有新旧杂糅的特点，但又强调，谭嗣同之所以杂糅中西古今思想资源，是贯彻着"尚通求变"的理论旨归的。③沈雅彤对谭嗣同的政治思想提供了一个新的理解角度，认为《仁学》中蕴含丰富的佛学观念与政治思想，佛学为其政治思想提供了丰富的资源，"菩提心"与心力论贯穿政治思考始终，由此谭嗣同的思想中是存在"度社会"的佛学政治观念的。④宋健也探讨了谭嗣同的荀子观，认为他对荀学的批判是他批判君主专制及"君为臣纲"的逻辑起点。⑤施丹以谭嗣同的"民主思想"作为研究对象，从事物的本末关系、和同关系以及理欲关系三个基本哲学角度分析了谭嗣同"民主思想"中的民权观、平等观和自由观的内容，从其进步性、局限性以及其哲学启示三个方面对其思想进行了合理的哲学审视。⑥张金从"心"范畴对谭嗣同本体论、认识论、无我说等哲学思想进行探究，并通过与古代心学和近代康梁心学的对比，从两个不同维度凸显谭嗣同独树一帜的心学思想。⑦

对于唐才常的思想，许屹山等人指出，他提出的"融通中西""新吾中国"的改革主张，构筑了一个以通商为核心，涵盖通学、通使、通法、通种、通教等内容的宏大思想体系，这一思想体系尽管有不少庞杂斑驳之处，但大都是晚清中国所面临的紧迫课题，充满了与时俱进的改革创

---

① 魏义霞：《仁与天、气——康有为、谭嗣同哲学比较》，《哈尔滨市委党校学报》2021年第5期；《康有为、谭嗣同的人性论比较研究》，《佛山科学技术学院学报》（社会科学版）2021年第3期；《近代哲学与戊戌启蒙——双重视域下的康有为与谭嗣同》，《云梦学刊》2021年第4期；《康有为、谭嗣同的老子观比较》，《中国人民大学学报》2021年第6期；《论康有为、谭嗣同的荀子观》，《孔子研究》2021年第2期；《康有为、谭嗣同的国学称谓及国学研究》，《理论探讨》2021年第2期；《康有为、谭嗣同的经典观与国学观》，《齐鲁学刊》2021年第1期。
② 魏义霞：《康有为与谭嗣同思想比较研究》，人民出版社2021年版。
③ 胡治洪：《中国哲学通史·现代卷》，江苏人民出版社2021年版，第57—80页。
④ 沈雅彤：《谭嗣同"度社会"佛学政治观之探究》，《重庆三峡学院学报》2021年第1期。
⑤ 宋健：《论谭嗣同的启蒙思想——以荀学批判为例》，《黑龙江史志》2021年第9期。
⑥ 施丹：《谭嗣同民主思想的哲学研究》，硕士学位论文，苏州科技大学，2021年。
⑦ 张金：《谭嗣同心学思想研究》，硕士学位论文，黑龙江大学，2021年。

新精神。① 杨小艺对唐才常哲学思想的理论来源、基本内容以及历史评价，着重探讨了唐才常的天人观、心学观、格致观、变易观、历史观的基本内容以及各种观念之间的内在联系论。②

三　湖湘经学与理学研究

在近代湘学史上涌现出唐鉴、王先谦、王闿运、皮锡瑞等一大批理学名家与经学大师。周接兵探讨了唐鉴重振朱子学的原因、方法与内容，指出：在理论层面，唐鉴以深厚的朱子学理论素养编纂了《国朝学案小识》《朱子学案》《朱子年谱考异》等理论著作，站在维护孔孟程朱道统的高度，系统寻绎朱子学学术源流和传承谱系，深入阐发朱子学学术思想，特别是其中若干重要的学术概念和范畴，对于非朱子学的阳明心学和乾嘉汉学等则予以毫不留情的批判，有力地捍卫了朱子正学的学术地位。在现实层面，他从朱子学修齐治平的义理精神和湘学经世致用的思想特质出发，提出了"守道救时"的理念，并以自身的实际行动致力于革除弊政、振兴教育、挽救世道人心，一定程度上改变了现实，并在师友弟子中产生了深远的影响，而间接影响了19世纪中叶的政治风云和学术走向，进而提出"没有唐鉴就没有咸同时期的朱子学复兴局面的顺利出现，没有唐鉴就没有湘学近代转型的顺利进行"这一观点。③

黎汉基探讨了皮锡瑞的经学思想，认为在《经学历史》中提出的五项论证"经之名出自孔子"的证据都是不能成立的。在此之前，龚自珍《六经正名》已提出了两项皮锡瑞没有面对的反证。皮锡瑞为了证明"孔教"仍然有用，因此把"经"之名也要追溯至孔子头上，却又无法圆满地佐证其说。相比之下，龚自珍"天下有六经久矣"之说比皮氏之说更高明，也更经得起推敲。④

---

① 许屺山、吴慧、彭大成：《"融通中西"与"新吾中国"：唐才常改革思想再探赜》，《山东理工大学学报》（社会科学版）2021年第2期。
② 杨小艺：《唐才常哲学思想研究》，硕士学位论文，黑龙江大学，2021年。
③ 周接兵：《唐鉴对朱子正学的重振与弘扬——兼论其对湘学近代转型的影响》，《朱子学研究》2021年第2期。
④ 黎汉基：《"孔子出而有经之名"驳议——皮锡瑞〈经学历史〉的论证问题》，《文史哲》2021年第5期。

张锦少提出不同于学界大多以"集大成"作为《诗三家义集疏》在《诗经》学史上的定位,认为"复古"才是王先谦对《集疏》的定位。作者全面梳理了《集疏》中近九百条可以判断为王氏个人意见的案语,发现学者一直强调《集疏》集大成的主要来源——《三家诗遗说考》并不是案语内容的核心,相反扬厉三家、贬抑《毛诗》的内容比比皆是,集大成显然不是王氏个人最为关切,也不是王氏认为《集疏》最有价值的部分。文章通过《集疏》书题的改易、体例的选定、案语内容的厘清以及王氏晚年学术脉络的考察,发现王氏尝试透过今文三家经师保留下来的遗文旧义,复原千多年来因《毛诗》独尊而失落的古经真貌。[①]

张鑫洁指出,王闿运将《大学》定位为"天子之学",以修身为本,他对天子修身之学的阐释,围绕修身定义、修身之法、修身目的展开。王闿运的天子之学,是在尊重天子性情差异的基础上,以经世致用为目的,政学一体的修身之学。[②] 雷定京、李夫泽以王闿运《老子注》"德充应帝王"政治哲学思想为中心,指出其政治哲学理论建构倡明了"清净勤世"的德性要求以期培育主体圣人品性,强调了"言兵佐治"的实践途径以求缔造富国强兵之盛世,提出"知圣率人"的管理方法以挽救内忧外患之危机,点明了"德充而应帝王"的成王成圣之光明大道,实现了道德践履与政治实践的合二为一。[③]

附带一提的是,颜全己对邹汉勋的舆地学进行了探讨,指出他把传统舆图"制图六体""计里画方""四至八到""古墨今朱"等绘图原则同实地测量、多色成图、创造标识符号等方法结合起来绘制新图,包含了西方地图的理念,是近代舆地学的创新性发展。[④]

[①] 张锦少:《论王先谦对〈诗三家义集疏〉的定位》,《经学文献研究集刊》2021年第1期。

[②] 张鑫洁:《从〈礼记·大学〉篇论王闿运的天子之学》,《湖南大学学报》(社会科学版)2021年第3期。

[③] 雷定京、李夫泽:《王闿运〈老子注〉"德充应帝王"政治哲学思想探析》,《湖南人文科技学院学报》2021年第3期。

[④] 颜全己:《论邹汉勋对地方志舆图绘制的继承与发展》,《中国地方志》2021年第4期。

第六节　现代湘籍人物思想学术研究焦点集中

现代湘籍人物活跃于各个文化领域，在马克思主义理论研究和哲学、史学等领域的研究中出卓越的贡献。2021年，学界对现代湘籍人物的研究焦点比较集中，主要关注了湘籍马克思主义理论家李达、刘少奇对马克思主义理论的研究与传播，湘籍哲学家李石岑的尼采研究、马克思主义哲学研究和金岳霖贯通中西的逻辑学，以及湘籍史学家翦伯赞、吕振羽、张舜徽的史学思想。

一　湘籍马克思主义理论家思想研究

李达是马克思主义在中国早期的主要传播者之一，是杰出的马克思主义理论家、哲学家，其《现代社会学》与《社会学大纲》是早期共产党人阐发马克思主义的重要文献。新中国成立后，李达将学术活动的重心放在对毛泽东思想的研究和宣传上，《〈实践论〉解说》《〈矛盾论〉解说》即为代表。黄梓根将李达的学术生涯分为"上海时期、北平时期、湖南大学时期和武汉大学时期"，指出李达在马克思主义中国化理论研究方面的重要成果《现代社会学》《法理学大纲》和"两论"解说都是在湖南大学工作期间完成的，因而湖南大学时期是李达开展马克思主义中国化理论研究的成果巅峰期，也是他对马克思主义中国化开展教育实践的鼎盛期。[①]

关于李达早期对马克思主义的研究和宣传，欧永宁、吴翠云探讨了李达在建党前后，为解决"中国向何处去"这一根本问题，围绕坚持什么样的社会主义、走什么样的发展道路、采取什么样的社会改造方案等，与基尔特社会主义者展开的激烈论战。[②]胡治洪从李达对社会的构造、社会的意识、社会的形成、社会的演进、社会的前途及其实现方式，以及

[①] 黄梓根：《论湖南大学时期李达对马克思主义中国化的学术贡献》，《湖南大学学报》（社会科学版）2021年第5期。

[②] 欧永宁、吴翠云：《李达、李汉俊批判基尔特社会主义的思想贡献》，《衡阳师范学院学报》2021年第2期。

中国社会运动的特点和途径等问题的论述,具体介绍了《现代社会学》对唯物史观的系统表达,并从宇宙观、认识论和方法论三个方面说明了《社会学大纲》对马克思主义的全面阐述,认为《现代社会学》与《社会学大纲》对马克思主义的阐发,虽然"都不是李达的独创新见,而多为他对马克思主义经典作家的学说以及一些马克思主义学者的研究成果的转介",但这并不妨碍李达的历史性贡献,正是"这种全面、系统、深入、准确、清晰的传达,使马克思主义在中国得以开创性地完整地呈现"。① 桑东辉指出《社会学大纲》从唯物辩证法、历史唯物论、马克思主义经济学、政治学等方面构建起意识形态理论体系,极大地丰富和发展了中国共产党早期意识形态理论,有力推动了马克思主义中国化的进程。② 曲广娣指出,斯大林的一些观点对李达产生重要影响,在《社会学大纲》等著述中都有所体现,不过作为理论家,李达以逻辑认知和求实意旨而对马克思主义哲学有跳脱斯大林观点影响之外的独到见解。③ 周杰也探讨了李达在马克思主义早期传播中的实践探索、理论探索及其历史贡献、现实启示。④

关于新中国成立后李达对毛泽东思想的研究和宣传,李维武指出,李达以《〈实践论〉解说》开启《实践论》解读之路,得到了毛泽东的认同、支持和参与,并直接影响了陶德麟。⑤ 汪信砚比较李达与陶德麟对马克思主义哲学的中国化,指出他们在不同时代条件下全力投身于马克思主义哲学中国化,都在推进中国马克思主义哲学发展方面取得了卓越成就,演绎了一场马克思主义哲学中国化的百年思想接力。⑥ 曾珺指出,

---

① 胡治洪:《中国哲学通史·现代卷》,江苏人民出版社2021年版,第321—364页。
② 桑东辉:《李达对中共早期意识形态理论建构的贡献——以〈社会学大纲〉为例》,《武陵学刊》2021年第3期。
③ 曲广娣:《论斯大林体系之于李达唯物辩证法研究的影响》,《中国延安干部学院学报》2021年第2期。
④ 周杰:《李达对马克思主义早期传播的历史贡献研究》,硕士学位论文,西安理工大学,2021年。
⑤ 李维武:《从李达到陶德麟的〈实践论〉解读之路》,《马克思主义哲学研究》2021年第1期。
⑥ 汪信砚:《陶德麟对李达的继承与发展:马克思主义哲学中国化的百年思想接力》,《哲学研究》2021年第1期。

李达在新中国成立后研究和宣传毛泽东哲学思想，将主要精力放在《实践论》《矛盾论》上，对两论中的一些观点进行了丰富和补充，更加注重思想对实践的指导意义。① 叶林涛、雷家军认为，《〈矛盾论〉解说》语言通俗易懂、逻辑缜密，使《矛盾论》更易于群众干部学习，从而使《矛盾论》的社会影响、理论研究和思想价值都得到了提升，推动了新中国成立初期的马克思主义中国化进程，成为解读马克思主义经典著作的参照。②

李达还是著名的马克思主义法理学家。朱与墨、邓腾云认为，李达是中国马克思主义法学的奠基者，他在我国率先用"存在规定意识"的马克思主义世界观和社会观来研究法理学，对西方法理学各流派逐一进行批判，否定他们普遍缺乏历史观等四大缺陷，建构了我国马克思主义法理学体系，并提出丰富的理论创见和方法论，对新中国宪法的制定、宪法学发展作出了重要理论贡献。③ 此外，学界还从其他角度探讨了李达的马克思主义思想，如王旋论述了李达的群众观及其实践④，周媛媛、许静、史佩岚探讨了李达的妇女解放思想，⑤ 任向阳、李斯介绍了李达对马克思主义宣传思想的中国化及其贡献，⑥ 孙鹏懿发掘了李达早期对马克思主义哲学的自信，⑦ 等等。

相较于李达，学界对刘少奇思想的探讨略显单薄，且更趋"碎片化"。其中对《论共产党员的修养》的研究持续不断，苏冰着眼该著对共产党员的党性修养的全面阐述，认为它立足于共产党员的历史使命，继承注重道德修养的中国文化传统，遵循与传统修身思想相似的思维理路，

---

① 曾珺：《李达解读〈实践论〉和〈矛盾论〉》，《炎黄春秋》2021年第4期。
② 叶林涛、雷家军：《李达〈矛盾论解说〉的历史贡献》，《世纪桥》2021年第7期。
③ 朱与墨、邓腾云：《我国马克思主义法学理论奠基人李达及其主要思想》，《湖南第一师范学院学报》2021年第3期。
④ 王旋：《李达的群众观及其实践研究》，硕士学位论文，华中师范大学，2021年。
⑤ 周媛媛：《略论李达妇女解放观的时代价值及其当代启示》，《品位·经典》2021年第14期；许静：《李达妇女解放思想研究》，硕士学位论文，湖北大学，2021年；史佩岚：《李达的妇女解放思想与实践研究》，硕士学位论文，西安石油大学，2021年。
⑥ 任向阳、李斯：《论李达对马克思主义宣传思想中国化的历史贡献》，《湖南科技学院学报》2021年第4期。
⑦ 孙鹏懿：《李达的马克思主义哲学自信研究——以二十世纪二十年代为例》，硕士学位论文，湖南师范大学，2021年。

创造性地转化了传统修身思想中重学、内省、慎独、知行合一等内容，论证了党性修养的必要性、可能性及具体路径和方法，实现了马克思主义理论风格、理论视域的时空转换和中国传统文化的现代性转化，为实现马克思主义与中华优秀传统文化相结合提供了光辉典范，对新时代增强共产党员的党性修养具有重要启示意义。①

杜立芳从整体上指出，刘少奇对马克思主义中国化的探索"经历了从'以俄为师'到'以苏为鉴'的过程"，"以俄为师"是"将马克思列宁主义在中国革命和建设中切实运用，以促各类具体问题的解决"；"以苏为鉴"是"注重从中国的国情实际出发，走自己的路"。② 此外的相关研究还涉及刘少奇的读书观，劳动教育思想、民生思想、民主集中制思想、共青团建设思想、城市工作思想、工作方法思想等方面，③ 兹不具述。

二 湘籍哲学家的哲学思想研究

李石岑、金岳霖是现代湘籍哲学家中的佼佼者。陈先初指出，李石岑是国内最早接触尼采思想的学者之一，20世纪中国思想界先后兴起三次"尼采热"，前两次都与李石岑密切相关，第一次是五四时期主编《民铎》杂志"尼采号"对尼采思想进行推介，并发表《尼采思想之批判》之长文对尼采思想进行阐释；第二次是之后出版《超人哲学浅说》一书，李石岑为尼采思想进入中国所做的大量工作和取得的出色成绩无人能出

---

① 苏冰：《中国传统修身思想的传承与创造性转化——以刘少奇〈论共产党员的修养〉为例》，《现代哲学》2021年第5期。
② 杜立芳：《从"以俄为师"到"以苏为鉴"——刘少奇与马克思主义中国化》，《毛泽东思想研究》2021年第1期。
③ 谢忠强：《刘少奇读书观研究：价值、现状与展望》，《天中学刊》2021年第4期；李敏杰：《刘少奇读书观研究》，硕士学位论文，山西大学，2021年；苏爱：《刘少奇劳动教育思想的价值意蕴与实践路径》，《世纪桥》2021年第9期；王亚婷：《刘少奇关于工人思想政治教育工作论述研究》，硕士学位论文，江西财经大学，2021年；赵智奇：《刘少奇民生思想及当代价值》，硕士学位论文，东北石油大学，2021年；刘宗灵、严静：《论延安时期刘少奇对民主集中制思想的理论探索及其历史贡献》，《思想政治课研究》2021年第3期；董一冰、毕志晓：《刘少奇共青团建设思想及其现实启示》，《毛泽东思想研究》2021年第1期；黄宣谕：《刘少奇城市工作思想探析》，《理论观察》2021年第6期；刘艳明、谢卓芝：《刘少奇关于工作方法的重要论述及其基本特征》，《湖南行政学院学报》2021年第3期。

其右，其对于中国的思想启蒙意义不可低估。① 刘晨分析李石岑《中国哲学十讲》的学术思想指出，其中贯彻了社会存在决定社会意识的理论，注重阶级分析的方法，以及结合西方相似的哲学思想进行比较研究，是中国学者自觉运用马克思主义方法论研究书写中国哲学史的代表，构成了马克思主义中国化的重要组成部分。②

2020年是金岳霖先生诞辰125周年，《哲学分析》杂志于2021年第4期选刊的"纪念金岳霖先生诞辰125周年学术研讨会"的三篇文章，分别涉及金岳霖学术思想中的"事实观""知识论""理论智慧观"。其中，阮凯指出，金岳霖提出一种事实的认知建构论，以事实为中心，建构了其整个知识论体系。事实的认知建构论的革命性意义在于，它深刻地阐明了事实的主客观统一，树立了一种历史唯物主义事实观的典范。③ 桂海斌认为，在金岳霖在《知识论》中提及的"所谓有知识就是能够断定真命题"，并不是把知识等同于真命题，他所谓的有知识"指的是积极性的真命题而不是消极性的真命题"，消极性的真命题虽真，但它因其以所有可能为可能的特性而不将它视为知识；"所谓有知识就是能够断定真命题"，被断定的真命题或与事实相符，或与历史总结相符，或与固然的理相符。④ 黄远帆不满英美学界对"智慧"议题的研究"只聚焦于实践智慧的讨论，而对理论智慧关注不足"，发掘金岳霖理论智慧观中蕴含的理论智慧的能力维度，借助布兰顿的思想构建一种基于"概念能力之知"的理论智慧观，以进一步发展这一理论，立足"概念能力之知"的理论智慧，呼应金岳霖的智慧"求通"理念。⑤

金岳霖的逻辑学受到罗素的影响，陈波比较了金岳霖与罗素的真理观，认为金岳霖的真理观虽然接近于罗素在逻辑原子论时期的真理观，但并不是对罗素真理观的简单模仿、重述甚至抄袭，而是有很多自己的

---

① 陈先初：《李石岑与尼采思想的中国之行》，《中国文化研究》2021年第1期。
② 刘晨：《李石岑、范寿康：运用马克思主义阐释中国哲学史的启蒙者》，《阜阳师范大学学报》（社会科学版）2021年第5期。
③ 阮凯：《事实的建构何以可能：论金岳霖事实观的当代价值》，《哲学分析》2021年第4期。
④ 桂海斌：《知识和真命题的关系——回到金岳霖的〈知识论〉》，《哲学分析》2021年第4期。
⑤ 黄远帆：《理论智慧的能力之维——从金岳霖到布兰顿》，《哲学分析》2021年第4期。

特点和创新,例如强调真是一种关系质,并没有程度之分,也不相对于时空、知识类等,由此凸显真命题的客观性、可靠性和超越性;论证符合论在常识中有坚实基础,捍卫常识在哲学和科学中的地位,认为常识不可完全推翻,否定常识要依靠另一部分常识;回应质疑符合论的"主客内外"鸿沟说,提出一种认知主义事实观,即事实是接受和安排了的所与,是基于所与之上的一种认知建构,兼具客观性和主观性。① 就真之符合论来说,陈邦臣认为,在诸多版本的符合论中,金岳霖综合了融洽、有效、一致等方法,提出了自成体系的"金氏符合论"。② 两人的论述进一步彰显出金岳霖是一位有深厚中西学养、独立思考、有原创性的现代中国哲学家。

　　这种贯通中西、独立思考、富有原创性的学术特点也表现在金岳霖逻辑学中的推论理论,以及其情感哲学、心灵哲学层面,如刘新文梳理了"推论""蕴涵"和"后承"等相关的逻辑概念之间的异同及其理论问题,以此为基础,结合金岳霖《逻辑》的哲学立场疏解了他对推论中的卡罗尔"无穷倒退"问题的解释和回应。③ 胡治洪从"道是式—能"的本体宇宙论、"无极而太极"的道的实现论、"以所得还治所与"的认识论、"知识论的态度"和"元学的态度"等方面概述金岳霖的哲学,指出其知识论的态度和元学的态度的结合,使其哲学形成"具有严密逻辑性和高度思辨性形态的情感哲学"。④ 高新民、李好笛认为金岳霖建构了与西方分析性心灵哲学不谋而合但又有自己特点的中国式分析性心灵哲学。⑤

　　对于金岳霖的哲学,学界并非一概加以肯定、褒崇。陈嘉明就从五个方面对其《知识论》提出有力质疑,包括:知识论的目标并不仅仅是"通",而应是规范;知识论无法以"正觉"为出发点;"所与"的不可

---

① 陈波:《罗素和金岳霖论真理:一个比较研究》,《北京大学学报》(哲学社会科学版)2021年第3期。
② 陈邦臣:《金岳霖回答了真之符合论的问题吗?——兼谈当代真之符合论问题与金氏符合论的建构》,《清华西方哲学研究》2021年第2期。
③ 刘新文:《论〈逻辑〉中的"所以"》,《哲学动态》2021年第5期。
④ 胡治洪:《中国哲学通史·现代卷》,江苏人民出版社2021年版,第626—652页。
⑤ 高新民、李好笛:《金岳霖的分析性心灵哲学建树及其世界意义》,《武汉科技大学学报》(社会科学版)2021年第1期。

能是独立存在的外物;"代表说"(表象说)并非用不着或"说不通";"真"不仅仅是一个知识论的概念,而首先是存在论的(形上学的)概念。①赵嘉霖批评金岳霖以"本然陈述"言说形上之道,只是"以经验命题的形式,努力实现对形上者的直接言说",不仅"将形上观念与本源观念混淆","还混淆了形上者在本体论和知识论不同层面的意义",从而在价值层面"存在对人文精神正轨的歧出"。②

三 湘籍史学家的史学思想研究

翦伯赞、吕振羽是20世纪五六十年代人们所说的以郭沫若为首的马克思主义史学"五老"中的两位,长期被视为中国最早一代马克思主义历史研究者。不过,周文玖、周励恒把翦伯赞置于中国马克思主义史学理论发展的历史脉络中进行考察,认为李大钊的《史学要论》和翦伯赞的《历史哲学教程》是中国马克思主义史学理论初步发展阶段的两个里程碑,《史学要论》具有奠基石的意义,《历史哲学教程》则是初步形成阶段的标志,二者反映了中国马克思主义史学理论从奠基到充实、从学理阐释到参与社会改造的发展。③吕振羽显然也应是李大钊之后的中国第二代马克思主义史学家。翦伯赞与吕振羽曾一起共事,有很深的学术渊源。周文玖指出,在20世纪30年代的中国社会史大论战时期,他们是伙伴和战友,但翦伯赞表现出直率独立的学术个性,对吕振羽和其他马克思主义史家均有学术批评;两人均重视民族史研究,他们在如何叙述中国民族史的问题上的分歧并不能视为不同学派的代表观点;他们对马克思主义史学均有开风气之功,但发挥作用有先后的差异;他们晚年都因事而蒙难,但在坚持历史的真实方面都表现出铮铮铁骨,体现出马克思主义史学家的高尚史德。④

---

① 陈嘉明:《略论金岳霖〈知识论〉中的几个问题》,《中国社会科学评价》2021年第1期。

② 赵嘉霖:《言说形上者的儒家之道——由"负的方法"与"本然陈述"而思》,《当代儒学》2021年第2期。

③ 周文玖:《略论中国马克思主义史学理论发展的阶段性》,《史学理论与史学史学刊》2021年第1期;周励恒:《从〈史学要论〉到〈历史哲学教程〉——论中国马克思主义史学理论的初步发展》,《四川师范大学学报》(社会科学版)2021年第5期。

④ 周文玖:《吕振羽翦伯赞的学术交谊》,《史学史研究》2021年第4期。

此外，黄文丽详细介绍了翦伯赞"文史融合"的治学路径，认为翦伯赞是唯物史观派中既突出文史关系的理论性建构，又注重使用文学手法的最典型代表，他把文史关系认识充分运用于史料学、文学研究与历史撰述当中，使其治学具有鲜明的文史融合特征，是传统文史融合的治学路径的一种现代性展开。① 方啸天以翦伯赞的《论司马迁的历史学》和《论刘知几的历史学》两篇文章为研究对象，指出翦伯赞在这两篇文章中对刘知几提出的关于《史记》的一些问题均有讨论，但《论司马迁的历史学》没有直接联系《史通》中的批判，而是试图论证《史记》体例安排的合理性及司马迁开创的纪传体史书书写方式在中国史学发展上的重要意义；《论刘知几的历史学》则试图从刘知几撰写《史通》的自身逻辑中寻找矛盾，这两篇文章共同反映出翦伯赞坚持唯物主义、实事求是的态度和对历史问题的辩证思考。②

吕振羽与翦伯赞都兼具学者与革命者双重身份，因此他们的学术研究有着强烈的现实关怀和使命感。胡逢祥指出，20世纪30年代初，吕振羽步入史学研究领域，用了不到20年的时间，在中国史前史、社会史、通史及经济史、政治思想史、民族史等专门领域留下了颇具开创性与影响力、饱含深切的现实关怀和淋漓的创新元气的一系列著述，其勤奋治学、勇于开拓的学术精神，求真、求实、求精的治学态度值得我们珍视并继承。③

关于吕振羽对马克思主义唯物史观的贯彻运用，罗玉娇从多个层面进行了展现：在文化史和民族史方面，运用了社会存在和社会意识的辩证原理来考察历史的过程；在讨论"苏联模式"和"经济危机"中，运用了生产力与生产关系的辩证原理；在提出"殷商奴隶说"，探讨中国古代哲学思想、政治思想以及资本主义萌芽问题中，运用了经济基础和上层建筑的矛盾运动规律；在研究人民的历史上，深入探讨了群众与领袖

---

① 黄文丽：《文史融合：翦伯赞治学路径初探》，《理论学刊》2021年第4期。
② 方啸天：《翦伯赞对〈史通〉中〈史记〉体例批判的辩证研究》，《渭南师范学院学报》2021年第9期。
③ 胡逢祥：《"从选题到著述，每每是感于历史使命"——吕振羽的治学之要》，《历史评论》2021年第3期。

的关系，运用了马克思主义的人民理论。① 彭忠信、彭锴也指出，吕振羽坚持"历史唯物论是唯一正确的历史学方法论"的唯物史观教育，推崇"为民族赤心忠胆，斗争到底"的爱国主义教育，开展"随时随地去为抗战效劳"的抗日救亡教育，致力"抛弃其对民族革命有害的东西"的新文化教育，强调"达成国内各民族真正的统一团结"的民族团结教育，为中国共产党革命时代的教育事业做出了重要贡献。②

对于史学研究中普遍面临的史料缺乏与真伪杂存问题，李勇指出，吕振羽主张把史料区分为"正料"和"副料"，并阐释、强调史料收集与整理的重要性，在中国史前史研究缺乏史料的问题上，他认为应该把神话传说和出土文物、民族材料结合起来，同时充分吸纳学界辨伪成果，区分史料的真伪。在史料解读方面，他尤其注重运用马克思主义，与实验主义划清界限。③ 李勇还以吕振羽对郭沫若《中国古代社会研究》的批判为例，说明吕振羽将郭著批为实验主义的根源在于，要批判胡适的实验主义和从郭沫若那里受益的秋泽修二的法西斯主义史学而不得不涉及郭沫若，这一批判反映出马克思主义史学家努力尝试解决史料匮乏问题时的窘迫，在史料学上对实验主义做出了又一次突破。④

此外，荆月新对吕振羽的"乡村自治观"予以考察，指出其"乡村自治观"的形成分为两个不同阶段：在《村治月刊》时期，吕振羽认为实施乡村自治是现代民权政治的要求、乡村自治应当以"村"为基本单位、乡村自治须重视权利保障，从而与马克思主义的人民自治理论相暗合；在《三民半月刊》时期，吕振羽开始用马克思主义唯物史观和阶级分析法来观察和研究中国的农村问题，主张实现农村自治应以解决农村经济问题为前提、农村自治本质上是农民问题，彰显出他接受马克思主义人民自治理论并将其与中国具体实践相结合的研究取向。⑤

---

① 罗玉娇：《吕振羽对唯物史观的运用研究》，硕士学位论文，西南科技大学，2021年。
② 彭忠信、彭锴：《吕振羽在新民主主义革命时期的教育思想及实践》，《邵阳学院学报》（社会科学版）2021年第6期。
③ 李勇：《吕振羽史料学理论与实践》，《历史教学问题》2021年第1期。
④ 李勇：《民国时期吕振羽批评郭沫若古史研究的原因及史料学意义》，《四川师范大学学报》（社会科学版）2021年第5期。
⑤ 荆月新：《从暗合到皈依：吕振羽马克思主义人民自治观的形成》，《吉林大学社会科学学报》2021年第4期。

第二章　思想与学术:凝铸千年湖湘的精髓和灵魂

另外值得一提的是，2021年为张舜徽先生诞辰110周年，学界对其学术研究也进行了不同程度的研究。周国林聚焦于张舜徽在新中国成立后对马克思主义史学理论的学习与贯彻，从多个层面展现张舜徽"必以历史唯物主义观点统率一切"的学术思想。① 谭徐锋认为，张舜徽的史学思想"加以其湖南学人的身份，讲究经世致用，并与时推移而落脚于人民史观"，试图将传统史学与唯物史观嫁接起来，表彰通史、进步与力行，锻造出新的人民通史，形成新旧杂糅的特质。② 不过，张三夕则强调张舜徽坚守传统学术表达方式的一面，认为"校雠学"是张舜徽博大学问的起点，并贯穿其治学一生，在学术史研究中，张舜徽把学术史寓于校雠学中，通过校雠学总结学术史，充分展现了学术史的丰富性和完整性，让学术史细节饱满，别开生面，从而证明传统学术表达方式仍然具有强大的学术生命力，并且提供了宝贵的"以中释中"的学术经验。③ 此外，胡月考察了张舜徽对湖湘学术的研究，指出他将湘学精神概括为了推崇义理，讲求经世致用，发挥儒者宏效、治学广博、性格强毅果敢等。④

第七节　毛泽东思想的多重维度得到全方位展现

毛泽东思想是马克思主义与中国具体实际相结合，与中华优秀传统文化相结合的历史性重大理论成果。2021年，学界进一步梳理了毛泽东哲学思想的形成基础与发展过程，全方位展现了毛泽东对于实事求是、群众路线、独立自主思想的运用，发掘了毛泽东对中华优秀传统文化的创新性发展和创造性转化，追溯了毛泽东对于中共党史的研究，钩沉出20世纪20年代以来的毛泽东思想研究与传播，并批判了在毛泽东思想研

---

① 周国林：《唯物史观对张舜徽史学研究的深刻影响》，《华中师范大学学报》（人文社会科学版）2021年第4期。
② 谭徐锋：《人民史观、贯通视野与义理涵养——张舜徽史学片思》，《华中师范大学学报》（人文社会科学版）2021年第4期。
③ 张三夕：《坚守中国传统学术表达方式的现代意义——从张舜徽校雠学著述看"以中释中"之学术经验》，《华中师范大学学报》（人文社会科学版）2021年第4期。
④ 胡月：《张舜徽的湖湘学术思想研究》，硕士学位论文，湖南师范大学，2021年。

究中的历史虚无主义，反思了毛泽东思想研究的基本路径，总体上使毛泽东思想的多重维度得到全方位的展现。

一 梳理毛泽东哲学思想的形成与发展

作为毛泽东思想的核心内容，毛泽东哲学思想的形成并非一蹴而就，而是在长期的理论研究和革命实践中逐渐形成、加深，直至最后确立的。2021年，学界从不同层面，对毛泽东哲学思想的形成与发展做了进一步的研究。

一是从整体上梳理把握毛泽东哲学思想的形成基础与发展过程。罗建华指出，毛泽东精神的理论源泉具有复杂、多元的特点，这包括中华民族伟大民族精神在近现代中国的绵延与呈现，近代西方哲学、伦理学思想的引入与吸纳，马克思主义理论体系的发展，及其本真精神在中国的延续与拓展。[1] 张学俊在探讨毛泽东的人格与精神时指出，家庭家族文化、湖湘地域文化、中国传统文化、马克思主义理论是毛泽东伟大人格与崇高精神形成的基础、源泉与指导。[2] 显然，中国传统优秀文化、近代西方哲学思想与马克思主义理论体系这三个维度也是毛泽东哲学思想的理论源泉。官心以毛泽东确立唯物史观信仰为例，将这一历程概括为萌芽期（1918.8—1919.12）、形成期（1919.12—1920.11）和确立期（1920.11—1921.1），认为"湖南自治运动的失败使毛泽东彻底摒弃了唯心史观的杂念，在思想上全面接受了唯物史观的立场"，[3] "萌芽期"与"形成期"的划分虽然缺乏明显标志而显得过于机械，但以接触马克思主义作为毛泽东哲学思想转型的开端是毫无疑义的。胡治洪即以接触马克思主义为毛泽东哲学思想发展的节点，指出毛泽东在此之前主要接受传统教育以及近代西方自然科学和社会科学的影响，哲学思想相当驳杂，包括客观存在与主观唯我的本体观、物质运动与终极静止的宇宙观、唯

---

[1] 罗建华：《毛泽东精神的三重理论渊源考察》，《湖南第一师范学院学报》2021年第2期。

[2] 张学俊：《毛泽东伟大人格与崇高精神形成的文化因素分析》，《决策与信息》2021年第5期。

[3] 官心：《毛泽东确立唯物史观信仰的历程考察（1918.8—1921.1）》，《理论观察》2021年第6期。

物辩证与知觉类化的认识论，主观唯心主义的利己主义、个人主义和个性自由伦理观，《实践论》《矛盾论》则是毛泽东将马克思主义中国化、现实化的光辉典范。[①] 常改香论述了毛泽东哲学思想发展中的弃旧图新、继往开来的"四个转向"，即推动中国传统哲学由"转识成智"转向"实践智慧"、由注重"哲学之理"转向"工作方法"、由"推动现代化"转向"创新性发展"，由与外国哲学"观点碰撞"转向"超越与发展"，[②] 深刻展现出毛泽东哲学思想对中国传统哲学的创造性转化和创新性发展，构成马克思主义中国化的显著标志。

二是从毛泽东早年思想发掘其转向马克思主义的内在理路。关于毛泽东哲学思想为何转向马克思主义，学界一般从毛泽东早期著作中寻找与马克思主义相契合的思想因素。王习明以毛泽东就读师范时的思想转变为中心，细致梳理了他这一时期思想转变与他成为坚定的马克思主义者之间的深刻内在关系：历史观由崇拜圣贤英雄的"无我论"向主张个人主义和现实主义的"唯我论"的转变，为接受历史唯物主义"唯民论"奠定了基础；对国学由被动接受到"略通大要"的转变，为接受马克思主义并推动马克思主义中国化做了准备等。[③] 王毅以《〈伦理学原理〉批注》为中心，指出该著真实反映了五四时期毛泽东价值观中具有的人民性思想特质、世界观中具有的唯物性思想特质、知识观中具有的辩证性思想特质、人生观中具有的实践性思想特质，并认为这些思想特质虽然是隐性的，但也是深刻、稳定的，持久发挥着决定性作用，因此，毛泽东在学习马克思主义著作后，迅速成为坚定的马克思主义者。[④] 郝锋凯论述了《〈伦理学原理〉批注》中表现出的精神个人主义、自然主义和浪漫主义生死观等方面的全新认识变化。[⑤] 李文认为，青年毛泽东转向马

[①] 胡治洪：《中国哲学通史·现代卷》，江苏人民出版社2021年版，第365—398页。

[②] 常改香：《论毛泽东哲学思想发展中的"四个转向"》，《湖南科技大学学报》（社会科学版）2021年第6期。

[③] 王习明：《毛泽东的师范学习经历与马克思主义信仰的确立》，《毛泽东研究》2021年第1期。

[④] 王毅：《五四时期毛泽东的思想特质——基于〈伦理学原理批注〉的思考》，《毛泽东思想研究》2021年第4期。

[⑤] 郝锋凯：《毛泽东〈伦理学原理批注〉中的伦理思想研究》，硕士学位论文，湖南师范大学，2021年。

克思主义者的"暗线"是他在《民众的大联合》中所表述的"民众—利益—联合"这一元叙事政治话语结构，这进一步显现为从唯心史观到唯物史观的转变。① 史雅琴从世界观、空间关系、政治思想和方法路径四个维度，对建党前毛泽东的思想转型进行了整体性解释，认为这四方面在呈现出各自的理论特点的同时又相互联系、相互促进，共同构成毛泽东思想转型的整体的理论形态。② 以上研究，说明了毛泽东在学习马克思主义著作后，迅速成为坚定的马克思主义者的内在思想原因，构成毛泽东哲学思想研究中的重要一环，有助于全面展现毛泽东的哲学思想及其发展演变。

三是通过具体文本或命题对毛泽东哲学思想进行深度解读。毛泽东的哲学思想文本，除了人所周知的《实践论》《矛盾论》和上文提及的《〈伦理学原理〉批注》之外，还有20世纪20年代以来的《心之力》《反对本本主义》《辩证法唯物论（讲授提纲）》等。杨振闻提出，新时代领导干部要重温《实践论》与《矛盾论》，从写作缘起中领悟毛泽东的哲学自觉，从核心内容中把握毛泽东的哲学思维，从具体运用中学习毛泽东的哲学智慧，进而掌握好马克思主义哲学。③ 郑欢欢从注重实际的方法、唯物辩证的思维方法、实践为基础的能动反映论、人民群众的历史作用和调查研究的方法这五个维度论述了《反对本本主义》中的哲学思想。④ 曾荣以《辩证法唯物论（讲授提纲）》为中心，梳理了毛泽东在编著"提纲"前后，广泛搜集、系统研读、创造性批注哲学书籍的历史脉络，说明其以批注形式对唯物辩证法原理和方法论的阐述，与"提纲"的文本内容及写作旨趣有着重要关联。⑤

---

① 李文：《论毛泽东早期政治思想的元叙事结构——以〈民众的大联合〉为考察中心》，《现代哲学》2021年第6期。

② 史雅琴：《建党前毛泽东同志思想转型的整体性研究》，硕士学位论文，山西大学，2021年。

③ 杨振闻：《从〈实践论〉〈矛盾论〉探究毛泽东的哲学自觉、哲学思维与哲学智慧》，《中国井冈山干部学院学报》2021年第1期。

④ 郑欢欢：《毛泽东〈反对本本主义〉的哲学思想及其价值研究》，硕士学位论文，陕西科技大学，2021年。

⑤ 曾荣：《唯物辩证法视域下毛泽东话语体系构建的基本逻辑——以毛泽东〈辩证法唯物论（讲授提纲）〉为中心》，《毛泽东思想研究》2021年第1期。

刘秉毅从毛泽东哲学思想的自身逻辑考察其"哲学就是认识论"命题，认为这一命题表达的观点是"哲学就是研究如何正确地认识世界的理论"，是毛泽东对自己"做哲学"方式的自白，旨在总结和概括自己一贯坚持的哲学观，不应被当作一个具有普遍意义的哲学观原理，而是作为毛泽东哲学的基本问题和核心关切，贯穿于他在20世纪30—70年代的马克思主义哲学研究中，这一命题有两种可能的论证思路：一是哲学原理教科书划定的宇宙论、本体论、认识论、目的论哲学板块中最有意义的内容都围绕着"如何正确地认识世界"而展开；二是马克思主义哲学是哲学的最高成就，其核心内容是辩证唯物主义，而辩证唯物主义的理论重点则是认识论。① 这一论断不仅准确阐明了毛泽东"哲学就是认识论"命题的真实意涵，而且能够提醒我们在研究时，应立足于研究对象自身的思想语境，给予应有的同情之理解。余乃忠立足毛泽东"世界上的事情你不想到那个极点，你就睡不着觉"之说，开掘出"极"性辩证法的研究范畴，认为不可能之"能"的"气"、不平常之"常"的"度"和不平凡之"凡"的"气度"构成毛泽东的辩证法极点，展现了马克思主义辩证法的有限与无限的统一，是中国人对马克思主义最根本的超越。②

此外，韩步江论述了毛泽东以现实问题导向为基础的实践哲学，认为其与抽象的实践哲学的区别在于坚持从实际出发，以现实问题为导向思考和研究具体的社会实践，强调发展性、革命性和科学性，而不停留在感性经验层面上，从而达到了哲学世界观和方法论的高度，但它与把实践限定为本体论范畴的学说体系并不相同，而是马克思主义普遍真理与中国具体实际相统一，解决社会实践问题的产物，具有强烈的现实性，能产生真正改变现实的物质力量。③ 欧阳英指出，毛泽东的实践概念，为马克思主义哲学中国化提供了认识论基础，在马克思主义哲学中国化的

---

① 刘秉毅：《如何理解毛泽东"哲学就是认识论"命题》，《武汉大学学报》（哲学社会科学版）2021年第4期。
② 余乃忠：《毛泽东"极"性辩证法的"气度"》，《毛泽东邓小平理论研究》2021年第3期。
③ 韩步江：《论以现实问题导向为基础的毛泽东实践哲学》，《湖南科技大学学报》（社会科学版）2021年第5期。

当代推进中仍然发挥着不可替代的作用。① 柳保吉从理论渊源、发展过程、基本内容、重要特征等方面探讨了毛泽东提出的"没有调查就没有发言权","实践与认识的辩证关系","辩证法也就是认识论","从群众中来，到群众中去"等认识论思想。② 赵欣楠指出，毛泽东从实践逻辑的观点来批判教条主义用理论规定实践的线性逻辑，建构出新民主主义话语体系，这一新的话语体系突破了三民主义话语和苏联革命话语的制约，其方法论是"实事求是"的辩证唯物论，基础命题是"马克思主义中国化"，价值立场是"为人民服务"，这一系列具有中国风格和中国特色的马克思主义新话语，实现了马克思主义从苏式话语到中国话语的转换，回答了中国革命应该往何处去的时代课题。③ 张春红从生命价值的追求在于奉献、生命价值的实现在于斗争、生命价值的本质是"无我"三个方面介绍了毛泽东生命价值思想的内容，认为这契合了历史唯物主义的精髓，彰显出不断追求中国人民的根本利益以及社会存在与社会意识相统一的特点，呈现出强烈的生活性、情感性和对自由平等的不懈追求。④

二 全方位展现毛泽东思想的活的灵魂

实事求是、群众路线、独立自主是毛泽东思想活的灵魂，贯穿于毛泽东思想的立场、观点、方法当中。李仁彬从群众路线经典表述的基本内涵、丰富内容和实践路径三个方面论述了毛泽东对党的群众路线的形成和发展的重要贡献。⑤ 朱与墨、邓腾云从人际交往的角度探讨了毛泽东群众路线思想的形成，认为他在湖南第一师范的求学和社会活动，为党的群众路线思想积累了实践经验和准备了文化思想条件，因而在与马克思主义的唯物史观和认识论结合后，便形成了党的群众路线。⑥ 孔宪峰强调，独立自主思想贯穿于毛泽东的整个革命生涯，体现在军事、政

---

① 欧阳英：《毛泽东实践概念与马克思主义哲学中国化》，《理论视野》2021年第5期。
② 柳保吉：《毛泽东认识论思想及其当代启示》，硕士学位论文，重庆工商大学，2021年。
③ 赵欣楠：《毛泽东新民主主义话语体系建构研究》，硕士学位论文，浙江大学，2021年。
④ 张春红：《毛泽东生命价值思想研究》，硕士学位论文，喀什大学，2021年。
⑤ 李仁彬：《论毛泽东对党的群众路线的重要贡献》，《中共成都市委党校学报》2021年第4期。
⑥ 朱与墨、邓腾云：《毛泽东群众路线思想的形成在其人际交往中的体现》，《南华大学学报》（社会科学版）2021年第2期。

治、经济、文化、外交等革命实践中,其精神实质是中国共产党人的政治自觉和政治自信,来源于中华优秀传统文化的重要基因,生动体现了马克思主义的中国化,构成中国共产党人践行初心使命的根本动力、始终保持先进性的思想源泉。① 柯焱从党在不同历史时期坚持毛泽东思想活的灵魂的历史经验、新时代面临的问题、新时代坚持毛泽东思想活的灵魂的主要举措,以及实事求是、群众路线和独立的理论价值和实践意义等方面论述了其时代价值。②

群众路线必然要以人民为中心,以中国最广大的农民群众为中心,为人民服务,为农民的生产发展服务。也就是说,毛泽东的群众路线思想与人民观、农民观是紧密连为一体的。对于毛泽东的人民观,李维昌、王阳宇以党的历史为线索,梳理了"人民"概念在毛泽东经典文献中的运用,并在时间、主体、功能三个维度上对"人民"概念与"无产阶级"概念进行了对比,指出毛泽东的"人民"概念是以"无产阶级"为核心演变而来的,它塑造了中国共产党的意识形态的核心,并在建构新中国的民主话语体系的基础上深刻改变了国人的自我认知。③ 于学强指出,毛泽东人民观的主要内涵是"一切权力属于人民的民有思想"与"人民当家做主的民主思想",权利归属下的"民有问题"是毛泽东人民观的核心内容,主要涉及以土地所有为核心的经济民有、以政治权利为核心的政治民有、以平民所有为核心的文化民有;权利实现下的"民主问题"是毛泽东人民观的重要内容,毛泽东着重关注了以官兵一致为核心的军内民主、以反家长制为核心的党内民主、以党际互动为核心的协商民主、以群众参与为核心的人民民主。④ 这种"民有"与"民主"的辩证视角,不仅展现了毛泽东人民观的深刻内涵,而且有利于认识民主的多重内涵

---

① 孔宪峰:《毛泽东独立自主思想的话语体系与精神实质》,《学术探索》2021年第6期。
② 柯焱:《毛泽东思想活的灵魂时代价值研究》,硕士学位论文,华中师范大学,2021年。
③ 李维昌、王阳宇:《毛泽东关于"人民"概念创立与运用的历史考察及意义辨析》,《云南社会主义学院学报》2021年第2期。
④ 于学强:《毛泽东人民观的新解读及其现实意义——基于权利归属与实现的认识视角》,《中共合肥市委党校学报》2021年第2期。

与发展边界。此外，刘钰①、王玮玲②、葛怀天③等也分别探讨了毛泽东的"人民"观、"人民"概念和为人民服务思想。

关于毛泽东的农民观，鞠杨秀认为，新民主主义革命时期，毛泽东农民观包括对农民重要地位的科学认识，把农民组织起来、唤起农民的革命意识，教育农民克服非无产阶级思想等内容。④ 就"三农"而言，吕翠萍指出，毛泽东自新民主主义时期开始，务实地了解中国"三农"发展的基本状况，从政治、经济、文化等方面全方位关怀农民群体，以推动农业和农村发展为自身责任与使命，形成关于"三农"问题的深刻认知，为中国解决"三农"问题做出了重大的历史性贡献。⑤ 毛泽东的"三农"思想在新中国成立后的实践，则包括"坚持以农业生产为基础、尊重农民意愿、循序发展农村的原则"，提出"创办集体农庄、救济灾民、销售农产品、推行农民教育、动态调整农业税等具体方案"，⑥ 这些赋予了毛泽东思想新的内涵，促进了中国特色农村发展道路的形成，为今天的农村发展奠定了良好的基础。

在人民中间，妇女群体是一股伟大的社会力量。解放妇女是近代中国的重大政治议题，也构成毛泽东思想的重要组成部分。早在1919年11月湖南长沙发生的因抗拒包办婚姻而自杀于花轿内的"赵五贞事件"中，毛泽东便连发9篇评论文章，积极介入此事。樊士博、齐卫平指出，毛泽东基于对"赵五贞事件"的思考，主张打破封建礼教、倡导恋爱自由，改造社会制度、健全妇女人格，推进教育平等、转变妇女观念，实现经济自立、组建妇女组织，透露出日后毛泽东妇女观的整体面相，具有原发性意义，这些思想经过发展凝练，成为中国共产党开展妇女工作

---

① 刘钰：《毛泽东为人民服务思想研究》，硕士学位论文，湘潭大学，2021年。
② 王玮玲：《毛泽东关于人民概念的创新及其意义》，硕士学位论文，辽宁大学，2021年。
③ 葛怀天：《抗日战争时期毛泽东人民观研究》，硕士学位论文，南京师范大学，2021年。
④ 鞠杨秀：《新民主主义革命时期毛泽东农民观研究》，硕士学位论文，山东财经大学，2021年。
⑤ 吕翠萍：《新民主主义革命时期毛泽东"三农"思想及其价值》，《商洛学院学报》2021年第3期。
⑥ 周伟：《新中国成立初期（1951—1953）毛泽东"三农"思想及其当代价值》，《安阳工学院学报》2021年第5期。

的方法借鉴,也成为广大妇女维护自身权利的思想武器。① 孙婧也分析了毛泽东妇女观产生的历史背景和思想渊源,并从妇女受压迫的根源、妇女实现解放的道路以及毛泽东在维护妇女权利方面的主张等维度,论述毛泽东妇女观的主要内容及其特征。②

要实现更高质量地为人民服务,无疑需要人才。重视人才、培养人才、选用人才和管理人才,是毛泽东人才思想的重要内容。作为毛泽东思想的重要组成部分,毛泽东人才思想表现出注重"以德育为引领,以实践为原则,以劳动与教育相结合为途径","贯彻以人民为中心的教育理念",来培养德智体美劳全面发展的人才,并坚持"以党管人才为原则"等。③ 在毛泽东人才思想的指导下,党内形成了坚持任人唯贤、反对任人唯亲的干部路线,德才兼备、又红又专的选人标准,知人善任、不拘一格的用人风格,为中国革命和社会主义建设提供了重要的理论基础。④ 青年作为人才的储备力量,也是毛泽东始终重视引导和教育的对象,季小钰从青年的重要性、青年的成长成才、青年的教育、青年的培养与任用四个方面阐述了毛泽东的青年思想。⑤ 黄德宝则比较了毛泽东与习近平总书记在青年运动的时代主题、青年培养的具体目标、青年教育的个别原则、青年教育内容的着力点以及青年教育方式的运用等方面的异同,认为习近平对毛泽东青年观的发展,表现在从"又红又专"到"时代新人"的育人目标,从典型榜样到榜样与家风传承相结合的育人方式,从"教育与劳动结合"到"八个相统一"的育人原则上。⑥

对于脱离群众、脱离实际的官僚主义作风,毛泽东一贯持严厉批判的态度。陈烨以毛泽东的官僚主义批判思想为研究对象,挖掘青年毛泽东的平民情结,展现他批判官僚主义的人民立场的思想渊源,以及历史唯物主义对他认识官僚主义的影响,总结并叙述了他对官僚主义的

---

① 樊士博、齐卫平:《青年毛泽东对妇女解放问题的求解——以"赵五贞花轿自杀事件"为中心的考察》,《现代哲学》2021年第4期。
② 孙婧:《毛泽东妇女观研究》,硕士学位论文,哈尔滨商业大学,2021年。
③ 张文书:《毛泽东人才思想及其当代启示研究》,硕士学位论文,重庆工商大学,2021年。
④ 张尹:《毛泽东人才思想研究》,硕士学位论文,沈阳理工大学,2021年。
⑤ 季小钰:《毛泽东青年思想研究》,硕士学位论文,长春理工大学,2021年。
⑥ 黄德宝:《毛泽东与习近平青年观比较研究》,硕士学位论文,大理大学,2021年。

主要表现、危害与产生原因的分析，及其如何用公有制、计划经济和按劳分配理论批判官僚主义。① 毛泽东在批判官僚主义的同时，也注意建设以人民为中心的纯洁的、先进的干部队伍。因此，毛泽东官僚主义批判思想与其廉政思想②、干部教育思想③等可以视为一体。此外，毛泽东的贫困观、民生思想、农业合作化思想、水利建设思想，以及人民民主专政的政体思想、社会革命思想、调查研究思想和社会主义现代化建设思想，④ 也都可以纳入其人民观、农民观，或实事求是、群众路线的思想视域下进行考察，兹不具述学界相关研究的观点和结论。

三　思考毛泽东对中国传统文化的转化

毛泽东自小上私塾，饱读四书五经，谙熟贯通中华传统文化。在接受马克思主义并成为坚定的马克思主义者后，毛泽东并未彻底否定中国传统文化的价值意义，而是把马克思主义基本原理同中华优秀传统文化相结合，对中国传统文化做出了创造性转化与创新性发展。

薛庆超从毛泽东在革命战争与治党治国治军中对中华优秀传统文化的娴熟运用，说明了毛泽东从中华优秀传统文化中汲取丰富的历史智慧和政治智慧，创造性地运用中华优秀传统文化指挥革命战争和治党治国

---

① 陈烨：《毛泽东官僚主义批判思想研究》，硕士学位论文，扬州大学，2021年。
② 丁俊萍、李雅丽：《毛泽东廉政思想的发展历程、鲜明特色与重要意义》，《廉政文化研究》2021年第1期。
③ 于鸿雁：《毛泽东干部教育思想研究》，硕士学位论文，牡丹江师范学院，2021年；王红霞：《毛泽东的思想理论建设之重点对象研究》，《南都学刊》2021年第5期。
④ 朱琦、罗弋：《毛泽东贫困观摭论》，《池州学院学报》2021年第5期；王晓倩：《新中国成立初期毛泽东民生思想及实践研究（1949—1956）》，硕士学位论文，辽宁大学，2021年；谢俊如：《毛泽东农业合作化思想及其当代启示》，《湖南科技大学学报》（社会科学版）2021年第5期；王涛、宋元明：《革命、建设与水利——毛泽东水利建设思想探析》，《古今农业》2021年第2期；王晓峰：《论毛泽东转向马克思主义后的"社会革命"思想》，《湖南科技大学学报》（社会科学版）2021年第6期；刘修发：《毛泽东社会革命思想研究》，硕士学位论文，温州大学，2021年；项元顺、丁俊萍：《毛泽东对近代中国国情的研究及其对于中国革命的影响》，《高校马克思主义理论研究》2021年第1期；董小影：《毛泽东调查研究思想研究》，硕士学位论文，沈阳理工大学，2021年；礜晶：《毛泽东的政体思想研究》，硕士学位论文，南昌大学，2021年；许洪位：《毛泽东社会主义现代化建设思想论析》，《毛泽东研究》2021年第2期。

治军。① 张怡围绕"民主革命时期毛泽东传统文化现代化思想"展开论述，指出毛泽东在坚持人民立场和马克思主义指导的前提下，积极传播思想政治理论以促进人的精神改造，从而实现人的现代化，同时将提高与普及、思想性与政治性、旧艺术与新时代分别统一起来，发展"新文化"，推动中国传统价值观的创新运用。② 李文则以毛泽东的大同观为中心，具体地说明了毛泽东对传统文化的批判和继承，认为这种态度和立场在毛泽东思想中，不论是在理论层面还是在实践层面都是一种一以贯之的"常态"，而非孤例。③

对中华优秀传统文化的创造性转化与创新性发展离不开"文化自信"这一前提。陈彦桥认为，毛泽东文化自信思想是对马克思主义理论，中华优秀传统文化、革命文化和社会主义先进文化的自信，丰富了马克思主义文化理论，是马克思主义中国化的突出体现与重要成果、新时代文化自信的源头与宝贵财富。④ 潘信林、杨若楠认为，毛泽东文化自信思想表现在对中国文化地位的清晰认识、对东西文化各有所长的理性判断、对新文化的科学预见，具有根本的马克思主义特征、鲜明的民族特征、历史与现实相统一的发展特征、深刻的人民性。⑤ 在此基础上可以进一步思考的是，为什么能够"文化自信"，又如何实现"文化自信"。对此，王伟伟指出，毛泽东创造性地将中华民族文化自信的源泉建立在"中华民族原有伟大的能力"这一基础上，既避免了古今比较中的颂古非今，也避免了中外比较中的妄自菲薄；既继承了自强不息的民族精神，又为中华民族的创造注入巨大精神力量。⑥

---

① 薛庆超：《马克思主义基本原理同中华优秀传统文化相结合的典范——毛泽东对中华优秀传统文化的创造性转化和创新性发展》，《统一战线学研究》2021年第5期。
② 张怡：《民主革命时期毛泽东的传统文化现代化思想研究》，硕士学位论文，河北大学，2021年。
③ 李文：《理解毛泽东大同观的三重逻辑》，《湖南科技大学学报》（社会科学版）2021年第5期。
④ 陈彦桥：《毛泽东文化自信思想及其时代价值研究》，《洛阳理工学院学报》（社会科学版）2021年第6期。
⑤ 潘信林、杨若楠：《毛泽东文化自信思想及其时代价值》，《毛泽东思想研究》2021年第4期。
⑥ 王伟伟：《毛泽东文化自信思想的历史考察》，博士学位论文，湖南师范大学，2021年。

四 追溯毛泽东对中国共产党历史的研究

作为中国共产党的主要缔造者和领导人，毛泽东以其切身的革命实践与深刻的理论洞见，也成为一位卓越的中共党史研究者。毛泽东对党史的论述，除了集中体现在《如何研究中共党史》这一经典篇章之外，也散见于《中国革命的战略问题》《实践论》《矛盾论》《关于若干历史问题的决议》《关于正确处理人民内部矛盾的问题》等系列著述中。欧阳奇梳理了毛泽东对中国共产党的发展阶段、基本经验、重大事件、重要会议、相关人物，及其自身的相关论述，概括出毛泽东中共党史研究的"重视汲取党史营养""发挥自身党史研究优势""坚持运用'古今中外法'""彰显唯物辩证法思维""铺垫中共党史学体系基础"的特征。[①] 李张容从档案史、口述史的角度指出，毛泽东坚持以口述或撰文等形式回忆中国共产党的成立，这些史料涉及早期共产主义者谋划建党、中国共产党早期组织成立以及中共一大召开过程中的若干问题，或是相关人物，或是具体过程，或是重要细节，并通过会见友人、大会讲话、刊发文章、出版书籍和建党纪念等方式公开传播，从而形成中国共产党创建史的早期记忆，并深刻影响建党纪念以及中共党史的编撰。[②]

在阐明中共党史的同时，毛泽东也努力构建中国共产党人的精神谱系，如1936年8月5日，他为《长征记》征稿，呼吁参加长征的红军就自己在长征中所经历的战斗、民情风俗、奇闻轶事写成通俗易懂的片段，以宣传红军的"长征精神"，扩大国际影响。[③] 李永进、刘亦泽概括地说明了毛泽东是中国共产党人精神谱系形成发展的奠基者、内涵特质的阐发者和弘扬实践的倡行者。[④]

[①] 欧阳奇：《毛泽东论中共党史》，《毛泽东研究》2021年第4期。
[②] 李张容：《毛泽东关于中国共产党创建史的记忆》，《近代史研究》2021年第6期。
[③] 中共中央文献研究室编：《毛泽东年谱：1893—1949》上卷，中央文献出版社2002年版，第615页。
[④] 李永进、刘亦泽：《毛泽东与中国共产党人精神谱系的构建》，《毛泽东研究》2021年第6期。

五　钩沉海内外毛泽东思想研究与传播

对于毛泽东思想的研究与传播，自 20 世纪 20 年代就已经开始，如瞿秋白在 1927 年大力推介《湖南农民运动考察报告》。刘涛、陈答才指出，新民主主义革命时期的重要党刊——《群众》周刊，在传播毛泽东思想方面具有独特的历史地位与历史贡献，主要体现在：于特殊的地域刊印毛泽东的重要著作或言论，解答时代提出的问题；多视角登载反映毛泽东生平和传记的文章，满足群众渴望了解中国共产党及其领袖人物的愿望；发表学习体会文章，积极推动毛泽东思想与著作的学习和研究；数次刊登毛泽东的照片肖像，宣传介绍领袖形象，彰显党的组织形象。[①]武若玥探讨了延安时期，以埃德加·斯诺为代表的西方记者对毛泽东的采访与报道，指出他们对毛泽东外貌特征、性格特点的挖掘和对毛泽东内在理论修养的展示，完成了毛泽东领袖形象的再书写，通过文字、照片、纪录片等媒介工具的传播，毛泽东不同侧面的领袖形象，在国内、国际范围内获得了更为广泛的传播。[②]

新中国成立初期，人民真诚敬仰拥护毛泽东，通过开展各类学习班学习、宣传毛泽东思想及其相关著作，形成一股"毛泽东热"，《毛泽东选集》的出版发行是"毛泽东热"的突出表现，且产生少数民族文字译本、英译本、日译本等，彰显出毛泽东思想在海内外的传播和热度。王燕指出，"毛泽东热"具有参与群体广泛、宣传内容丰富、学习态度务实等鲜明特点，对于树立大国形象、提升新中国的国际地位、取得新的外交成果，以及增强国内人民群众的自信心和民族自豪感、实现新民主主义社会向社会主义社会的过渡发挥了重要作用。[③]胡乔木的《中国共产党的三十年》也是"毛泽东热"的一种表现，汪兵介绍了胡乔木在该书中从党史角度对毛泽东思想的研究，包括：梳理毛泽东思想形成的源流关

---

① 刘涛、陈答才：《〈群众〉周刊（1937—1949）传播毛泽东思想的文本样态及启示》，《毛泽东思想研究》2021 年第 5 期。
② 武若玥：《延安时期西方记者对毛泽东形象的建构与传播》，硕士学位论文，西北大学，2021 年。
③ 王燕：《新中国成立初期"毛泽东热"现象研究（1949—1956）》，硕士学位论文，湖北省社会科学院，2021 年。

系与发展脉络，诠释毛泽东思想建构的理论因子，凸显毛泽东个人对中国革命的卓越性贡献。①

中国共产党对毛泽东思想的研究与定位则集中体现在三个"历史决议"当中。田克勤以三个"历史决议"为中心指出：第一个"历史决议"初步概括了毛泽东思想的体系框架，为全党学习宣传、理解掌握毛泽东思想提供了基本遵循；第二个"历史决议"正确评价了毛泽东与毛泽东思想的历史地位，系统阐述和概括了毛泽东思想的科学概念及其主要内容；第三个"历史决议"围绕着马克思主义中国化这一科学命题，对毛泽东思想做出了新的认识和概括。② 欧阳奇梳理了党对毛泽东及其思想的评价的历史进程，指出中国共产党坚持实事求是的评价原则、秉承人民至上的评价立场、贯彻大历史观的评价理念、重视与时俱进的评价方式，从界定毛泽东功绩的历史定位与毛泽东思想的体系构成、阐明毛泽东时代的深远影响与毛泽东精神的重要价值等方面，对毛泽东及其思想做出了客观的历史评价。③

此外，张放、严丹探讨了《毛泽东选集》《毛主席语录》多语种译本的海外传播，以及各个时期的海外毛泽东研究者、政治实践者和崇敬毛泽东的民众对毛泽东著作海外传播的推动，指出海外学者、政治家、革命者和普通民众都以不同方式阅读、利用相关文献，将著述中的思想资源融入自身知识体系，形成新的认知，并付诸实践，推动了毛泽东在世界范围内的影响。④ 罗丹介绍了斯图尔特·施拉姆注重对毛泽东的相关原始文献资料的挖掘和研究这一学术特点，评析了他对毛泽东生平及成长道路、毛泽东思想理论来源、毛泽东与马克思主义中国化以及毛泽东的群众路线思想等问题的研究。⑤ 金星宇围绕着 20 世纪 60 年代盛行于美

---

① 汪兵：《新中国成立初期胡乔木对毛泽东思想的阐释》，《湖南第一师范学院学报》2021 年第 3 期。

② 田克勤：《中国共产党三个"历史决议"对毛泽东思想的认识和概括》，《马克思主义理论学科研究》2021 年第 12 期。

③ 欧阳奇：《中国共产党对毛泽东和毛泽东思想评价的历史进程及方法启示》，《思想理论教育导刊》2021 年第 10 期。

④ 张放、严丹：《毛泽东著述多语种版本的海外传播及利用》，《图书馆杂志》2021 年第 7 期。

⑤ 罗丹：《施拉姆的毛泽东观研究》，硕士学位论文，山东理工大学，2021 年。

国的"心理历史学派"的毛泽东思想研究,对该学派"囿于夸大心理分析释义作用、预设历史考察的心理前提、秉持'他者'研究视野"提出了批评,强调要全面把握历史分析与心理分析,权衡社会心理与个人心理,立足马克思主义中国化进程来对毛泽东的生平和思想开展全景式研究。[1] 王小荣分析了尼克·奈特"再思毛泽东"的学术理路,亦即通过多维度的问题式研究,对毛泽东研究领域的系列主题进行再思考,包括工人阶级与农民的关系、社会变革的主导力量以及如何理解马克思主义中国化等重要问题,并指出其中的一些不足,如未能深入研究中华优秀传统文化在毛泽东思想发展过程中的作用,在毛泽东的马克思主义正统性问题上存在相对主义倾向,以及对所运用的方法论的逻辑边界不够清晰等。[2] 武雅琨以"毛泽东对列宁国家学说的继承性问题"为中心,探讨了西方学者本杰明·史华慈、斯图尔特·施拉姆、莫里斯·迈斯纳、新岛淳良等学者对毛泽东思想的研究,指出西方学者普遍关注革命理论、政党理论、无产阶级专政理论,并将它们纳入"毛泽东与列宁的国家学说"范畴进行广义的分析比较,由此生成毛泽东对列宁既有继承又有发展的基本论点,同时批判了他们的研究中存在的历史虚无主义倾向、过度抽象化或具象化毛泽东思想、割裂毛泽东思想与马克思列宁主义的内在联系等偏颇论点。[3] "他山之石,可以攻玉",海外学者对毛泽东思想的研究,尤其是他们提出的不同观点,采用的不同视角方法,立足的不同研究思维,无论是否能够准确把握毛泽东思想的内涵,对于我们来说,都是一种鉴别与反思,从而保持研究活力的对话资源,因此仍有必要加强对"海外毛泽东学"的发掘与研究。

六 自觉反思毛泽东思想研究的基本路径

在毛泽东思想研究中,长期存在五花八门的历史虚无主义。王芳指

---

[1] 金星宇:《美国"心理历史学派"的毛泽东研究及其历史唯物主义评判》,《现代哲学》2021年第2期。

[2] 王小荣:《尼克·奈特"再思毛泽东"的学术理路及其批判性透视》,硕士学位论文,南京大学,2021年。

[3] 武雅琨:《西方学者视野下毛泽东对列宁国家学说继承发展研究》,硕士学位论文,中国矿业大学,2021年。

出，海外毛泽东传记是历史虚无主义思潮泛滥的重要载体与推手，此类文本披着传记的外衣，采用不同形式进行历史虚无主义逻辑及核心观点的隐性渗透。① 罗建华将历史虚无主义概括为三种类型：一是刻意捏造、虚构历史以丑化毛泽东；二是依托于剪裁和拼接史料以歪曲历史；三是从实践失误批判走向彻底否定毛泽东，强调在研究中应严格区分对毛泽东进行合理批评和"过度批判"乃至彻底否定之间的实质性差异。②

破除历史虚无主义，最根本的路径还是要回到毛泽东著述文献当中去。代红凯即指出，当前深化毛泽东研究的方法自觉和基本路径就是要以经典文献为根据，作者基于《毛泽东年谱（1949—1976）》的全面性、丰富性、权威性，强调自觉以之为权威依据，在深度运用中不断强化毛泽东研究的问题意识。③ 肖贵清、蒋旭东认为，还应当继续深化对毛泽东著作及其版本的研究，注意这一研究与党的早期领导人及同时期领导人著作研究、党的历史文献研究、马克思主义经典著作研究相结合，与毛泽东思想发展历史研究相结合。④ 周一平、祝永红也认为，应当通过网络检索、图书馆搜索、请收藏家帮助来全面搜集毛泽东著作版本。⑤ 除了毛泽东的年谱、著作及版本这些基本史料之外，陈芳宇、蒋建农还主张，毛泽东口述史料是对第一手文献的重要补充，全面搜集和系统研究有关毛泽东的口述史料，是推进毛泽东和毛泽东思想研究的基础性工程，具有超出学术研究本身的重要意义。⑥

除了立足权威文献、拓展史料范围外，学界还转换研究视角来探索毛泽东思想研究的路径。罗建华提出，毛泽东的阅读史是理解毛泽东和

---

① 王芳：《海外毛泽东传记文本中历史虚无主义的表现与批判》，《毛泽东研究》2021年第4期。

② 罗建华：《毛泽东研究中历史虚无主义的三重渗透及其批判》，《现代哲学》2021年第2期。

③ 代红凯：《运用〈毛泽东年谱（1949—1976）〉深化毛泽东研究的三维论析》，《毛泽东邓小平理论研究》2021年第10期。

④ 肖贵清、蒋旭东：《论毛泽东著作及版本研究的几个问题》，《湘潭大学学报》（哲学社会科学版）2021年第5期。

⑤ 周一平、祝永红：《全面搜集版本：毛泽东著作版本研究的基础和前提》，《中国浦东干部学院学报》2021年第6期。

⑥ 陈芳宇、蒋建农：《毛泽东口述史料研究综述及未来研究设想》，《毛泽东邓小平理论研究》2021年第6期。

将毛泽东研究继续向纵深推进的重要维度。① 王立胜将学界对毛泽东哲学思想的研究归纳为学理阐释、文献文本研究、实践反思、马克思主义哲学史、中国现代哲学史、马克思主义哲学中国化六种范式，在此基础上提出更具有客观性、历史性和综合性"中国马克思主义哲学研究范式"。②

纵观2021年学界对湖湘思想与学术的研究，可见成果十分丰富，而且不少研究成果或深入阐发、旧题新作，或转换视角、提出别解，或开拓议题、扩大论域，取得了实质性的创新。学界对于周敦颐之"道学宗主"地位，从其哲学、经学、礼学等多个角度呈现了其中的丰富内涵；对于湖湘学派的研究，深化了胡安国如何"私淑洛学"，又何以"大成"的义涵，给予了胡寅应有的中国哲学史地位；对于元明时期的湖湘思想与学术也做了尽可能的挖掘；对于船山学庞大精致的气学世界，从哲学阐发、思想比较、经典诠释等方面予以更加显豁的说明；对于近代湘学和现代湘籍人物的思想学术亦进行了持续的研究，尤其是以研究对象的诞辰纪念为契机，对有如金岳霖、张舜徽这样的名家给予集中的关注；对于毛泽东思想，更是从多重维度做出了全方位的展现，几乎涵盖了毛泽东思想的方方面面。这些方面的研究，整体上进一步提高了我们对于湖湘思想与学术的认识，同时也表明湖湘思想与学术在历史演进中的连续性和连贯性。基于学界的相关研究，以"濂溪学→湖湘学→元明湖湘学→船山学→近代湘学→现代湘籍人物思想学/毛泽东思想"为主体脉络，以体用合一、经世致用为精髓和灵魂的"湖湘思想学术通史"呼之欲出。

不过，学界2021年的湖湘思想与学术研究总体上还存在一些不足。简要来说，第一，近代以前的湖湘思想与学术研究并未走出濂溪学、湖湘学、船山学的视野。对于晚宋以迄晚清这600年间的湖湘思想与学术囿于濂溪—湖湘—船山一脉，未能给予湖湘朱子学、湖湘阳明学，或者统括性的湖湘儒学以充分的关注和探究。实际上，朱子学视域与阳明学视

---

① 罗建华：《毛泽东的阅读史：理解毛泽东思想与人格魅力的重要维度》，《湖南科技大学学报》（社会科学版）2021年第5期。
② 王立胜：《中国马克思主义哲学范式下的毛泽东哲学研究》，《哲学动态》2021年第4期。

域下的湖湘思想与学术仍有很大的空间，仅以湖湘朱子学为例，相关议题就有如《朱子语类》中的湖湘学者与朱熹的学术互动，魏了翁、真德秀在湖南时期的学术研究，元代湖湘学者对朱张学统的构建，明代茶陵学派对朱子理学、经学的理解，清代中期湖湘朱子学的考据学转向，等等。只有充分把握湖湘学者和其他地域学派的多重互动，才能展现出"湘学"研究的多元视野、博大气象和开放格局。第二，相关研究在湖湘之学的"体"上着力甚多而于"用"的阐发不足。湖湘思想与学术的精魂在于体用合一、经世致用，湖湘学者是如何展开他们的学术实践、如何投入社会政治实践中去的，他们的学术实践、社会政治实践反映出他们怎样的理论思考，二者又是如何结合起来的，他们的世界观与方法论是否始终如一，无疑都是值得关注的话题。要回答这些问题，显然需要超越于从概念到概念、就文本谈文本之上，深度结合文献学、社会史、文化史等方面的研究成果和方法，对湖湘思想与学术做一综合性的创新性阐释。相信弥补了以上两点不足，湖湘思想学术史的书写将会更加充实、饱满，湖湘思想学术史的精髓和灵魂将会得到更加生动的展现。

第 三 章

政治与军事：南征北战中的湘学实践

在历年的湘学研究中，湖南地区自古以来的政治与军事是两个被重点关注的领域，尤其是近代以来，湖南涌现出大批军政人才群体，如以曾国藩、左宗棠为代表的湘军人才群体，以谭嗣同为代表的维新志士人才群体，以黄兴、蔡锷为代表的辛亥革命人才群体，以毛泽东、刘少奇为代表的无产阶级革命家群体，他们的思想和事功撬动了历史的车轮，深刻地影响了近代中国的历史变革，同时也在社会实践中弘扬了湘学，促进了湘学的近代转型。2021年度，以人物研究为核心的湖南政治、军事研究主要集中在湘军研究、湖南抗战研究以及红色文化研究三个方面。这些研究既有在传统议题上的深入拓展，亦有在新的理论与视角影响下产生的新问题，本年度取得的研究成果推动了湘学研究走向深入，也在很大程度上宣传了湘学，提升了湘学的社会影响力，但也有研究薄弱和不足之处。

第一节 古代湖南地区的政治与军事

从先秦至清代，湖南古代历史悠久，史料丰富，湖南古代的政治与军事一度成为地方史研究的重点、热点领域，但随着《湖南通史》以及专门的政治史、军事史以及地级史志等相关成果大量涌现之后，对与古代湖南地区的政治与军事的研究热度以及成果逐渐呈现下降趋势。

彭铮琦以扎实的史料为依据论证两汉时期湖南地区军事价值的演变，

认为两汉时期湖南地区的军事价值总体上经历了一个由低到高的提升过程，在整个南方战略价值得到提升的东汉时期，湖南地处四方交通要冲的军事价值才得到世人广泛的认可和接受，成为真正意义上的兵家必争之地，并在中国日后的军事史中持续发挥着不可忽视的作用。① 黄国盛考察了桂阳郡在东汉不同历史阶段中扮演的角色与发挥的作用，展现出桂阳郡在东汉时期的政治动态、对东汉政局的影响及其历史地位。作者指出，东汉桂阳郡政区大体上承袭西汉的建制与规模，继续跨越南岭、辖治湘南粤北，经过东汉时期的持续建设，桂阳郡境内的过岭通道及郡内交通格局基本完善，其作为南岭两侧交通枢纽，控扼过岭要道及粤北等军事要地的重要地位更加凸显，成为中央经略岭南的前沿阵地，加强了东汉王朝对岭南的控制。②

冯博文以湘川地区为中心，考察了隋文帝开皇九年征服陈国之后，对南方政区的大刀阔斧改革。作者将隋朝在南方政区的多层次改革策略概括为废郡、省县、移治、增州四项举措，并指出，废郡与省县是为了涤荡地方豪强势力，简化行政层级；移治与增州是废郡与省县的补充，通过多层次的政区改革，重构了湖南地区州、郡、县各级空间结构，有效促进了隋朝中央权威在南方的确立。③ 谢宇荣考察了唐宋时期湖南地区的割据政权等，对唐宋之际湖南地区州级权力是如何一步步得到整合的做了比较深入的探讨。作者指出，唐末湖南地方势力纷纷以州为单位自立、防卫或扩张，马楚政权吞并各州势力后，通过马氏子弟分领节度使治所州，亲信将领分领治下州的模式来掌控整个湖南，朗州政权则开始逐渐用文人取代武将，并派兵更戍各州，为北宋将北方的文臣知州制度迅速移植湖南地区奠定了基础。④

王泽应、陈佳文论述王夫之的家国情怀思想，认为王夫之对于中国古代家国情怀思想的阐发集中体现在掘发出了家、国内在精神的契合性及其连带互补性，阐明了家对于国的初始意义和拱立价值，国对于家的

---

① 彭铮琦：《论两汉时期湖南地区军事价值的演变》，《军事史林》2021 年第 10 期。
② 黄国盛：《东汉时期的桂阳郡》，硕士学位论文，华中师范大学，2021 年。
③ 冯博文：《隋代南方政区改革研究——以湘川地区为中心的考察》，硕士学位论文，暨南大学，2021 年。
④ 谢宇荣：《唐宋之际湖南地区州级政治演变》，《中国历史地理论丛》2021 年第 4 辑。

整合意义和保障价值，使家成为国的建构基元，国成为家的价值核心，从而丰富了家庭美德的伦理内涵，并将中国古代的爱国主义思想发展到了一个新的高度。[①] 吴国梁考察了王夫之对中国传统制礼思想的批判与新诠，指出了他在制礼的资格、制礼以使天下有序的发生机制等方面的新主张，认为其中蕴含公众实践的价值取向，为礼的现代转化厘清了内在机理。[②]

常建华利用《湖南省例成案》并结合《清实录》相关史料探讨乾隆朝前期湖南地方社会职役与治理职责、地方社会职役的整顿、地方社会职役的运行，指出湖南地方社会职役在缉盗、治理私宰、溺婴、卖休、自杀轻生等方面发挥着重要作用，依靠地方社会职役的湖南地方社会治理是清代国家治理的重要实践，促进湖南民众的日常生活被纳入国家治理的背景之下。[③]

乾隆前期皇帝励精图治重视国家治理，以保甲为核心的地方社会职役得到推行与完善，行使各种职能，在治理地方社会中发挥着重要作用，地方社会职役在落实民生政策、解决社会问题方面受到官府重视，保甲的功能已然不是只管治安问题，而是协助官府治理地方。如何把握地方社会职役的权限，成为官府实践中遇到的重要问题。有的地方官府利用乡保协助处理民事诉讼，违反保甲条例，官府及时纠正。有的官员具有"隐私"观念，值得关注。湖南地方社会职役不仅在缉盗、治理私宰方面发挥作用，在治理溺婴、卖休以及自杀轻生方面也引人注目。湖南官府借助保甲等职役的地方社会治理，是清代国家治理中的重要实践，湖南民众的日常生活也被纳入国家治理的背景之下。

综上所述，2021 年度湖南古代政治与军事的研究成果数量上远远少于文化史与经济史方面的研究成果。究其原因，湖南古代政治与军事方面的基本问题在《湖南通史》（古代卷）中均有所研究，在此基础上进行深入研究，需要长时间的积累，更需要进一步挖掘新的地方史料，研究

[①] 王泽应、陈佳文：《王船山的家国情怀及其精湛智慧探论》，《杭州师范大学学报》2021 年第 6 期。

[②] 吴国梁：《论王船山对中国传统制礼思想的批判与新诠》，硕士学位论文，湖南师范大学，2021 年。

[③] 常建华：《乾隆前期湖南的职役与地方社会治理》，《江西社会科学》2021 年第 8 期。

难度相对较大，因此高质量的成果相对较少。另外，在湖南地方史的研究之中，对政治与军事的研究大多集中在近现代，古代、近现代湖南的政治与军事研究呈现不平衡的动态。

第二节　湘军研究的新视野

自湘军崛起之后，大批湖南人才联袂而起，创造了辉煌的近代湖湘文化，湘学因此而转型，其经世致用思想大放光彩。2021年度对湘军的研究仍然是热点话题，相比往年的研究成果，本年度出现新的局面——众多学者从经济、政治、军事、社会等多视角多学科研究湘军。最值得注意的是，2021年《中国社会科学》《史学理论研究》等刊发系列与湘军相关的文章，拓宽了湘军研究的视野。

一　湘军的粮饷与军费筹措

综合分析2021年度湘军研究成果，史学界对湘军关注的重点逐渐从湘军参与的各种战役与战场表现转移到湘军的后勤保障及晚清社会经济尤其是财政危机方面。后勤是军队战斗力的保证，其中粮饷供给无疑是后勤保障中最为重要的环节，湘军之所以能够迅速成为镇压太平运动的主力，和湘军集团的筹饷能力密不可分。湘军最初只是作为众多地方武装中的一支建立起来，主要作为守卫乡土之用，这样的定位也就决定了朝廷很难会在财政上给予湘军以有力的支持，尤其是在朝廷本身就处于财政危机的情况下，湘军军费只能从湖南地方进行解决。

万尚真重申了厘金对湘军的重要性，指出湘军在1855—1864年形成的三大饷源基地——江西牙厘、广东粤厘和湖南东征局——承担了湘军的大部分军费需求，随着厘金济饷在全国不断推行，湘军对阵太平军的形势发生了逆转，厘金也成为促使太平天国失败的重要原因之一。[①] 雷乐街聚焦于厘金的起源阶段，考察了厘金对于湘军饷需制度变革的作用，并在此基础上探讨了晚清财权下移的现象与后果：厘金作为湘军饷需的最大来源，有效地解决了财政紧张、军费无着的难题，战后纷纷占据东

---

① 万尚真：《厘金：湘军制胜的保障》，《中国税务》2021年第9期。

南地区督抚职位的湘军将领基本上掌控了厘金的征收、管理和使用，使厘金从临时性走向制度化，但是因为缺乏对厘金的有效监管机制，使之成为不断弱化中央对地方财政控制能力的重要因素，最终导致了清末地方督抚专权局面的形成。①

左宗棠作为晚清中兴名臣之一，归复新疆是其军事生涯中最光辉的一笔。赵亚军、李国平指出，左宗棠通过制兵节饷、开辟粮道、争取协饷、举借洋款、兴囤蓄粮等系列措施打通了筹备粮饷渠道，完善的军队粮饷筹备体系与实践为胜利收复新疆奠定了坚实的物质基础，对战争胜利起到了决定性作用，整个筹备过程也见证了新疆用兵从穷打仗到打胜仗的历史转变。②徐蓉丽关注到光绪年间左宗棠西征时的汇丰三次借款相关问题，充分利用了伦敦汇丰银行档案馆的相关档案资料，以及台北"中研院"近史所总理衙门档案中有关西征借款的相关档案，从汇丰银行的视角考察了西征借款、发行债券、偿还借款，探讨了汇丰银行在左宗棠西征借款中扮演的角色以及借款在汇丰银行发展中所起的作用。③

二 湘军人物的经世思想与外交成就

湘军与太平天国运动是密切联系的，研究湘军不能不研究太平天国运动。夏春涛指出，百余年来，关于太平天国的评价屡有变化，特别是近30年来，与过去的溢美相反，出现了把洪秀全和太平天国"妖魔化"、一味美化曾国藩和湘军的声音，甚至已成为一种社会思潮，学术界应以科学的态度去研究和看待太平天国运动，摆脱"神化"或"妖魔化"的简单化认知模式，避免太平天国研究从显学沦为绝学。④《史学理论研究》在2021年第1期刊登了一组"唯物史观与太平天国研究"系列文章。其中崔之清指出，曾国藩竭尽心力效忠与拯救清朝，视朝廷为中国，镇压

---

① 雷乐街：《晚清时期厘金与湘军饷需制度的变革》，《湖南大众传媒职业技术学院学报》2021年第3期。
② 赵亚军、李国平：《左宗棠用兵新疆粮饷筹备述论》，《牡丹江大学学报》2021年第7期。
③ 徐蓉丽：《汇丰银行与西征借款研究》，硕士学位论文，华东师范大学，2021年。
④ 夏春涛：《太平天国再评价——金田起义170周年之反思》，《中国社会科学》2021年第7期。

太平天国等反清起义，推行洋务新政，但并未缓解各种固有矛盾，也无力拯救持续深化的危局，最终清朝被自下而上的反清革命风暴摧毁。[1] 姜涛认为，太平天国对晚清社会的最大贡献，是在他们的占领区相当彻底地破坏了清王朝的地方统治秩序，摧垮了成为社会痼疾的旧有官僚体制，使湘军集团和后起的淮军集团轻易清除了他们的政治对手，从而在一定程度上革新了吏治。[2]

顾建娣研究同治初年湘淮集团对长江下游清军水师的整顿和重建问题，认为同治初年，长江下游清军水师因与太平军作战不利且自身问题层出亟须整顿与重建，李鸿章抵达上海后，湘淮集团开始谋划整顿与重建下游水师，在清廷支持下，湘淮集团先削弱、收编、去除上海的曾秉忠和冯日坤势力，再通过裁减船只、撤换统领、调整饷项分配等措施整编扬防水师，攻克苏州后，湘军水师分兵驻防里下河一带，清廷调走督办江北军务的都兴阿，将扬防水师的节制权交给了曾国藩，长江下游清军水师最终被湘军水师所取代，完成了整顿与重建，为此后湘军水师击败太平军及其余部奠定了基础，也是战后湘军水师转变为经制水师的关键一步。[3]

袁天阳结合左宗棠所处的时代背景、人生经历及其治边实践，全面、系统梳理了其边疆治理思想，指出其边疆治理思想研究有助于丰富、补充学界目前的左宗棠政治思想研究，对于当下维护国家的和平、稳定和安全，为当代中国的边疆治理建言献策，也具有一定的学术价值。[4]

王强山叙述郭嵩焘在第二次鸦片战争期间的经历、巡视山东以及辞官南归湘阴老家等事迹，说明郭嵩焘对时局和夷祸都有比较清醒的认识，但又无可奈何。[5] 黄玉雪认为，郭嵩焘善于中西法律的比较，深刻认识到了西方资本主义法律的优越性和中国封建主义法律的落后性，其法律观

---

[1] 崔之清：《晚清危局及其出路——洪秀全、曾国藩的认知与抉择》，《史学理论研究》2021年第1期。

[2] 姜涛：《太平天国：造反者的失败事业》，《史学理论研究》2021年第1期。

[3] 顾建娣：《同治初年湘淮集团对长江下游清军水师的整顿和重建》，《军事历史研究》2021年第6期。

[4] 袁天阳：《左宗棠的边疆治理思想研究》，硕士学位论文，吉林大学，2021年。

[5] 王强山：《郭嵩焘在第二次鸦片战争期间》，《书屋》2021年第3期。

第三章 政治与军事:南征北战中的湘学实践

的形成,除了受到个人因素和湖南地方历史条件的影响之外,还是他对西方政治法律不断探索和考察的结果。① 郭嵩焘是晚清第一任驻外公使,达赛日主要就郭嵩焘外交思想及其影响展开研究分析,指出面对西方洪流的入侵,郭嵩焘积极开展外交活动,尽可能为国家及人民争取利益,在外交领域取得了不错的成绩。② 王宏超考证了郭嵩焘"伦敦画像事件",指出,1878 年,驻英公使郭嵩焘请英国画师古得曼(Walter Goodman)为自己画像,这本是一件普通之事,但国内的《申报》发表了关于画像的相关报道,提及画像过程的一些细节,郭嵩焘以为此报道"意取讪侮",感到背后有人故意对其进行毁谤。郭嵩焘在驻英时期,正值国内政治局势动荡之际,革新与保守各派多有交锋,他与古得曼关于画像的"分歧"体现的是中西文化间关于图像传统和文化观念的"冲突",而普通画像事件变成了一场政治角力,正可反映出图像的政治特征。③ 王兴国回顾了郭嵩焘开创公祭王夫之 150 周年间的船山学研究历程,将郭嵩焘对王夫之的评价和目前的船山学的研究进展相比较,归纳出三点结论:一是对王夫之在中国思想史上的历史地位认识高度一致;二是当代学者在对王夫之政治思想的认识与评价上远远超越了郭嵩焘;三是当代学者对王夫之学术成就评价的标准不及郭嵩焘的客观。④

关于曾纪泽的研究,多聚焦于他主导的中俄伊犁交涉、中法越南交涉等外交活动与公法外交思想,对他维存藩国属地的外交实践与思想的研究极其薄弱。伊纪民指出,曾纪泽在宗藩体制与国际公法之间的徘徊、取舍与选择,是尝试变通而糅合中西文化、新旧对外关系体制的有益实践,对于维存藩国及加强对边疆属地的统治具有重要意义。⑤ 闫丽茹分析了曾纪泽的外交活动和外交策略,认为曾纪泽奉命赴俄进行修改《里瓦几亚条约》的交涉与谈判,虽然他在谈判桌上运用外交策略完成了任务,

---

① 黄玉雪:《论郭嵩焘的法律观及其贡献》,《湖南工程学院学报》2021 年第 4 期。
② 达赛日:《郭嵩焘外交思想及其影响研究》,《今古文创》2021 年第 14 期。
③ 王宏超:《郭嵩焘伦敦画像事件考:图像的政治与文化相遇中的他者套式》,《复旦学报》2021 年第 3 期。
④ 王兴国:《共识、超越与不及:郭嵩焘开创公祭船山 150 周年回顾》,《船山学刊》2021 年第 1 期。
⑤ 伊纪民:《在宗藩体制与国际公法之间:曾纪泽控御藩国属地的思想及实践》,《甘肃广播电视大学学报》2021 年第 5 期。

重新签订了《中俄伊犁条约》，收回了我国部分主权，但未能改变这一条约的不平等的、侵略的、非正义的性质。① 清政府在越南问题上对法国的外交活动主要是曾纪泽和李鸿章承担的。章扬定、倪腊松探析中法战争前清政府对越南问题的政策和态度，涉及曾纪泽对法国的外交活动，作者指出，作为驻法公使，曾纪泽虽然照会了法国外务部，重申了中国政府从来就不承认法越1874年条约，但他并不反对法国对越南的保护权，在他看来，中国的宗主权与法国的保护权可以共存，这等于承认了法国的保护权，实是一种无奈的错误。② 学界对曾纪泽与国际公法的研究，目前主要围绕着"革命史"与"现代化"的研究范式进行，伊纪民以中国为中心的内部取向和整体视角，从多方面对曾纪泽公法外交思想及实践进行分析，认为他对公法的运用具备一定的灵活性，但曾纪泽的公法维权意识及实践、进步性与局限性并存，他虽确实在一定程度上维护了国家权益与民族尊严，但在当时的内部条件与国际环境下，公法实难以维权。③

三 湘军与晚清社会研究

学界对于晚清湘籍官僚集团的研究集中在湘军集团。对于前湘军时期的湘籍官员如陶澍、贺长龄等，多注重他们的经世思想，较少关注他们与湘军集团骨干成员之间的人际互动关系。对于湘军集团，有学者对其内部乡土宗族血亲等"地缘性"和"血缘性"社会关系进行梳理，也有学者对集团内部之间的人际交往进行考证，进而分析晚清幕府形态特点。

束荣华、朱庆葆从前湘军时期开始梳理湘籍官僚集团成员之间的关系，认为湘军集团间的纽带除了乡土宗族血亲关系和官职隶属官方关系外，更多的是师门、姻亲、主幕等私谊关系，并从"人缘性"因素入手，指出这种私谊关系维系着集团内部成员的联系，协同成员间的政治行为，

---

① 闫丽茹：《论曾纪泽在中俄圣彼得堡谈判期间的外交策略》，《现代商贸工业》2021年第29期。
② 章扬定、倪腊松：《中法战争前清政府对越南问题的政策和态度探析（1880—1883）》，《广州社会科学》2021年第5期。
③ 伊纪民：《曾纪泽公法外交研究》，硕士学位论文，湘潭大学，2021年。

佑护成员在云谲波诡的官场中趋福避祸，呈现出官场联盟特质，构成晚清独特的"官场文化"，在很大程度上左右着时局，也在清廷中枢与地方督抚力量此消彼长的嬗变中影响着近代中国社会。①

黄鹤鸣论述湘军的出现和发展影响了清末社会中国近代历史的进程，这主要体现在：汉人在清朝权力格局中的地位有所提高，改变了清朝的兵制，促进了地方的地主武装成为国家军事的支柱，加速了晚清中国的近代化进程，以及使湖南地区人才辈出。② 鲍田原考察了曾国藩对"湖团案"的处理，指出曾国藩于同治五年二月八日上《查办湖团酌筹善后事宜折》奏结湖团案，并提出重建湖团地区政治秩序、社会秩序的建议，至此，民情汹汹多年的湖团案在其主持下平息，湖团地区的政治秩序、社会秩序得到逐步重建，湖团地区的利益格局也得到了调整重构，奠定了此后几十年湖团地区社会稳定的基础。③ 钱朝军认为，曾国藩的劳动思想是其文化思想中的重要内容，对湖湘文化产生过重要影响。④ 施继州从伦理学的角度研究彭玉麟的军事思想，指出其军事思想受到社会现实的深刻影响，忠君报国是其提倡的军人价值观，其领兵治军，主张义战，强调动之义、合仁德、顺民心；其御敌作战，遵循合众为一的全局观，善于审视全局而不尚近功，抓住根本而不弃枝末，也重视将上下同心的军民伦理关系运用于战争之中。⑤

湘籍官僚集团驰骋晚清官场半个世纪，其肇始于陶澍、贺长龄，由曾国藩、胡林翼、左宗棠等湘军系要员借助镇压太平天国而推向顶峰，后来随着清廷分化打压和内部成员间的摩擦逐步走向衰落。张弛注意到晚清时期的湖南形象，在各类历史与文学文本中经历了一个从危机到转型的过程。在其研究论文中，指出古代寓湘者笔下被高度审美化的潇湘形象逐渐走向衰落和变异，在异域文明的冲击之下，湖南成为传教士等

---

① 束荣华、朱庆葆：《晚清湘籍官僚集团私谊关系及特点》，《安徽史学》2021年第2期。
② 黄鹤鸣：《论湘军的组建发展对清末社会的影响》，《湖南人文科技学院学报》2021年第4期。
③ 鲍田原：《曾国藩处理湖团案考察》，《齐鲁师范学院学报》2021年第2期。
④ 钱朝军、田密：《曾国藩劳动思想及其当代价值》，《湖南人文科技学院学报》2021年第5期。
⑤ 施继州：《彭玉麟军事伦理思想研究》，硕士学位论文，湘潭大学，2021年。

外来者眼中最为保守的中国区域。作为回应，郭嵩焘、曾国藩等湘军创建者呈现出湖南人物闭塞保守却又进取开新的立体形象。戊戌时期湖南的维新运动虽然失败，但以梁启超为代表的士人却从荒蛮偏僻的潇湘地理和文化现实中发掘了湖南少历史负累而具独立根性的"士节""民气"。20世纪初，杨度、杨毓麟等湖南留日学生在此基础上完成了对晚清湖南形象的想象和重塑①。

综合分析2021年度的湘军研究，无论是在深度上还是在广度上都取得了较大的进展。首先是研究的视野比较开阔，出现运用多学科的方法进行学术研究的新动态。今后研究湘军需要注意的问题是，其一，湘军作为晚清一个重要的政治军事集团，虽然产生于湖南，但影响力并不局限于湖南地区，可以考察湘军在转战南北过程中对各区域以及对中国近代社会产生的影响。其二，2021年，学术界对湘军的研究焦点继续保持在对曾国藩、左宗棠等核心人物身上，忽视了大量的湘军中下层将领的研究。

第三节　改革、革命、自治与湖南近代政治的开端

中国近代史上，对中国政治走向和政治制度产生重大影响的历史事件有维新变法、辛亥革命、自治运动等。以上历史事件均与湖南密切相关，同时也促进了湖南政治近代化的历史进程。维新变法、辛亥革命、自治运动历年都是史学研究的热点。2021年是纪念辛亥革命110周年，各地纷纷举办学术研讨会。综合分析本年度关于维新运动、辛亥革命的研究成果，发现直接与湖南相关、突出湘学精神的成果却不多见，其中原因值得湘学研究者深思。

一　清末革新与湖南研究

宋健以谭嗣同对荀学的批判为切入视角，分析其启蒙思想的特质，认为他注重民主启蒙，反对君主专制，其对荀学的批判正是他批判君主

---

① 张弛：《潇湘的衰变与晚清湖南形象的转型》，《中南大学学报》（社会科学版）2021年第4期。

专制及"君为臣纲"的逻辑起点,通过对谭嗣同荀学批判的研究,可以提供一个新的维度去审视谭嗣同启蒙思想的内在价值。① 贾正东以湖湘人才群体为视野,研究湖湘文化与中国近代社会,认为湖南士人对中国近代政治的影响包括对中国政治走向的影响、对中国政治制度的影响两个方面。作为维新派先锋,谭嗣同主张通过君主立宪制来改变中国的社会制度,促进了近代中国民众政治意识的觉醒。② 沈雅彤从谭嗣同的佛学思想与政治关系展开深入论述,认为谭嗣同的佛学思想一直未被充分阐释,其佛学与政治之间关系的研究也留有空白,这些问题对全面理解谭嗣同思想十分重要。阅读《仁学》可发现其中蕴含丰富的佛学观念与政治思想,佛学为其政治观提供了丰富的资源,"菩提心"与心力论贯穿政治思考始终,由此谭嗣同的思想中是存在"度社会"佛学政治观这一概念的。对"度社会"佛学政治观的解读,将为学界进一步探究谭嗣同佛学政治观提供思路。③ 学界目前关于谭嗣同民主思想的研究尚缺乏系统性。施丹从哲学角度分析谭嗣同的民主思想,指出其民主思想的哲学基础、哲学意蕴以及合乎逻辑的哲学审视,补充了目前学界对谭嗣同思想的研究。④ 冯琳以谭嗣同为例,探讨"王船山实践观的近代影响"这一话题,指出谭嗣同是运用王夫之的易学、实学并融合西方自然科学理论来构建其哲学思想的。⑤ 杜品对谭嗣同殉难进行再解读,认为谭嗣同的殉难践行了近代知识精英中悟者的担当精神,并就其精神来源做出探讨。谭嗣同的担当精神体现为参与变法过程中展现的政治勇气、变法危急时刻挽救新政的使命担当以及变法失败后视死如归的责任意识三个方面。⑥

许屹山深入研究唐才常的改革思想,认为他提出的"融通中西""新

---

① 宋健:《论谭嗣同的启蒙思想——以荀学批判为例》,《黑龙江史志》2021年第9期。
② 贾正东:《湖湘文化与近代中国社会——以湖湘人才群体为视野》,《湖南行政学院学报》2021年第1期。
③ 沈雅彤:《谭嗣同"度社会"佛学政治观之探究》,《重庆三峡学院学报》2021年第1期。
④ 施丹:《谭嗣同民主思想的哲学研究》,硕士学位论文,苏州科技大学,2021年。
⑤ 冯琳:《王船山实践观的近代影响——以维新派谭嗣同、梁启超为例》,《孔子研究》2021年第1期。
⑥ 杜品:《悟者践行担当精神——对谭嗣同殉难的再解读》,《牡丹江师范学院学报》2021年第4期。

吾中国"改革主张，构筑出以通商为核心，涵盖通学、通使、通法、通种、通教等内容的宏大思想体系，这一思想体系尽管有不少庞杂斑驳之处，但大都是晚清中国所面临的紧迫课题，充满了与时俱进的改革创新精神。①

周明昭通过梳理分析时务学堂的相关第一手资料，对梁启超与时务学堂进行细致研究，指出，湖南时务学堂是湖南维新运动的重要举措之一，缘于湖南巡抚陈宝箴为响应朝野教育改革的呼声，培养实业人才而创设，梁启超因与汪康年发生矛盾，后在湘绅蒋德钧推荐，黄遵宪、熊希龄、陈三立等人的邀请下，出任时务学堂中文总教习，其间他按照康有为的学术思想和改革理念，改革学堂教育宗旨与教学内容，将其建设成为宣讲康有为学说的政治学校。② 阳海燕从时务学堂事件来讨论近代湖湘文化转型问题，认为时务学堂事件是近代湖南士林的第一次大规模意识形态论争与分化，在近代湖湘文化"巨变"的时代语境下，双方因文明判断的标准、经世致用的范围和舆论斗争的手段呈现出差异。③ 王向民认为湖南时务学堂的学科设置，并未采取美国在大学建政治学系科的道路，而是接绪欧洲大陆国家的政治学学科传统，这两条路径之间的张力始终存在于20世纪中国的政治实践与学科发展中。④

张虹娇对清末新政时期湖南陆军进行了研究，作者指出，俞廉三、赵尔巽、端方、岑春蓂、杨文鼎等湖南督抚先后采取一系列整顿旧军的措施，取得一定成效，这里面包括裁撤绿营老弱病残、挑选旧军精锐编为新军、改编防军与练军为巡防营、挑拣部分绿营编为巡警等，同时创建现代化的营制与征募制度，建立现代化的军事教育体系，注重学堂教育与留学教育、培养军官能力和基本素质，更新武器装备、完善后勤制度等；此外，作者详细梳理了清末新政时期湖南四种陆军的基本情况及

---

① 许屹山、吴慧、彭大成：《"融通中西"与"新吾中国"：唐才常改革思想再探赜》，《山东理工大学学报》（社会科学版）2021年第2期。
② 周明昭：《梁启超与时务学堂》，硕士学位论文，华东师范大学，2021年。
③ 阳海燕：《"未完成的巨变"——时务学堂事件与近代湖湘文化转型》，《长沙大学学报》2021年第4期。
④ 王向民：《知识、权力与历史：中国政治学史研究的问题意识》，《学海》2021年第4期。

其军事建设内容,探讨了湖南陆军发展的成效及其进步性,并从史实叙述中总结湖南陆军建设过程中的局限性。①

二 辛亥革命与湖南研究

2021年是纪念辛亥革命110周年,各地纷纷举行学术研讨会纪念辛亥革命,许多期刊也开辟专栏发表相关论文。辛亥革命与湖南息息相关,也是湖南近代史上的重大事件,在辛亥革命武装起义的各阶段中,参与其中的中坚力量及领导者大多数人为湘籍革命志士。

(一)蔡锷研究

2021年度,对蔡锷的研究已经达到一个新的高度。蔡锷英年早逝,保留下来的相关文献并不多。自《蔡锷集》出版以来,关于蔡锷的文献史料整理已经完成,2021年度有学者从新的角度研究蔡锷,如蔡锷与"西南政策"的形成、演变,蔡锷的行政、邮政主权思想,蔡锷遭广西谘议局弹劾事件,蔡锷死因澄清以及蔡锷身后家事等问题,产生了一些具有较高学术价值的研究成果。

蔡锷是近代"西南政策"的积极谋划者。武昌起义爆发后,蔡锷提出以云南为基地,联合川、黔两地,响应革命的整体战略设想"西南政策",其灵魂人物为蔡锷、唐继尧,但是二人又存在"联盟西南"和"领袖西南"的分歧。潘先林等人围绕"西南政策"的渊源、影响、意义及其缺陷探讨了民国前期"西南政策"的时空演变,呈现中国由王朝国家向近代多民族国家转型过程的复杂性和差异性,以及中国"大一统"理论的丰富内容和多元演进。②

邓江祁从行政与邮政两个角度分别论述了蔡锷的主权思想,这也是以前对蔡锷的研究所忽略的领域,在《蔡锷行政主权思想与实践述论》一文中,作者论述了蔡锷维护国家主权的思想,指出他坚决揭露和抨击帝国主义侵犯中国行政主权的行径,在对外交往高扬国家主权,坚持公

---

① 张虹娇:《清末新政时期湖南陆军研究》,硕士学位论文,华中师范大学,2021年。
② 潘先林、肖春梅、白义俊:《构造统一国家与建设现代边防:民国前期"西南政策"考论》,《中国边疆史地研究》2021年第3期。

平正义，讲求有理有节，及时挫败英帝国主义干涉云南行政管理的企图。① 在《蔡锷邮政主权思想与实践述论》一文中，邓江祁重点阐述了蔡锷对法国侵犯中国邮政主权行径的揭露和抨击，指出他从军事、经济、财政、行政、学术等五个方面揭露法邮对云南的影响与危害，努力谋求驱逐西南法邮的方法与途径，为中国人民反帝反侵略、挽回国家邮政主权指明了正确的方向，这对于新时代中国邮政在加强与各国邮政的联系，推进双边、多边邮政国际合作，坚定维护国家主权上仍具有借鉴价值和现实意义。②

清朝末年，随着绅权的扩大和自治事业的兴起，地方本位主义随之泛滥。广西谘议局制定的"制限外籍学生案"和"呈请查办蔡锷案"就是典型的案例。地方本位的形成，是督抚权力扩大、士绅权力膨胀和地方自治思潮共同作用的结果，为民国时期的军阀割据埋下了伏笔。蔡锷入主云南之前，主要受邀在广西训练新军，蔡锷在广西的经历，以往被史学界所忽略。左攀详细论述了蔡锷被广西谘议局严厉弹劾的前因后果，指出在"驱蔡风潮"中，本属不同阵营的广西谘议局和同盟会广西支部站在一起，这说明，相较于政治意见上的分歧，桂人治桂的狭隘地域观念更起作用。③

蔡锷逝世以后，蔡家人生活在辛亥革命元勋、护国将军的光环下，得到国家和社会的关心，也被各界人士聚焦。王金华描述了蔡锷家庭的财产纠纷，以及蔡锷母亲王太夫人的葬礼等，指出这些事宜都因为蔡锷的影响及湖南当局的重视得到了妥善解决，从而维护了蔡锷的良好声誉。④

（二）黄兴研究

陶旅枫以辛亥革命时期明德学堂的志士群体为对象，论述了明德学堂在推动辛亥革命过程中发挥的巨大作用，并且得出明德学堂是"辛亥革命的摇篮和策源地"的结论。作者指出，黄兴在明德学堂创立华兴会

---

① 邓江祁：《蔡锷行政主权思想与实践述论》，《邵阳学院学报》2021年第1期。
② 邓江祁：《蔡锷邮政主权思想与实践述论》，《邵阳学院学报》2021年第4期。
③ 左攀：《清末自治思潮与地方本位主义的泛滥——以"制限外籍学生案"和"驱蔡风潮"为中心》，《西南交通大学学报》2021年第1期。
④ 王金华：《蔡锷将军身后家事》，《书屋》2021年第3期。

后，成为辛亥革命武装反清斗争的主要组织者和领导者，以黄兴为首的明德志士群体向清朝统治发动了一次又一次冲击，为推翻君主专制铺平了道路，明德学堂因此成为"辛亥革命的摇篮和策源地"。①

周用宜以"黄兴与周震鳞"为主题，详细讨论了两人的生平事迹与杰出贡献，深化了对辛亥革命人物的研究。② 马纯英等学者从湘籍辛亥人物的体育思想及实践方面阐述他们尚武救国的精神，研究视角较有新意。文章主要讨论了以黄兴、蔡锷、唐群英、秋瑾等新型知识分子为代表的湘籍辛亥人物的体育实践，他们既是近代中国历史的推动者，也是中国近代体育发展的重要推动者。黄兴、蔡锷等湘籍人物在经世致用的思想作用下，在探索救亡之道的过程中，形成了以"尚武爱国"为内涵，用"立国之本"标榜体育地位，以体操骑射为尚武手段，以"强身、强民、强国"为首要价值，以救国为终极目的的体育思想，并从自身到群体，在家庭、学校、军队、社会各界中大力推广与实践体育，促进了近代中国政治变革的同时也促进了文化的转型、军事的近代化与体育的发展。③

温亚旗叙述程潜与辛亥革命时期的汉口战役，作为参加过辛亥革命的著名爱国将领，青年的程潜投笔从戎，经历了辛亥革命的酝酿准备、高潮奋战和捍卫共和各个阶段，为辛亥革命的发生、发展及延续立下了汗马功劳。在历次的战役中，他身先士卒，英勇奋战，展现了革命者不断斗争的精神。④

（三）宋教仁研究

赵炎才以孙中山和宋教仁为中心，论述清季民初革命派的尚俭善政思想，指出清季民初以孙中山、宋教仁为代表的革命派针对中国近代社会之窘状，利用传统尚俭善政精神，努力融合西方近代相关思想，贯彻俭政精神，革故鼎新，着力打造良善共和政府，秉持尚俭善政精神继续

---

① 陶旅枫：《辛亥革命时期民主革命志士中的明德群落》，《艺术中国》2021年第10期。
② 周用宜：《黄兴与周震鳞》，《百年潮》2021年第6期。
③ 马纯英、田祖国、张子沙：《尚武救国：湘籍辛亥精英体育思想及实践》，《绥化学院学报》2021年第9期。
④ 温亚旗：《程潜与辛亥革命时期的汉口战役》，《团结报》2021年10月21日。

革命，循名责实，再造共和，积极推进了中国传统政治的近代化。①

姜雅雯研究宋教仁的国际法思想，认为宋教仁的思想涵盖政治、法律等多个领域，又被称为"中国宪政之父"。综观宋教仁的思想，其法律思想中的国际法思想颇具特色，具有深刻的研究价值。② 双立珍探析宋教仁精神的形成及其时代价值，认为其精神内核主要是革命、爱国和法治。宋氏家族书香传统与民族意识是其精神形成的直接因素；湖湘文化赋予其精神气质和性格特征；中华优秀传统文化和民族精神凝聚成其精神内核；时代洗礼为其注入与世俱进的时代气息。③ 宋雅秋采用文献分析法和比较研究法探研宋教仁的政治动员实践，作者结合"政治动员"概念的多重要素，分析宋教仁开展政治动员实践的背景和类型，评析其特征和成败得失，总结其历史意义，认为宋教仁积极开展政治动员实践，灵活采取多种政治动员手段，动员了清政府新军、留日学生、立宪派和普通民众等不同社会群体，不遗余力地宣传反清革命思想和民主共和国建设方案，对反抗专制统治和辛亥革命的成功均有重大意义。④ 顾铮通过分析《民立报》对"宋案"的视觉处理，探讨了革命党人是如何认识照片，尤其是肖像照片在新闻报道和政治宣传中的作用与使用方式的。⑤

（四）杨度研究

干春松以杨度《金铁主义论》中的民族观与国家观为中心，论述文明论视野下的民族与国家。杨度一生的政治思想复杂多变，在日本留学期间他受福泽谕吉等人的文明观的影响，认识到西方文明论所具有的对内和对外的不同面貌，从而认为要从中国的实际出发，建立起新的民族和国家观念。他所提倡的开国会的策略和多民族融合的民族观念深刻影响了当时及以后的中国思想界，也是革命派与改良派在辛亥前论争的重

---

① 赵炎才：《清季民初革命派的尚俭善政思想刍议——以孙中山和宋教仁为中心》，《平顶山学院学报》2021年第1期。
② 姜雅雯：《宋教仁国际法思想探析》，硕士学位论文，中央民族大学，2021年。
③ 双立珍：《宋教仁精神的形成及其时代价值》，《西部学刊》2021年第3期。
④ 宋雅秋：《宋教仁政治动员实践研究》，硕士学位论文，山东大学，2021年。
⑤ 顾铮：《身体作为政治与情感动员的手段——在新闻与宣传之间的宋教仁肖像（遗体）照片，以〈民立报〉为例》，《艺术收藏与鉴赏》2021年第1期。

要主题。① 肖艳从历史背景与杨度的"变身"及其法律思想的转变等方面重审其法律思想，认为他作为推动传统发生巨变的人物，历经洋务运动、戊戌变法、辛亥革命等历史事件，活跃于清政府、北洋政府，积极参与了中国传统法律文化和法律制度的近代化变革，从杨度的法律思想中能够体悟到中西方法律文化的碰撞，管窥中国传统法律的近代化进程，有助于考察中国传统法律的转型与发展。② 李杰将杨度的民族国家观视为中国传统民族思想在新的历史阶段下的发展，认为其民族国家观受到中国传统思想与近代西方思想的双重影响，在一定程度上体现了当时中华民族求亡图存的时代任务，为作为近代多民族国家的中国的巩固和统一做出了贡献。③

三 湖南自治运动研究

胡忆红论述清末湖南地方自治教育与社会动员，认为湖南地方自治研究所为全省自治教育总机关，讲员全部具有现代法政知识，开设资本主义宪政、法制乃至经济学相关课程，为各地培养自治动员人才，清末地方自治教育与动员，是一场对底层民众进行的思想启蒙，是近代中国全方位对县镇乡广大底层民众进行启蒙的嚆矢，但因清政府自身的腐败和无能，自治教育运动未取得预期效果。④ 赵恒惕与吴佩孚围绕自治展开激烈竞争，并将其公诸报刊舆论，扩大影响，造势赢势。双方对自治的心态变化随着时势所转移，凸显以自治谋私的一面。联省自治背后蕴含着集权和分权、省宪和国宪的博弈，透过二人的政争，为我们了解当时中央和地方的互动提供了新的视角。

王雅宁以报刊舆论为视角，为研究湖南自治运动提供了一个全新的维度。作者指出，北洋军阀统治时期，社会各界利用报刊传播快、影响大等特点，以报刊舆论表达政治主张、引导社会舆论，自 1920 年联省自治运动兴盛后，直系吴佩孚、湘系赵恒惕围绕以何种方式实现国家的统

---

① 干春松：《文明论视野下的民族与国家（上）——杨度〈金铁主义论〉中的民族观与国家观》，《现代哲学》2021 年第 3 期。
② 肖艳：《杨度法律思想的两次变化及其原因分析》，硕士学位论文，湘潭大学，2021 年。
③ 李杰：《杨度民族国家观初探》，硕士学位论文，烟台大学，2021 年。
④ 胡忆红：《清末湖南地方自治教育与社会动员》，《中华文化论坛》2021 年第 3 期。

一，展开了一系列政争，其中吴佩孚前期主张"重光法统"以谋求"和平统一"，后期走上"武力统一"的道路；以赵恒惕为代表的"西南派"与之针锋相对，主张实行"联省自治"以谋求国家统一，这两种不同方式的政争背后，蕴含着"国宪"和"省宪"，"中央"和"地方"，"集权"和"分权"的博弈，也透露出中央的"大一统"和地方的"小统一"之间的矛盾。①

蔡双全论述梁启超地方自治思想，认为梁启超在不同的历史时期提出了不同的地方自治思想，表现出其"流质善变"的特色。梁启超对地方自治的最初设想和实践是他在湖南任时务学堂教习之时。梁启超认为，欲在湖南推行自治，就必须"以广民智为第一义"，他提出了"开民智""开绅智""开官智"三种应对之策。②

综上所述，关于维新变法、辛亥革命、自治运动的研究是史学界研究的重要方向，老一辈历史学研究者在此领域取得丰硕的成果。时至今日，无论是相关文献整理还是理论建构，都很难出现有创新的高质量研究成果，而且成果的分布主要集中在对谭嗣同、蔡锷、黄兴、宋教仁等名人的研究方面，对于其他大量相关人物的研究较少涉及，缺乏对事件细节的深入研究。其中原因有二：一是相关问题的研究经过半个世纪的积累，已经达到了一定的高度，青年一代的学者试图在此领域有所突破或者超越已经非常困难了。二是从研究者本身来看，需要进一步提高相关问题的专业研究水平，方能做出高质量的研究成果，而不是在此领域重复前人的工作。2021年是纪念辛亥革命110周年，虽然大大小小的纪念活动以及学术研讨会搞得轰轰烈烈，规模大规格高，但只有少数文章有创新有学术价值，众多发表的文章流于形式，大多是重复前人的研究成果，其宣传意义远远大于学术价值。因此尽管维新变法、辛亥革命以及自治运动与湖南密切相关，但综合分析本年度的研究成果，与湖南以及湘学相关的成果十分罕见，我们期望来年年轻学者厚积薄发，能够产生一批具有较高学术价值的著作和论文。

---

① 王雅宁、刘晓堂：《报刊舆论视野下的湖南联省自治运动——以吴佩孚和赵恒惕政争为中心》，《内蒙古农业大学学报》2021年第4期。

② 蔡双全：《梁启超地方自治思想之"善变"述评》，《湖北社会科学》2021年第11期。

第四节　湖南抗日战争研究的新成果

近些年来，湖南区域抗战史研究逐渐受到学界重视，出版了一系列专著、论文、史料汇编，也召开了相关学术会议。综合 2021 年度关于湖南抗战的研究成果，有两个方面的特点：一是持续公开出版湖南地方的抗战档案，二是抗战文化成为研究的重点。

2021 年度关于湖南抗日战争的研究，与往年相比较，侧重于抗战文化的研究，在此领域取得一系列颇具学术价值的研究成果。抗战文化研究内容丰富，主要有关于湖南抗日战争题材电影的战争叙事、抗战时期妇女教育、湘西抗战文化、中共湖南地方组织和八路军驻湘通讯处共同领导的湖南文化抗战等方面，以上抗战文化研究成果史料翔实、论证充分，进一步深化了湖南抗战史的研究。

当前学界针对湖南地域性抗日题材影视作品的研究仍缺乏系统的梳理。刘安安分析了湖南抗日战争题材电影的战争叙事，分别从湖南抗日题材电影战争叙事的渊源与人物塑造两个方面分析民族抗战将领、少数民族群众、时代洪流中的女性和有志青年的银幕形象，并总结分析了抗战电影的意识流变、特有的时代特性及战争叙事手法的传统结构等。[①] 学界目前对于湖南地区抗战文化的研究，重点在长沙地区的抗战文化，对其他地区的抗战文化关注较少。有关整个湖南地区抗战，尤其是湘西地区的抗战文化形式、抗战文化内容，学界尚缺乏详细而系统的研究。晏雪梅围绕湘西抗战文化兴起、发展与消减的历史过程，重点从湘西地区抗战文化机构、抗战文化设施、抗战文化活动及抗战文化成果四个方面对湘西地区的抗战文化进行了深入研究，深化了抗战文化史研究。[②]

王继平、杨晓晨回顾了湖南的文化抗战，认为它是中国共产党领导的文化抗战的重要组成部分，主要形式有成立文化抗战团体、创办抗日报刊、开展文艺活动进行宣传活动、举办抗战教育培养抗日人才等，其勃兴与衰退受到湖南政局变化的深刻影响，能够充分反映国共合作的态

[①] 刘安安：《湖南抗日战争的电影呈现》，硕士学位论文，湖南师范大学，2021 年。

[②] 晏雪梅：《湘西抗战文化研究（1937—1945）》，硕士学位论文，吉首大学，2021 年。

势；它主要发生在抗战初期，对广泛宣传、传播和实践中国共产党的抗日主张、探索抗战先进文化的前进方向起到了引领、开拓和辐射作用，对国统区尤其是西南大后方随后兴起的文化抗战运动具有示范作用。[①] 孙阳依据相关档案文献资料，系统考察了全面抗战初期徐特立的抗战救国思想及实践，认为徐特立的抗战救国思想形成于全面抗战爆发初期的特殊历史环境下，内容十分丰富，包括对抗日战争的认识和看法、取得最后胜利的策略和方法；同时，为推动湖南抗日救亡运动的发展和高涨，徐特立运用多种方式宣传党的抗日方针和政策，积极开展统战工作，他的一系列思想与实践，对于消除湖南人民心中的各种疑虑，为抗战指明方向，充分动员民众抗战，推动湖南抗日民族统一战线的建立和发展，以及湖南抗战的发展和胜利都产生了重大影响。[②]

综上所述，2021年湖南抗战的研究呈现出一些新的特点：对于三次长沙会战、衡阳会战、常德会战等重点关注的热度有所降低，而过去不太引人重视的湘西抗战开始引起学界的注意，这意味着对湖南抗战的研究正在逐渐走向深入。对湖南抗战的研究不再局限于具体战役过程、影响的分析，开始更多地扩展到对抗战文化、抗战思想和策略的研究。不过，总体而言，具有全国影响力的抗战著作与高水平的学术论文极少，与湖南作为抗日战争的主战场的地位并不相称。湖南各地档案馆虽然公开了一批档案资料，但与湖南各地的档案馆等机构中保存的相当数量的抗日战争文献相比较，在数量上仍是冰山一角，需要继续整理、出版、研究更多的抗战档案文献。我们期待将来有更多的学者充分利用馆藏丰富的抗战档案资料，放宽研究的视野，将湖南抗战放置于全国抗战甚至全世界反法西斯战争的格局中进行深入研究，势必能够揭示出湖南抗战的更多面向，提高湖南抗战在全国抗战研究中的地位和分量，构建湖南抗日战争的话语体系。

---

① 王继平、杨晓晨：《论中国共产党领导的湖南文化抗战》，《湘潭大学学报》2021年第2期。
② 孙阳：《全面抗战初期徐特立的抗战救国思想及其实践》，《创造》2021年第1期。

第三章　政治与军事：南征北战中的湘学实践

第五节　湘籍无产阶级革命家的丰功伟绩

2021年7月1日，在庆祝中国共产党成立100周年大会上，习近平总书记发表重要讲话，首次总结、概括、提炼了伟大的建党精神："一百年前，中国共产党的先驱们创建了中国共产党，形成了坚持真理、坚守理想，践行初心、担当使命，不怕牺牲、英勇斗争，对党忠诚、不负人民的伟大建党精神，这是中国共产党的精神之源。"[①] 回顾党的百年奋斗历程，学习习近平总书记"七一"重要讲话精神，弘扬光荣传统，赓续红色血脉，传承伟大建党精神，不能不注目湖南这片具有光荣革命传统的红色热土，不能不深切怀念以毛泽东为代表的湘籍建党先驱们。湘籍建党先驱们在创建中国共产党的斗争中建立了丰功伟绩，在孕育和形成伟大建党精神的进程中书写了彪炳史册的辉煌篇章。

一　湘籍无产阶级革命家的建党精神与政治思想

100年来，中国共产党在长期奋斗中坚持弘扬伟大建党精神，构建起中国共产党人的精神谱系，锤炼出鲜明的政治品格。湘籍建党建军先驱对于中国共产党人精神谱系的构建做出了重大贡献，重温、感悟他们光耀千秋的历史功绩，正是为了继承和发扬伟大建党精神。胡振荣高度赞扬了湖南为中国共产党早期发展做出的开创性贡献，认为湖南党组织执行中央决议行动最坚决、湘籍共产党人在各地开展革命斗争表现最出色、湘籍建党精英推进马克思主义中国化思考最深刻、湖南革命实践探索中国革命道路贡献最突出。[②]

（一）毛泽东对中华民族伟大复兴的独特历史贡献

毛泽东在建党前的思想转型问题一直是学术界研究的重难点问题，这既涉及了毛泽东本人思想研究的全面性，又关乎近代中国历史发展的阶段转换问题。史雅琴通过对建党前毛泽东思想转型的整体性过程进行

---

① 习近平：《在庆祝中国共产党成立100周年大会上的讲话》，人民出版社2021年版，第8页。

② 胡振荣：《湖南为中国共产党早期发展作出开创性贡献》，《新湘评论》2021年第13期。

结构性分析，以多重维度的视角深度探索毛泽东在建党前的思想转变历程，给人们提供一个全新、立体的视角去理解建党前毛泽东的思想转型的整体性进程。分别从世界观维度、空间关系维度、政治思想维度和方法路径维度对建党前毛泽东的思想转型进行了整体性诠释表达，进一步阐发了毛泽东这一时期思想转型的重要理论意义和实践意义，凸显了这一专题研究的当代价值。① 付金搜集相关党史资料，叙述了与毛泽东携手创建湖南共产党早期组织的湘籍英烈的感人事迹，颇具纪念和教育意义，是党史学习和党史教育方面的佳作。作者认为，在中共一大召开前参与创建湖南共产党早期组织的，据现有史料可以确定有毛泽东、何叔衡、彭璜、贺民范、易礼容、陈子博、彭平之，由毛泽东领导的这些湘籍建党先驱为湖南共产党早期组织的创建和发展书写了开天辟地的恢宏篇章。② 龙新民指出，湘籍建党先驱们"牺牲小我、成功大我"的坚定理想信念，生动诠释了伟大建党精神，他们始终站在时代潮头，创造性开展工作，努力锻造、自觉践行伟大建党精神，在全国地方党组织中发挥出标杆效应，使长沙共产党早期组织和之后成立的中共湖南支部成为中国共产党组织建设的指挥所和策源地之一。③

牛志芳围绕毛泽东撰写的《湖南自修大学创立宣言》探讨了湖南自修大学创立的意义，指出湖南自修大学的办学宗旨为平民主义，从办学地址的历史渊源与脉络，实际办学的宗旨、模式、培养目标来看，湖南自修大学彰显出守正创新的时代特色，是百年前守正创新的典范，其最大的创新之处就在于它是中国共产党成立后的第一所培养干部的学校，对马克思主义中国化进行了初步的探索。④ 官心系统总结《湖南农民运动考察报告》在思想和实践两个层面的政治动员策略，对新时代丰富农民政治动员方式方法、提高农民政治动员成效等具有重要指导意义，同时也有助于深化对党执政能力和基层社会治理能力的研究。《湖南农民运动考察报告》是大革命时期毛泽东实地考察湖南农民运动的深刻总结，科

---

① 史雅琴：《建党前毛泽东同志思想转型的整体性研究》，硕士学位论文，山西大学，2021年。
② 付金：《与毛泽东携手创建湖南共产党早期组织的湘籍英烈》，《湘潮》2021年第11期。
③ 龙新民：《湘籍建党先驱的历史贡献光耀千秋》，《湘潮》2021年第12期。
④ 牛志芳：《赓续守正创新：〈湖南自修大学创立宣言〉》，《湘潮》2021年第11期。

学地回答了为什么要对农民开展政治动员、怎样开展政治动员等问题，集中反映了毛泽东早期农民政治动员思想，为确立中国革命实质上是农民革命的论断奠定了理论基础。① 李文以《民众的大联合》为考察中心，论述毛泽东早期政治思想，认为《民众的大联合》一文无疑是主编《湘江评论》时期毛泽东发表的最重要的一篇文章。毛泽东在该文中初步表达了自己的政治主张，特别强调民众大联合的必要性、现实性和可能性等问题。② 王晓峰论述毛泽东转向马克思主义后的"社会革命"思想，认为《中国社会各阶级的分析》是毛泽东转向马克思主义后运用阶级分析法解决中国革命问题的经典力作。从毛泽东思想史来看，这个文本实际上是标识毛泽东早期思想转变的一个重要文本，是毛泽东转向马克思主义后与以往非马克思主义思想的彻底决裂、清算，并运用马克思主义基本原理初步探索中国化实践的关键文本，同时也是毛泽东开始从社会问题走向社会革命、从社会革命深入政治革命的真正开端。③

1927 年 10 月，毛泽东在井冈山西麓炎陵县水口镇的叶家祠发展 6 名新党员，将"支部建在连上"的原则付诸实践。这是我军历史上最早在连队开展的建党活动，成为人民军队政治工作的一项创举。④ 朱万红论述毛泽东与中央苏区党的建设，认为毛泽东在中央苏区就已经创造性地把马克思列宁主义的建党理论与中国革命实际相结合，开创了一条具有中国特色的党的建设之路，初步形成了党的建设理论和方法。⑤ 白克伟探析了传统文化视域下毛泽东党建思想的理论渊源，认为毛泽东党建思想是毛泽东思想的理论精华，凝结着毛泽东毕生的心血和智慧，对中国共产党从小至大、由弱而强起到了十分重要的指导作用。深入探究毛泽东党建思想的传统文化渊源，有助于理解和把握毛泽东党建思想的精神实质，

---

① 官心、仇发华:《〈湖南农民运动考察报告〉农民政治动员思想及其现实启示》，《沈阳农业大学学报》2021 年第 6 期。

② 李文:《论毛泽东早期政治思想的元叙事结构——以〈民众的大联合〉为考察中心》，《现代哲学》2021 年第 6 期。

③ 王晓峰:《论毛泽东转向马克思主义后的"社会革命"思想》，《湖南科技大学学报》2021 年第 6 期。

④ 邹艳、吴志平:《叶家祠：毛泽东"连队建党"铸军魂》，《新湘评论》2021 年第 21 期。

⑤ 朱万红:《毛泽东与中央苏区党的建设》，《文史春秋》2021 年第 11 期。

为新时代弘扬中华文化和推进党建设新的伟大工程提供积极有益的借鉴。① 许冲论述了毛泽东党的创建史观，认为毛泽东作为党的创建历史的参与者和亲历者，是建构党的创建史观的重要人物，他立足历史叙事、价值评判、政治表达的逻辑理路，系统地生成了党的创建史观，对塑造新时代百年中共党史观念具有历史启迪与方法论指导意义。② 李张容从记忆史的角度分析毛泽东关于中国共产党创建史的回忆，说明毛泽东的回忆涉及早期共产主义者谋划建党、中国共产党早期组织成立以及中共一大召开过程中的若干问题，以及相关人物、具体过程和重要细节等，并将之与其他一大代表的回忆和史实对照，呈现其记忆的传播、价值和影响。③ 聂勇钢分析了新民主主义革命时期毛泽东对党的建设探索的历史贡献，该时期，以毛泽东为核心的中国共产党人为把中国共产党建设成为一个具有马克思主义鲜明特色的、具有广泛群众性代表性的无产阶级政党进行了艰难探索，成功地确定了党的政治建设这个根本定位，创造性地发展了马克思主义的建党学说。④

杜宏任对土地革命战争早期毛泽东在株洲的革命实践及其影响进行一系列的思考与探索。湖南株洲，自党的创建时期开始，毛泽东选择株洲作为传播马克思主义、开展工农运动的一个重要地区。⑤

郭文杰叙述了毛泽东的绝密电报与湖南和平解放这一重大历史事件，为争取湖南和平解放，毛泽东多次与时任湖南省政府主席、长沙绥靖公署主任程潜和时任国民党军第一兵团司令官陈明仁通信通电，积极劝说其脱离国民党反动集团统治，参与到解放全中国的伟大事业中来。⑥ 唐珍名论述了毛泽东与湖南大学的渊源及其受岳麓书院的教育影响，认为岳

---

① 白克伟：《传统文化视域下毛泽东党建思想的理论渊源探微》，《品位·经典》2021年第22期。

② 许冲：《论毛泽东党的创建史观：构成、逻辑及启示》，《科学社会主义》2021年第5期。

③ 李张容：《毛泽东关于中国共产党创建史的记忆》，《近代史研究》2021年第6期。

④ 聂勇钢：《新民主主义革命时期毛泽东对党的建设探索的历史贡献》，《南昌师范学院学报》2021年第5期。

⑤ 南洋：《西柏坡时期毛泽东党建思想研究》，《石家庄职业技术学院学报》2021年第5期。

⑥ 郭文杰：《毛泽东的绝密电报与湖南和平解放》，《湘潮》2021年第11期。

麓书院深厚的优良教育文化传统对毛泽东有着多方面影响,尤其是书院经世致用学风、传道济民学统、历代先贤教育、实事求是匾额等,对毛泽东的熏陶和影响非常深刻。正因如此,岳麓书院才成为党的实事求是思想路线的一个策源地和有重要影响的地方。① 薛光远阐述毛泽东实事求是思维方式的四重维度,指出实事求是是毛泽东思想的精髓,也是毛泽东思维方式的显著特征,在领导中国革命和建设的过程中,毛泽东以中国具体实际为基本依据的务实性和以人民为中心的价值观形成了辩证的、有机的、动态的统一,从而表现出极具民族特色的实践智慧。② 龙其鑫论述毛泽东关于铸牢中华民族共同体意识的思考及其启示,毛泽东认为铸牢中华民族共同体意识,一方面要克服近代狭隘民族主义的思想残余,让各族人民培育共同的革命荣誉感与历史记忆;另一方面要发挥民族区域自治制度维系中华民族共同体的制度功能,以及走中华民族共同繁荣发展的社会主义道路。③ 贺银垠、尚庆飞论述毛泽东探索社会主义建设的主体意识及其当代启示,指出毛泽东基于强烈的主体意识,在探索社会主义建设过程中,研判以经济建设为中心的历史方位,尝试探索一条独立自主的建设道路,充分发挥人民作为建设社会主义国家的主体的创造力,并总结出在中国推动社会主义现代化的思想理论,为中国式现代化新道路的真正出场奠定了重要基础。④

李永春、岳梅对毛泽东的政治纪律建设思想与活动做进一步研究,深化了党的政治纪律建设史的研究,作者认为毛泽东是党内较早认识到政治纪律重要性的领导人,在长期领导中国革命和建设的实践过程中,对党的政治纪律建设做了深入的思考与探索,为发展和完善党的政治纪

---

① 唐珍名:《毛泽东与湖南大学的渊源及其受岳麓书院的教育影响》,《大学教育科学》2021年第6期。
② 薛光远:《毛泽东实事求是思维方式的四重维度》,《湖南科技大学学报》2021年第6期。
③ 龙其鑫:《毛泽东关于铸牢中华民族共同体意识的思考及其启示》,《湖南科技大学学报》2021年第6期。
④ 贺银垠、尚庆飞:《毛泽东探索社会主义建设的主体意识及其当代启示》,《江海学刊》2021年第6期。

律建设作出重要贡献。① 李风华梳理了马克思主义理论中人民话语的发展脉络，阐述毛泽东将人民话语融入历史唯物主义理论、阶级话语，将民族资产阶级视为人民的组成部分，实现了马克思主义人民话语体系的创新性发展。②

李捷从多方面阐述了毛泽东对中华民族伟大复兴的独特历史贡献，归纳总结出其十个方面的突出历史贡献：创建担当民族复兴大任的中国共产党，为实现中华民族伟大复兴缔造了坚强领导核心；开辟了中国革命正确道路；创建了党的绝对领导下的新型人民军队；创建了新中国；领导大规模社会主义工业化建设；铸就爱国民主统一战线；铸就各族人民大团结局面；铸就社会主义国家治理的制度根基和实践基础；形成独立自主的和平外交；开辟马克思主义中国化正确道路，创立了毛泽东思想，为全党全国人民提供了实现中华民族伟大复兴的科学指导思想。③

（二）刘少奇的政治思想研究

杜立芳论述了刘少奇在进行马克思主义中国化探索过程中经历了从"以俄为师"到"以苏为鉴"的过程，评论刘少奇"以俄为师"将马克思列宁主义在中国革命和建设中切实运用，以促各类具体问题的解决；"以苏为鉴"注重从中国的国情实际出发，走自己的路。刘少奇从"以俄为师"到"以苏为鉴"的马克思主义中国化的探索是一个中国共产党人初心和使命的责任担当，极大地推进了马克思主义中国化。④ 刘宗灵、严静论述了延安时期刘少奇对民主集中制思想的理论探索及其历史贡献，认为刘少奇在延安时期一直秉持着负责任的精神、勇于担当的态度，持续思考和发表他对于党内民主集中制科学内涵与基本实践方法的探索和主张，其理论探索极大地充实与完善了作为党的根本组织路线的民主集中制，对于中国共产党的组织机体在延安时期日益走向成熟与坚韧作出

---

① 李永春、岳梅：《毛泽东对党的政治纪律建设的重要贡献》，《湘潭大学学报》2021年第2期。
② 李风华：《人民话语的变迁——从马克思到毛泽东》，《现代哲学》2021年第6期。
③ 李捷：《开创与奠基——毛泽东对中华民族伟大复兴的独特历史贡献》，《湘潭大学学报》2021年第6期。
④ 杜立芳：《从"以俄为师"到"以苏为鉴"——刘少奇与马克思主义中国化》，《毛泽东思想研究》2021年第1期。

了重要的历史贡献。① 周舟以军队政治工作学为指导，根据历史文献，总结新四军时期刘少奇军队政治工作思想的理论渊源，实践基础，主要内容、特点，历史贡献和现实启示。他认为刘少奇军队政治工作思想是基于马克思、恩格斯、列宁军事理论思想中有关军队政治工作的理论基础上，结合大革命时期、土地革命战争时期以及全面抗日战争时期中国共产党对军队政治工作的实践认知而总结出来的。② 董一冰论述了刘少奇共青团建设思想及其现实启示，认为刘少奇在吸收中华优秀传统文化中的青年教育思想、马克思列宁主义青年教育思想与毛泽东青年教育思想的基础上，结合中国具体国情进行整合总结和思想创新，形成了较为系统的共青团建设思想。刘少奇在明确团的性质任务、加强对团员的思想政治教育、培养与要求团干部等方面有着独到的理解与贡献。③

聂勇从刘少奇是中国共产党早期党员、一生忠诚于党的事业、党内公认的党建理论家、中国共产党人的光辉榜样四个方面论述了刘少奇为党和人民的事业奉献了毕生心血，是中国共产党人的光辉榜样。④ 李美玲指出，在1961年天华调查期间，刘少奇亲民、爱民，心系人民，关心人民，对人民饱含深情的真挚浓厚的人民情怀，展现得淋漓尽致。⑤ 张保军、孙婷艺重温刘少奇的党性观，作为中国共产党第一代中央领导集体成员之一，刘少奇在其丰富的革命和建设实践中形成了内涵深刻、体系完备的党性观。其中，维护集中统一领导，善于密切联系群众及廉洁奉公的政治品格更是刘少奇党性观的生动写照。重温刘少奇的党性观对开展党的建设的伟大工程仍然具有重要的理论与实践意义。⑥ 王倩对刘少奇

---

① 刘宗灵、严静：《论延安时期刘少奇对民主集中制思想的理论探索及其历史贡献》，《思想政治课研究》2021年第3期。
② 周舟：《新四军时期刘少奇军队政治工作思想研究》，硕士学位论文，湘潭大学，2021年。
③ 董一冰、毕志晓：《刘少奇共青团建设思想及其现实启示》，《毛泽东思想研究》2021年第1期。
④ 聂勇、刘新庆：《刘少奇与中国共产党》，《湘潮》2021年第12期。
⑤ 李美玲：《刘少奇天华调查彰显的人民情怀》，《湘潮》2021年第6期。
⑥ 张保军、孙婷艺：《重温刘少奇的党性观》，《团结报》2021年4月8日。

关于群众工作的认识、思考及核心观点进行了历时性梳理和归纳。①

（三）蔡和森践行共产党人的初心和使命

作为中国共产党早期党员之一，蔡和森的入党时间，学界有1921年、1922年等不同说法。宋银桂、李泽民细致考辨了蔡和森入党和入团的时间，认为1921年、1922年之说均以陈公培接受访谈时所说的在上海介绍蔡和森与李立三"入党"为依据，而蔡和森自己则以他在法国蒙达尼独立开展建党活动为依据，说他1920年起成为中共党员，他填写的入团时间为1922年，依据是加入1922年成立的青年团组织——"旅欧中国少年共产党"，或者说以中共党员身份兼任团员并担任团中央领导人，1924年6月退团，是因超龄而非许多回忆性资料说的"从团员转为党员"。② 刘风雪以蔡和森的人生经历为主线，探讨其初心的生成逻辑，认为蔡和森为中国人民谋幸福、为中华民族谋复兴的初心生成经历了从抽象到具体、由朴素到科学的转变，具有鲜明的生成逻辑。③ 张杰论述蔡和森留法期间成为坚定的马克思主义者的过程，在留法勤工俭学期间，蔡和森研读了马克思主义经典著作，成为研究和传播马克思主义的先锋。④ 张杰以留法勤工俭学的档案资料、当时的新闻报道、相关当事人的记述和回忆为依据，厘清了蔡和森在留法勤工俭学期间参与领导争取生存权和求学权的"二二八运动"、反对北洋政府卖国借款的"拒款运动"、争取开放里昂中法大学这三次斗争的史实。⑤

蔡和森在新民主主义革命早期进程中所形成的社会主义思想，在中国社会主义思想史和运动史上占有重要地位，对中国革命道路乃至社会主义建设道路的探索均起到了不可忽视的作用。学界关于蔡和森社会主义思想的研究涉及其民主革命思想、建党思想、共产国际思想、社会主义建设思想等诸多领域，但仍存在研究热度偏低、思想体系欠系统、学

---

① 王倩：《新民主主义革命时期刘少奇对群众工作的认识和思考》，《党的文献》2021年第5期。

② 宋银桂、李泽民：《蔡和森入党入团时间考辨》，《湘潭大学学报》2021年第6期。

③ 刘风雪：《论蔡和森初心的生成逻辑》，《湖南人文科技学院学报》2021年第4期。

④ 张杰：《蔡和森留法期间成为坚定的马克思主义者》，《东华理工大学学报》2021年第6期。

⑤ 张杰：《蔡和森在留法勤工俭学期间参与领导的三次斗争》，《中国国家博物馆馆刊》2021年第5期。

理性研究待提高等不足。鉴于此，周玉莹认为，从马克思主义"三位一体"的社会主义观来把握蔡和森社会主义思想的核心要义，进而构建其丰富的思想体系，应是未来进一步研究的趋势所在。①

吴美娇运用了马克思主义理论，结合政治学、历史学、新闻学的相关知识，对蔡和森党报思想进行研究，使用文献研究法、历史考察法和综合分析法对蔡和森党报思想的来源、内容、特点进行了阐释，并客观地评述了蔡和森党报思想的历史价值和当代启示。② 金民卿指出，在中国共产党成立前后，蔡和森从激进民主主义者转向共产主义者，在理论上和实践上进行了一系列重要活动，为党的创建工作做出过重要贡献，他的精神风范体现了中国共产党在创建时期就植入自身肌体的红色基因，经过百年风雨洗礼而历久弥坚。③ 饶赟、李永春阐述蔡和森与中国共产党人的初心和使命，蔡和森早年立下"改造中国与世界"的宏愿，1920 年树立坚定的共产主义信仰，确立共产党人的初心；他在法国独立探索中国共产党创建的理论与实践，初步论证、宣传和践行中国共产党人的历史使命，并积极开展社会主义革命，探索和宣传马克思主义中国化。④

（四）其他湘籍共产党人的建党精神与党建贡献

夏远生依据中共中央党史研究室编写的《中国共产党历史》《中国共产党的九十年》统计了党的创建史上的湖南人，指出在中国共产党的创建史上，湖南早期共产主义者写下了光辉的篇章。⑤

彭佩文、肖光荣论述了大革命时期林伯渠对统一战线作出的贡献及启示，指出大革命时期林伯渠凭仗特殊的政治身份与高超的统战智慧，有力推动了国共的初次合作，随后在第六军中开展政治整训，为北伐的顺利推进奠定了良好开端。通过回顾、梳理、总结林伯渠这一时期在建立统一战线中的工作历程和取得的成就经验，既是对革命先烈的崇敬和

---

① 周玉莹：《蔡和森社会主义思想研究回顾与展望》，《齐鲁师范学院学报》2021 年第 3 期。

② 吴美娇：《蔡和森党报思想研究》，硕士学位论文，曲阜师范大学，2021 年。

③ 金民卿：《建党时期蔡和森的精神风范及其当代启示》，《广东社会科学》2021 年第 4 期。

④ 饶赟、李永春：《蔡和森与中国共产党人的初心和使命》，《学校党建与思想教育》2021 年第 15 期。

⑤ 夏远生：《党的创建史上的那些湖南人》，《湘潮》2021 年第 5 期。

缅怀，以及对传承红色基因的高度重视，也对新时代更好发挥统一战线的法宝作用有着一定的指导价值。①

贾娇论述了蔡畅的妇女解放理论、教育理论、经济理论，展现出蔡畅对马克思主义妇女解放理论中国化的探索。②李永春、贾姣聚焦蔡畅留法期间的思想转变，描述出这一转变过程：青年时期受毛泽东、蔡和森等人的影响而倾向"教育救国"思想，留法勤工俭学期间，受蔡和森、向警予宣传共产主义的影响而参加新民学会和工学世界社，逐步树立马克思主义世界观，她在此后的革命运动中更加坚定共产主义信念，为妇女解放事业奋斗了终生。③

唐晴雨指出，任弼时积极维护党和红军的团结统一；出使共产国际，为我党成功召开六届六中全会发挥了重要作用；协助领导大生产运动，陕甘宁边区实现丰衣足食；协助毛泽东领导延安整风运动，在全党初步确立了实事求是的思想路线，是一位善于正确解决复杂重大问题的杰出的无产阶级革命家和政治家。④

卢岳华撰文讴歌何叔衡是"三牛"精神的诠释者践行者，即为"践行孺子牛精神的典范""践行拓荒牛精神的楷模""践行老黄牛精神的标杆"。何叔衡一生"做事不辞牛荷重"，生动体现了孺子牛、拓荒牛、老黄牛精神。⑤

曾长秋从斗争经历、党的建设、政权建设、军队建设、革命文献以及社会经济文化等方面全方位研究湘鄂赣苏区的历史与现状，着重突出中国共产党在湘鄂赣苏区执政的实践、湘鄂赣苏区对建立工农武装的贡献、湘鄂赣苏区对建立党组织和苏维埃政权的贡献以及湘鄂赣苏区的革命遗址和纪念地，极大地丰富了地域特色的党史、军史和苏区史研究。⑥

综上所述，2021年是研究建党精神成果最丰硕的一年。湘籍无产阶

---

① 彭佩文、肖光荣：《大革命时期林伯渠对统一战线作出的贡献及启示》，《湖南省社会主义学院学报》2021年第3期。
② 贾娇：《蔡畅对马克思主义妇女解放理论中国化的探索》，硕士学位论文，湘潭大学，2021年。
③ 李永春、贾姣：《蔡畅留法期间的思想转变》，《湖南工程学院学报》2021年第3期。
④ 唐晴雨：《善于正确解决复杂重大问题的任弼时》，《湘潮》2021年第12期。
⑤ 卢岳华：《何叔衡："三牛"精神的诠释者践行者》，《新湘评论》2021年第24期。
⑥ 曾长秋：《红星照耀下的湘鄂赣苏区》，《湘潮》2021年第10期。

级革命家为建党、建国做出了巨大贡献，这方面的研究史料丰富，题材鲜明，颇具时代特色。尤其是对毛泽东、刘少奇、蔡和森等湘籍早期共产党人的建党精神研究成果最为集中，极大地促进了党史研究领域的广度和深度。

二　通道转兵的重大历史意义

2020年9月18日，习近平总书记在湖南考察时强调，湖南是一方红色热土，走出了毛泽东、刘少奇、任弼时、彭德怀、贺龙、罗荣桓等老一辈革命家，发生了秋收起义、湘南暴动、通道转兵等重大历史事件，大批共产党人在这片热土上谱写了感天动地的英雄壮歌。《新湘评论》与《湘潮》发表关于通道转兵的系列纪念文章，以弘扬党史教育的精神。

吴义国总结了土地革命战争时期中国共产党在湖南境内的3次重大转兵。文家市转兵：探索中国革命道路的新起点。株洲转兵：为中央革命根据地的创建创造了条件。通道转兵：开辟了一条红军长征的新生之路。[1] 中共怀化市委宣传部撰文强调通道转兵的历史地位，重申通道转兵的精神内涵和时代价值，指出这一重大历史事件在生死攸关时刻改变了党中央和红军的命运，为遵义会议的召开奠定了重要基础，揭开了党的历史上第一次伟大转折的序幕，既是红军长征走向胜利的伟大转折开端，也是伟大长征精神的生动阐释。[2] 郑湘指出，通道转兵是中国共产党独立自主解决党内重大问题的第一次成功尝试，正是从这开始，中国共产党有了独立自主解决中国革命问题的精神和勇气，使中国革命开始从被动应战转向战略主动，为党的历史上的伟大转折奠定了基础，这离不开毛泽东的实事求是、敢于斗争、独立自主和勇于担当。[3] 通道会议召开前后的过程，集中体现了毛泽东实事求是、敢于斗争、独立自主、勇于担当的时代精神。[4] 杨少波也指出，通道会议奠定了黎平会议、遵义会议的

---

[1] 吴义国：《中国共产党在湖南境内有几次重大转兵？》，《湘潮》2021年第11期。
[2] 中共怀化市委宣传部、中共通道侗族自治县委员会：《牢记通道转兵历史，走好新时代长征路》，《新湘评论》2021年第9期。
[3] 郑湘：《毛泽东与通道转兵》，《湘潮》2021年第6期。
[4] 郑湘：《试论毛泽东在通道转兵会议上体现的时代精神》，《湘潮》2021年第12期。

基础，是实现伟大转折的历史开端。①

2021年度《新湘评论》以及《湘潮》期刊成为宣传通道转兵的主要阵地。通道转兵会议时间短，留下的文献史料并不多，难以进行深入的学术研究，但通道转兵意义重大，越来越引起党史研究者的重视。2021年度关于宣传通道转兵的文章虽然数量不多，但是社会影响较大。通道转兵是中国共产党坚持实事求是精神的生动实践。

三 湘籍无产阶级军事家群体研究的新成果

从北伐战争到土地革命战争，从抗日战争到解放战争，直至抗美援朝战争，一批批湘籍军事家南征北战，浴血战场，他们的英勇事迹、为国为民的高尚品格历来为人民所敬仰，对湘籍军事家以及英烈的宣传、研究和纪念，是党史研究专家义不容辞的责任。朱柏林就指出，湖南是人民军队的重要诞生地，综观新民主主义革命史，湖南共产党人和革命群众为创建人民军队付出巨大努力，做出重大贡献，在军史上书写了浓墨重彩的篇章。② 综合分析2021年有关湘籍军事家群体研究的新成果，从分析统计中我们发现，与往年相比较，对毛泽东、粟裕、袁国平军事思想的研究成果较为集中，其中不乏高水准的论文，既宣传了湖南红色文化，又提升了对湖南红色文化研究的学术价值。

（一）毛泽东的军事思想与战略

曹健华、钟晴伟探析了毛泽东军事行动自觉能动性思想，认为毛泽东在指导中国革命战争的实践中，逐渐探索形成并且贯彻了军事行动自觉能动性思想，这一思想强调军事行动中人的自觉能动性的发挥，因为在毛泽东看来，人与动物最大的区别是人能自觉地活动，这在战争中表现得尤为强烈，所以人是战争中最关键的因素，人的自觉能动性能否充分发挥，最终决定着战争的胜负。③

毛泽东军事思想形成于土地革命时期。李晓强等人叙述收起义中

---

① 杨少波：《通道转兵：长征途中的历史转折》，《湘潮》2021年第7期。
② 朱柏林：《湖南是人民军队的重要诞生地》，《新湘评论》2021年第13期。
③ 曹健华、钟晴伟：《毛泽东军事行动自觉能动性思想探析》，《湖湘论坛》2021年第6期。

第三章 政治与军事：南征北战中的湘学实践

毛泽东的决策智慧，从毛泽东在中国革命的至暗时刻领导秋收起义，用"枪杆子"反抗国民党反动派的统治，受挫后及时转换思维，探索出"农村包围城市，武装夺取政权"的正确道路等方面，展现了他的远大视野、果敢坚毅和卓越智慧。① 周书俊基于对《给林彪的信》《古田会议决议》的分析，认为对红四军党内各种非无产阶级思想的解构与纠偏是《古田会议决议》中的开篇之作和核心内容，毛泽东在其中逐一指出了红四军党内非无产阶级思想的产生原因、具体表现、后果危害及纠正方法，深刻地体现了其立足实际、坚信真理、勇于担当、坚持斗争的无产阶级革命精神。②

胡月星从军事谋略与领导智慧两个方面论述了毛泽东在抗日战争时期的军事领导力思想，认为毛泽东在抗战的艰苦岁月，客观准确地分析和掌握敌我双方战争的心理，运用高超的军事谋略和战略战术引导广大抗日军民和日寇进行英勇顽强的斗争，为抗战的胜利奠定了坚实的理论基础。③ 李新宇、辛宝海论述抗日战争时期毛泽东为人民服务思想的发展过程，阐述为人民服务是中国共产党的创建宗旨和崇高追求，是毛泽东思想的核心内容。④ 张家康凭借档案文献，论述了西安事变前后毛泽东的战略方针，指出西安事变前，毛泽东把停止内战、全民抗日放在至高无上的地位，和朱德一起发出《停战议和一致抗日通电》；西安事变后，毛泽东和朱德、周恩来等致电南京国民政府，呼吁共谋国共合作，共赴国仇，明确而明智地做出和平解决西安事变的决策。⑤ 宋玉蓉、吴家骏以毛泽东推动建立抗日民族统一战线为例，深入剖析毛泽东把握全

---

① 李晓强、王诺倩、郭磊：《秋收起义中毛泽东的决策智慧》，《党史文苑》2021年第10期。

② 周书俊、常伟：《解构与纠偏：毛泽东同红四军党内各种非无产阶级思想的斗争（1929.6—1929.12）——基于对〈给林彪的信〉〈古田会议决议〉的分析》，《思想政治课研究》2021年第6期。

③ 胡月星：《军事谋略与领导智慧的典范——毛泽东在抗日战争时期的军事领导力思想》，《中国党政干部论坛》2021年第8期。

④ 李新宇、辛宝海：《抗日战争时期毛泽东为人民服务思想发展的历史考察》，《长春理工大学学报》2021年第5期。

⑤ 张家康：《"杀蒋"还是"放蒋"——西安事变前后毛泽东的战略方针》，《炎黄春秋》2021年第12期。

局的艺术，认为毛泽东善于把握全局，不但具有全局意识，还掌握判断全局的方法，其把握全局的艺术在推动和巩固抗日民族统一战线的过程中体现得淋漓尽致，特别是"卢沟桥事变"后准确地判断全国乃至全世界的形势，推动抗日民族统一战线的建立，并能牢牢地驾驭全局，使抗日民族统一战线朝着既定的方向发展，为抗战的胜利乃至于新民主主义革命的胜利奠定了坚实的基础。① 《论反对日本帝国主义的策略》是毛泽东阐述抗日统一战线思想的经典之作，汪效驷、阮平对该文本的历史演变、有关修改及其对毛泽东统一战线思想发展的意义进行了细致研究。作者指出，新中国成立初期，毛泽东对该文做过一次实质性的修改，明确将民族资产阶级纳入抗日民族统一战线的对象和工作范围，与时俱进修改了建立抗日民族统一战线的许多重要策略、表述，突出强调国际援助尤其是苏联援助在抗日国际统一战线中的首要地位，这些修改反映出毛泽东统一战线思想的发展，是他对中国革命中统一战线的实践经验总结和现实统一战线工作的理论思考，有着重要理论意义、方法论意义和现实意义。②

滕瀚就中国共产党国际宣传理念成熟过程及在全面抗战初期发挥的巨大作用进行探讨。全面抗战爆发后，伴随着抗日民族统一战线的正式建立，中国共产党摒弃了之前政党阶级之间的意识形态之分，以最大的魄力和决心团结和联合最为广泛的抗战力量，以洛川会议中通过的"抗日救国十大纲领"为标志，中国共产党的抗战国际宣传理念正式走向成熟，同时开始把国际宣传的基调和诉求点转为建立"国际抗日统一战线"和广泛争取外援上来，为提高党在国际反法西斯战争中的声望，还对诸如平型关大捷这样的战绩和独创的"游击战"战法进行宣传。③ 褚静涛就毛泽东在抗战中对自力更生与争取外援的探索展开深入分析。日本发动全面侵华战争，毛泽东预判，抗日战争的胜利依赖于中国抗日民族统一

---

① 宋玉蓉、吴家骏：《毛泽东把握全局的艺术——以推动建立抗日民族统一战线为例》，《探求》2021年第6期。

② 汪效驷、阮平：《新中国成立初期毛泽东统一战线思想的发展——以〈论反对日本帝国主义的策略〉的文本修改为中心》，《学术界》2021年第12期。

③ 滕瀚：《全面抗战时期中国共产党国际宣传理念的成熟及作用》，《毛泽东思想研究》2021年第6期。

战线和世界反日统一战线，通过自力更生与争取外援，毛泽东领导军队战斗在抗击日本侵略者的前沿，拥护世界反法西斯统一战线，在抗日战争中起到了重要的作用。①

赵延垒指出，解放战争时期围绕战略主动权展开的角逐和斗争，集中体现出毛泽东等老一辈无产阶级革命家的军事智慧，为后世树立了战略博弈的光辉范例，具有重要的历史价值和现实启示。②郭芳探析解放战争时期毛泽东战略追击指导艺术的四个方面：一是从战略全局谋局造势，坚定"将革命进行到底"的信念和决心；二是根据战局发展变化，适时确定目标明确、步步紧扣的战略步骤；三是适应战争实践的发展，创造性地提出大迂回大包围的作战方针；四是从最困难最复杂的情况出发，做好预防帝国主义武装干涉的准备。③

冯利华、释清仁论述新中国成立后毛泽东对战争的判断，指出毛泽东在20世纪50年代从对世界大战的判断得出世界性战争有可能避免的科学结论，在60年代根据国际形势和中国周边安全环境的重大变化，逐渐改变了对50年代关于战争与和平形势的判断，在60年代初提出世界战争存在两种可能性，在60年代中期认为战争可能性进一步加大，在60年代末强调世界战争不可避免。④

杨冬权依据史料，就毛泽东与抗美援朝战争的几个问题展开论述，认为抗美援朝战争是新中国的立国之战、人民解放军的立威之战，毛泽东是抗美援朝的发起者、决策者、指挥者，没有毛泽东，就没有抗美援朝战争以及辉煌的胜利。⑤伊纪民对沈志华著作《毛泽东、斯大林与朝鲜战争》进行评述，认为《毛泽东、斯大林与朝鲜战争》作为沈志华的一部力作，其大量援引新解密的中、苏档案以及朝鲜战争部分当事人

---

① 褚静涛：《自力更生与争取外援——毛泽东在抗战中的探索》，《学术界》2021年第12期。

② 赵延垒：《解放战争时期人民解放军对战略主动权的争夺》，《军事历史》2021年第6期。

③ 郭芳：《解放战争时期毛泽东战略追击指导艺术探析》，《军事史林》2021年第10期。

④ 冯利华、释清仁：《新中国成立后毛泽东对战争的判断》，《学习时报》2021年11月22日。

⑤ 杨冬权：《开国领袖的立国之战——再论毛泽东与抗美援朝战争》，《军事历史研究》2021年第1期。

的回忆录和访谈资料，打破了从美、苏争霸角度探究朝鲜战争的研究传统，理性地站在中国的角度剖析了《中苏友好同盟互助条约》与朝鲜战争间的关联，阐明了以毛泽东为首的中国领导人在美、苏二强争霸国际格局中"一边倒"的考虑与对策，并就决策过程中的出兵、统率、与朝协作等若干问题做了细致分析，提出了新的观点。① 王明哲论述毛泽东对抗美援朝作战的决策，毛泽东高瞻远瞩预判朝鲜战场形势，实事求是剖析参战形势利弊，深思熟虑下定出国作战决心，正确的战略决策源于对和平与正义的追求，以及对国际战略形势的深刻认识。毛泽东始终站在维护中国国家安全和世界和平的战略高度来思考问题、做出决策，一举奠定了中国的大国地位。②

赵丛浩探析 20 世纪五六十年代毛泽东应对美国核讹诈的战略思维：毛泽东审时度势，做出研制核武器的战略决策，高度重视对核武器的防御等问题，明确提出应对核讹诈的正确态度，还提出要争取、团结和联合世界上一切可能的力量共同反对核讹诈。③ 胡启蒙从新中国成立初期所面临的国家安全困境出发，对新中国成立初期毛泽东国家安全思想进行了深入探究，认为这一思想既是毛泽东思想的重要组成部分，也是新时代更好地指导思想政治教育工作者进行国家安全教育的重要理论依据。④ 张树德等人通过回顾和思考《毛泽东军事文集》的编辑过程，指出《毛泽东军事文集》全面地、历史地、综合地阐述了毛泽东军事思想，是研究、学习和宣传毛泽东军事思想的最大宝库。⑤

（二）贺龙的军事贡献研究

2021 年度宣传或研究贺龙元帅的文章不多，但戴楚洲撰写的《贺龙与南昌起义》一文中突出了贺龙在南昌起义与人民军队创建方面的重要贡献，具有重要的历史意义。汪恩光撰写的《贺龙元帅在肃宁指挥的几

---

① 伊纪民：《沈志华〈毛泽东、斯大林与朝鲜战争〉评述》，《职大学报》2021 年第 5 期。
② 王明哲：《毛泽东对抗美援朝作战的决策》，《团结报》2021 年 10 月 28 日。
③ 赵丛浩：《毛泽东应对美国核讹诈的战略思维探析》，《古田干部学院学报》2021 年第 4 期。
④ 胡启蒙：《建国初期毛泽东国家安全思想研究（1949—1953）》，硕士学位论文，杭州师范大学，2021 年。
⑤ 张树德、孟国丽、刘景昊：《〈毛泽东军事文集〉编辑的回顾与思考》，《毛泽东思想研究》2016 年第 6 期。

场战斗》则突出了贺龙在抗日战争期间的显著战功，为中华民族的生存做出了重要贡献。近几年来，有关红二方面军长征出发前后的几个历史问题出现不同说法。戴楚洲在对党史、军史方面的文献资料进行考证，对革命遗迹进行细致考察后得出如下结论：红二、六军团长征策源地、长征出发地在湖南省桑植县；红十八师长征出发地在湖南省龙山县茨岩塘。① 陈金星论述了红军长征过滇西北过程中，红二方面军总指挥贺龙的统战工作实践及启示，认为红二方面军在这一过程中损失较少，与贺龙卓越的军事才华、领导能力和卓有成效的统一战线工作有直接关系。②

汪恩光详细叙述贺龙在肃宁指挥的几场战斗，指出贺龙在肃宁一个月内率120师连续打了几个干净彻底的漂亮战，给肃宁人民和肃宁子弟兵留下了永不磨灭的印象。③ 王峰对湘鄂西根据地贺龙军事体育思想进行了系统的研究，认为贺龙的早期军事体育思想是在人民承受压迫的背景下受"尚武"精神影响，以提高军队指战员体能、战斗力为目标，于战争年代形成的。④ 陈玉玲以湘鄂西苏区红军整编与改造为线索，考察湘鄂西苏区党军关系问题，分析了在湘鄂西苏区"党指挥枪"的确立过程中的博弈、矛盾与冲突。⑤

（三）粟裕的军事指挥艺术研究

综合2021年度学界有关研究粟裕将军的成果，可以从四个方面归纳这些研究成果的类型和学术价值。一是结合粟裕指挥的大小战役，研究粟裕的军事思想和军事指挥能力，这是研究粟裕的主要成果。二是宣传和研究粟裕的高尚品格，这种类型的研究具有现实的教育意义，粟裕的高风亮节同样是新时代的楷模。三是不局限于粟裕的军事成就，从经济的角度研究粟裕的财政思想和人才培养成就，这类研究成果极少，但具有代表性，丰富了粟裕的个人形象。四是进一步挖掘和研究有关粟裕的

---

① 戴楚洲：《红二方面军长征出发前后的几个历史疑难问题探究》，《武陵学刊》2021年第3期。
② 陈金星：《红军长征过滇西北贺龙的统战工作实践及启示》，《云南社会主义学院学报》2021年第1期。
③ 汪恩光：《贺龙元帅在肃宁指挥的几场战斗》，《党史博采》2021年第7期。
④ 王峰：《湘鄂西根据地贺龙军事体育思想研究》，硕士学位论文，吉首大学，2021年。
⑤ 陈玉玲：《湘鄂西苏区红军整编、改造及党军关系的历史考察（1928—1934）》，硕士学位论文，安徽大学，2021年。

珍稀历史文献，提高研究成果的学术含量。

集中优势兵力，各个歼灭敌人，是粟裕擅长使用的战术。朱光立著《苏中战役：集中优势兵力各个歼敌的经典战例》指出，苏中战役生动体现了粟裕随机应变、灵活多样的高超的军事指挥艺术。①

郑君山著《粟裕浙南三年游击战与其军事指挥风格形成的关系研究》认为，粟裕军事指挥艺术的形成、成熟与浙南三年游击战息息相关。独立的军事指挥权、游击战思想的基本形成以及军事斗争的胜利说明粟裕军事指挥风格已经形成。粟裕军事指挥艺术的形成是浙南环境之凶险复杂、斗争之艰难激烈的外在条件与粟裕崇尚侠义精神的内在性格相结合的产物。②

抗日战争期间，为粉碎日伪对苏中抗日根据地发动的第三次大"扫荡"，粟裕着眼华中抗日大局，精心选择苏中战场，巧妙捕捉战机，运用"围魏救赵"和"攻点打援"战术，指挥新四军苏中主力部队和地方武装取得"十团大战"的胜利。有关"十团大战"的文献资料比较有限，相关记载也并不完全一致，史义银综合各类材料，对"十团大战"基本史实进行了细致的梳理、考证与勾勒，具有较高学术价值。③

薛浩指出，粟裕作为苏中抗日根据地的领导，既要指挥军事，更要建立起足以支撑战争的基础。从保障战争胜利、改善人民生活这一根本基点出发，粟裕结合苏中实际进行深入思考，提出一系列有关财政的方针政策：打破封锁，克服财政困难；发展生产，改善人民生活；根据需要，大力发展军工；厉行节约，反对贪污浪费；健全制度，统一财经机关；培养教育，优化财经队伍。在严酷的战争环境下，粟裕的财政思想对根据地的建设和发展产生了积极影响。④臧文禄以地方档案馆收藏的有关粟裕的历史文献《粟裕官陡门题字》和粟裕《告"和平军"将领书》，

---

① 朱光立：《苏中战役：集中优势兵力各个歼敌的经典战例》，《军事史林》2021年第11期。

② 郑君山：《粟裕浙南三年游击战与其军事指挥风格形成的关系研究》，《浙江工贸职业技术学院学报》2021年第3期。

③ 史义银：《论新四军苏中"十团大战"》，《盐城师范学院学报》2021年第5期。

④ 薛浩：《抗战时期粟裕的财政思想探析》，《湖南工程学院学报》2021年第1期。

展现了他在抗日战争中的丰功伟绩。①朱万悦聚焦《告"和平军"将领书》,指出它发表于 1944 年,号召伪军反戈一击,洗心革面,共同抗战,反映出在矛盾交织、斗争错综复杂的抗战环境中,苏中抗日根据地对日伪军的斗争策略。②

在长期战争岁月中,粟裕结合战争实践,从打仗中学习打仗,不囿于人民军队既有打法,形成了自己的用兵特点:反常用兵,出奇制胜。夏明星、高桃源《粟裕:反常用兵,出奇制胜》一文从浙南战役、黄桥决战、鲁南战役、蒙阴决战直取敌第 74 师四个方面叙述了粟裕"反常用兵,出奇制胜"军事指挥风格。③粟裕一生南征北战,出生入死,历尽艰辛,屡建奇功;他多谋善断,料敌如神,用兵灵活,善出奇兵。张瑞安《"常胜将军"粟裕》一文从陈毅赋诗祝捷、刘伯承夸粟裕"百战百胜"、毛泽东致信粟裕安心休养三个方面充分论证粟裕从井冈山反"围剿"战争、抗日战争到解放战争中取得的丰功伟绩。④作为一代名将,粟裕熟谙《孙子兵法》,在长期战争岁月中,粟裕灵活运用孙子兵法于军事实践之中。夏明星《粟裕:进不求名,退不避罪》以粟裕力主撤攻福州,避免红七军团覆灭坚城之下;力主留在中原打大仗,影响了南线解放战场的整个进程两个实例论证粟裕"退不避罪"的高尚品格。⑤

(四)袁国平的才华与军事贡献研究

袁国平是《红军日报》的创办者,陈秧林介绍了他创办《红军日报》的经历,指出该报于 1930 年 7 月 29 日在长沙创刊,8 月 4 日停刊,共出版 6 期,虽存续时间很短,但袁国平在长沙期间以《红军日报》为阵地,积极宣传革命,进行对敌斗争,得到了社会各界的认可和肯定,使该报被誉为"红军第一报"。⑥

何漂指出,袁国平作为诗人将领,善于用诗词来宣传中国共产党的政治主张,还经常将诗词与政工工作有机结合,在诗词作品中展现出信

---

① 臧文禄:《粟裕官陡门题字始末》,《江淮文史》2021 年第 5 期。
② 朱万悦:《1944 年粟裕发表的〈告"和平军"将领书〉》,《世纪风采》2021 年第 8 期。
③ 夏明星、高桃源:《粟裕:反常用兵,出奇制胜》,《党史博采》2021 年第 4 期。
④ 张瑞安:《"常胜将军"粟裕》,《文史春秋》2021 年第 4 期。
⑤ 夏明星:《粟裕:进不求名,退不避罪》,《党史博采》2021 年第 3 期。
⑥ 陈秧林:《袁国平与"红军第一报"》,《湘潮》2021 年第 12 期。

仰坚定和视死如归的革命精神，给世人留下宝贵的精神财富。① 邹艳论述袁国平为打造"铁的新四军"做出的巨大贡献：袁国平于1938年春被任命为新四军政治部主任、中共中央军委新四军分会常务委员，他到任后，把加强党对新四军的领导列为政治工作的首要任务，逐步推进新四军党的建设，指导新四军在敌后发动群众，为人民办实事、做好事，在人民群众心中树立起新四军为民的口碑，为打造一支"铁的新四军"提供了强大动力。②

综观2021年的湖南党史、军事史、红色文化研究取得了一系列成果。不过，这些研究在取得进展的同时也存在一些问题。首先，存在一些低水平的重复研究现象，有创新有突破的高水平研究成果相对有限。其次，有些成果在对革命人物研究中，并没有挖掘文献史料进行深入研究，而是为了宣传而宣传，学术价值含量低，围绕党史研究中的热点、难点问题展开有价值的学术争鸣和问题探讨仍较少。我们只有端正学风，加强研究的科学性，潜心钻研，湖南的党史、红色文化研究在未来才能够取得更多更新的成果，为弘扬湖湘文化、壮大湘学增光添彩。

---

① 何漂：《诗人将领袁国平》，《湘潮》2021年第9期。
② 邹艳：《袁国平：以为民情怀打造"铁的新四军"》，《湘潮》2021年第9期。

第 四 章

从农业经济到商品经济：
湖南多元经济社会的产生与发展

湖南地区自古以来便是物产丰饶之地，这使得湘学研究的讨论不可避免地要重点讨论湖南的经济发展史。在历史上，湖南地区的经济发展经历了从农业经济到商品经济的过程，展现了湖南地区多元经济社会产生与发展的一般过程。2021年有关湖南经济的研究成果较多，涉及面也较广，湖湘文化相关领域将不断加大这一研究力度，以期在新时代的大环境下建构湖南经济社会与历史文化的新架构。

第一节 历史上湖南农业经济发展历程

湖南地区的商贸经济开发较晚，在较长一段时间，湖南地区的主体经济是以自然经济为基础的农业经济所带动。具体而言，湖南的农业经济发展分为三个阶段。第一个阶段为宋代以前，在这一阶段是湖南农业经济聚集人力基础的时期，中原地区大批的流民涌入地广人稀的"楚地"，带动了当地农业经济的发展。也正是在这一时期，楚地成为国家重要的粮仓以及战略物资的储备地和供应地，这样的状况一直持续到了宋代。宋代是湖南农业经济发展的第二个阶段，在这一时期，由于农业生产分工的逐渐细化，使得农业生产所需的农耕人群基数逐渐增多，也使得移民与土著人的融合速度加快，以适应农业生产的需要，也就此加快了湖南地区农业经济的发展。到了明清时期，诸如明代一条鞭法与清代摊丁入亩等政策的刺激，湖南人口出现了爆发式的增长，为湖南农业经济的发展积蓄了一大批人力资源。也正是在明清时期，湖南地区奠定了国家粮仓的地位，"湖南熟，天下足"的话语开始跃然纸上，由此也使得湖南农业经济的发展历程进入到第三个阶段，即巅峰阶段。

一 宋代以前湖南地区移民与农业开发

湖南传统农业的发展起步于春秋时期，由于当时农业工具的进步，使得楚地的农业种植有了长足的发展，如《楚辞·大招》就有"五谷六仞，设菰梁只"的描述，足见当时楚地粮食丰收的盛景。关于湖南地区先秦时期农业发展的相关研究一直较少，主要原因是相关史料的匮乏。但是，亦有学者从考古材料与民间传说切入，试图揭示这一时期湖南农业经济发展的一般脉络。如舜帝是中华文明中公认的始祖之一，湖南地区亦是他主要的活动区域之一，并且最终崩逝于湖南地区。他的传说在历时长久的时空演变中承载了丰富的文化内涵，通过多重叙事结构传承展演至当下。在考古上，亦发现了多处能与传说契合的遗迹，来说明舜帝在各方面的功绩。柴春椿就以舜帝传说发展演变的内在逻辑为线索，广泛搜集各类相关资料，综合运用多种研究方法，对舜帝传说与信仰进行了系统的专题研究，探讨了舜帝传说的深层文化意蕴和伦理内涵，以及传说流变与信仰建构的互动关系，认为从舜帝时期开始，农业已成为社会经济的主体，诸多考古遗址发现的数量可观的农业遗存，尤其是湖南地区发现的稻作物遗存，反映出舜帝时期稻作农业已经影响到湖南地区的农业种植结构。[①] 柴春椿的研究也从一个侧面说明了湖南的农业经济起步时间早，发展范围大，至少在南方有一定的影响。

经过先秦时期打下的基础，湖南农业经济在汉代迎来了发展的第一个加速期。尤其是东汉以后，北方人口加速南迁，移民为南方地区带来了大量的劳动人口以及北方先进的农耕技术。再加上这一时期是我国历史上的大一统时期，社会的稳定也为农业经济的发展奠定了社会基础。2021年，学界对这一阶段的研究主要集中在北方人口南迁至湖南对某一区域农作物种植种类占比的影响方面。如吴瑞静、莫林恒、范宪军就以汉晋时期的湘西地区为研究对象，结合2015年官田遗址发掘出土的植物

---

① 柴春椿：《舜帝传说与信仰研究》，博士学位论文，山西大学，2021年。

遗存来揭示当地农业经济和生业模式等问题,得出两大结论:其一是官田聚落农业呈现以粟为主、稻次之并同时种植多种作物的特点;其二是当地旱地作物发展的原因在于北人南迁所带来的农作物。[1]

此外,黄国盛也强调了移民对于东汉桂阳郡粮食产量增加的推动作用。文章通过史料和考古资料进行二重验证,说明东汉时期桂阳郡农业经济发达,指出移民使多民族杂处、地广人稀的桂阳郡人口倍增,并优化了当地农业结构,促进粮食产量增加,是构成东汉桂阳郡农业经济飞速发展的一个不可忽视的因素。[2]

综上所述,2021年学界对宋代以前湖南地区农业经济开发史的研究以移民带动区域农业发展的效应为主,这是往年来一直延续的一种研究范式。但是亦有创新点。其一是在地域上逐渐将眼光从汉人聚集地向民族聚集地转移,不再是单一地关注农业兴旺的汉地农业发展,而是开始关注农耕水平较为落后的湖南民族地区的农业发展,这是研究区域上的创新;其二是研究内容逐渐从农业总体水平的发展分析细化到某一农作物或某一农具的发展对整个区域农业耕作模式建构的影响,形成了以小见大的研究模式。总而言之,过去的一年对宋代以前湖南农业的研究在创新上有了一定的突破,令人欣喜。

二 宋代湖南地区人群融合与农业发展

宋代是湖南地区农业经济加速发展的又一巅峰期。在这一阶段,有三方面的社会因素推动了宋代区域的人群融合,从而带动了农业经济的发展。其一是宋代开始对城市的主动发展使得"城"与"郊"的区别逐渐增大,郊区的人群聚集模式和农业模式逐渐成为与城市相对的特点而显现出来,就此带动了农业的发展;其二是宋代中央政府开始主动开辟与发展海上丝绸之路,奠定了宋代"南重北轻"的经济格局,加速了南方各个农耕经济区域内人群的融合,促进了区域农业经济的发展;其三是宋代对经济农作物的发展远胜于前代,特殊农作物的种植也使得区域

---

[1] 吴瑞静、莫林恒、范宪军:《汉晋时期湘西地区农业初探——以官田遗址为例》,《农业考古》2021年第3期。

[2] 黄国盛:《东汉时期的桂阳郡》,硕士学位论文,华中师范大学,2021年。

内人群的分工更加精细，农业技术的高需求也带动了人群的融合。2021年学界以上述三个视角呈现了多篇论文，丰富了研究成果。

黄嘉福认为，城郊发展模式与城市尤其是都城发展道路是研究某一历史时期社会经济发展变化的关键点，而城郊农业是深入研究城郊发展模式与城市发展道路的重要窗口。该文以两个角度切入了唐宋都城的城郊农业研究，即唐宋都城城郊农业无差异和唐宋都城城郊发展模式相似，得出了之前学界关于"唐代长安城郊的主要功能是政治、军事、礼仪功能，北宋开封城郊的主要功能是经济功能，反映了中国古代都城的功能形态由政治、军事型向经济型转变"这一研究结论对唐宋都城城郊功能形态及发展模式的认识与历史事实有所未合的观点，进而认为在推进古代都城研究的过程中，城郊可能是一个问题域与学术增长点，应从多方面剖析城郊的发展，才能真正了解到唐宋尤其是宋时期"城"与"郊"的区别，以及隐藏在其后的城郊的发展、城郊农业的发展以及人口融合三者之间的关系。① 如果以湖南地区为例，在宋代城市与城郊的功能分别愈发明显。其中，城市主要功能是"政治礼仪"与"经济产业"，城郊主要功能是吸引外地移民与农业经济的发展。当城郊具有了一定的人口基数，便产生了人群的高度融合，最终带动城郊的农业经济结构发生大的改革，农业经济就此得到飞速发展。

宋代对海路的开发远胜于前代，故而是海上丝绸之路勃兴的时期，亦是依靠海上丝绸之路带动区域人口融合以致农业经济结构发生变迁的时期。柳平生、葛金芳指出，至迟11世纪80年代，我国经济重心已移至江南地区，与海上丝路联系紧密的工商业文明在江南地区蓬勃发展，改变了10—13世纪中国不同文明之间的竞争格局，也就是原来中原农耕文明与周边游牧文明两强相争，变为工商业文明、农耕文明和游牧文明三足鼎立。②

宋代"南重北轻"的经济格局、雄厚的制造实力以及领先世界的造船与航海技术为海上丝路的繁盛提供了物质支撑和内在动力。以湖南地

---

① 黄嘉福：《唐宋都城城郊农业研究反思》，《中国社会科学报》2021年10月27日。
② 柳平生、葛金芳：《试析宋代海上丝绸之路勃兴的内在经济动因——兼论两宋经济结构变迁与三大文明竞争格局形成》，《文史哲》2021年第1期。

第四章　从农业经济到商品经济：湖南多元经济社会的产生与发展

区作为宋代江南的组成部分，亦经历了上述经济变迁的过程。湖南地区是移民的重点区域，又是中原连通西南的关键通道，多民族杂处，移民与土著的融合过程更加复杂与缓慢。农业经济的发展需要一定的人力资源做基础，又需要农业结构内部具有明确的技术分工，以上条件亦是促进湖南地区人群融合的关键因素。这便是宋代海上丝绸之路的开发与兴盛对湖南地区农业经济推动的连锁反应。

宋代是农业经济发展又一个代表时期，其中一方面的表现为农产品的种类开始丰富起来。尤其是经济作物种类的增多，展现了宋代农业经济发展的新阶段。如王东、陈玲的研究便以代表经济作物——棉花为切入点，来说明宋元时期棉花的种植对区域农业社会形成的促进作用。该文先是对棉花在中国的发展进行了概述，认为棉纺织品在中国古代社会中占据着重要地位。该文运用兴起于西方的技术社会形成理论的内涵，来呈现宋代人口增长和元代统治者大力推广棉花对宋元之际棉花种植技术和纺纱技术的发展。此种研究方法推进了对此类问题的进一步认识，并提供了一种新的分析思路。[①] 其中，该文以荆湖南路（湖南地区）为例，分析了这一区域引进棉花后，人口密度的变化，推论出了棉花种植是当地人口增长的直接动因之一。另一方面表现为棉花种植程序的复杂，使得种植人口具有明确而有详细的分工，就此促进了当地人群的融合。基于此，便说明了棉花种植、区域人群融合以及区域农业经济发展三者之间的紧密联系。

总而言之，2021年关于宋代湖南地区农业经济发展的研究多以揭示宋代湖南农业经济发展的关键动因为研究方向。其结论基本是，当地移民带来大量人力资源后，区域人群开始出现融合状况，为农业精耕细作的明确分工奠定了基础，由此加强了农业经济发展的根本动力，引发了宋代湖南地区经济发展的又一个高潮。虽然研究范式较为单一，但是能够以一个当时的社会状况为切入点，牵涉出农业经济发展的根本动因，这种研究方法十分新颖，在今后的研究中具有极强的推广价值。

[①] 王东、陈玲：《宋元棉花东进的技术社会形成理论研究》，《科学技术哲学研究》2021年第1期。

三　明清时期湖南农业的进一步发展

明清时期是湖南地区经济发展的一个重要时期，大量外来人口迁入湖南地区，对于农业经济开发而言意义重大，湖南农业经济的发展从此走向多元因素综合作用的时期。近一年来，明清农业经济史的研究发展成果颇丰，在移民与经济开发、农业救灾，军事聚落的农业发展、粮食区域化研究诸方面均取得了丰硕成果。

明清时期，湖南汉地的农耕系统早已搭建完毕，当移民大量从江西地区迁入湖南地区后，面对湘东北以及湘中地区的早已饱和的田地开始向湘西迁移。湘西"苗疆"是北方地区通往云贵川渝的重要过境通道，占地面积广大，生态资源丰富，族群聚落众多，但山高险僻，生存环境恶劣，因而人口稀少，农业经济发展滞后，这便给了大批移民一展拳脚的机会。尤其是到了清初，为了秉承中央王朝"大一统"的政治理念，清政府在武力开辟湘西"苗疆"以后，废除土司制度，改任流官治理湘西"苗疆"的大小事务。在政策吸引下，庞大的移民群体涌入湘西境内，使得湘西"苗疆"的农业开始飞速发展。丁明雪以清代湘西的凤凰、乾州、永绥三厅为例，剖析了清代湘西移民的涌入对当地农业结构的影响。该文从湘西"苗疆"的人口数量变迁与空间分布切入，对湘西"苗疆"移民的背景、自然地理环境、行政区域沿革进行了分析，指出清初政府大力派兵驻扎，大量人口以军屯方式进入湘西"苗疆"，影响了区域内的人口结构，引起了社会各方面的变迁，促进了农业经济的繁荣发展，反映出人口与经济发展的互相影响。[①]

明清时期，湖南农业经济的扩大化必然导致不断拓荒的农业耕地所面临的自然风险加大。加之湖南地区是一个传统的自然灾害频发的地区，这便使得明清时期湖南地区的农业灾害尤其引人注目。明代是我国历史上灾害发生最频繁的朝代之一，洞庭湖区洪涝灾害尤具代表性。张莹以明嘉靖时期洞庭湖区的洪灾为研究对象，在分析洞庭湖区洪灾的灾情和成因的基础上，归纳总结洪灾发生的一般规律，并深入探讨了这一时期

---

① 丁明雪：《清代湘西"苗疆"人口变迁研究——以凤、乾、永三厅为例》，硕士学位论文，吉首大学，2021年。

第四章　从农业经济到商品经济:湖南多元经济社会的产生与发展

几次典型性洪灾的治理思想、治理措施、治理成效和社会评价等。①

湖南地区自古以来便是民族聚居之地,多民族杂处也导致当地冲突与融合并生,社会环境复杂。但是,湖南地区又因其独特的地理区位和地理环境而成为历史上连通中原与西南地区的重要交通要道。基于此,各大王朝国家均在湖南地区设立了大量基于军事性目的的聚落。这些军事聚落为湖南地区带来大量移民,他们开垦土地,促进了农业经济的发展。徐玮蓬以明清时期湘西地区军事系统及其聚落建设为研究对象,梳理其建设历史,总结其选址布局、街巷系统、水利系统、农田系统等内外部空间特征,并说明湘西军事聚落所带来的军事移民为湘西地区引入了龙骨车、筒车等灌溉工具,极大地提高了农业生产效率,促进了湘西地区农业经济的发展。②

明清时期,从洪武年间"江西填湖广"的移民运动开始,江西向湖广地区持续输出了大量人口。人口的增加,扩大了劳动力群体,大量荒地得到开垦,粮食产量随之提高,极大地推动了湖广的开发进程。湖南地区是传统的水稻大省,在更广的区域中,湖南地区又是湘鄂赣米粮产区的重要组成部分。尤其是在明清时期当地农耕模式得到进一步改良后,三地开始出现大量的余粮进行外销,从而发展起了庞大的粮食市场。钱恒生探讨了湖广土地大量开垦、粮食产量在满足本地消费需求后出现的余粮输出省外的现象。作者指出,胡广余粮外输至长江中下游地区,在粮食转运的过程中,催生出诸多米码头与米谷市场,开始形成湘鄂赣粮食集散地,粮食转运的流通路径大体从湖南产米区流向湖北集中,后由汉口转运下游九江,汇聚江西粮食,再转运至长江主干道,直至苏州、浙江等消费地,初步形成湘赣鄂米粮业区域化态势。③

综上所述,2021 年湖南农业史研究的领域更加广泛、视野更加开阔、方法更加多元,涌现出一些较高水平的学术成果,使该领域的研究水平达到一个新的高度。但与湘西、湘中、湘东北的农业发展史研究相比,

---

① 张莹:《明嘉靖时期洞庭湖区洪灾治理研究》,硕士学位论文,吉首大学,2021 年。
② 徐玮蓬:《基于明清军事系统的湘西军事聚落景观研究》,硕士学位论文,北京林业大学,2021 年。
③ 钱恒生:《移民、垦荒与米谷:明清时期湘鄂赣米粮业区域化形成与发展》,硕士学位论文,南昌大学,2021 年。

明清湘南、湘西南地区农业发展史的研究仍然较为薄弱。在总体研究上，依然存在史料使用面太窄、田野调查不充分以及各民族融合后农业耕作方式如何转变并多元发展的研究。这都应成为未来湖南农业史研究开拓的新方向。

第二节　历史上湖南商贸业发展历程

一般认为，由于在历史上的主要时段湖南的经济主体都是农业经济，故而在很长一段时间内，湖南的商品经济都不太发达，这也使得历史上的湖南地区形成了一种强烈的"轻商"观念。但是，这种观念其实是一种误区，至少在唐代开始，湖南地区的小商品，尤其是艺术品的贸易是较为发达的。到了宋代，随着全国贸易活动的繁荣昌盛，湖南地区的贸易也迎来了第一个高潮，尤其是绘画作品的高产带来了艺术品市场的贸易繁荣，并对湖南的经济社会产生了重要影响。而湖南商业社会转型的巅峰时期在中国的近代。随着资本主义的渗透，湖南地区各地逐渐开始开埠通商，近代中国就此迎来社会转型的关键时期。

一　历史上湖南地区艺术品的商贸活动

唐代是中国封建社会发展的高峰，孕育出唐代辉煌的文化艺术，也成就了唐代长沙窑民间文化艺术的繁荣与发展。长沙窑将诗歌、书法、绘画冶于陶瓷器皿表面，是唐代民间文学艺术的宝库，这也促成了一些商人开始对长沙窑出品的陶瓷进行商贸活动，就此带动起了唐代长沙陶瓷贸易的兴盛。何清林以唐代长沙窑为例，从经济发展、政治变革和文化交融三个角度分析唐中后期陶瓷业繁荣的经济基础、长沙窑诗画装饰技艺和风格产生的社会文化基础以及长沙窑诗画装饰中蕴含的思想内涵，揭示了在外销需求下，市场是如何激发长沙窑的商贸活力的。[1]

梁晨晨和罗运胜探析了唐代长沙窑与湖南区域经济文化之间的紧密关系，认为长沙窑作为唐代著名的外销瓷窑，蕴含了丰富的历史文化信息，与唐代湖南区域经济文化发展息息相关。这一关系主要表现在两个

---

[1] 何清林：《唐代长沙窑诗画彩绘装饰研究》，硕士学位论文，湖南工业大学，2021年。

第四章 从农业经济到商品经济:湖南多元经济社会的产生与发展

方面:经济方面,人口南迁使更多劳动力投入手工业,长沙窑作为湖南手工业代表,其瓷器外销进一步促进了各地的商贸往来;文化方面,长沙窑瓷既是锐意进取的湖湘精神的体现,又承载了重要的茶酒文化和中外文化交流信息,开创了釉上彩绘装饰工艺新高度。[1] 该文最大特色在于直接史料甚少的情况下,作者以长沙窑的釉上彩绘装饰艺术的变化为线索,勾勒出了长沙窑瓷器的销售对象。

时至宋代,人民生活水平有了更显著的提高,各项社会制度也更为完备,为宋代文化的辉煌奠定了基础。这一时期,宋人在政治、道德、艺术、科技等方面均有所建树。尤其是宋代的绘画艺术,达到了创作及理论的双高峰。艺术成就的飞速发展,也使得宋代的绘画开始出现商业价值。宋芳斌认为,两宋时期经济发达、绘事繁荣,艺术品交易频繁,从宫廷到民间均可见艺术品消费的状况。两宋文化消费直接促成文化生产的产生,但其中离不开物质层面——媒介技术的革新,以及精神层面——受众审美需求的因素。他还以湖南地区(荆湖南路)为例,统计出当地有专门的买卖画作的渠道。此外,基层社会的民家画工市场也十分繁荣,艺术创作基本都是为利益所驱使。正是大画家与基层画工的共同作用,使得以湖南画作市场为代表的两宋绘画市场兴盛不衰。[2]

明清时期,湖南商贸继续发展,并逐渐由区域内流动变成了跨区域活动,这使得湖南地区与相邻的几个大省组成了更加庞大的商贸市场。尤其是广东地区,由于广州海外贸易的发展,大庾岭商路空前繁荣,湖南由于地利之便成为广州外贸的主要供应地之一,对当时两地经济社会的共同发展意义重大。黎荣昇就在其论文中梳理了明清时期湖南至广东的几条重要盐运通道,认为随着粤湘界区壮、瑶的平定,加上盐运的逐步疏通,岭南地区与湖南等内地省份的商贸关系进一步加深,尤其是广东与湖南交界的太平关的商品往来种类极为丰富,税收也大幅提高到每年 13 万余之多,这也反映了当时湖南、广东两地贸易的发达程度,体现

---

[1] 梁晨晨、罗运胜:《唐代长沙窑与湖南区域经济文化关系探析》,《科技资讯》2021 年第 11 期。

[2] 宋芳斌:《两宋时期绘画艺术传播研究》,博士学位论文,东南大学,2021 年。

了当时跨区域贸易市场的形成。①

二 近代以来湖南地区开埠通商与社会转型

晚清时期，中国迎来"数千未有之大变局"，其关键节点在于中国社会性质发生了大变，而具体表现之一就是各地开埠通商，资本主义经济元素进入了中国的地方社会，并且对中国传统手工业市场产生了较大冲击。王继平以这一历史事实为背景，深度解构了近代湖南乡村社会的社会结构，并以此为切入口，揭示了湖南乡村社会的各阶层流动。在此基础上重点剖析了湖南乡村社会发生较大转型时，地方经济分别在晚清、民国以及新民主主义时期的重大变革。② 吴晓美也以近代开埠后，湘西的洪江商镇崛起与发展为宗，深描了近代以来当地社会的工商业崛起以及商人的离散与流动，并以此为基础，重构了近代的洪江文化体系，以独特的历史人类学的研究方法揭示了当地一段不一样的历史。③

除了中国社会各阶层受到湖南开埠的影响发生了较大转型外，湖南地区的传统手工业市场也由于外来资本的侵入产生了强烈动荡。李洋洋考虑到了湖南开埠通商、瓷器市场的商贸转型以及地方社会变迁三者之间的关系，指出社会的发展与瓷业的发展相互作用，瓷业的发展导致瓷业行会等社会组织出现，湖南的瓷业工人分为醴陵帮和江西帮，二者在从事具体工作、工资结算等方面有很大的不同，醴陵瓷以姜湾为集散地，大多通过航运销往省外甚至南洋地区，其市场销路受社会环境影响很大。④ 通过该文，可以纵观近代醴陵瓷业发展的兴衰历程，亦可以窥见社会的变迁与发展，是近一年来难得的关于湖南地区开埠通商与社会转型研究的好文。

除了近代瓷器业的商贸发展，油茶产业也在湖南近代化社会转型中扮演着重要角色。晚清至民国时期，湖南省油茶产业发展迅速，成为中

---

① 黎荣昇：《明清时期广东太平关及其商品流通研究》，硕士学位论文，广东省社会科学院，2021年。
② 王继平：《近代湖南乡村社会研究（1840—1949）》，中国社会科学出版社2021年版。
③ 吴晓美：《商镇兴衰：洪江的商业历史与地域社会建构》，社会科学文献出版社2021年版。
④ 李洋洋：《近代醴陵瓷业与地方社会》，硕士学位论文，湖南师范大学，2021年。

第四章 从农业经济到商品经济:湖南多元经济社会的产生与发展

国重要的油茶产区。徐敏菁、沈志忠的文章就根据晚清和民国时期的方志物产和档案调查资料,对晚清到民国时期湖南油茶的种植概况、茶油贸易往来进行了全面梳理,总结出推动当时湖南省油茶产业发展的积极因素和产业发展时存在的需要改进的缺陷,并且指出了油茶贸易兴起后,湖南各主要产地为了迎合贸易的发展所发生的重大社会转型。该文不但细致梳理了当时湖南油茶产业发展概况,并且落脚于当代,对于现在湖南省内油茶经济的发展也具有一定的参考价值,是一篇不可多得的史鉴论文。[①]

油茶等经济作物在商贸活动上的兴起,展现了近代湖南的经贸繁荣。其实,近代时期,湖南林业种植种类的变化亦可以投射出湖南地区商贸取向的转变。韦凯认为,湖南省是我国南方重要的木材产地之一,境内各族人民都有着悠久的人工造林史,但在近代以前未形成产业和规模。近代湖南开埠以后,随着木材商品化和山区开发程度的加深,以杉木、油桐、油茶等高经济价值树种为代表的人工林大面积地取代了原始阔叶林。至民国时期,林业规模和产量空前扩大,并依托"四水"不断向外出口。湖南森林开发利用方式从原始粗放的采伐向规模化人工培植转型的原因主要可归结为林木采伐和贸易、政府调控和管理、移民与山地垦殖、外来作物的传入、营林技术的发展这五个方面。这也使得湖南主要林业区形成了一个特殊的林业工人的社区群体,影响着当地社会的发展。[②]

上述论文均体现出近代湖南开埠后,地方社会随之而来的迎合地方商贸发展的转型。其实,近代湖南商贸社会的最大转型在于产生一个新的、庞大的群体——湘商群体。这一群体是湖湘文化的商界名片,具有历史继承性和现实价值感,彰显出湘人倡导的"商道即人道"的处事原则。赵智、黎倬认为,近代湘商群体创造出的湘商文化,表现出湖南人在经济筹谋、经商创业中的思想内涵与价值理念,其中力求为人诚笃忠

[①] 徐敏菁、沈志忠:《晚清至民国时期湖南油茶产业发展探究》,《古今农业》2021年第2期。

[②] 韦凯:《明至民国时期湖南森林开发利用变迁及原因探析》,《农业考古》2021年第4期。

厚、求实进取的精神，把传统儒商精神与革新创造意识相结合，是商业文明的宝贵财富，也是中华文化中独具地域特色的文化现象。[1]

总而言之，2021年对湖南商贸发展史的研究多关注不同时期社会转型背景下湖南地区各商品种类的转变与发展，以及在商贸性质发生改变时，与之相关的人群如何做出文化应对，并随之发生文化变迁的行为。社会的转型、区域社会的商贸发展以及区域社会中人群的取向，这三者的互动及影响，可能会成为今后研究湖南区域商贸发展史的主要研究趋向。

第三节 "国家化"进程下湖南区域经济社会的形成与发展

自秦汉以迄，湖南地区便有两大特点：其一是有部分区域为多民族聚居之地，社会结构复杂，族群关系错乱，历来被中央王朝视为民族融合政策的主要实行地区之一；其二是有部分区域为汉人居住之地，宗族制度较为发达，国家政令通过宗族下达于地方，成为皇权下县的主要形式。综合而言，明清时期湖南地区由于中央王朝"国家化"的进程，区域经济社会飞速形成。湖南这些区域经济社会基于上述的区域特点又分为两大种类，即汉地经济社会的形成与少数民族地区经济社会的形成。前者展现了汉人宗族制度捏合区域社会的能力；后者展现了中央王朝的"国家化"进程加速，国家"大一统"理念下的社会发展进程。

一 历史上湖南汉地经济社会的发展

湖南的汉地形成组织严密、层级分明、分工明确的区域社会要明显早于民族地区。由于宗族制度的作用，宋朝便开始有了区域经济社会的雏形。至明代，成型的区域社会广泛在湖南地区出现。不过，在2021年的相关研究中，学者们更多的是关注清中后期汉人经济社会的进一步发展。许存健看到了清代咸同时期，捐输形式逐渐多样化，既有传统的各省自行收捐，也出现了隔省办捐。同治以后，贵州、云南、甘肃、安徽

---

[1] 赵智、黎倬：《近代湘商文化的特质探析》，《湖南行政学院学报》2021年第3期。

第四章　从农业经济到商品经济:湖南多元经济社会的产生与发展

等省在清廷的授权下相继来到湖南开办捐局,抵充协饷。多种捐局开设反映咸同战时财政体制下,捐输作为传统财政收入成为协饷制度的有效补充,但各省捐局之间互相竞争,也导致捐税征收的混乱与低效,如此的影响便是国家的财富向江南极度倾斜,西南地区逐渐穷困,而"夹"在中间的湖南诸多经济地区成为重要的两块较大区域进行物资与钱财交换的通道,不但使得这些经济区域的财富有所增多,更使得湖南整省的战略地位飞升,影响深远。①

除了赋税的改革,米粮贸易的转型也影响着湖南各汉地经济社会的重新整合。冉旭宏认为,清代"珠江—西江"流域米价变化及其动态影响了周边地区经济社会的整合,尤其是湖南宝庆府与其临近府州与广州府的关系极为密切,所以市场整合程度较高,宝庆府与周边市场的融合,形成了一个新的更为广大的经济社会。②

湖南是有色金属之乡,及至清代,湖南的铜、铅、银等矿产资源开发与利用已颇具影响。自 2015 年以来,湖南省文物考古研究所等单位在桂阳县共调查发现了 19 处炼锌遗址和 1 处炼锌冶炼罐生产遗址。考古调查与文献记载显示,桂阳炼锌应在明代就已开始,并延续至清代晚期,规模逐步扩大。在这些遗址上采集到数量不等的冶炼罐,冶炼罐的形态反映出从矮胖形向瘦长形转变的演化规律。③ 绿紫坳矿厂是清代湖南桂阳州最大的铜矿厂,也是清代湖南最大的铸钱铜料产地,持续开采约一个世纪。2018 年 4 月,多家单位对绿紫坳铜矿采冶遗址进行调查,发现了矿洞、崖刻以及大量的炉渣堆积。罗胜强等人梳理文献资料和考古材料,对绿紫坳矿厂开发历史、采矿、炼铜、产品和管理等进行了初步研究,指出从乾隆十七年(1752)开始,绿紫坳矿厂由委员管理,形成高效的开采和冶炼一体化的矿厂,为长沙宝南局提供了绝大部分的铸钱铜料。绿紫坳矿厂是采用矿井开采法开矿,炼铜采用了复杂的"硫化矿—冰

---

① 许存健:《清代咸同年间湖南捐输的运作与协饷转变》,《清史研究》2021 年第 6 期。
② 冉旭宏:《清代"珠江—西江"流域米粮价格与市场整合研究(1738—1911)》,硕士学位论文,广西师范大学,2021 年。
③ 莫林恒等:《湖南桂阳县明清炼锌遗址群调查与初步研究》,《广西民族大学学报》(自然科学版)2021 年第 3 期。

铜—铜"技术。①

  湘南地区毗邻赣、粤、桂三省，地理位置特殊，是一个复杂的地理单元。及至清代，湘南地区已是湖南省乃至全国铜、铅、银等矿业生产的主要区域。长达数百年的矿产开采与冶炼，促进了地方社会的经济发展，也给当地的生态环境带来深远影响。由此，湘南官绅民各界对矿业开发引发的环境问题亦有因应，"坑冶十害论"和"九嶷山封禁案"即为其集中体现。曾桂林认为，这两例个案折射出了在"重本抑末"的传统社会中，地方官绅士民在生计与风水之间的离合关系，地方社会以保护风水为由严禁矿冶，在一定程度上遏制了生态环境的破坏与恶化，不过，其在环保方面发挥的作用也不宜被高估。②

  夏布是中国近代工业化发展的先导产业。熊元彬认为，浏阳、醴陵的夏布久负盛名，可以代表整个湖南，是中国夏布的主产地，即使是产量最大的江西，为赢得市场也伪托浏阳夏布之名，在产销过程中，以清末醴陵最为旺盛，以致江西萍乡、袁州等地也都直接赴醴陵采购，但是由于醴陵交通不便、本地商人起步较晚等诸多问题，醴陵夏布之名为浏阳夺去，直到民国初年，外人才开始知晓醴陵夏布的存在。③

二　历史上湖南少数民族地区经济社会的形成

  湖南民族地区历来被中央王朝视为"化外""边地"，以"苗疆"与"土司区"最为典型。然清康熙年间开辟苗疆以及雍正年间改土归流后，清朝统治者调整湖南少数民族地区的治理政策，取得较好成效。乾嘉苗民起义后，国家再次调整政策，使得自乾隆至清朝统治结束，湖南民族地区的秩序大体稳定，再无大的冲突。地方安定后，湖南民族地区开始了各民族交流、交往、交融的进程。

  民族贸易是清代湘西苗疆民族交往的重要方式和有效途径。相关学者尤其关注湘西苗疆社会的经济发展与区域整合。侯有德认为，清代湘

---

① 罗胜强等：《清代湖南桂阳州绿紫坳矿厂研究》，《广西民族大学学报》（自然科学版）2021年第3期。
② 曾桂林：《生计与风水：清代湘南地区的矿业开发与生态环境》，《史学集刊》2021年第2期。
③ 熊元彬：《论湖南近代夏布业的产销及工商的活动》，《兰州学刊》2021年第5期。

第四章 从农业经济到商品经济:湖南多元经济社会的产生与发展

西苗疆民族贸易历经"民间自发"向"国家在场"的转变,贸易时间、地点、内容、方式等均受到官府严格的管控。清代湘西苗疆民族贸易与苗疆边墙密切相关,带有深深的"边墙格局"的印记。一方面,民族贸易集场紧密围绕边墙分布;另一方面,在以集场交易为中心的民族贸易中,边墙与集场之间形成了一个特殊的"边墙—集场结构"①。张爱萍探讨了清初湘西辰沅地区的军需供应、赋役调整与里甲重构问题,指出清初进取云贵与平定吴三桂之乱皆取道湘西辰沅地区,由湖广滇黔驿道与沅水及其支流进入云贵前线,军需物资的供给和转运给湘黔通道沿线州县带来了沉重的负担。摊派至州县的军需负担转化为里甲差役,官方在解决军需负担和调整里甲赋役的过程中,以固定粮额均摊于各里甲之中,照粮当差。在某些情形下,宗族也采取了不同房支之间联合立户的策略。这一番里甲赋役调整,对基层乡村社会的人群组织与社会结构产生了深远影响。②

暨爱民、彭应胜认为,凤凰厅同知傅鼐等主持并于湘西苗疆推行的"均田屯防"是清代国家组织地方力量的自我综合治理,也是"改土归流"以来,苗疆地方治理方式的又一次重大转型。③ 该文的最大特色在于,点明了自王朝国家权力进入苗疆后,"边地"的治理就在国家权力的主导下,按照"一体"的政治逻辑与秩序展开,使地方服从国家的各项安排而融入其中,国家也继续增强对地方政治、文化的整合与引导的一般过程。谢祺以清代苗疆的粮饷供给模式为切入口,分析湘西苗疆地区经济社会的形成。笔者指出,清朝有严格的民苗隔离政策,为了避免军队与苗人接触,清廷推行限制军屯扩大并从内地输送军粮、协饷的补给模式,使接收军粮的贵州和提供军粮的湖南出现了两种不同的财政处境,造成湖南比贵州承受更大的政治压力以及运输带来的社会经济消耗,直至嘉庆年间,湖南才走出与贵州不同的苗疆治理路线,也就是以节省经费为直接目的的新式复合屯田制度。此举节省了经费,终止了前述的恶

---

① 侯有德:《清代湘西苗疆边墙民族贸易探析》,《怀化学院学报》2022 年第 1 期。
② 张爱萍:《清初湘西辰沅地区的军需供应、赋役调整与里甲重构》,《中国社会经济史研究》2021 年第 2 期。
③ 暨爱民、彭应胜:《清代湘西苗疆"均屯":从地方治理到国家建构》,《民族论坛》2021 年第 3 期。

性循环，促进了湘西民族融合和经济社会的形成与发展。[①]

孙泽晨则在生态环境上看到了雍乾时期林业政策的演变，对湘西苗疆经济发展的影响。该文认为，清代林业政策在制定与执行过程中，深受同一时期政治、经济等因素的影响，存在阶段性差异。雍乾之际，在开辟与治理"苗疆"时，官方对待当地山林的态度也存在差异。地方官府与清廷作为不同的利益方，出于各自的施政需求，形成了不同的林业政策理念，推动了"苗疆"林业政策的转变，彻底改变了苗疆的生计模式，由此形成了新的、独特的湘西苗疆的木材贸易社会。[②]

除此之外，军事方面的作用，也成为学者解构湘西苗疆经济社会的视角之一。周妮认为，明清以来，湘西地区治理成为中国西南区域治理的重要内容。康熙时期，清王朝开始全面打破明代所形成的"防线"与"界限"，进入湘西腹地，通过设置营、汛等方式对归服的村寨进行直接管理；乾隆时期进一步加强营汛体系的建设，在该地区形成"一村一寨一汛塘"的局面，成效十分显著。在"改土归流"以及"苗疆"与内地"一体化"进程中，"军管苗寨"制度应运而生，并在当地基层管理中发挥重要作用，这一变化过程深刻地反映出湘西地区基层治理、民族融合的艰辛以及区域经济社会成型的大趋势。[③] 该文的特色在于，较系统地考察了"军管苗寨"制度的缘起，以及湘西基层行政管理制度建设的过程，展现出这一制度在湘西民族地区经济社会成型中的作用与影响，全面地解构了地方社会。

综上所述，在湖南区域经济社会的形成与发展的研究方面，学者们充分讨论了包括中湖南汉地与民族地区传统社会的国家治理与财政制度、湖南传统社会的工商业与市场以及湖南传统社会的民族融合等区域社会经济史研究的热点问题。加强对湖南传统社会经济社会的形成与发展问题的研究，有助于丰富我国经济史中的社会形成与发展理论，亦可以深

---

① 谢祺：《清代湘黔苗疆的粮饷供给模式及其分化原因探析》，《中国农史》2021 年第 4 期。

② 孙泽晨：《由伐山到植树：雍乾时期"苗疆"林业政策的演变——以湘黔二省为例》，《北京林业大学学报》（社会科学版）2021 年第 4 期。

③ 周妮：《清代"军管苗寨"制度与湘西基层治理机构的设置及运行》，《中央民族大学学报》（哲学社会科学版）2021 年第 6 期。

化对所研究问题的认识,也为研究该问题提供了新的视角。

2021年,关于湖南地区的经济史研究,较之上年,总体上研究的领域更为广泛、视野更为开阔、方法更为多元。但是,和同期江南经济史研究、华南经济史研究相比,仍较为薄弱,尚有不尽如人意的地方。主要有以下三点:一是成果的质量参差不齐,低水平的重复研究相对较多。二是方法较为单一,多元化、跨学科的研究方法未得到充分重视和运用。三是创新性有待进一步提升,缺乏问题意识和理论思考,难以把研究结论上升为理论,进而提出新观点、新理论。由此可见,在今后的研究中,学界相关研究者应予以重视,解决以上的研究瓶颈,以推动湖南区域经济史的研究更为深入。

第四节 湘人的经济思想与活动

历史上湘人中涌现了诸多的思想巨擘,对中国思想史的发展产生了重要影响。在这些湘人的代表思想中,经济思想成为他们思想精华中的重要组成部分。尤其是近代以来,湘籍名人超前的经济思想在湖南近代历史上成为指导经济社会向前发展的指导思想,也成为湖南相关人群进行经济活动的基本行为准则,具有经世致用的现实意义。2021年学界关于湘人经济思想的相关研究较多,涉及时间段也较广。在这些研究中,民国时期研究人物较少,基本以熊希龄以及湘籍院校的集体经济思想研究为主;新中国成立后则主要集中在毛泽东等湘籍国家领导人的新中国经济发展思想,尤其是农村经济发展思想的研究上。

一 近代以来湘籍院校集体经济思想

中南地区是民国时期中国经济学教育的核心区之一,中华人民共和国成立后,通过院系调整,包括一批民国时期经济学教授在内的中南地区六省六校经济学资源并入中南财经学院,学校聚集了一大批知名的专家学者。尤其是湖南的院校,在以湖南大学为核心的高校群中,周德伟、胡庶华、任凯南等经济学的大家,在经济思想的表达上促进了湖南经济教育发展的方向。邓杨认为,民国时期是中国经济学由传统走向近代的转型期,这一时期的经济学教育体系日趋完备、经济学学者队伍日渐壮大、经济学学术成果不断丰富,持续推动着中国近代经济学的发展,而中南地区以湖南大学为代表的经济学教授群体则是当时国内经济学界一支不容忽视的重要力量,他们将当时中南地区的经济学思想提升到了一个巅峰。作者从理论经济学、应用经济学和工商管理学、经济史学三个方面对民国时期这一经济学教授群体的经济思想进行总结梳理,得出这些教授的经济思想具有明显的区域特征、强烈的马克思主义倾向、鲜明的应用型特色,体现出中南地区以湖南大学为代表的教授群体"经世济民、学术报国"的价值取向等结论。①

二 熊希龄的经济思想

民国时期,中国经济发展进入了转折期,经济学家开始在近代经济实践的过程中找寻发展方案。熊希龄作为当时的国务总理,在发展国家经济领域建树颇丰,著有一些关于民国中国经济发展的文章,为后人研究当时民国经济发展的国家政策层面提供了丰富的文献来源。尤其是在中国近代财政史上,熊希龄扮演着相当重要的角色,他不仅针对现实财政问题提出许多富有创见的见解,还亲自主持和参与一系列重要的财政工作,在中国近代财政史上留下浓墨重彩的一笔。根据刘巍的研究,熊希龄是中国财政现代化改革的思考者和实践者,他的财政主张兼具学理性和务实性,他虽认知和接受了许多流行于西方的现代财政理论,但基于中西方社会的客观差异,还是对西方财政理论进行了一定程度的变通,而且在划分国地财政、改革现行税制和合理利用公债等方面提出了自己的思考。②

三 谭延闿的财政举措

董丽霞探讨了辛亥革命后,谭延闿在湖南进行的财政改革,指出他凭借自己的政治影响和行政能力,使民初中央政府在政治上主动响应,军事、财政上也给予相当支持,从而能够实行以整顿税制为主的一系列

---

① 邓杨:《民国时期中南地区经济学的发展》,《中南财经政法大学学报》2021 年第 2 期。
② 刘巍:《西学中用:熊希龄财政思想与实践研究》,《福建论坛》(人文社会科学版)2021 年第 1 期。

第四章　从农业经济到商品经济:湖南多元经济社会的产生与发展

财政措施,稳定了湖南的经济形势。①

四　毛泽东的经济发展思想

新中国成立后,湘籍党和国家领导人的经济思想在新中国成立初期促进了新中国社会主义经济的发展,为我国社会主义三大改造以及第一个五年经济计划的顺利完成奠定了基础。在这些湘籍党和国家的领导人中,毛泽东无疑是代表性人物,他的经济思想是当时我国进行经济活动的思想来源和理论指导,影响深远。

共同富裕,是彰显中共党人初心使命的内质要义和奋斗目标。贺全胜认为,新中国成立后,毛泽东领导国民经济恢复和发展,提高广大人民群众的根本利益水平,奠定共同富裕的思想基础;领导社会主义改造和建设,加快共同富裕步伐;领导社会主义工业化建设,推进共同富裕发展;实行综合平衡、统筹协调发展,达到共同富裕目标,极大推进社会主义革命和建设取得伟大的成就。②

中国共产党从诞生之日起,就引领合作社的发展,百年农民合作社实践不断深化,为中国革命、社会主义革命和建设发挥了重要作用,作出了重大贡献,现今农民合作社已经成为新型农业经营主体,这也使得农民合作社一直是中共党史研究的热门话题。郭铁民从历史逻辑的视角梳理了百年农民合作社在不同历史时期的具体情况。该文以历史的进程为脉络,进行了四段历史的推演:其一是以革命战争为主线,为夺取新民主主义革命胜利为目标的革命根据地合作运动;其二是以社会主义革命和建设为主题,实现四个现代化为目标的合作化高潮;其三是以经济建设为中心,实施"三步走"发展战略的合作社改革创新发展;其四是坚持全面深化改革,实现全面建成小康社会为目标的农民合作社蓬勃新发展的沿革。该文从理论逻辑视角,说明了百年农民合作社不断发展的理论根基为马克思主义。③

---

① 董丽霞:《谭延闿与民初湖南财政整理》,《史学月刊》2021年第7期。
② 贺全胜:《毛泽东共同富裕思想探微》,《湖南行政学院学报》2021年第5期。
③ 郭铁民:《中国共产党领导百年农民合作社发展的"三个逻辑"》,《福建论坛》(人文社会科学版)2021年第12期。

农村建设牵涉农业发展、农村经济、农民生活，反映现代化水平。党的十九大提出乡村振兴战略，全面阐释农村建设。毛泽东曾致力于农村建设，提出农村建设的一系列建议，并指导实践，取得了一系列成就，其农村建设思想对于新时代建设农村、振兴农村仍有一定的现实价值和借鉴意义。李学林、王智、杨诗雨、陈梦婷就从乡村振兴的视域考察毛泽东农村建设思想，认为其农村建设思想推动了当时农村的经济进步、民生改善和农业发展，对当下仍有重要启示。[①]

综上所述，2021年学界在湘人经济思想与活动方面的研究主要聚焦在近现代著名湘籍人物。究其原因，一方面是前人对于这些湘籍名人与群体的研究成果颇丰，材料较为集中，形成了庞大的研究群体与研究范式，便于后来者进行进一步的深化研究，易于形成有价值的成果。另一方面是这些湘籍名人与群体的经济思想极具实践性，秉承了湖湘文化中"经世致用"的原则，更易与当代经济发展的策略相结合，能够为新时代的经济发展提供理论借鉴，以便深入贯彻以人民为中心的经济发展思想，最能代表最广大人民的根本利益，是理论联系实际的最好思想武器。

---

① 李学林等：《乡村振兴视域下毛泽东农村建设思想及其当代启示》，《湖北经济学院学报》（人文社会科学版）2021年第12期。

第 五 章

湘中无限景,文艺继三都

　　湖湘文学与艺术是湖湘文化中最为灿烂绚丽的瑰宝之一。在湖南这片土地上诞生了无数经典作品,源远流长,影响深远。2021 年,湖南文学、诗歌、戏曲、书画艺术、舞蹈等方面的研究都有着骄人的成果。

　　需要说明的是,本文所论的湖南文学与艺术,指始于两千多年前的战国时代的楚国,讫于新中国成立的湘籍作家、艺术家及寓湘作家、艺术家所建构的文学艺术世界。

第一节　以文学本位为中心的文学研究

　　湖南文学,源远流长。自屈原流放沅湘,贾谊迁居长沙,两千多年来的湖湘文坛,代不乏人。纵览湖湘文坛,会发现在新文化运动以前,主要是诗文为主,其中屈原的辞赋、阴铿的诗作、长沙窑瓷器题诗,以李东阳为首的茶陵派的诗歌、汉魏六朝派代表人物王闿运的诗歌,周敦颐的《爱莲说》、柳宗元的《永州八记》,以曾国藩为代表的湘乡派的古文,以及晚清湖湘骈文作家群的骈文值得特别关注。而进入现代文学,随着文体格局的变化,以叙事见长的小说、戏剧占据了文学的核心,湖南文学也以小说、戏剧为主,以沈从文、黎锦明、彭家煌等的乡土小说、周立波的《暴风骤雨》、田汉的话剧等为代表。相比以往,本年度的湖南文学研究在文献方面发现了更多的新材料,在阐释作品时运用了更多新的视角,研究者的视野更加宏阔,所论问题愈发全面深入,体现出一种欣欣向荣的新气象。

一 成果丰硕的诗赋研究

2021年学界关于湖南诗赋的研究大致可分为两个部分：文献研究、作品研究。

文献研究，主要包括对作家生平行止和作品真伪、留存、传承等的考辨，以及古籍文本的校勘注释等整理工作。赵昌平先生曾说："文献、文化、文学是古典文学研究的三维。……就古典文学学科而言，说'文学'是本位，'文献'是基础，'文化'则为必须的视野，应当没有异议。"[1] 赵先生指出文献是文学研究的基础，这个观点可谓学界的共识。

2021年的湖南诗赋研究，在文献考证方面取得了较好的成绩。首先，有学者对个别湘籍诗人的别集版本流变进行了梳理。杨晓斌的《〈阴铿集〉的结集与流传——著录、题跋、版本相结合的考察》与曹丽芳的《李群玉诗集版本源流及补遗考辨》分别就南朝梁、陈时期诗人阴铿的《阴铿集》和晚唐诗人李群玉诗集的版本源流进行了考辨，为将来阴铿、李群玉的诗歌研究打下坚实的文献基础。[2] 其次，有学者对长沙窑瓷器的题诗进行了考辨。张新朋的《〈全唐诗补——长沙窑唐诗遗存〉所收长沙窑瓷器题诗考辨九则》以《全唐诗补——长沙窑唐诗遗存》一书为基础，就其中7件瓷器上的文字加以辨析，认为"飞"当录作"分"，"顾"当读作"颙"，"眾"当录作"罷"，"醉"当录作"歸"，"沧"当录作"偏"，并对这些文字进行了释读。[3]相关文字的校订，为原诗中字形不清或文意不明的文字找到了正确的形体，相应的释读则提供了正确的解释，为我们准确理解长沙窑唐诗提供了重要的支持。最后，有学者对湖南古代的单篇诗歌作品的作者归属进行了考辨。谢安松的《宋祁〈渡湘江〉一诗作者归属考辨》对《渡湘江》的作者问题加以详细考证，根据宋祁一生并未到过湘中，以及张栻文集有与《渡湘江》同韵的《和张晋彦游

---

[1] 赵昌平：《文献、文化、文学之契合》，《文学遗产》2013年第6期。

[2] 杨晓斌：《〈阴铿集〉的结集与流传——著录、题跋、版本相结合的考察》，《励耘学刊》2021年第1期；曹丽芳：《李群玉诗集版本源流及补遗考辨》，《东华理工大学学报》（社会科学版）2021年第3期。

[3] 张新朋：《〈全唐诗补——长沙窑唐诗遗存〉所收长沙窑瓷器题诗考辨九则》，《湖南科技学院学报》2021年第4期。

岳麓》，由此推论出此诗作者当为张孝祥之父张祁，创作于乾道四年春与张栻同游岳麓之时，诗题实为《游岳麓》。①

相对于文献考证研究，2021年湖南诗赋的作品研究取得了远为丰硕的成果。根据作品所属的朝代，这些成果可分为五块。

第一，是对战国屈原辞赋的研究。屈原辞赋作为湖南文学的源头，其重要性不言而喻，但由于屈原辞赋在文学史上的经典地位，其研究成果汗牛充栋，要在此基础上向前推进难度很大。吴广平、邓康丽的《自然至美 本真生存——论屈原赋的生态审美意蕴》《"美美与共"的审美理想境界——论屈原赋的生态美》另辟蹊径，以生态美学、生态存在论美学观为视角，重新审视屈原赋作。②邓康丽的《生态美学视野下的屈原赋研究》主要论述了屈原赋生态审美的形成原因、具体呈现、价值意蕴以及现代启示，因为有新的视角，故而给人耳目一新的感觉。事实上，前两篇论文皆为后者的部分章节。③王传飞的《屈原身心历程的现实逻辑与〈离骚〉的文脉结构新论》指出，《离骚》以"骚"字为核心，从"骚"的生成、郁结与折磨，到"离"骚的种种方式与相应结果，总由一脉贯穿的十一个自然段组成，并依文脉逻辑关系合成七大段落，前后两大部分，整体上呈现为三重层级结构形式，是对《离骚》研究的进一步细化。④

第二，是对湖南唐诗的研究。陈尚君的《唐代民间读什么诗歌?》揭示了长沙窑瓷器题诗的价值，并对其中的名家诗做逐一梳理。⑤除此之外，他还按题材把长沙窑瓷器题诗分为饮酒与饮茶、爱情与风情、责任与离别等八个类别，每一个类别结合具体的题诗加以阐发，让我们对长沙窑唐诗有一个整体的认知。雷恩海的《以赋为诗：韩愈〈八月十五夜赠张功曹〉赏析》则是对韩愈寓湘期间创作的《八月十五夜赠张功曹》

---

① 谢安松：《宋祁〈渡湘江〉一诗作者归属考辨》，《中国诗歌研究》2021年第2辑。
② 吴广平、邓康丽：《自然至美 本真生存——论屈原赋的生态审美意蕴》，《湖南科技大学学报》（社会科学版）2021年第5期；吴广平、邓康丽：《"美美与共"的审美理想境界——论屈原赋的生态美》，《湖南工业大学学报》（社会科学版）2021年第5期。
③ 邓康丽：《生态美学视野下的屈原赋研究》，硕士学位论文，湖南科技大学，2021年。
④ 王传飞：《屈原身心历程的现实逻辑与〈离骚〉的文脉结构新论》，《三峡大学学报》（人文社会科学版）2021年第5期。
⑤ 陈尚君：《唐代民间读什么诗歌?》，《古典文学知识》2021年第6期。

的鉴赏，该文交代了韩愈创作此诗的具体背景，指出该诗借用辞赋之主客问答方式，以主客互相吟诵诗句，一唱一和，虚实结合，共诉衷情，洒脱疏放，别具一格。该文虽以赏析为主，但通俗性与学术性兼具，且由于将其置于特定的历史文化语境中，又与韩愈的"穷而后工"的诗歌理论相结合，其文本分析便具有历史的厚重感。①

第三，是对明代湘籍诗人诗作的研究。张煜的《李东阳〈拟古乐府〉新变——兼论对明清咏史乐府的开启》指出，李东阳《拟古乐府》的新变表现为因人命名的新题、取材历史的题材、音韵和谐的声律、备受推崇的新体、承前启后的地位等五个方面，认为其较唐代元白以诗讽谏天子、写当下史有进一步开拓，而且真正开启了明清乐府咏史创作的先河，乐府诗从汉到清这一发展脉络因之清晰而完整。②陈继煦的《龙膺诗歌研究》主要论述明末龙膺的儒释道思想与诗歌创作的关系、贬谪经历与诗歌创作的关系，以及龙膺诗歌的地域特征。③此文对于龙膺诗歌研究有一定的价值，但章节之间缺乏内在的逻辑，深度也略有不及。

第四，是对晚清湘籍诗人诗作的研究。这方面的研究既有对单个作家诗歌的研究，也有对某一诗人群体诗作的研究。前者如朱洪举的《论王闿运对魏晋诗歌的模仿及其模仿观》指出，王闿运的五言诗创作重视对魏晋诗歌（尤其是谢灵运诗歌）词句及写作技法的模仿，而其模仿观是建立在对诗有"家数""格调"的认识基础上；④邓江祁的《论宁调元的情诗》对宁调元的情诗进行分类，并归纳其艺术特色，有一定的学术价值，但未将宁调元情诗置于当时的历史文化语境中，缺乏一种文学史的整体观，未能揭示其在文学史上的独特意义；⑤张玉亮的《谭嗣同诗中的"粗"》结合谭嗣同的两首题画诗等作品，阐发谭嗣同诗作之"粗"是视野的宽广和风格的豪迈，是为了理想而忽视其他小节上的计算，该

---

① 雷恩海：《以赋为诗：韩愈〈八月十五夜赠张功曹〉赏析》，《名作欣赏》2021年第4期。

② 张煜：《李东阳〈拟古乐府〉新变——兼论对明清咏史乐府的开启》，《北京化工大学学报》（社会科学版）2021年第3期。

③ 陈继煦：《龙膺诗歌研究》，硕士学位论文，湖南科技大学，2021年。

④ 朱洪举：《论王闿运对魏晋诗歌的模仿及其模仿观》，《云南大学学报》（社会科学版）2021年第5期。

⑤ 邓江祁：《论宁调元的情诗》，《湖南工业大学学报》（社会科学版）2021年第3期。

文切入口虽小，却能较深入地揭橥谭嗣同诗歌的特色；① 段灵利的《李星沅及其诗歌研究》对李星沅的生平、交游及其诗歌的题材内容、风格特点进行了论述，并揭示其诗歌在不同时期呈现的不同风格；② 高德华的《吴敏树纪行诗研究》揭示了吴敏树纪行诗徜徉山水之趣、蒿目时艰之感、俯仰节序之怀的思想感情，以及记事功能、宗宋学黄、湖湘特色的艺术特色。③ 后者如陈松青、黄丽俐的《略论晚清湘军幕府文士对屈原与楚辞的接受》指出，晚清湘军幕府文士自觉接受屈原忠君爱国思想的影响，却鲜有优游不迫、较有规模的骚体文学创作，表现出有异于传统的"效《骚》命篇者，必归艳逸之华"的创作风貌，但他们承袭了楚辞"士不遇"主题，又热衷于运用楚辞意象、骚体句式，从而使湘军幕府文学具有浓郁的楚骚风韵，这篇论文可视为屈原辞赋的传播与接受研究，颇有创见；④ 王靖颖的《明清湘潭籍诗人用韵研究》以明清时期湘潭籍诗人的诗歌为研究对象，搜集了 190 位诗人的 10321 首诗歌，在与《广韵》韵部对比的基础上，使用系联法对韵脚字进行统计分类，归纳出明清湘潭籍诗人近体诗韵部和古体诗韵部，并发现有韵部混押的情况，即古体诗中出现各种韵部合韵现象，该文的结论建立在大量的诗歌统计分析的基础上，有充分的说服力。⑤

第五，是对现代湘籍诗人诗作的研究，主要是围绕田汉诗歌的论述。田汉虽以剧作家为世人所知，但其同时也是一位优秀的诗人。宋夜雨的《早期新诗与现代中国的"抒情"起源——以田汉、周作人的抒情实践为中心》论述了田汉的抒情诗，指出田汉在凸显诗歌抒情本质的同时，也把抒情从抽象的文类秩序中抽离出来，与内在的自我关联起来，为新诗设定了清晰明确的主体机制；并揭示了田汉从苦闷中整合出一种新的抒情可能性，催生出一种新的抒情风格。该文将田汉的抒情实践置于现代中国"抒情"起源的核心位置，极大地提高了田汉诗歌在现代诗歌史上

---

① 张玉亮：《谭嗣同诗中的"粗"》，《古典文学知识》2021 年第 5 期。
② 段灵利：《李星沅及其诗歌研究》，硕士学位论文，湖南理工学院，2021 年。
③ 高德华：《吴敏树纪行诗研究》，硕士学位论文，湖南理工学院，2021 年。
④ 陈松青、黄丽俐：《略论晚清湘军幕府文士对屈原与楚辞的接受》，《湖南大学学报》（社会科学版）2021 年第 3 期。
⑤ 王靖颖：《明清湘潭籍诗人用韵研究》，硕士学位论文，湖南师范大学，2021 年。

的地位。① 王潇的《田汉现代歌诗与"传统文学的创造性转化"论》指出,以20世纪30年代初田汉宣布向无产阶级"转向"为界,其诗歌呈现出明确的美学演进,即诗人不同阶段的歌诗语言表现出在自由与韵律、雅与俗以及言志与载道等层面驳杂的"传统文学的创造性转化"的美学特质,揭示了田汉对传统诗歌的继承与创新。②

综上所述,2021年湖南诗赋研究主要以对湘籍或寓湘作家的诗赋作品研究为主,其中又以晚清湘籍诗人作品的研究为中心。

二 视野开阔的散文(含骈文)研究

2021年的湖南散文研究大体可分为四部分:文献研究、作品研究、传播与接受研究、比较研究。

文献研究主要分为对湘籍作家散文作品的辑佚、别集的版本研究、文章总集的编纂研究以及同一篇作品不同版本的对比研究。李香月的《新见王闿运序跋八篇考述》主要对作者发现的《环天室诗集序》《杨喆甫(觐圭)环中庐诗集跋》《古砚香斋诗叙》等八篇散文一一加以考述,不仅交代每篇序跋的出处、创作背景、意旨,还对这些序跋所涉诗集的作者及与王闿运的交情加以揭示,对于我们认识王闿运思想、诗学、交游、文章艺术及其性格特征都有非常珍贵的文献价值和文学价值。③ 曾祥金的《〈大国民报〉上的沈从文佚文及其他》主要辑出沈从文的《杜甫成仙》《迎接五四》《废邮存底(三九八)》三篇佚文,并对这三篇佚文的背景、出处及内涵加以梳理,这是对沈从文研究的有力推进。④ 不过,作者辑出的前两篇佚文,在此之前已有学者指出⑤,而作者并未提及,似有掠美之嫌。田丰的《新发现田汉六则佚文佚简考释》主要对作者发现的《致王平陵函》《致杨枫函》《新的形式与新的艺术》等六篇佚文逐一

---

① 宋夜雨:《早期新诗与现代中国的"抒情"起源——以田汉、周作人的抒情实践为中心》,《文学评论》2021年第3期。
② 王潇:《田汉现代歌诗与"传统文学的创造性转化"论》,《荆楚学刊》2021年第2期。
③ 李香月:《新见王闿运序跋八篇考述》,《宁夏大学学报》(人文社会科学版)2021年第1期。
④ 曾祥金:《〈大国民报〉上的沈从文佚文及其他》,《中国现代文学研究丛刊》2021年第2期。
⑤ 陈建军:《〈大国民报〉刊沈从文佚文及其他》,《新文学评论》2020年第3期。

释读,对于我们了解戏剧家田汉某一阶段的戏剧活动状况及其戏剧观念有所裨益。① 李世佳的《刘友光〈香山草堂集〉考论》则对活跃于明末清初的刘友光的《香山草堂集》的流传、版本及文史价值进行了论述。该文是第一篇论述刘友光及其《香山草堂集》的论文,对于这位被学界所忽视的湘籍作家无疑具有填补空白的意义。② 黄丽俐的《论清代湖南宗族文章总集编纂与文学世家建构》从编刊缘起与命名方式、家学继承与家风秉承、家集刊刻与家声昭扬三个方面论述了清代湖南宗族文章总集的编纂与文学世家建构的关系,是近年来研究湖南宗族文学的不可多得的成果。③ 翟墨的《李东阳:一代文宗的自我修养》通过对比李东阳在前后四十年的时间里对自己笔下一段家族记忆——李东阳为其先祖李祁撰写的《墓表》,以及李东阳为李祁编的《云阳李先生文集》附录里收入刘楚哀悼李祁的哀辞的修改,体现李东阳前后曲折的心路历程。这为研究作家的思想变化提供了一个很好的示范。④

作品研究的成果最多,根据对象的不同,大体可以分为两类:一是对某一作家的个别作品或某种文体的研究;二是对某一作家群体或总集的研究。前者如龙珍华的《"孤臣"与"黄神"——柳宗元〈游黄溪记〉考论》指出,柳宗元贬谪永州时所作的《游黄溪记》虽然写出了黄溪之美,但文章点睛之笔却落在"黄神"之"传"上,文眼在于"黄神""有道",体现出柳文"以史记游"的史笔特色,其精神隐喻不仅有黄溪之山水,还有黄溪之神祇,而这正是《游黄溪记》与《永州八记》的不同之处。⑤ 张学松的《身份认同与精神超越——以柳宗元流寓书写为中心》主要以柳宗元流寓永州所作的《始得西山宴游记》为对象,揭示柳宗元在精神上由最初到永州的"恒惴栗"到"以为凡是州之山水有异态者皆我有"再到"心凝形释与万化冥合"的变化过程,并分析柳宗元精

---

① 田丰:《新发现田汉六则佚文佚简考释》,《中国现代文学研究丛刊》2021年第2期。
② 李世佳:《刘友光〈香山草堂集〉考论》,《西安文理学院学报》(社会科学版)2021年第1期。
③ 黄丽俐:《论清代湖南宗族文章总集编纂与文学世家建构》,《中国文学研究》2021年第2期。
④ 翟墨:《李东阳:一代文宗的自我修养》,《读书》2021年第11期。
⑤ 龙珍华:《"孤臣"与"黄神"——柳宗元〈游黄溪记〉考论》,《中南民族大学学报》(人文社会科学版)2021年第12期。

神超越的主客观原因及其精神超越的阶段性与得失。① 这两篇论文是近 20 年来柳宗元山水游记研究不可多得的硕果,对柳宗元的山水游记研究有较大的推进。李会丽的《介入历史的方式与可能性——论沈从文〈市集〉兼及农村题材小说中的集市叙述》论述了沈从文的散文作品《市集》的文学性生成,认为它是对湘西个体生命形态的诗性表达;并历时性地将《市集》与农村题材小说中的"集市"叙述的流变贯穿起来,指出其为弥补当下乡土叙事书写中虚构、想象的缺失提供了重要的资源借鉴,凸显了《市集》的文学史意义。② 唐小祥的《从〈湘行散记〉〈湘西〉看沈从文的多重面相》透过沈从文的《湘行散记》《湘西》这两部返乡散文集,揭示沈从文观察和书写湘西时现代文明与乡土文明兼而有之的双重视角、深切的地方性,以及"照我思索"的方法论,可以感受到他对文学重造社会、国家、民族和新人的顽强信念,对传统乡土文明与现代都市文明碰撞的思考,以及对启蒙之困境和人类知识、理性之有限性的清醒洞察。③ 张瑷的《丁玲延安时期报告文学的叙事范式及价值重估》论述的是丁玲延安时期的报告文学作品,指出丁玲从"写什么"的发现视角、思情立场到"怎么写"的叙事选择与寓意传达,始终与革命意识形态和延安"文学共同体"形成同构同质的关系,但她也在陕北特定地缘的空间、时间叙事中建构了主体介入的情境,形成内在的精神张力。④ 学界对湖南报告文学向来比较忽视,这篇论文是一个很好的补充。陆胤的《从"自讼"到"自适"——曾国藩的读书功程与诗文声调之学的内化》借鉴晚近日常生活史和阅读史眼光审视曾国藩的日记,揭示其作为一种"读书功程"的特殊属性。该文在分类归纳曾氏读书行为的基础上,将诗文声调之学还原到日记所描写的阅读场景和读书动机之中。此文对曾国藩日记所载读书活动进行量化统计,并在此基础上对多层次的读法加以阐释,

---

① 张学松:《身份认同与精神超越——以柳宗元流寓书写为中心》,《江汉论坛》2021 年第 10 期。

② 李会丽:《介入历史的方式与可能性——论沈从文〈市集〉兼及农村题材小说中的集市叙述》,《现代中文学刊》2021 年第 5 期。

③ 唐小祥:《从〈湘行散记〉〈湘西〉看沈从文的多重面相》,《中南大学学报》(社会科学版)2021 年第 3 期。

④ 张瑷:《丁玲延安时期报告文学的叙事范式及价值重估》,《东吴学术》2021 年第 6 期。

新见迭出，深化了曾国藩的日记研究。①

后者如黄丽俐的《清代湖南文章总集研究》打破之前以个案分析为主的局面，对清代湖南文章总集进行整体研究，将其分为省域、郡邑、宗族、课艺四类，既探讨各类总集在时代背景之下的形成、发展与变革，又以具体的总集文本为参照，探究其中蕴藏的文学文化内涵。② 而刘振乾的《晚清湖湘骈文作家群体研究》将目光投注到学界较少关注的晚清湖湘骈文作家群，主要论述晚清湖湘骈文的发展背景、晚清湖湘骈文作家群体的特征、以曾国藩为代表的前期骈文作家群体、以王先谦为代表的后期骈文作家群体，并论及其骈文理论成就与历史地位，既有对李星沅、曾国藩、周寿昌、郭嵩焘、王闿运、王先谦、阎镇珩、皮锡瑞、叶德辉、易顺鼎等骈文作家的个案分析，又有对他们作为群体共同特征的整体归纳；既有对他们各自骈文作品的文体研究，又对每个作家的骈文理论加以总结，既是对湖湘骈文研究的拓展与深化，也是对湖湘骈文理论研究的进一步推进。③

传播与接受研究主要以周敦颐的《爱莲说》为中心。首先，有学者探究《爱莲说》的域外传播与接受。王晚霞、陆露的《〈爱莲说〉在东亚：同源异境与文化环流中的文学镜像》主要考察《爱莲说》在东亚的传播，指出由《爱莲说》产生的文学镜像，主要表现在歌咏莲植物之美、阐发莲品质之美及君子人格之道德趋归三个方面，并指出文学镜像在揭示学术方向、整理域外文献、拓展研究视野等方面的价值。④ 王晚霞、池陈琦的《周敦颐〈爱莲说〉在韩国的受容与发展》指出，《爱莲说》在高丽末期传入朝鲜半岛后，古代韩国文人创作了大量有关的短诗和长篇的注、解、批、赋等，分别从歌咏莲的植物特性之美、发掘莲品质之美、善解莲之君子花语方面表达了对《爱莲说》的受容和更加深刻的理解和

---

① 陆胤：《从"自讼"到"自适"——曾国藩的读书功程与诗文声调之学的内化》，《北京大学学报》（哲学社会科学版）2021 年第 6 期。
② 黄丽俐：《清代湖南文章总集研究》，博士学位论文，湖南师范大学，2021 年。
③ 刘振乾：《晚清湖湘骈文作家群体研究》，博士学位论文，广西师范大学，2021 年。
④ 王晚霞、陆露：《〈爱莲说〉在东亚：同源异境与文化环流中的文学镜像》，《湖南第一师范学院学报》2021 年第 5 期。

诠释，体现出与中国、日本不同的咏莲特点。①其次，有学者关注《爱莲说》在民国的传播与接受。陈汝双、彭敏的《周敦颐〈爱莲说〉在民国的传播与接受》搜寻到民国时期 28 篇与《爱莲说》相关的文献，并按照它们的性质将它们分为教本、书跋与书后、艺文创作、仿作、游戏之作、注释与翻译等六种类型，还归纳出《爱莲说》在民国传播的方式多样、内容丰富、形式多样等特点。② 这三篇论文虽在深度上略有不及，但跳出以往局限于作品赏析的层面，关注《爱莲说》在民国与东亚的传播与接受，角度比较新颖，对于《爱莲说》的经典化研究有一定意义。

比较研究方面只有一篇论文，即李慧的《沈从文与威廉斯历史书写中的人类意识》。该文基于沈从文的散文集《湘行散记》（1936）和威廉斯历史散文集《美国性情》（*In the American Grain*，1925）的分析，指出两位乡土作家的思想大致都经历了从"个体性"延伸到"群体性"进而提升到"类性"的过程，他们的文化视野也从本土拓展到整个人类、从过去延伸向未来。③

与诗赋研究相比，散文研究多出两个维度：比较研究、传播与接受研究，可见当代学者对湖南散文的视野更加开阔，除了关注文献材料与作品的艺术特色，还把目光投向海外，关注湖南散文的域外传播与接受及其与海外同类作家作品进行比较，这体现出一种新的气象。

三 以沈从文为中心的小说研究

如前所述，湖南文学在现代以前，基本上是诗文的天下，罕有小说作品。如在陈书良主编的《湖南文学史》中，仅论及陈天华的小说《狮子吼》。④ 而进入现代以后，小说却取代了诗文的地位，成为湖湘文学的主流。

---

① 王晚霞、池陈琦：《周敦颐〈爱莲说〉在韩国的受容与发展》，《南华大学学报》（社会科学版）2021 年第 1 期。

② 陈汝双、彭敏：《周敦颐〈爱莲说〉在民国的传播与接受》，《湖南科技学院学报》2021 年第 6 期。

③ 李慧：《沈从文与威廉斯历史书写中的人类意识》，《吉首大学学报》（社会科学版）2021 年第 5 期。

④ 陈书良主编：《湖南文学史》，湖南教育出版社 2008 年版，第 530 页。

2021 年的湖南小说研究大致可分为三类：沈从文小说研究、乡土小说研究、丁玲小说研究。就成果的数量与分量而言，沈从文小说研究占据绝对主导地位。

现代时期的湖南作家中，在小说方面成就最卓著者是沈从文。在中国知网按主题搜索"沈从文"，除去 2 篇重复的论文，2021 年度有 367 篇论文，其中有 170 篇是关于沈从文小说研究的，含 12 篇南大核心期刊论文，而其余湖南小说作品的研究论文不足 10 篇，发表于南大核心期刊的论文寥寥无几。

本年度的沈从文小说研究，根据研究内容的不同，大致可以分为五类：单部作品的版本对比研究、单部作品的艺术研究、某一阶段或全部作品的专题研究、比较研究、译介与接受研究。

单部作品的版本对比研究，主要是向吉发的《从"人性"的描绘到"哀歌"的鸣奏——沈从文小说〈萧萧〉1930 年初刊本与 1936 年再刊本对读》。该文将《萧萧》在 20 世纪 30 年代的两个版本对读，发现二者在文辞句式、人物身份、形象、人物关系、故事结构、文体特征、叙事重心、主题思想等方面均存在不同程度的差异，具有不同的文本本性，其中关乎着不同时期的沈从文在语言艺术、写作姿态、价值立场、认知观念、文体特征等方面的变化。[①] 鉴于学界对沈从文作品的版本研究比较忽视，该文对沈从文小说观念的变化、艺术的发展、思想的演进等方面的研究具有方法论的意义。

单部作品的艺术研究成果最多，主要集中于《边城》《三三》《七色魇》等名篇上，如文贵良的《"文字德性"与"人性谐调"——论〈边城〉的汉语诗学》指出，尽"文字德性"以显"人性谐调"是《边城》的诗学肌理。该文聚焦于《边城》的语言，对文本的分析十分细致与精彩，是沈从文小说语言研究的一枚硕果。[②] 段从学的《〈边城〉：古代性的"人生形式"与现代性的错位阐释》指出，按照"现代文学"理想的

[①] 向吉发：《从"人性"的描绘到"哀歌"的鸣奏——沈从文小说〈萧萧〉1930 年初刊本与 1936 年再刊本对读》，《中国文学研究》2021 年第 2 期。

[②] 文贵良：《"文字德性"与"人性谐调"——论〈边城〉的汉语诗学》，《中国现代文学研究丛刊》2021 年第 11 期。

"文学形式"塑造的翠翠,遮蔽了老祖父的存在,导致我们忽略了后者才是理想的湘西世界及其"人生形式"的化身。在作者看来,把小说的主角还原为老祖父,不仅可以澄清沈从文理想的"人生形式"的古代性内涵,也可以从中观察"现代文学"的现代性是如何扭曲了我们的阅读和理解的自我反思。该文对《边城》的阐释迥异于以往的解读,颇有新意。[1] 刘安全的《文学意象、景观叙事与文化重塑——沈从文〈边城〉与湘西边城互构的考察》立足于人类学、景观设计学关于景观和景观叙事视野,解读湘西边城景观及其叙事意义,虽然该文的重心并非对《边城》的阐释,但这种将田野调查与文学作品相结合的做法,对沈从文小说研究与特色小镇的打造具有启发意义。[2] 刘祎家的《"魇"的"错综"——沈从文〈七色魇〉中的形式与政治》从《七色魇》文本内部的形式视野和形式征候出发探讨沈从文20世纪40年代的思想构成和变动,把形式化的"文体综合"试验视为作家的思想在具体的历史和现实情境之间往返摆动的中介性平台和支点,呈现沈从文20世纪40年代遭遇的主体性困境和危机。该文将《七色魇》与20世纪40年代一批避居国统区大后方的学院知识分子的创作勾连起来,并将其置于"40年代文学"的总体时代感觉和文学感性之中,并非就作品而论作品,凸显了《七色魇》的小说史意义,对《七色魇》的研究有所推进。[3] 罗宗宇的《城里人下乡:叙事空间的打开与控制——沈从文小说〈三三〉解读》借鉴西方西摩·查特曼、约瑟夫·弗兰克等人的叙事学理论,对《三三》叙事空间的阐发别有新意,为沈从文小说的叙事分析树立了典范。[4] 李莎的《沈从文〈长河〉的景观书写研究》借鉴文化地理学与绘画理论,对《长河》中的景观进行分类,并论述其景观书写的视觉化艺术特征、动机及意义,

---

[1] 段从学:《〈边城〉:古代性的"人生形式"与现代性的错位阐释》,《福建论坛》(人文社会科学版)2021年第3期。

[2] 刘安全:《文学意象、景观叙事与文化重塑——沈从文〈边城〉与湘西边城互构的考察》,《吉首大学学报》(社会科学版)2021年第5期。

[3] 刘祎家:《"魇"的"错综"——沈从文〈七色魇〉中的形式与政治》,《中国文学研究》2021年第4期。

[4] 罗宗宇:《城里人下乡:叙事空间的打开与控制——沈从文小说〈三三〉解读》,《首都师范大学学报》(社会科学版)2021年第6期。

也较有新意。①

某一阶段或全部作品的专题研究,以袁先欣的《沈从文三十年代中后期湘西叙述中的民族与区域》为代表。该文聚焦于沈从文20世纪30年代中后期湘西叙述中的民族问题,并将其与当时的湘西苗族调查及苗民的革屯运动联系起来,视野更为开阔,具有方法论的启示意义。② 尹凤丽的《论沈从文的青岛时期书写》、刘方的《顺心而为——论抗战时期沈从文的小说创作》、魏佳滢的《沈从文小说的语言艺术追求》分别论述沈从文不同时期小说创作的特点,以及沈从文小说的语言在庄严、合度、适体三个方面的具体表现;③ 吴倩的《论沈从文小说"轻逸性"》主要阐发沈从文小说"轻逸性"在内容与形式两方面的表现及其形成原因;④ 张艺斐的《沈从文小说中的色彩叙事研究》主要揭示沈从文小说中色彩叙事在人物塑造、背景象征、结构设置、主题蕴涵等方面的意义。⑤ 这五篇论文皆为硕士论文,虽不乏新见,但大多流于现象层面的描述,有待深入。

比较研究主要是将沈从文小说与国内同类的乡土小说进行比较。魏家文的《莫言与沈从文的死亡书写比较论》将两位杰出小说家的乡土小说中的死亡书写进行对比,揭示沈从文死亡书写的独特个性,为中国作家如何践行文化自信、讲好中国故事提供了宝贵的经验。⑥ 马率帅的《沈从文与现代中国乡土作家比较研究》将沈从文的乡土文学作品与鲁迅、汪曾祺、韩少功、贾平凹等中国乡土作家的文学书写进行比较,不仅使我们更清楚地理解和把握沈从文的乡土性、民族性和现代性,拓展了沈

---

① 李莎:《沈从文〈长河〉的景观书写研究》,硕士学位论文,吉首大学,2021年。
② 袁先欣:《沈从文三十年代中后期湘西叙述中的民族与区域》,《文学评论》2021年第2期。
③ 尹凤丽:《论沈从文的青岛时期书写》,硕士学位论文,上海师范大学,2021年;刘方:《顺心而为——论抗战时期沈从文的小说创作》,硕士学位论文,湖南师范大学,2021年;魏佳滢:《沈从文小说的语言艺术追求》,硕士学位论文,浙江师范大学,2021年。
④ 吴倩:《论沈从文小说"轻逸性"》,硕士学位论文,安庆师范大学,2021年。
⑤ 张艺斐:《沈从文小说中的色彩叙事研究》,硕士学位论文,山东师范大学,2021年。
⑥ 魏家文:《莫言与沈从文的死亡书写比较论》,《中国政法大学学报》2021年第5期。

从文研究的广度和深度。① 刘涵之的《小说新质与现代文艺高峰——以鲁迅、沈从文为中心》则对鲁迅与沈从文在小说形式、小说与时代精神、艺术个性与经典创造等方面进行了比较，既揭示了鲁迅小说的艺术个性，也揭示了沈从文小说的独特创造。② 苏晗的《〈虹桥〉内外：1940年代的边地旅行与观景》则对沈从文的小说《虹桥》与李霖灿的雪山书写进行跨文体的比较，指出对李霖灿来说，风景的审美性逐渐转化为投入社会的激情，而沈从文将"风景"作为永恒历史价值的象征，说明两代作者虽都探讨了"如何表现风景"的问题，但因战时经历不同，主体结构其实有着较大差异。该文为思考个体与社会历史的关系提供了有益的启示。③

译介与接受研究，主要是关于沈从文小说的德译与英译及其接受研究。孙国亮、高鸽的《沈从文在德国的译介史述与接受研究》梳理了沈从文25篇（部）作品（主要是小说）在德国自1980年（翻译《我的教育》）以来40余年的译介历程，以及德国译者、学者对沈从文作品的评价；且论述德国学界对沈从文作品的民族志书写、现代性内涵、情欲叙事、自杀主题的解读与研究。④ 该文大大推进了沈从文小说在德国的传播与接受研究，打破了学界对沈从文的译介研究长期囿于英语世界的局面。刘月悦的《〈天下月刊〉与邵洵美、项美丽译本〈边城〉》主要论述英文期刊《天下月刊》的办刊理念与《边城》的刊发、译者邵洵美与《天下月刊》及与沈从文的关系、邵译本《边城》的翻译策略和特点，为今天我们重新思考在世界文学交往中重塑中国文化自信提供了有益的启示。⑤

---

① 马率帅：《沈从文与现代中国乡土作家比较研究》，博士学位论文，陕西师范大学，2021年。

② 刘涵之：《小说新质与现代文艺高峰——以鲁迅、沈从文为中心》，《文艺争鸣》2021年第7期。

③ 苏晗：《〈虹桥〉内外：1940年代的边地旅行与观景》，《中国现代文学研究丛刊》2021年第1期。

④ 孙国亮、高鸽：《沈从文在德国的译介史述与接受研究》，《中国比较文学》2021年第3期。

⑤ 刘月悦：《〈天下月刊〉与邵洵美、项美丽译本〈边城〉》，《兰州大学学报》（社会科学版）2021年第6期。

第五章　湘中无限景,文艺继三都

2021年湖南小说研究,除了沈从文之外,还有关于周立波、黎锦明、彭家煌的乡土小说研究。这一类研究中,以对周立波《暴风骤雨》的研究为主。李博权的《"工作队下乡"与"东北"叙事——重读周立波〈暴风骤雨〉》以"工作队下乡"的叙事结构重读《暴风骤雨》,指出"改造—动员"结构作为一种"普遍性"的阐释方法对独特文本分析的"剩余"。正是通过这些可能无法被框定在"动员结构"中的"文本",我们看到了"工作队下乡"模式与解放战争下的"东北叙事"的"同构"关系。因此,"工作队下乡"不只是"政治元命题"的自我演绎,还具有"历史的整体形式",是带有深刻实践性的小说叙事结构。[①] 何浩的《"搅动"—"调治":〈暴风骤雨〉的观念前提和展开路径》从"社会史视野"出发,指出《暴风骤雨》的生成基于周立波20世纪30年代对左翼现实主义文艺思想的特定理解角度,基于他20世纪30年代文学创作的特定方式,也基于他在这些思想观念和创作形态上对《讲话》的接受角度。[②] 梁帆的《重审"红色经典"的生成过程——解读〈暴风骤雨〉的一种路径》将《暴风骤雨》放回至作品生成的历史实践条件与社会土壤中考察,指出《暴风骤雨》的创作是与东北土改运动同步展开的,这种"在运动中写运动"的写作路径对作家感知、结构现实的能力都形成了特定要求,而《暴风骤雨》对现实的简化处理,尤其体现在它对典型经验的筛选、重构上。[③] 这三篇论文,皆是运用社会学批评方法来研究《暴风骤雨》的成功范例,为我们从"社会史视野"出发理解中国现当代文学提供了路径。

对于彭家煌、黎锦明等其他乡土作家学界也有所关注。杨厚均、方韬慧的《〈奔丧〉:家庭视角下的瘟疫叙事文本》指出,彭家煌的小说《奔丧》再现了瘟疫下现代家庭精神上的撕裂、传统家庭的颓败以及家庭伦理的崩溃。该文对《奔丧》的瘟疫叙事十分细致,但只是就《奔丧》

[①] 李博权:《"工作队下乡"与"东北"叙事——重读周立波〈暴风骤雨〉》,《中国现代文学研究丛刊》2021年第4期。
[②] 何浩:《"搅动"—"调治":〈暴风骤雨〉的观念前提和展开路径》,《中国现代文学研究丛刊》2021年第7期。
[③] 梁帆:《重审"红色经典"的生成过程——解读〈暴风骤雨〉的一种路径》,《文艺理论与批评》2021年第4期。

而论《奔丧》，缺乏灾害文学史的视野，在深度上有所不及。① 陈以敏的《黎锦明：一位中国新文学的助推者》通过考察《烈火》《破垒集》等小说集，以历史视野解读黎锦明新文学文艺观的现代性特质，追踪黎锦明如何随新文学的前驱者呐喊助威，成为一位中国新文学的助推者。② 该文偏于史料的铺叙，对黎锦明小说的艺术性较少揭示。

  对丁玲的小说研究大致可分为经典作品研究、人物形象研究、小说对人与体制关系的探索研究。对丁玲的经典作品研究主要聚焦于《莎菲女士的日记》《新的信念》上。王宜君、张冀的《迷失的自我与自我的疗伤——〈莎菲女士的日记〉再解读兼论新文学作家的身份转变》对丁玲早期的代表作《莎菲女士的日记》进行了重新的解读，指出"漂泊者"莎菲在自我幻想中自由，却又在现实生活中受挫，暗含着作家本人对于个性解放的全然绝望、对于思想启蒙的潜在否定。③ 张欢的《主角与主体的交互及其政治赋权——以丁玲〈新的信念〉为问题线索》指出，《新的信念》在文本叙事和问题意识上，既显现出某种线性的峻急和简单，同时也映照了根据地政权、知识分子、群众动员在最初缔结时的结构与方式。④ 丁玲的《"说话"要"到底"——〈新的信念〉中的女性觉醒及其历史语境》抓住文本中反复出现的"说话"与在结尾处出现的"到底"两个关键词进一步理解《新的信念》中人物的塑造，指出小说中老太婆政治性觉醒这一核心情节其实有内在发展逻辑和现实对应性。⑤ 这三篇论文或联系丁玲的人生经历，或将其置于当时的历史文化语境中，或对小说的细节进行深入阐发，皆有一定的新意，对文本的分析也比较精彩。

---

① 杨厚均、方韬慧：《〈奔丧〉：家庭视角下的瘟疫叙事文本》，《华夏文化论坛》2021年第1期。

② 陈以敏：《黎锦明：一位中国新文学的助推者》，《湘潭大学学报》（哲学社会科学版）2021年第1期。

③ 王宜君、张冀：《迷失的自我与自我的疗伤——〈莎菲女士的日记〉再解读兼论新文学作家的身份转变》，《江汉论坛》2021年第12期。

④ 张欢：《主角与主体的交互及其政治赋权——以丁玲〈新的信念〉为问题线索》，《现代中文学刊》2021年第5期。

⑤ 丁玲：《"说话"要"到底"——〈新的信念〉中的女性觉醒及其历史语境》，《妇女研究论丛》2021年第5期。

对丁玲小说人物形象的研究主要集中于共产党员与"女超人"这两类人物形象。杜睿的《隐匿的革命主线与脆弱的二元性格——丁玲建国前小说中的共产党员形象释探》指出,丁玲建国前小说中的共产党员形象是其小说纵深化的根源所在,"本我"的女性书写带着青春期的性苦闷,成长为多思的女共产党员,而"他我"的男性革命冲动则幻化为二元性格的"韦护"形象,在革命型知识分子向知识型革命者转换的过程中,始终保持着对党员/革命者的知识分子情怀以及不能两全的个人情感,这两类形象最终在延安后期得以整合,形成了丁玲笔下具有独特气质的共产党员形象。[①] 张敏的《自我辩难:丁玲"女超人"的追寻与失落》[②] 主要论述丁玲延安时期小说对"女超人"的塑造过程,以及遇到的问题,并指出丁玲在这个过程中所展现出来的女性人物的塑造方式和对女主人公有意识的精神锻造是理解丁玲延安时期写作和精神动态的重要依据。这两篇论文对丁玲小说的某类人物形象进行系统地阐发,视野比较开阔,论述比较深入,是对丁玲小说人物研究的进一步深化。

丁玲通过小说对人与体制的关系进行了探索,范雪的《谁能照顾人——丁玲延安时期(1936—1941)对人与制度关系的探索》对这一问题展开了论述。该文指出,丁玲在延安的小说创作有一条贯穿性的问题线索,即社会制度与个人幸福的关系。丁玲最初把这个问题放在家庭里讨论,但家庭本身是问题重重的,家庭和家中人的双重改造是他们获得新生的前提;随后,在《我在霞村的时候》这篇小说里,丁玲首次在家庭、农村和延安式社会的对比中讨论了现代个人与体制的关系;《在医院中》和《三八节有感》则是丁玲进一步对体制中人如何安身立命的探索。这就勾勒了丁玲小说对人和体制关系探索的历时性变化,有助于我们把握丁玲小说创作及思想的演变。[③]

[①] 杜睿:《隐匿的革命主线与脆弱的二元性格——丁玲建国前小说中的共产党员形象释探》,《文艺论坛》2021年第4期。

[②] 张敏:《自我辩难:丁玲"女超人"的追寻与失落》,《现代中国文化与文学》2021年第4期。

[③] 范雪:《谁能照顾人——丁玲延安时期(1936—1941)对人与制度关系的探索》,《中国现代文学研究丛刊》2021年第1期。

四 以田汉为中心的戏剧研究

湖南的戏剧起步较晚,据陈书良的《湖南文学史》,到嘉靖以后,才出现许潮、龙膺、李九标三位戏曲作家。许潮有杂剧集《泰和记》,存有13种杂剧;龙膺的传奇有《蓝桥记》《金门记》2种,惜已失传;李九标有《四大痴》传奇1种。清代湖南有杂剧家张声玠,著有《琴别》《讯盼》《题肆》等9种杂剧。大概由于这些戏剧家不够经典,学界对他们论述甚少,本年度亦无相关成果。

湖南现代戏剧史上诞生了田汉、欧阳予倩、白薇等剧作家,他们的作品学界多有关注。就本年度而言,相关的成果可分为四类:田汉话剧研究、欧阳予倩话剧研究、白薇话剧研究,以及湖南现代话剧研究,其中以田汉话剧研究为主。

作为"中国革命戏剧的奠基人和戏曲改革的先驱者"的田汉,相关的学术成果可分为版本研究、作品研究两类。[1] 版本研究主要是徐鹏飞、张武军的《政治与艺术的往复:田汉〈黄花岗〉版本流变考》,该文对比《黄花岗》的四个不同版本,揭示了田汉由歌咏"蔷薇"到走向"荆棘"的文艺观念转变,同时也反映出田汉在政治和艺术之间纠缠往复的态度。[2]

相比版本研究,学界对田汉的作品研究成果颇为丰硕。相宜的《胡为乎来哉——论田汉话剧〈秋声赋〉之"秋声"》指出,田汉从自然风景、情感生活、抗战革命三个层次赋予"秋声"新的意义,不仅有代表性地还原了因战争人口流动而形成的抗战桂林文化城,还真诚地书写了一批定居桂林流寓之士的生活状态。[3] 杨书睿的《以现实话语重释传统——论田汉〈秋声赋〉中的叙事方法》主要论述田汉的《秋声赋》将欧阳修《秋声赋》中"秋声"置于革命时代的现实背景下,将这一意象

---

[1] 徐晓钟:《深入学习田汉同志的文学和精神财富 弘扬我国戏剧艺术的民族灵魂》,《戏剧》2018年第6期。

[2] 徐鹏飞、张武军:《政治与艺术的往复:田汉〈黄花岗〉版本流变考》,《现代中文学刊》2021年第3期。

[3] 相宜:《胡为乎来哉——论田汉话剧〈秋声赋〉之"秋声"》,《当代文坛》2021年第6期。

所蕴含的个人感叹与无奈转化为集体的革命热情与政治信念,并将传统文学中"二个女人(或者更多)加一个男人便和谐"的传统精神进行反拨,使其脱离以往痴男怨女式的叙事窠臼。① 杨一丹的《国际先锋主义视野下的田汉研究》、美国学者罗靓的《抗战大后方的儿女英雄——国际先锋主义视野下的田汉研究》皆从国际先锋主义的视野来研究田汉话剧的先锋性,前者从先锋表演、国家政治和流行文化的多重互动关系角度来关照田汉及其时代,讨论20世纪初中国先锋主义实践和国际先锋主义思潮的共性;后者聚焦田汉戏剧中"儿女"与"英雄"两种艺术政治倾向的绵密交织。② 这两篇由于将田汉话剧与当时国际、国内的社会、政治勾连起来,融合了比较方法、社会批评方法,不仅拓展了田汉话剧研究,而且具有方法论的意义。

关于欧阳予倩戏剧的研究可分为三类:史料研究、创作研究与"红楼戏"研究。史料研究如谢敏的《欧阳予倩与南通"更俗"》通过对《公园日报》这一史料的深度挖掘,爬梳欧阳予倩1919—1922年这三年管理运营南通"更俗"剧场所开展的戏曲改革实践,并从欧阳予倩的"更俗"剧目,探究欧阳予倩所进行的剧目和舞台艺术的整旧创新,呈现中国戏曲现代化的艰巨性和改革中在古今与中西问题上的复杂性。③ 创作研究如鹿义霞的《时代语境与故事的加减法——欧阳予倩与"木兰"故事的改写及重述》将欧阳予倩的电影版与桂剧版《木兰从军》与"木兰故事"的前文本进行比较,揭示欧阳予倩是如何在新的时代语境下改写包括南北朝《木兰辞》、明代《雌木兰替父从军》、清代《双兔记》等前文本,即突破传统伦理道德层面,特别注重灌注时代精神与民族意识,表达驱除外敌、为国解难分忧的思想情感。④ "红楼戏"研究如周德贺的《欧阳予倩"红楼戏"文化特质与艺术审美》指出,欧阳予倩在民初自编

---

① 杨书睿:《以现实话语重释传统——论田汉〈秋声赋〉中的叙事方法》,《东方艺术》2021年第4期。

② 杨一丹:《国际先锋主义视野下的田汉研究》,《现代中文学刊》2021年第3期;[美]罗靓:《抗战大后方的儿女英雄——国际先锋主义视野下的田汉研究》,金玥译,《济南大学学报》(社会科学版)2021年第4期。

③ 谢敏:《欧阳予倩与南通"更俗"》,《中国戏曲学院学报》2021年第4期。

④ 鹿义霞:《时代语境与故事的加减法——欧阳予倩与"木兰"故事的改写及重述》,《中国戏剧》2021年第7期。

自演的系列"红楼戏"蕴含了晚清民初戏剧界改良中的启蒙革命思想，凸显出女性自我解放、追求平等的觉醒意识。① 与田汉话剧研究相比，本年度学界对欧阳予倩的戏剧作品关注较少，但是对欧阳予倩的戏剧理论关注较多，这一点后面会谈到。

关于白薇话剧研究，主要是两篇硕士论文，即李畔的《时代大主题下的个人化表达：论白薇剧作中的"灵"与"肉"的冲突》与金羽抒的《性别、革命与文学——1926—1949年间白薇的文学创作》。前者主要论述20年代白薇剧作中灵与肉冲突的特点、30年代白薇剧作中灵与肉冲突的延续与变化。② 后者有部分章节涉及白薇的话剧，第一章从父权制代言者象征性叙述和自传性文本书写两方面，论述了白薇早期代表剧作《打出幽灵塔》中女性意识的深刻觉醒；第二章论述了皆以爱为主的《访雯》与《琳丽》两部剧作，揭示白薇对待恋爱模式的态度，以及在这种模式下隐藏着的白薇对情感的独特理解与追求。③ 两篇论文对白薇话剧研究皆有所拓展，但也存在硕士论文通常存在的缺少戏剧史维度的不足。

把湖南现代话剧作家作为一个整体来研究，这主要是曾慧林的两篇论文，即《湖湘文化与湖南现代话剧作家》与《艺术与社会双重价值的调融——试析湖南现代话剧作家的艺术探索之路》。前者论述了湖湘文化的敢为天下先、重践履、讲实效的精神，对湖南现代话剧家既有积极的影响，也有消极的影响，并指出湖南话剧家应辩证地继承这份文化遗产。④ 后者将湖南现代话剧作家对艺术与社会的调融探索分为三个阶段，即"艺术救世"的创作早期、偏倚"现实"的创作中期、艺术性与社会性最佳调和的创作后期，并对这三个阶段的艺术实践分别进行梳理，呈现了湖南现代剧作家追求艺术审美的自觉意识、在时代感召下以文代刀匡时救世的勇气和担当。⑤ 这两篇论文着眼于湖南现代剧作家这一群体，

---

① 周德贺：《欧阳予倩"红楼戏"文化特质与艺术审美》，《戏剧文学》2021年第10期。
② 李畔：《时代大主题下的个人化表达：论白薇剧作中的"灵"与"肉"的冲突》，硕士学位论文，福建师范大学，2021年。
③ 金羽抒：《性别、革命与文学——1926—1949年间白薇的文学创作》，硕士学位论文，上海师范大学，2021年。
④ 曾慧林：《湖湘文化与湖南现代话剧作家》，《艺海》2021年第12期。
⑤ 曾慧林：《艺术与社会双重价值的调融——试析湖南现代话剧作家的艺术探索之路》，《四川戏剧》2021年第12期。

视野更加宏观,所论的问题也比较重要,只是对戏剧原始文献的结合还不够紧密,有些观点显得似是而非。

第二节 聚焦于名家的书画及工艺研究

2021年,对湖南书画的研究,既对古代、近代的书画名作、大家进行了研究,也对现代的名家给予了较多的关注。

一 书法研究

名家的书法作品研究热度依旧,随着研究的深入,书法大家们的书法美学是本年度的研究热点。

怀素是湖南书法史上最负盛名的艺术家之一,学界对他的研究成果比较丰硕,大概可分为三类:对怀素书法作品艺术的研究,对怀素书法作品的传播与接受的研究,以及对怀素与其他书法家的比较研究。对怀素书法作品艺术的研究,如刘振范等的《怀素书法"势"的视觉意境解析》认为,怀素笔墨随着书写虽然逐渐疏淡,但是笔势的自然轻灵,枯笔的倔强苍老犹如山间劲松,从字形和体势上可见怀素在创作时心手相师一气贯之的书写豪情。[1] 付坤的《怀素草书研习与创作体会》论述了怀素草书形成的历史背景,从早期的大开大合气势逼人到暮年的宁静古雅的变化历程,以及对后世的影响。[2] 赵彦辉的《刻帖所见怀素法书考论》通过将帖目中怀素草书与前人草书帖名的比对,发现怀素不仅师法张旭,还曾大量临习王羲之的名帖。[3]

对怀素书法作品的传播与接受研究,如胡晋峰的《王铎及其怀素"野道"观论析》论述了怀素在晚明书坛经典地位的确立过程,以及王铎贬斥怀素《自叙帖》一路风格的书作为"野道"的原因。这其实主要论述的是怀素在明代的接受,既包括正向的接受,也包括逆向的批评。[4]

---

[1] 刘振范等:《怀素书法"势"的视觉意境解析》,《赤峰学院学报》(哲学社会科学版) 2021年第10期。
[2] 付坤:《怀素草书研习与创作体会》,硕士学位论文,山东建筑大学,2021年。
[3] 赵彦辉:《刻帖所见怀素法书考论》,《北华大学学报》(社会科学版) 2021年第1期。
[4] 胡晋峰:《王铎及其怀素"野道"观论析》,《中国书法》2021年第10期。

对怀素与其他书法家的比较研究，既有如耿子洁的《怀素草书与黄庭坚草书对比研究》分别论述怀素草书风格及成因、黄庭坚草书形式分析，再对怀素与黄庭坚的草书进行比较，揭示了黄庭坚在篆籀之笔、学术路径上对怀素草书的继承，也揭示了黄庭坚在执笔之法、书写方式、速度、禅宗对创作状态的启发等方面对怀素草书的革新；① 又有张智源的《〈净眼因明论〉与〈自叙帖〉比较研究》② 将法藏敦煌汉文卷 p.2063 草书《净眼因明论》与怀素的《自叙帖》进行比较，指出在书法形式语言方面，《自叙帖》由大量线条组成，类似楷书的点画相对较少，而《净眼因明论》使转沉厚，笔画简短凝重，却在方寸之间使转纵横，且用笔灵活；在用笔节奏上，《自叙帖》多运用长线条，所以偏于长劲，而《净眼因明论》用笔多用偏于短劲的发力，明显比《自叙帖》的用笔更加强劲，也更加深厚，果敢与含忍并用，含忍处坚浑，果敢处爽快；在字内空间方面，《自叙帖》的字内空间相对较大，整个字向外撑的势非常强，并且很多字的字内空间相对比较封闭，而《净眼因明论》在字形上处于一种向内部收紧形态，整体上呈现出一种较为饱满、紧实的视觉感受。

欧阳询的书法作品也得到了研究者的广泛关注，主要分为四类：对欧阳询书法艺术研究，对欧体风格的形成研究，对欧阳询书法的比较研究以及对欧阳询书法的传播与接受研究。

对欧阳询书法艺术研究，以何薇的《欧阳询书法艺术研究》为代表。《欧阳询书法艺术研究》是一部研究欧阳询书法的专著，对欧阳询书法艺术既研究其存世书法作品，又研究其书法美学思想。该书汲取了中国古代哲学偏重实践理性的特点，以自南北朝至隋唐之际文化和书法演进为大背景，纵向分析其书法艺术取得辉煌成就的主、客观原因，即在考释其存世书作和书论的基础上，从本体论、文本论、建构论、比较论、风格论五个方面展开研究；并且横向分析其书法艺术兼容南北和重法尚意的美学特点，从影响论层面探讨其书法艺术的历史价值及对后世的影响，

---

① 耿子洁：《怀素草书与黄庭坚草书对比研究》，硕士学位论文，上海师范大学，2021年。
② 张智源：《〈净眼因明论〉与〈自叙帖〉比较研究》，硕士学位论文，淮北师范大学，2021年。

从而揭示出欧阳询在中国书法史上的地位。① 梅松鹤的《欧体结字特点分析——以欧阳询〈九成宫醴泉铭〉为例》以《九成宫醴泉铭》为例,指出欧阳询书法笔力劲健,点画虽然瘦硬,但丰润饱满,带有隶书笔意,并概括欧体的结字特点:平正险绝,欹侧生姿;法度谨严,结体匀称;短长欹斜,随势赋形;穿插堆叠,灵活变通;疏密得当,大小适宜。②

对欧体风格的形成研究,主要聚焦于欧阳询对南北朝书学传统的继承,及欧阳询对北碑的借鉴。郑成航的《欧阳询、虞世南与魏晋南北朝的书学传统》指出,欧阳询与虞世南作为南北朝末期至初唐这一阶段中最重要的两位书家,分别承袭了魏晋南北朝以来"铭石书"与"尺牍书"两大书学传统;欧、虞之后,铭石书与尺牍书在书家、书体、书风等各个方面都不再如以往那样割裂独立,而是逐渐趋向于融合。③ 李佳懿的《南北书风融合的欧阳询行书分析与借鉴》主要论述了欧阳询融合了以"北派"为基础的字法与"南派"的流美笔法之后,形成了自己独特的行书风格。④ 赵曦的《欧阳询的北碑接受状况研究》论述了欧阳询的家世、生平及学书历程,并揭示欧阳询书法中线条特征、空间特征对北碑的继承与发展。⑤

对欧阳询书法的比较研究,主要是徐学文、胡新圆的《中国唐代书法与西方现代派绘画的异同——以欧阳询和马蒂斯为例》。该文对欧阳询的书法与法国野兽派创始人马蒂斯进行了比较,认为二者在错位、删繁就简、用笔气息的体现、空间布白等四个方面具有共同性。⑥ 这是一篇跨艺术体裁的比较,虽一定程度上有助于揭示中国书法与西方现代派绘画的异同,但欧阳询能否完全代表中国、马蒂斯能否完全代表西方现代派绘画,还要打一个问号。

---

① 何薇:《欧阳询书法艺术研究》,太白文艺出版社2021年版。
② 梅松鹤:《欧体结字特点分析——以欧阳询〈九成宫醴泉铭〉为例》,《书法》2021年第12期。
③ 郑成航:《欧阳询、虞世南与魏晋南北朝的书学传统》,《中国书画》2021年第3—4期。
④ 李佳懿:《南北书风融合的欧阳询行书分析与借鉴》,硕士学位论文,贵州民族大学,2021年。
⑤ 赵曦:《欧阳询的北碑接受状况研究》,硕士学位论文,山西师范大学,2021年。
⑥ 徐学文、胡新圆:《中国唐代书法与西方现代派绘画的异同——以欧阳询和马蒂斯为例》,《美与时代》(中)2021年第3期。

对欧阳询书法的传播与接受研究,既涉及欧阳询书法在国内的传播,又涉及欧阳询书法在域外的传播。前者如史晨曦的《崇理重法,因势求变——试论欧阳询对元代书风的影响》指出,以《定武兰亭》为典型的"二王"书学体系是元代书家追踪晋唐风韵的重要坐标。在元代书家众多取法和师承的线索中,欧阳询、欧阳通父子一直扮演着重要角色。因其重法度,且众体皆擅,又是从王羲之一脉中嬗变而来,故在元代中期以后的影响逐渐变大。① 后者如段泽谆的《论欧体书风在统一新罗时期的传播与影响》论述欧阳询书法风格在统一新罗时期的传播及其原因,并阐述统一新罗时期欧体书风在韩国书法史上的地位。②

欧阳通为欧阳询之子,也是一位书法家,学界对其亦有关注。刘淮的《欧阳通〈道因法师碑〉的当代启迪意义》指出,欧阳通书法代表作《道因法师碑》以其险峻峭拔、华贵坚凝的艺术佳作向世人介绍了道因法师的事迹与影响,也向后人展示了自己作为一名优秀的政治家、书法家的操守与成就,以及刻苦治学与为国忘躯、杀身成仁的感人事迹,对当代书法教育有着端正人品、兼济天下、虚怀向学等启迪意义。③ 王健的《欧阳通书法接受研究及实践思考》则论述了欧阳通书法自唐代以至当下的接受历程,以及欧阳通书法接受研究对书法实践的启示。④

学界对书法家颜真卿寓湘所创作的浯溪摩崖《大唐中兴颂》也有关注。鄢福初的《浯溪〈大唐中兴颂〉的书法美学与盛唐精神》指出,湖南永州浯溪摩崖《大唐中兴颂》是颜真卿六十三岁时所书,在笔法上,颜真卿加大了腕力的运用,力透纸背,力入崖石;在结题上,颜真卿吸收了篆、隶正面取势,浑圆庄重的特色,笔画端平,左右对称,字字都以正面形象示人,突出了字体的方整、刚正;在章法布局上,大小参差,行距缩小,全篇布局具有充实茂密之致;并指出《大唐中兴颂》对何绍

---

① 史晨曦:《崇理重法,因势求变——试论欧阳询对元代书风的影响》,《中国书法》2021年第6期。
② 段泽谆:《论欧体书风在统一新罗时期的传播与影响》,硕士学位论文,山东大学,2021年。
③ 刘淮:《欧阳通〈道因法师碑〉的当代启迪意义》,《戏剧之家》2021年第1期。
④ 王健:《欧阳通书法接受研究及实践思考》,硕士学位论文,河北大学,2021年。

基、陶澍、曾国藩、谭延闿等湖湘书法家的影响。①

何绍基既是一位诗人又是一位书法家。戴字妙的《碑耶？帖耶？关于何绍基书学思想的探讨》是对作为书法家何绍基的研究。该文指出，何绍基一生筑学金石，书法上坚持派兼南北，锋藏篆分，意极平原，涵抱万有，其留下来的作品，皆"以篆隶入分"，分隶行楷，皆以篆法行之；即碑又帖，非碑非帖，神明变化，不可端倪。②

曾国藩既是古文大家也是一位书法家。许雅婷的《曾国藩书学思想研究》指出，曾国藩的书学思想为：以字养神、艺近于道，以学养书、文艺相同，南北兼取、刚健婀娜，学思结合、汲古出新，并阐述了曾国藩书学思想的形成原因及书法实践。③ 林约珥的《曾国藩书法美学研究》指出，曾国藩的书法风格主要来源有二：一为帖学，二为碑学，曾国藩的书法美学体现了帖学与碑学的冲突与融合。该文还揭示曾国藩书法美学形成的三个阶段：早年以帖学、馆阁体为主；中年以阳刚、刚柔相济为特点；晚年则以沉雄静穆、雄奇淡远为特点。④

谭延闿的书法艺术也受到了学界的关注。刘智锋、陈宜的《谭延闿及其书法艺术》认为，谭延闿楷书结体宽博，线条饱满，大气磅礴，顾盼自雄，有一种大权在握的气象；而其行书则醇厚深沉，风神秀朗，神韵生动，颇具米芾、赵孟頫书法的灵动。⑤ 周正、王劲的《谭延闿对颜真卿书法流派的继承与拓展》指出，谭延闿书法受到翁同龢的影响，进而旁及刘墉、何绍基、钱沣，再上溯源头以颜真卿书法为根基，并参以宋人和二王流派意趣，终成自家面目。⑥

还有学者关注到近现代的书法家曾熙。王高升的《笃守、博取与创变——曾熙小楷的取法路径和风格形态》指出，曾熙的小楷取法广泛、功底深厚、形态多变、气息淳雅。⑦

---

① 鄢福初：《浯溪〈大唐中兴颂〉的书法美学与盛唐精神》，《书法》2021年第7期。
② 戴字妙：《碑耶？帖耶？关于何绍基书学思想的探讨》，《中国书法》2021年第12期。
③ 许雅婷：《曾国藩书学思想研究》，硕士学位论文，泉州师范学院，2021年。
④ 林约珥：《曾国藩书法美学研究》，《美与时代》（中）2021年第6期。
⑤ 刘智锋、陈宜：《谭延闿及其书法艺术》，《艺术中国》2021年第3期。
⑥ 周正、王劲：《谭延闿对颜真卿书法流派的继承与拓展》，《书法》2021年第8期。
⑦ 王高升：《笃守、博取与创变——曾熙小楷的取法路径和风格形态》，《艺术品》2021年第10期。

二 绘画研究

2021年对绘画艺术的研究，也主要是关注湖南绘画史上的大家及名作。

对湖南古代的画家，学界主要关注的是两位，即北宋的易元吉与明末清初的髡残，二者又以易元吉为主。

对易元吉的研究，大致可以分为两类：一是对其生平与作品进行考证的研究；二是对其猴画艺术的研究。前者如吴灿的《易元吉生平与作品考》对易元吉的生平经历有翔实的考证，对其绘画题材及美术史上对易元吉作品的评价，亦有具体的阐述。[①] 后者如孙鸾的《北宋易元吉〈猴猫图〉技法研究及其在创作中的应用》介绍了《猴猫图》创作的社会文化背景，指出《猴猫图》在用色上喜淡尚清、用色上工谨与粗放相结合、造型上写实而不失野趣的技巧，并论及易元吉绘画对后世的影响。[②] 邹俊豪的《试析中国宋代猴画艺术——以易元吉猴画为视角》具体阐述了易元吉猴画的构图技法、用笔技法、色彩技法，以及易元吉猴画的艺术价值。[③] 凌斐然的《论易元吉绘画艺术风格与成因》指出，易元吉在绘画技法上秉承花鸟绘画中的写生传统，在"黄家富贵"与"徐熙野逸"两大画派中寻找到平衡点，用笔墨创作出生动、野逸的绘画作品，扭转了北宋初期宫廷画院以黄筌父子绘画风格为主导的守旧之风，促进了中国花鸟画的发展。[④]

对于髡残的研究，主要聚焦于他的行实及绘画思想。景杰的《髡残早期行实二考兼论其佛禅思想》对髡残早期宗派所属问题进行考察，指出髡残在1658年赴杭州皋亭崇先寺皈依觉浪，成为禅宗曹洞宗东苑系僧人之前，髡残的宗派归属应为贤首宗。该文还指出，自1658年皈依觉浪直至1671年去世这段时间内，髡残的身份并非祖堂幽栖寺住持。此外，

---

① 吴灿：《易元吉生平与作品考》，《中国书画》2021年第5—6期。
② 孙鸾：《北宋易元吉〈猴猫图〉技法研究及其在创作中的应用》，硕士学位论文，江苏大学，2021年。
③ 邹俊豪：《试析中国宋代猴画艺术——以易元吉猴画为视角》，《艺术与涉及（理论）》2021年第5期。
④ 凌斐然：《论易元吉绘画艺术风格与成因》，《美与时代》（中）2021年第10期。

该文还以《禅机图》为中心,阐述髡残的佛禅思想。① 刘洋之龙的《髡残绘画美学思想研究》指出,髡残的绘画美学思想以"禅悟六法"的禅学高度引领艺术,在禅学领域修行极高,同时又有很重的遗民品格,既自剃出家遁入空门,又能上阵杀敌保家卫国;既慈悲博爱参禅修行,又能洒脱野逸钟情山水,他的美学思想中不仅有关于绘画艺术的指导性看法,观念意味的造境,还包含了超出时代影响与个人哲学在内的革新思想。②

2021年,现代绘画艺术的创新受到了学界的关注。绘画大师研究方面,齐白石的绘画一直颇受学界关注。孟召汉的《不失天然,落笔成趣——"天趣"美学与齐白石画学观念的生成及衍变》指出,"天趣"作为中国美学范畴中的重要命题,对齐白石艺术风格的形成起着决定性作用。综观齐白石的艺术历程,由诗、书、画、印"四绝"的"自主性灵""脱尽习气",到"不似之似""作画要妙在似与不似之间""学我者生,似我者死"的画学观念的建构,无不与其对"天趣"审美的不懈追求密切关联。③ 翰萱的《返璞归真大巧不工——齐白石"三鱼图"赏析》关注了齐白石晚年创作的《三鱼图》(1948),指出该画画面构图极为简洁,纯以水墨绘三鱼,鱼的造型高度符号化,既有传统笔墨之神,又不失写生之形,以绘制"三鱼"来象征"三余",丰富了绘画本身的意境和文化内涵。④ 冯朝辉、李亦澎的《画虫布物器,前人不为——论齐白石对中国传统文人写意花鸟画的发展》指出,齐白石由民间画师一步步走入中国文人画家行列,而后又将民间艺术的表现语言、色彩运用与造型方式等成功地融入中国传统文人画中,极大地拓展了中国传统文人写意花鸟画的表现题材,丰富了其艺术内涵,赋予作品更加旺盛的艺术生命力,将中国传统文人写意花鸟画的发展推至雅俗共赏的艺术境界。⑤

---

① 景杰:《髡残早期行实二考兼论其佛禅思想》,《中国书画》2021年第1期。
② 刘洋之龙:《髡残绘画美学思想研究》,硕士学位论文,东北师范大学,2021年。
③ 孟召汉:《不失天然,落笔成趣——"天趣"美学与齐白石画学观念的生成及衍变》,《齐白石研究》2021年第9期。
④ 翰萱:《返璞归真大巧不工——齐白石"三鱼图"赏析》,《收藏家》2021年第12期。
⑤ 冯朝辉、李亦澎:《画虫布物器,前人不为——论齐白石对中国传统文人写意花鸟画的发展》,《齐白石研究》2021年第12期。

2021年，关于画家陈少梅的研究较为集中，拓展了现代画家的研究深度。王洋的《陈少梅山水绘画风格成因——以吉林省博物院藏陈少梅作品分析》指出，陈少梅的作品始终拥有着清新的绘画哲学、雅致的绘画风格、精工的取法对象、严谨的书法题款、蝉翼的用纸泼墨、秀丽的山水气象。① 张海燕的《对陈少梅花鸟绘画创作的思考》指出，陈少梅主张结合文人画和院体画的优势，以平实的手法、"信手拈来"的创作态度、平和的心境抒写性灵，因此，陈少梅所画之梅富有清新脱俗、清简典雅的视觉情趣。② 马苑的《"小姑山"及陈少梅的山水画风格》指出，作为近现代坚持古法并开拓自新的画家之一，陈少梅的艺术成就主要在于继承并发扬了中国画传统——在画学思想方面，学习并不断践行金城"精研古法，博采新知"的艺术主张，并将这种思想融于自身的绘画作品之中。③

总而言之，本年度学界对古代与近现代美术史上的名家皆有关注，并多有新意，是对湖南绘画研究的有益拓展。

三 刺绣、陶瓷研究

2021年度，刺绣与陶瓷艺术的研究继续深入，研究成果颇为丰硕。

刺绣方面，传统湘绣文化的继承发展是学界关注的重点。《中国历代丝绸艺术民间刺绣》一书对湘绣的丝绸图案和刺绣丝绸图案的艺术风格有了较为深入的研究。④

有学者把目光投向了湘绣作品。殷波的《从湘绣"百鸟绣屏"看花鸟绣屏的历史文化内涵》认为，湘绣《百鸟绣屏》为我们提供了一个具体、生动的工艺文本，屏风型制、花鸟图式、湘绣工艺体现了审美文化的建构历程，反映了不同文化视域的相互影响与差异，以及社会政治经济发展对艺术创作和工艺发展的生成性影响，从中可见，艺术、工艺与

---

① 王洋：《陈少梅山水绘画风格成因——以吉林省博物院藏陈少梅作品分析》，《文物天地》2021年第11期。
② 张海燕：《对陈少梅花鸟绘画创作的思考》，《美术教育研究》2021年第10期。
③ 马苑：《"小姑山"及陈少梅的山水画风格》，《中国美术研究》2021年第4期。
④ 邝杨华、赵丰作：《中国历代丝绸艺术民间刺绣》，浙江大学出版社2021年版。

政治、经济之间具体而生动的关系。① 成新湘的《打造湘绣品牌,擦亮湖南名片》指出,湘绣是一门有着古老悠久历史,但又随时代不断变化的非遗工艺。②

陶瓷研究方面成果丰硕,主要聚焦于唐代长沙窑瓷器,大致可分为三类:对长沙窑瓷器的装饰研究、生产及销售研究、鉴藏研究。对长沙窑瓷器的装饰研究是重点。何清林的《唐代长沙窑诗画彩绘装饰研究》指出,唐代长沙窑诗画彩绘装饰方面具有以线造型、形神兼备,构图明快、移情寄兴,色彩艳丽、彰显气质,书法随性、质朴率真的特征,并对长沙窑诗画装饰进行艺术心理学、艺术社会学分析。③ 王菲的《唐长沙窑陶瓷纹饰的意义》指出,长沙窑瓷器纹饰"隐"于陶瓷之中,表现的是制陶者精益求精的执着追求。④ 宾娟的《唐代长沙窑瓷器上的外来纹饰》指出,作为唐代重要的外销窑口,长沙窑广泛吸收域外文化因素并运用到瓷器装饰中,包括以莲花纹、枣椰纹为代表的植物纹;以狮子纹、摩羯纹为代表的动物纹;以胡人乐舞纹为代表的人物纹;以点彩、直线或放射状线、连弧纹、佛塔纹为代表的几何图案;以阿拉伯文为代表的文字装饰,体现了唐代对外贸易和经济文化交流的繁荣,是这一时期中外文化交流互鉴的杰出代表。⑤ 杜沁芬的《唐代长沙窑陶瓷釉彩绘画的审美特征》指出,长沙窑陶瓷绘画凭借其简练的勾画、典雅的色彩、豪放的笔法将观者引向了"传神怡情""书画同体""自然气韵""画尽意在"的艺术境界,从侧面反映了唐代文人的风貌及状态,体现了唐代文化艺术蕴含的精神世界。⑥ 张斯璐、王希俊的《唐代长沙窑瓷器书法民间性特征研究》从创作主体、书写内容、书写字体、鉴赏对象四个方面对唐代长沙窑瓷器书法艺术的民间性特征进行深刻分析,探索具有民间特色的唐代长沙窑瓷器书法的艺术美感,总结唐代长沙窑民间书法的艺术价值

---

① 殷波:《从湘绣"百鸟绣屏"看花鸟绣屏的历史文化内涵》,《美术与设计》2021年第2期。
② 成新湘:《打造湘绣品牌,擦亮湖南名片》,《中国品牌》2021年第4期。
③ 何清林:《唐代长沙窑诗画彩绘装饰研究》,硕士学位论文,湖南工业大学,2021年。
④ 王菲:《唐长沙窑陶瓷纹饰的意义》,《大众文艺》2021年第9期。
⑤ 宾娟:《唐代长沙窑瓷器上的外来纹饰》,《福建文博》2021年第3期。
⑥ 杜沁芬:《唐代长沙窑陶瓷釉彩绘画的审美特征》,《美术观察》2021年第9期。

与意义。① 方静仪的《唐代长沙窑瓷器研究——以国内出土瓷器为中心》对国内出土唐代长沙窑瓷器的情况按不同地区进行了分析，并对出土瓷器器型、纹饰、胎釉、铭款分别进行了论述。② 张炳闰的《唐代长沙窑陶瓷艺术的情趣化内涵研究》指出，唐代长沙窑陶瓷艺术的情趣化具体表现在情趣蕴于功能的实用性造型语言、夸张抽象的趣味性造型手法、自然形态的模仿与生活寓意，充满生活趣味的绘画装饰、借诗传情的诗文装饰、自由写意的色釉装饰，神话形象的创造与情感寄托、富丽多彩的审美追求、变化多样的趣味性、质朴自然的生活理想等方面，并阐述了其历史价值。③

对长沙窑瓷器的生产与销售研究，如王思阳的《中国境内出土长沙窑瓷器初步研究——以窑址之外资料为中心》将长沙窑产品分为二十五大类，认为执壶、罐、碗是最主要的三类；认为长沙窑产品始烧于 8 世纪中期，衰落于 10 世纪中期，9 世纪早中期为盛烧期；指出长沙窑瓷器主要集中在南方地区，北方地区较为零散；长沙窑瓷器的生产性质，认为海外市场在长沙窑市场份额中占比较小，主要依靠国内市场。④

对长沙窑瓷器的鉴藏研究，如谭天奕的《长沙窑瓷器的鉴藏研究》指出，釉下彩绘是长沙窑的一大特点，除此之外，对长沙窑的鉴别一要看"胎"，二要看釉，三要看器型，四要看花样纹饰，并指出长沙窑瓷器达到收藏级别的在存量上还是处于稀缺状态，收藏潜力巨大。⑤

第三节　专注于戏曲、音乐、舞蹈、皮影戏表演艺术的继承与发展研究

湖南音乐、戏曲、舞蹈等表演深受广大人民群众的喜爱，传播范围

---

① 张斯璐、王希俊：《唐代长沙窑瓷器书法民间性特征研究》，《陶瓷》2021 年第 1 期。
② 方静仪：《唐代长沙窑瓷器研究——以国内出土瓷器为中心》，硕士学位论文，中国社会科学院大学，2021 年。
③ 张炳闰：《唐代长沙窑陶瓷艺术的情趣化内涵研究》，硕士学位论文，景德镇陶瓷大学，2021 年。
④ 王思阳：《中国境内出土长沙窑瓷器初步研究——以窑址之外资料为中心》，硕士学位论文，吉林大学，2021 年。
⑤ 谭天奕：《长沙窑瓷器的鉴藏研究》，硕士学位论文，江苏大学，2021 年。

广,涉及面大。2021 年,音乐、戏曲、舞蹈的研究主要集中在一些经典音乐舞蹈作品,如花鼓戏、湘剧、民间舞蹈方面,以及传统音乐、戏曲、舞蹈在当代的继承发展等方面。

一 戏曲研究

戏曲具有案头读物与场上演出的双重属性,这里要讨论的是作为表演艺术的戏曲研究。

湖南的传统戏曲,大致可分为地方大戏与民间小戏两类,前者包括湘剧、祁剧、辰河戏、衡阳湘剧、武陵戏、荆河戏、巴陵戏、湘昆等,后者包括花鼓戏、阳戏、花灯戏、傩堂戏等。① 这两类的研究成果,前者占主流地位。

对于湖南地方大戏的研究,学界主要是关于湘剧、祁剧、荆河戏、湘昆、巴陵戏的。王露斯的《"踩麻石"的戏曲——湘剧之形成与发展探微》指出,湘剧由高腔、低牌子、昆腔、弹腔四大声腔构成,在湖南本土戏曲艺术表演的基础上,吸收了诸如昆曲、弋阳腔、青阳腔以及京剧等多种戏曲艺术的养分,逐步发展演变成为湖南最具代表性的剧种——湘剧。该文还梳理了湘剧自明末到新中国成立前的发展历程,让我们对湘剧的来源及发展历程有较清晰的认识。② 吴丹的《湘剧高腔曲牌音乐研究》指出,作为湖南省地方剧种的典型代表——湘剧继承和发扬了湖南地方戏曲的特点,尤其是湘剧高腔曲牌音乐是一种极具代表性的声腔形式,湘剧高腔曲牌音乐将湖南地区民众的情感、性格、风俗习惯以及深层的美学观念传递出来,音色古朴,芳菲三湘,成为湖南典型地域化的声腔。③ 唐柳琦的《〈目连传〉中"花目连"的搬演形式与文化功能》论述了祁剧连台本戏《目连传》的表演形式与文化功能,指出"花目连"是在《目连传》搬演过程中插演的与目连救母故事情节疏离或不甚相关的剧目,以及缀串的歌舞百戏等"夹花表演"。作者认为"花目连"主要

---

① 聂荣华、万里主编:《湖湘文化通论》,湖南大学出版社 2005 年版,第 193—198 页。
② 王露斯:《"踩麻石"的戏曲——湘剧之形成与发展探微》,《戏剧之家》2021 年第 16 期。
③ 吴丹:《湘剧高腔曲牌音乐研究》,《艺术评鉴》2021 年第 9 期。

有三种搬演形式：戏外插戏、戏中套戏、戏中"夹花"。"花目连"有礼乐教化、宗教感化和游戏娱乐等文化功能，在目连戏及相应的民间祭祀活动中具有重要的意义。① 苏振华的《试论荆河戏的起源与声腔——兼论传承人"话语"的重要性》主要论述了荆河戏的起源与声腔，指出弋阳腔不仅在明代永乐年间传至了荆楚地域，而且在整合当地民俗、歌舞、戏曲、语言的基础上，促成了以荆楚语言为基础的特色戏曲形成。② 陈瑜的《湘昆文化空间演变及其影响因素》指出，昆曲自明末传入湖南，经历了300多年的演变，融合地方文化而形成湘昆。该文基于文化地理学理论，通过运用历史文献法分析戏曲文化史料，发现湘昆文化的源流演变呈现分散、聚集、扩散、碎化、复苏五个阶段。湘昆文化空间演变受自然景观、政治景观、宗教景观、文化景观等因素影响，其扩散特征总体表现在三方面：一是区位优势与艺人行艺的高度耦合；二是地域文化各综合要素的作用结果；三是反映了桂阳文化扩散的社会历程。③ 严珊、王伊人的《巴陵戏器乐曲牌的艺术特征》指出，巴陵戏器乐曲牌丰富多样，有丝绸弦曲牌、唢呐曲牌、锣鼓曲牌和笛子曲牌等类型，主要以徵调式和羽调式为主，旋律起伏较小，节奏以均分节奏型为主，是伴奏唱腔、烘托气氛、表现角色情感的重要手段。④

对于湖南民间小戏的研究，主要是关于湘西阳戏的，即刘阳琼的《湘西阳戏文化生态变迁研究》。该文论述湘西阳戏的文化生态现状，指出湘西阳戏是受外来艺术形式与受当地傩戏的双重影响而形成的，并简要概述了湘西阳戏在新中国成立前的发展与兴盛。⑤

总体来说，学界对湖南地方大戏剧种大多有所关注，但对湖南民间小戏的关注不够。就成果本身而言，一方面是研究论文数量不多，只有少数的几篇；另一方面研究论文的质量不高，除了第一篇是南大核心期

---

① 唐柳琦：《〈目连传〉中"花目连"的搬演形式与文化功能》，《戏剧艺术》2021年第3期。
② 苏振华：《试论荆河戏的起源与声腔——兼论传承人"话语"的重要性》，《音乐探索》2021年第2期。
③ 陈瑜：《湘昆文化空间演变及其影响因素》，《江苏师范大学学报》（哲学社会科学版）2021年第4期。
④ 严珊、王伊人：《巴陵戏器乐曲牌的艺术特征》，《艺术评鉴》2021年第9期。
⑤ 刘阳琼：《湘西阳戏文化生态变迁研究》，《艺术评鉴》2021年第5期。

刊论文外，其余皆是普刊论文，且不少论文篇幅仅两三页，大多点到即止，未能深入。

二　音乐研究

2021年，学界对湖南少数民族的传统音乐、湖南地方民歌的传承与发展方面关注较多。

苗族传统音乐在当代的发展深受学界的关注。杨明刚、王炼彬的《湖南城步苗族婚嫁歌初探》指出，嫁女歌和贺郎歌作为湖南城步苗族同胞婚嫁仪式的重要呈现方式与载体，蕴含着历史悠久和博大精深的苗族传统文化精髓，体现了苗族同胞血浓于水的浓浓亲情，也承载着尊老爱幼、敦睦亲和、质朴向善的优秀传统文化。[①] 李静、杨声军的《历史与当下：湘西苗族传统婚俗仪式音乐文化的变迁》指出，湘西苗族传统婚俗仪式音乐文化在全球化、文旅融合与"非遗"语境下进行了一系列的变迁和"发明"，尤其是流行音乐与电声乐队的植入对传统音乐文化提出了严峻的挑战，但也迎来了新的发展机遇。苗族婚俗仪式音乐文化中的苗鼓、唢呐、堂上歌等，从艺人们演出的无报酬到有报酬；从族群认同到社会认同；从娱神娱人到文化记忆符号；从敬畏到民俗；从民俗到娱乐、审美等多元化呈现与多样化发展。[②]

有学者关注到湖南渔鼓的传承问题。左文的《传统曲艺形式渔鼓的基础研究及数字化保护——以湖南省为例》指出，渔鼓作为我国特有的一种曲艺文化表演形式，在保护与传承方面我们要去运用数字媒体技术来对湖南渔鼓文化进行数字技术的修复、舞台形式的创新和数字技术的传播。[③]

桑植民歌的地域性、润腔的程式性以及创作传统与习俗都是对传统音乐的写照。黄佳婷的《湖南桑植民歌演唱探微——以〈四季花儿开〉〈马桑树儿搭灯台〉为例》从音乐本体的视角对桑植民歌《四季花儿开》

[①] 杨明刚、王炼彬：《湖南城步苗族婚嫁歌初探》，《艺术评鉴》2021年第6期。
[②] 李静、杨声军：《历史与当下：湘西苗族传统婚俗仪式音乐文化的变迁》，《歌海》2021年第5期。
[③] 左文：《传统曲艺形式渔鼓的基础研究及数字化保护——以湖南省为例》，《当代音乐》2021年第5期。

《马桑树儿搭灯台》两首作品进行音乐本体分析，揭示这两首民歌在调性、曲式、音高、节奏等方面的音乐特征，及其人文背景、地域特征，厘清了桑植民歌的历史与现状，并从学习声乐的歌者角度对桑植民歌的传承和发展提出建设性建议。①

有学者尝试探讨湖南原生态民歌的传承与改造。王猜猜、徐玉兰的《湖南原生态民歌钢琴即兴伴奏艺术特色探究》指出，湖南原生态民歌钢琴伴奏需要结合本身的特点与民族文化，根据钢琴固有的艺术演奏特点，不断拓宽视野，挖掘与分析湖南原生态民歌的民族风格，实现完美的中西合璧，吸取我国优秀传统文化的精髓，实现钢琴伴奏的中西合璧效果。②龙开义的《湖南原生态民歌"活态传承"研究》认为，对于湖南原生态民歌进行研究和传承的过程中，不能仅停留在民歌背后的文化传承和音乐艺术发扬上；湖南民歌作为特殊的音乐艺术形式，也包含着充满活力的生态文明，所以需要对这些生态文明进行深入分析才能够有效提高湖南原生态民歌的保护力度。③

还有学者对湖南的民间音乐有关注。苏振华的《土家族民俗音乐文化史研究》从郡县制度、道教的影响切入，在阐述土家族区域内已出土虎钮錞于、扁钟、铎、石磬等众多古乐器基础上，对留存的创世歌、梯玛歌、八宝铜铃舞等活态样式，从史料甄别、田野调查取证维度进行了研究；以羁縻政策、佛学等的影响为切点，就民俗活动领域的摆手歌舞、毛古斯舞、跳丧鼓，以及对唐代以来文学样式有影响的"竹枝歌"从历史的纵横维度进行了研究；并对多元政治生态对传统歌谣、风俗歌曲、说唱音乐、传统器乐等民俗音乐的影响。④曾娜妮的《近代湖南民间音乐分期与史学思考》指出，近代流行于湖南民间的"巫教"是带有混合性质的，与正统儒、释、道教有差异的民间信仰，也被称作"师教"，在当地分布广泛、历史悠久，其民俗与音乐非常有特点；经过历史的流变，

---

① 黄佳婷：《湖南桑植民歌演唱探微——以〈四季花儿开〉〈马桑树儿搭灯台〉为例》，硕士学位论文，上海音乐学院，2021年。
② 王猜猜、徐玉兰：《湖南原生态民歌钢琴即兴伴奏艺术特色探究》，《传媒论坛》2021年第8期。
③ 龙开义：《湖南原生态民歌"活态传承"研究》，《文艺观察》2021年第9期。
④ 苏振华：《土家族民俗音乐文化史研究》，博士学位论文，湖南师范大学，2021年。

洞庭湖流域的花鼓戏、傩戏、阳戏、灯戏、端公戏里都有"巫"的元素；水路即戏路，"巫乐"以水的贸易通道为载体，在湖南民间形成了独立的音乐文化圈；1919—1949 年，湖南各地的民俗演绎经历了酬神小戏、游神演剧、地方戏剧的演进过程，与各地民间歌舞进一步合流，形成乡村民俗与国家正祀的转换关系，完成乡村地区的民俗传统作为国家正统礼制的转化，表达了民间大众力图在保持地方特色的前提下参与大传统的愿望。①

此外，有学者关注了理学大师周敦颐的音乐观。袁建军的《周敦颐"淡和"音乐观再识》指出，周敦颐的礼乐"淡和"思想内涵具有自身发展逻辑，既表现为乐声淡，也表现为人心淡，涉及音乐风格及人格诸层面；"淡和"观的思想动因一是与"主静"思想有关，其静异于道家之静，乃儒家修为去欲之静；二是体现为以儒为主、融合道佛的思想特色。②

总体来说，本年度学界对湖南音乐的研究，与对湖南戏曲的研究状况大致相同，即有分量的成果不多，大多数论文还停留在现象层面的描述，未及深入背后的本质。

三 舞蹈研究

2021 年，学界主要关注土家族的摆手舞、花鼓戏舞蹈的艺术特征及创新发展。

关于土家族的摆手舞研究，石欣宇的《基于田野调查的湘西土家族摆手舞研究》是一部力作。该书探讨了土家族摆手舞从封闭保守的传统社会过渡到多元文化汇聚的当代社会过程中，其发展历程、动作特征、表演场域、伴舞音乐、传人传谱、文化内涵、社会功能等的传承与变异，并运用结构主义和文化心理学相关理论剖析引起这些变异与留存的各方面因素，把握土家族摆手舞千百年来流传至今的发展脉络和文化机制，探讨土家族摆手舞在当代社会中的功能、价值和发展规律。这本著作对

---

① 曾娜妮：《近代湖南民间音乐分期与史学思考》，《艺术评鉴》2021 年第 1 期。
② 袁建军：《周敦颐"淡和"音乐观再识》，《中国音乐》2021 年第 11 期。

湘西土家族摆手舞的研究比较深入，是研究摆手舞的标志性成果。① 李政航的《湘西土家族摆手锣鼓音乐民族志》认为，湘西土家族摆手舞是最具土家族民族特色及古老风俗的舞蹈，其伴奏形式以锣鼓为主，其节奏明快、简练；锣鼓乐器有大土锣和大堂鼓等打击乐器，在整个舞蹈中起着统领和指挥的重要作用。②

对于湖南花鼓戏舞蹈的研究，主要集中于花鼓戏舞蹈的形态特征与创新方面。任慧婷的《湖南花鼓戏舞蹈创新研究》追溯了湖南花鼓戏舞蹈的由来和发展，并指出湖南花鼓戏舞蹈的程式性、多样性、地域性、形象性、生活性、行当性等特征。③ 任慧婷的《文化复兴视野下的湖南花鼓戏舞蹈创新发展研究》指出，在湖南的民族舞当中，最具有地域特色的舞蹈形式就是湖南的花鼓戏舞蹈；湖南花鼓戏的内容形式极具有戏剧性和趣味性，是一种亦歌亦舞的歌舞表演形式，主要是以歌为主，以舞为辅，通过舞蹈队歌曲进行润色添彩。④ 任慧婷的《湖南益阳地区花鼓戏舞蹈形态特征研究》指出，湖南益阳地区花鼓戏源起于当地民间山歌、丝弦小调、劳动号子和民歌，俗称益路花鼓；作为湖南省 16 个地方戏曲的一枝独秀，益路花鼓在益阳地区产生了重要影响，戏剧性艺术风格最为有特色，融合了中北部艺术。⑤ 这三篇出于同一位作者的论文，对湖南花鼓戏舞蹈的研究有着积极的意义，但分量略显不足，不少问题未能充分展开与深入研究。

除此之外，王光辉、李星星的《二十世纪湘籍舞蹈家群体研究》聚焦于 20 世纪的湖南舞蹈家群体，其中包括对 1901—1949 年的黎锦晖、胡筠、唐槐秋、魏紫波等人生平经历及舞蹈作品的述评，指出这个群体活动范围主要集中在上海和各革命根据地，他们创办了各新剧团、歌舞团、歌舞队、山歌组等文艺团体，所创作的作品也大多表达了反帝反封建、民主自由、爱国主义以及希望民族强大的革命愿望。该文还指出，

---

① 石欣宇：《基于田野调查的湘西土家族摆手舞研究》，东南大学出版社 2021 年版。
② 李政航：《湘西土家族摆手锣鼓音乐民族志》，《艺术评鉴》2021 年第 11 期。
③ 任慧婷：《湖南花鼓戏舞蹈创新研究》，《戏剧之家》2021 年第 17 期。
④ 任慧婷：《文化复兴视野下的湖南花鼓戏舞蹈创新发展研究》，《今古文创》2021 年第 27 期。
⑤ 任慧婷：《湖南益阳地区花鼓戏舞蹈形态特征研究》，《戏剧之家》2021 年第 5 期。

一方面，创作者们基于中国传统文化，将群众性的文艺创作与革命武装斗争相结合，使歌舞作品呈现出高昂的革命基调、强烈的战斗气息及较强的艺术性；另一方面，他们勇于接受新思想、新观念，并结合当时中国歌舞艺术发展的实际状况，让舞蹈艺术的表现形式更加多元化。该文是学界首次把20世纪的湘籍舞蹈家群体作为对象，既揭示了湖南舞蹈家群体的共同特征，又概括了每位湘籍舞蹈家的个性特征。[①]

四 皮影戏研究

皮影戏又称"灯戏"，俗称"影子戏"，有"南影""北影"之分，湖南皮影戏属于"南影"分支。辛亥革命后，全国皮影戏衰落，独湖南仍然盛行。[②]

戴薇薇的《论湖南皮影戏传承与创新发展》指出，根据现有的史料，可知湖南皮影戏起源于北宋，保留的传统剧目有数百种。该文还概括了皮影戏的几个特点：在皮影雕刻上，七分式的脸部造型是湖南皮影的一大特色；表演操纵以稳健准确、细腻传神为特色；音乐方面多以湖南省内常见的戏剧音乐为主。[③] 马如的《长沙影戏巫傩面影及演出形态研究》指出，长沙影戏的形成是多元因素共同作用的结果，原始巫术是其远源，长沙影戏中至今仍有巫术元素留存，并梳理了长沙影戏从上古的初创到明清成熟的发展历程。该文对长沙影戏的形成与发展有十分具体详细的考察，为读者梳理了长沙影戏从先秦至清代的发展脉络。[④]

总的来说，2021年度湖南文学艺术研究积极运用新材料与新理论，主要聚焦于经典作家，坚守文学本位，注重在大文化背景下拓宽视野和思路，在多方面取得创获之外，也为学界带来研究方法与研究角度的启示。然而不可忽视的是，也存在不少论文低水平重复、论证空泛无力、描述多而无问题意识等弊端。

[①] 王光辉、李星星：《二十世纪湘籍舞蹈家群体研究》，《文艺论坛》2021年第6期。
[②] 聂荣华、万里主编：《湖湘文化通论》，湖南大学出版社2005年版，第201页。
[③] 戴薇薇：《论湖南皮影戏传承与创新发展》，《艺海》2021年第7期。
[④] 马如：《长沙影戏巫傩面影及演出形态研究》，硕士学位论文，上海师范大学，2021年。

史学大师陈寅恪于1932年在《敦煌劫余录序》中说："一时代之学术，必有其新材料与新问题。取用此材料，以研求问题，则为此时代学术之新潮流。治学之士得预于此潮流者，谓之预流。"[①] 这段话距今90年了，但对于当下的学术研究仍完全适用。学术研究的"预流"有待于新材料的发现，有待于新问题的提出，有待于新方法的运用，这是对未来湖南文学艺术研究新气象的期待。

[①] 陈寅恪：《敦煌劫余录序》，《海潮音》1932年第11期。

第 六 章

宗教民俗:社会信仰与慰藉的视角

宗教民俗几乎是伴随着人类的出现而出现的,在人类历史长河中,宗教和民俗行为扮演着精神关怀、信仰寄托、心灵慰藉等社会角色。社会存在决定社会意识,社会意识反作用于社会存在。作为社会意识的宗教信仰,无论是历史期还是当今社会,因为它有存在的土壤,故而其关怀社会、慰藉人心的作用是始终存在的。民俗亦是如此。2021年宗教民俗的研究既聚焦了宗教中国化的推进,关注了历史时期宗教的演变历史,也关注当今社会民族、民间宗教的演化、习俗的传承以及对于社会的影响。

第一节　宗教中国化政策下的宗教管理和研究态势

湖南是一个多民族、多宗教的省份,仅宗教而言,天主教、基督教、佛教、道教和伊斯兰教五大教俱全。近年来,湖南坚持以习近平新时代中国特色社会主义思想为指导,全面贯彻落实党的宗教工作基本方针,注重抓好各个重要环节,用社会主义核心价值观引领宗教界人士和信教群众,用中华优秀传统文化浸润我国宗教。

2021年,湖南宗教活动继续坚持我国宗教向中国化、现代化方向发展,湖南民族宗教委员会为此做了大量的工作,并对近年的工作做了总结。一是坚持把政治引领放在首位,着力强化思想引导,不断增强宗教团体和宗教教职人员的政治认同。围绕学习贯彻全国宗教工作会议精神、新修订的《宗教事务条例》,以坚持我国宗教中国化方向为重点,组织宣讲组分别到各宗教团体、重点宗教活动场所、宗教教职人员和信教群众中进行广泛深入宣讲。二是把坚持我国宗教中国化方向作为新时代宗教工作的鲜明主题和战略任务，加强统筹谋划。三是坚持创新工作载体，不断丰富活动形式，推动宗教中国化取得实际成效。四是抓核心要义，突出中国元素，积极引导宗教活动场所建设，更多更好地吸纳和融入中华文化元素，确保宗教中国化的要求更加落实落地。①全省宗教工作者以建党70周年纪念活动为契机，宣传建党百年来马克思主义宗教观中国化的历史和基本经验，以增强党的宗教理论自信，为做好新时代党的宗教工作提供历史借鉴。在宗教管理方面，2021年7月，为贯彻落实党的宗教工作方针政策，不断强化全省宗教行政执法队伍法律意识，提升民族宗教系统干部依法行政能力，省民族宗教委员会在岳阳市举办了新修订《湖南省宗教事务条例》学习培训班。4月和9月，湖南民族宗教委员会分别在韶山、长沙举办了两期"坚持宗教中国化"培训班，明确宗教中国化的主要方向、目标任务和基本要求。

新修订的《湖南省宗教事务条例》是湖南提高宗教工作法治化水平的必然要求，是贯彻全国宗教工作会议的重要举措，也是应对湖南宗教工作实践的迫切需要，更是促进宗教关系和谐的法制保障。许烨探讨了新《湖南省宗教事务条例》的修订背景以及内容，认为2020年11月27日修订通过的《湖南省宗教事务条例》加强了引导宗教与社会主义社会相适应的内容，细化了政府尤其是基层政府的服务监管职能，强化了对宗教团体的规范和要求，完善了宗教活动场所的管理内容，继续明确了教职人员的权利和义务，明确了宗教活动和财产规范。②

湖南宗教基层工作也卓有成效。湖南安化立足县情运用"123456"工作法，对辖区内122处宗教活动场所和民间信仰活动场所进行各项安全排查和台账管理；坚持两个方面——坚持宗教中国化方向、坚持宗教事务管理法治化道路；实行三个考评——开展村（社区）宗教工作协管员绩效考评，开展宗教团体目标管理考核，开展"和谐寺观教堂创建活动"

---

① 向恩明：《"推进我国宗教中国化走深走实"系列之一：湖南主抓四个环节 积极推进宗教中国化》，《中国宗教》2021年第1期。

② 许烨：《学习贯彻落实〈湖南省宗教事务条例〉做好新时代湖南宗教工作》，《湖南社会主义学院学报》2021年第3期。

评比；按照"交办、督办、约谈、问责"四道工作程序压实宗教活动场所负责人、村（社区）宗教工作协管员、乡镇驻村（社区）干部、乡镇联村（社区）领导、乡镇宗教工作助理员五层人员齐抓共管工作责任；创新工作方式，以进机关、进团体、进乡镇、进场所、进党校、进企业的"六进"活动积极开展宗教政策法规的宣传，积极引导宗教与社会主义社会相适应，不断加强宗教领域规范管理，保持了各县宗教界的和谐稳定。①

应该说，2021年全省无论是宗教工作者还是信教人员都自觉地在中国共产党的领导下努力助推宗教中国化、现代化，净化宗教信仰环境工作也卓有成效。

第二节 信仰与关怀同存的宗教思想文化

宗教信仰本身是一种人文关怀、精神关怀。作为人类信仰的重要形式之一的宗教信仰一直在起着一种关怀、慰藉社会的作用。马克思主义者深知这一点，2021年有关宗教研究除了对历史以来的佛教、道教以及西方而来的宗教进行研究之外，还就湘籍共产党人关于宗教工作和信仰的论述进行了研究。

一 湘籍马克思主义者的宗教观

宗教信仰是人类信仰的重要形式，曾是历史上占主导地位的信仰形态。历史上，中共党人在宗教工作领域是尊重各民族宗教信仰的。刘建军在《中国共产党人"信仰"概念的历史考察》中对于中共党人关于宗教信仰有详细的论述。② 以湘籍中共党人为例，1941年5月，毛泽东在《陕甘宁边区施政纲领》中提出："建立蒙、回民族的自治区，尊重蒙、回民族的宗教信仰与风俗习惯。"③ 1945年4月，毛泽东在《论联合政

---

① 李德辉、夏名金：《湖南安化"123456"工作法规范宗教事务管理》，《中国宗教》2021年第2期。
② 刘建军：《中国共产党人"信仰"概念的历史考察》，《思想教育研究》2021年第4期。
③ 毛泽东：《毛泽东文集》（第2卷），人民出版社1993年版，第337页。

府》中强调对于少数民族"他们的言语、文字、风俗、习惯和宗教信仰,应被尊重"。① 1956 年 2 月,毛泽东在同藏族人士谈话中说:"宗教信仰也全照老样子,以前信什么,照样信什么。宗教信仰自由,可以是先信后不信,也可以是先不信后信。……就是到了共产主义也还会有信仰宗教的。"② 1959 年 5 月,毛泽东在《西藏平叛后的有关方针政策》中指出:"关于宗教,我们的政策很明白,就是宗教信仰自由的政策。"③ 刘少奇认为,"我们一方面保障公民有宗教信仰的自由,另一方面惩办那些形式上披着宗教外衣而实际上进行反革命活动的帝国主义分子和叛国分子"。④ 可见,宗教信仰自由的政策一直是党和国家的宗教政策。

1963 年 12 月 30 日,毛泽东做出加强宗教研究、组建宗教研究机构的重要批示,同时也提出了要批判神学的观点。对此,研究者认为,要理解毛泽东提出的批判神学的观点,一定要把握好两大原则,一是科学对待宗教在人类文明发展史上的重要地位,对融于历史文化中的宗教内容进行批判性继承。二是坚持以马克思主义为指导,运用历史唯物主义的立场观点方法来开展宗教研究。毛泽东"批判神学"的用意不是否定宗教,而是运用历史唯物主义观点和方法吸收佛道教的思想养分为我所用。如毛泽东的知行观、辩证法理论等,都是他批判地继承中国传统文化、推进马克思主义中国化的成功案例。⑤

这些年来,湘籍共产党人关于宗教工作的研究不少,取得了一定的成绩,但是深入研究、细致研究还不足,值得以后研究者注意。

二 出世与入世的佛教研究

"上马杀贼,下马学佛"是佛教出世与入世最好的注脚。2021 年的宗教界以及研究者依据党史教育主题,探讨了 20 世纪初以来佛教界人士为新中国的成立和建设而与共产党结缘的历史。居士也是佛教出世入世的桥梁,关于近代湖南佛教居士以儒家道德为本位,融合佛教思想,力倡

---

① 毛泽东:《毛泽东选集》(第 3 卷),人民出版社 1991 年版,第 1084 页。
② 毛泽东:《毛泽东文集》(第 7 卷),人民出版社 1999 年版,第 4 页。
③ 毛泽东:《毛泽东文集》(第 8 卷),人民出版社 1999 年版,第 56 页。
④ 刘少奇:《刘少奇选集》(下卷),人民出版社 1985 年版,第 161 页。
⑤ 毛胜:《论毛泽东"批判神学"的内涵和要求》,《世界宗教研究》2021 年第 4 期。

东方文化的研究也有进展。

（一）佛教活动、研究与党史教育

作为三大世界性宗教之一的佛教传入中国 2000 多年，早已融入中华文化的血脉之中，得到了中国人民的认同。有国才有教。中国共产党建立了新中国，佛教也焕发了新生。2021 年是中国共产党成立 100 周年，湖南佛教界开展多样的喜迎中国共产党百年华诞和党史教育。7 月，湖南佛教界在长沙麓山寺举行了喜迎中共成立 100 周年纪念仪式，圣辉法师发表了《命运与共 同向同行——湖南佛教界喜迎中国共产党百年华诞》讲话。[①] 回顾 20 世纪初以来的历史，佛教场所和佛家人物因新中国的诞生和共产党结了缘，如韶山的银田寺就是毛泽东等革命者从事农民运动等革命活动的场所，南岳上封寺住持素禅法师因掩护南岳工会负责人还被反动当局杀害。抗战时期，一批佛教高僧如太虚大师、弘一大师、灵涛法师响应共产党"上马杀贼，下马学佛"的号召，与巨赞、明真等法师一起组织成立了南岳佛道救难协会，开展抗日救亡活动。解放战争时期，惟正法师为湘南游击队做交通员，为新中国的成立做出了僧人的贡献。新中国成立后，湖南佛教界为引导佛教与社会主义社会相适应、建设社会和国家做了努力探索和实践，并取得了很好的成果。

南岳作为湖南佛教界重要的佛教场所也开展了庆祝中国共产党成立 100 周年的各种活动，回顾了南岳衡山僧众爱国爱教的历史。[②] 南岳佛教界从辛亥革命开始，就义无反顾地投入民主革命之中，历代祖师，驻锡南岳，开宗立派，弘法利生；近代高僧，立足南岳，抗日为国，为南岳佛教留下了"爱国爱教"的典范。

抗战时期的湖南，中共与佛道教的关系如何？蒋炎洲以《中国共产党指引下的佛道教联合抗日行动——以南岳佛道救难协会为例》从一个侧面反映了中国共产党为建立广泛的抗日统一战线，指引僧道联合抗日

[①] 圣辉：《命运与共 同向同行——湖南佛教界喜迎中国共产党百年华诞》，《法音》2021 年第 8 期。

[②] 衡阳市南岳区民宗局：《"庆祝建党一百周年"爱国宗教活动场所系列报道之六：红色衡山 薪火相传 南岳佛教的爱国爱教之路》，《中国宗教》2021 年第 6 期。

之事。① 湖南南岳僧众在周恩来"上马杀贼、下马学佛"的理念指导下，打破思想藩篱，组建"南岳佛教救国协会"，南岳道教界深受感染参与其中；叶剑英提议将协会名称中的"佛教"改为"佛道"，"救国"改为"救难"，激励僧道更加团结抗日，彰显宗教救难本怀，还为国际佛道教形成世界反法西斯统一战线消除了疆土界限。

（二）佛教在湖南的发展

禅宗是佛教中国化的一个典型代表，于唐末五代之际发展形成了禅门五家宗派，世称"一花五叶"，而沩仰宗则是"一花五叶"第一叶，沩山灵祐则是沩仰宗的创始人之一。沩仰宗是灵祐在湖南沩山及其弟子慧寂在江西仰山所传的禅宗。胡臻《沩山灵祐禅学思想研究》对生活在唐代中晚期的灵祐禅师在沩山开立禅宗活动和其禅宗思想进行了研究。灵祐（771—853），谥号"大圆禅师"，属佛教第三十七世祖师、禅宗第十代祖师、百丈怀海之法嗣。大致在唐元和八年（813）起至大沩山开辟新禅宗。关于灵祐的禅学思想，概括而言，其核心思想是以"镜智"为宗要，以"三种生"（想生、相生、流注生）为虚妄，辅以方圆默契的手段以达到理事不二、体用一如的境界。教学实践方式主要是"顿悟渐修"②。

关于民国时期佛教居士唐大圆（1890—1941）的研究，近年来一直有相关成果出现。张利文是跟踪研究者之一，其《民国学者唐大圆行迹考述——兼评"东方文化"思想》一方面介绍了唐大圆一生行迹，另一方面研究了唐大圆的主要思想。唐大圆不仅是一个佛教居士，也是一位以儒家道德为本位、力倡东方文化的学者。唐氏的"东方净土"说是在太虚"人间净土"的思想上进一步儒化后的结果，带有浓厚的"博施济众"家国情怀。唐大圆的思想代表了民初兴起的东方文化思潮中一个较具典型意义的文化面向。③ 张利文的另一论文《二十世纪初"东方文化派"学者唐大圆思想述评》则全面评述了湖湘佛教居士和学者唐大圆的

---

① 蒋炎洲：《中国共产党指引下的佛道教联合抗日行动——以南岳佛道救难协会为例》，《宗教学研究》2021年第3期。

② 胡臻：《沩山灵祐禅学思想研究》，硕士学位论文，南昌大学，2021年。

③ 张利文：《民国学者唐大圆行迹考述——兼评"东方文化"思想》，《湘学研究》第17辑，湘潭大学出版社2021年版，第30—49页。

文化保守主义思想,也称"东方文化派"。值得注意的是,唐大圆曾先后追随印光、太虚,主编《海潮音》,学界常把他定位在近代佛教学者,但唐氏的立足点与思想核心在于儒家的纲常名教,其对唯识学的理解也流入《起信论》与庄学模式,由此构成了唐大圆"东方文化"的特征,即以儒家为本位的"东方文化"思想。①

三 道教与地方信仰、民俗关系研究

梅山文化无疑是湘中最具地方特色的文化之一。李慧君的《梅山文化对道教神祇信仰的接受和改造——基于清代以来湘中木雕神像的考察》一文,从湘中木雕神像进行考察,发现以原始泛神信仰和巫觋宗教习俗最具特色的梅山文化,深深地受到道教文化的影响。经千余年交融浸染,道教神祇众神体系已遍布梅山,梅山本土巫教信仰与实践亦烙满了道教痕迹。同时,经考察清代以来湘中地区药王、鲁班、司命灶神、关帝等木雕神像及发愿文,又发现梅山文化在接受道教信仰的同时,亦以其固有的连续性和主体性对道教产生影响。可以说,湘中梅山文化因与道教文化的互动,最终发展出颇具地域特色和楚地遗风的"梅山化"道教神祇信仰形态。②

瑶族的民间信仰和道教关系一直是令人关注的研究。既有道教特色又有民族特色的湖南江永水龙祠壁画近年来也持续为世人关注。水龙祠壁画位于湖南永州市江永县勾蓝瑶寨,是目前已知的我国南方地面建筑壁画中创作年代最早、保存最为完好的宗教题材壁画之一。彭迪在《明代道教民俗文化的图像解读 以湖南江永水龙祠壁画为中心的考察》一文中认为,水龙祠壁画中的宗教图像反映了瑶族民间信仰和道教共生的特征。水龙祠壁画共五铺,完整地描绘了当时江永地区的瑶族民众祭祀水龙神的传统民俗仪式。实际上,水龙祠原先就供奉玉皇大帝和王母娘娘,这也是道教众神,可见无论是壁画还是供奉之神均与道教密切相关。在

---

① 张利文:《二十世纪初"东方文化派"学者唐大圆思想述评》,《船山学刊》2021年第4期。
② 李慧君:《梅山文化对道教神祇信仰的接受和改造——基于清代以来湘中木雕神像的考察》,《东方哲学与文化》2021年第2期。

第二铺壁画中，则有瑶族民间信仰的各种神祇，如梅山张五郎等。总之，水龙祠壁画体现了明代道教在发展过程中逐渐与不同地域、不同民族的文化元素融合的过程。①

陈勤学的《从水龙祠壁画看瑶族女神崇拜观的生成逻辑》一文探究了壁画中绘制的两组共 12 位女神，包括王母娘娘、本地英雄李仙娘等形象所表现出的女神崇拜状况以及与道教信仰的关系。现女神形象并非孤例，与瑶族其他历史文本、神像画中的记载和绘制可相印证。壁画中绘制的李仙娘是击退外敌的瑶族英雄人物，这是瑶族对祖先崇拜、英雄崇拜的一种特殊表达形式。将《水龙祠壁画》与《梅山图》以及中南大学中国村落文化研究中心馆藏的几幅类似的神像画长卷（下称《长卷》）中的仙娘对照起来进行解读，发现三者的整体艺术风格是一脉相承的，存在诸多相似之处，这些图像文献充分体现了瑶族女神信仰的真实性，表现了母性崇拜、英雄崇拜与巫仙崇拜的习俗，印证了瑶族存在多神信仰。②

瑶族神像画是瑶族信仰文化的图像物质载体，曾被广泛应用于瑶族的仪式活动，以满足瑶族民众在精神信仰和社会生活等方面的需求。周婷、陈杉的《清代江华瑶族"张天师神像画"的图像研究》一文以张天师为主题的画像为研究对象，揭示了"瑶传道教"张天师神像画作为图像形式所蕴含的信仰特征、艺术价值等内容。该文认为，清代江华瑶族张天师神像画以道教张天师为原型，融入了瑶族自身的民族信仰与艺术元素，呈现出具有瑶族特色的图像形式。张天师神像画作为一种文化标识，对瑶族族群文化认同与中华文化认同有着重要影响。③

湘西宝卷数量巨大，内容丰富，真实地反映了湘西地区独特的民间宗教文化与方言俗语概貌。刘晓蓉对湘西宝卷七言诗进行研究后认为，湘西宝卷内容主要包括三个方面的内容，一是赞诵佛教、道教及民间三方所信仰的神祇；二是倡导孝敬父母与感恩；三是讲述宗教的忏悔、救

---

① 彭迪：《明代道教民俗文化的图像解读 以湖南江永水龙祠壁画为中心的考察》，《中国宗教》2021 年第 10 期。
② 陈勤学：《从水龙祠壁画看瑶族女神崇拜观的生成逻辑》，《民族论坛》2021 年第 3 期。
③ 周婷、陈杉：《清代江华瑶族"张天师神像画"的图像研究》，《装饰》2021 年第 2 期。

赎及奉劝世人精进修行悟道。据该文作者考证和统计，湘西各派宝卷所载佛教、道教及民间三方所信仰的神祇或在一首七言诗歌里，或出现于不同宝卷不同的七言韵文中。诸多神祇在湘西宝卷七言诗里济济一堂，这就说明，无论是哪种宗教信仰，只要有助于匡正世道人心，确立伦理道德，调整舆论风潮，都会为地方所接纳，成为调适社会和慰藉人心的民间信仰。①

关于武陵山区民间信仰与道教的关系，郭峰在《近代道教与武陵山地区民间信仰的交融互摄——以〈灵宝还天王愿科〉为中心的探讨》一文中以《灵宝还天王愿科》为线索，从湖北来凤追踪到了湖南乾州（今吉首）、黔阳（今洪江市）、麻阳等地，认为《灵宝还天王愿科》中的白帝天王是以湘西为中心的南武陵山地区最大的本地神祇，又是土家族、苗族等崇祀的祖先神，同时又整合了其他名剑神祇，构成了一个较为复杂的神灵体系。作者通过考察还发现《灵宝还天王愿科》中，道教与少数民族"白帝天王"民间信仰实现了仪式、神祇等方面的交融互摄，最终形成了富有地方和民族特色的民间道坛。②

四 东西方交流史下的西方宗教研究

天主教传入中国，是东西文化交流史领域非常受关注的一个话题。不管是来华的传教士，还是中国的天主教徒以及激烈的批判者都为学界所关注。谷继明在《重思王夫之对天主教的理解与评价》一文中认为，王船山对天主教，不是吸取其教义，而是借由批判天主教来凸显儒、耶之间的差异。因此，作者重新审视了王船山与天主教的关涉。作者认为，王夫之在南明桂王府为行人司行人时是知道永历皇室皈依天主教的，在《永历实录》中也是有过隐晦的记载的。王船山之所以如此记载，是根据《春秋》大义而微言的，是为名臣硕儒和朝廷的体面而讳。显然，王船山是反对天主教的，但也非一概否定，如王船山承认西学的质测之术。不过，王船山是拒斥西方天文学的，这主要源于他的问题意识，即王船山

---

① 刘晓蓉：《湘西宝卷七言诗概说》，《怀化学院学报》2021年第1期。
② 郭峰：《近代道教与武陵山地区民间信仰的交融互摄——以〈灵宝还天王愿科〉为中心的探讨》，《宗教学研究》2021年第1期。

认为传教士介绍的天文历算是与其宗教体系联系在一起的，最终将宇宙秩序指向一个"不动的推动者"，即上帝。王船山对天主教教义是批评的，他利用"理一分殊"的太极学说来反对天主教对于天主的实体化、位格化理解，敏锐地意识到了儒家文明与天主教的根本差别。①

进入近代，西方宗教以各种方式涌入并融入了中国社会，故而也为人们所接受、吸收并受影响。姚彩虹在《论沈从文创作的"基督教面孔"》一文中，研究了湘西籍作家沈从文受基督教影响的情形。沈从文对基督教的态度更多地带有浓厚的民族文化立场和爱国主义情绪，是从基督教文化中最原始、最核心的价值观念出发来观照中国社会现实问题，并由此来思考中国的国民性问题和社会重造问题，这体现出了一个成熟的文学家、思想家在异质文化接受中的谨慎和严肃的心理态度。②

总体来说，2021 年有关宗教研究的文章不少，除了道教研究与民族信仰、地方信仰的研究比较细致且有田野考察外，有关其他宗教信仰的研究还很不足，尤其是细致的关于各类宗教对于湖南的影响的研究很少，关于道藏、佛藏等宗教的经典文献的研究几乎没有，以至于不同宗教间的交融研究也不足，宗教学术研究这一块的学术含量也不足。

第三节 仪式与功能并重的民间信仰

民间信仰是民间自发产生的一系列神灵崇拜、行为观念和方式，具有达到整合社会秩序、慰藉人心的功能。民间信仰的功能主要通过其神秘性、神圣性的仪式活动来表达。2021 年的民族民间信仰研究主要集中在对苗族、土家族以及水神、梅山文化信仰的研究。这些研究通过对民族、民间仪式活动及其仪式话语的演变，探讨了各种信仰之间的相互影响以及其娱神娱人的社会功能及其变迁。

一 民族民间信仰的仪式活动和文化话语

飞山信仰是湘西苗族巴岱信仰中非常重要的神明信仰。陆群在《苗

---

① 谷继明：《重思王夫之对天主教的理解与评价》，《船山学刊》2021 年第 6 期。
② 姚彩虹：《论沈从文创作的"基督教面孔"》，《名作欣赏》2021 年第 4 期。

族巴岱信仰中"杀茅人"仪式符号解析——兼论飞山信仰在湘西苗区的适应与改造》一文中,揭示了湘西苗族飞山信仰仪轨中"杀茅人"仪式符号即是对巴岱信仰仪式符号的借用,是飞山信仰在湘西苗区适应与改造的直接结果。湘西苗族接纳了飞山信仰并立庙,映射出飞山信仰作为外来信仰在湘西苗区流布过程中所遭遇的冲突、适应与改造,这是区域社会差异在宗教意识形态中的反映。①

从民族语言的角度研究苗族民间信仰是一个新的视角。麻勇斌在《苗族东部方言民间信仰"巴狄扎"研究》一文中对于苗族"巴狄"一词所关联的"巴狄扎""巴狄熊"进行考证,认为"巴狄扎"(bad deibzhal)是苗语对苗族地区存在的法事种类和祭司群体的一个分类术语,其意涵是以汉语为媒介的祭司和他们操办的法事。②

在土家族的民间信仰中,火神与祖先神的相通是一大特征。闫伟、舒乙在《土家族民间信仰及其民族精神》一文中探讨了土家族特有的祖先火神信仰。在湘鄂渝黔边区的土家族是一个拥有浓厚民间信仰的古老民族。土家族的民间信仰较为原始,其主体内容是自然崇拜与祖先崇拜。土家人将火神与祖先神统一置于火塘之上,是基于两者在文化内涵与社会功能方面的一致性。对祖先火神的信仰习俗体现在土家人关于家庭火塘的相关禁忌与火塘神灵的祭祀仪式中,是土家族以务实精神为核心的民族价值观在民俗文化层面的客观反映。③

湘西永顺县双凤村因保留着完整的土家族文化,如土家语、土家习俗、土家建筑,而成为土家文化的活化石,被誉为中国土家第一村。孟子萌在《湘西永顺县双凤村土家族传统建筑装饰的文化内涵探析》一文中探讨了传统建筑装饰与土家族的信仰崇拜的关系。传统建筑装饰图案反映了土家族的土地崇拜、祖先崇拜和仙道崇拜,其或因环境影响而产

---

① 陆群:《苗族巴岱信仰中"杀茅人"仪式符号解析——兼论飞山信仰在湘西苗区的适应与改造》,《宗教学研究》2021年第3期。
② 麻勇斌:《苗族东部方言民间信仰"巴狄扎"研究》,《原生态民族文化学刊》2021年第6期。
③ 闫伟、舒乙:《土家族民间信仰及其民族精神》,《贵州民族研究》2021年第1期。

生，或因汉文化影响而产生，或因内生与外入共同作用而产生。①

二 地方神祇信仰与族群互动

湖南江河湖泊众多，水神信仰一直发达。湖南对水神信仰又主要集中在对杨泗的信仰。以前对于杨泗的民间信仰研究主要集中在杨泗庙的祭拜以及护渔护船、消水灾的研究。郑丹丹的《沅水下游清代水文环境变迁的杨泗水神庙实证研究》则另辟蹊径，从水环境变迁的视角研究了沅水下游的几处杨泗庙，认为这些庙除了水神文化价值之外，还有显示古环境的价值。从历史变迁的视角来看，水神庙是集航标与集市为一体的建筑物。②

梅山信仰是湘中地区独具特色的宗教信仰仪式，它主要融合了巫傩和道教信仰，有合二为一的特征。杨声军、李祖胜的《共享·互文·场域——以湘中新化县红旗新村梅山师公教"抛牌"与道教"奏职"仪式音声为例》研究了师公教和道教信仰关系。梅山师公教源于远古巫傩传统，受后来进入的道教影响，两者在梅山并存且逐渐在相同场域同构梅山的信仰体系，共享神性空间，形成梅山地区独具特色的宗教信仰仪式，最终形成以信仰为核心的各种关系链，构建起一种互耦合、互制、平衡的社会关系。③

梅山信仰以原始泛神信仰和巫觋宗教习俗最具特色，故而各路神仙均有可能进入其泛神信仰中。李慧君的《从神医到巫医之神——木雕神像中所见梅山文化圈的药王信仰》④ 研究了梅山文化中药王信仰问题。在楚地"信鬼好祀"的思想土壤中，以医术立身的神医孙思邈经历了神职的巫觋化嬗变，成为法术高强的梅山巫医之神。李慧君还考察了梅山地区的关公信仰，其在《梅山文化圈关公信仰初探——基于清代以来湘中

---

① 孟子萌：《湘西永顺县双凤村土家族传统建筑装饰的文化内涵探析》，《湖南师范大学社会科学学报》2021年第3期。

② 郑丹丹：《沅水下游清代水文环境变迁的杨泗水神庙实证研究》，博士学位论文，中国地质大学（武汉），2021年。

③ 杨声军、李祖胜：《共享·互文·场域——以湘中新化县红旗新村梅山师公教"抛牌"与道教"奏职"仪式音声为例》，《贵州大学学报·艺术版》2021年第4期。

④ 李慧君：《从神医到巫医之神——木雕神像中所见梅山文化圈的药王信仰》，《中国本土宗教研究》第四辑，社会科学文献出版社2021年版。

木雕神像的考察》一文中，对湘中梅山木雕关公神像及其发愿文进行了研究，发现梅山文化圈中的关公信仰存在共同性的同时，存在诸多地域性和民族性差异。较之于其他地区，梅山关帝治病、护幼的神职则较为突出。① 李慧君对梅山文化圈的民间信仰还进行了实证性、系统性的深入研究。其《明清以来梅山文化圈民间信仰研究——基于湘中木雕神像与发愿文的考察》一文，以湖南省博物馆、法国远东学院"湖南神像"数据库，及散布在世界各地机构和藏家手中的神像、发愿文等物证为基础，对明清以来梅山地区民间信仰的演变做了历史审视。作者认为，梅山民间信仰中保留了大量楚巫元素，梅山文化的重要源头是楚文化。②

关于民间信仰的研究一直比较多，而且比较集中在飞山信仰、梅山信仰、水神信仰，这些民族或民间的信仰研究大多比较细致、深入，推动了湖湘多元文化共存和包容性的研究，这有积极的意义。

第四节　传承与融合中的民俗文化

民俗文化有着悠久的历史，内容极其丰富，但随着时代的变迁，这些民俗文化的内容、传承方式也发生着变化。2021年的民俗文化研究主要聚焦于婚俗文化，研究者探讨了其中蕴含的风俗、伦理和民间信仰，也探讨了传承方式的现代变迁。另外，传统民俗文化往往通过音乐、舞蹈等表达方式传递着民俗信息、社会价值，故而研究民俗文化的艺术表达方式及其变迁也是一种观察民俗文化演化的好视角。

一　民族、民间民俗文化

湘西土家族有着悠久的历史，其在婚俗方面保留着具有浓郁的民族特色的哭嫁仪式。"哭嫁"，是土家族姑娘出嫁前要唱哭嫁歌，用"哭"和"唱"的方式来迎接出嫁结婚这一人生最大喜庆典礼。哭嫁有"中国

---

① 李慧君：《梅山文化圈关公信仰初探——基于清代以来湘中木雕神像的考察》，《湖南人文科技学院学报》2021年第5期。
② 李慧君：《明清以来梅山文化圈民间信仰研究——基于湘中木雕神像与发愿文的考察》，博士学位论文，湖南师范大学，2021年。

式咏叹调"之称。王君、唐燕玲、彭奇峰在《文化间性视域下土家族哭嫁文化的比较研究——以湘西土家族苗族自治州永顺县为例》一文中探讨了湘西土家族婚俗中的哭嫁文化。随着历史的演进与湘西的发展，哭嫁文化逐渐发生了变化——逐渐简化了哭嫁仪式，也融合外来婚俗仪式，进而形成了一种"新旧并存"的婚俗仪式。[①] 彭玉屏在《湘西土家族哭嫁歌的艺术特点及传承发展研究》中则研究了土家族哭嫁歌，从土家族哭嫁歌产生的背景而言，与土家族长期"以歌为媒"的自由恋爱氏族形态的变化有关。[②]

二 民俗活动与艺术表达

湘西苗族传统婚俗仪式有一个历史的演变过程。李静、杨声军的《历史与当下：湘西苗族传统婚俗仪式音乐文化的变迁》一文研究了这一演变过程，整体上来看演变过程大致可分四个阶段。第一个阶段是羁縻制度实施以前，苗族男女对歌传情自由成婚习俗时期，其婚俗仪式古老而神秘；第二个阶段是唐宋羁縻制度下汉文化开始进入苗区，但是汉文化对苗族的底层——平民层没有形成多大影响的一个过渡时期；第三个阶段是"改土归流"以来，随着汉文化的不断渗透，其婚俗深受汉族婚俗文化的影响，"媒妁之言、父母之命"成为主流，逐步形成了和汉族婚俗"六礼"基本一致的媒聘习俗时期；第四个阶段是新中国成立后尤其是改革开放以来，随着全球化、城镇化的不断深入，地处偏远的湘西苗族人民在经济与思想观念上发生了巨大的变化，传统的婚俗仪式进入了自由恋爱与媒妁之言相结合的成婚习俗时期，其婚礼仪式也发生了变化。[③]

"还家愿"仪式是一种信仰民俗，杨声军、陈静茹研究了瑶族"还家愿"仪式与民族音乐的关系。在《湖南蓝山县汇源瑶族乡"还家愿"仪

[①] 王君、唐燕玲、彭奇峰：《文化间性视域下土家族哭嫁文化的比较研究——以湘西土家族苗族自治州永顺县为例》，《今古文创》2021年第2期。

[②] 彭玉屏：《湘西土家族哭嫁歌的艺术特点及传承发展研究》，《艺术评鉴》2021年第17期。

[③] 李静、杨声军：《历史与当下：湘西苗族传统婚俗仪式音乐文化的变迁》，《歌海》2021年第5期。

式音乐民族志——以荆竹坪村赵氏家族为例》一文通过对蓝山县汇源瑶族乡的田野纪实调查指出，瑶族的"还家愿"仪式是瑶族族群起源、发展、传承以"盘瓠"为象征符号的族群内部的一种社会行为与认知心理，同时借鉴、吸收了一部分汉文化而彰显出强烈的道教色彩。[1]

赵书峰从文化重构与声景变迁的角度探讨了瑶族"还家愿"与"盘王节"仪式中民俗与音乐艺术的关系。赵书峰在《文化重构与声景变迁——以瑶族"还家愿"与"盘王节"仪式音声为例》一文中，探究了今日瑶族"还家愿"与"盘王节"的关系，认为"还家愿"是过山瑶支系以家庭或姓氏为单位的、以祭祀祖先盘王为主的民间仪式。"盘王节"则是基于"还家愿"仪式主体基础上的集传统与现代乐舞为一体的大型现代民俗节庆音乐活动。从过山瑶"还家愿"民间仪式发展成由政府参与打造的大型"盘王节"民俗仪式，不但是过山瑶盘王祭祀仪式音声表述从民俗象征性走向舞台审美性特征的变迁，而且从仪式参与主体、仪式观演主体、音声景观属性、仪式象征隐喻等内容来看也是过山瑶民俗仪式表演语境的文化重建与声景变迁。[2]

湖南常宁塔山瑶族"谈笑"（学名"坐歌堂"）作为省级"非遗"有着极高的民俗研究价值。"谈笑"内容丰富广泛，上至天文下到地理，生产生活无所不有，充满知识性和趣味性。王爱红在《湖南常宁塔山瑶族"谈笑"仪式音乐考察研究》一文中认为，塔山瑶族"谈笑"有着极为丰富的瑶歌素材，歌曲词句重叠、循环往复，旋律温婉淳朴，演唱风格多元化。[3]

湖南民间文化中，梅山巫傩文化一直是研究的重点。田彦在《梅山巫傩仪式中的"长桌席"——以新化县广阐坛傩事〈还都猖愿〉为例》一文中，以新化县洋溪镇梅山大型傩事《还都猖愿》中所用到的"长桌席"为例，着重考察了宴席民俗在巫傩文化中的具体表现。《还都猖大

---

[1] 杨声军、陈静茹：《湖南蓝山县汇源瑶族乡"还家愿"仪式音乐民族志——以荆竹坪村赵氏家族为例》，《歌海》2021年第2期。

[2] 赵书峰：《文化重构与声景变迁——以瑶族"还家愿"与"盘王节"仪式音声为例》，《民族艺术研究》2021年第6期。

[3] 王爱红：《湖南常宁塔山瑶族"谈笑"仪式音乐考察研究》，《黄河之声》2021年第15期。

愿：陪前人科》《上梅广阐宫傩事：酬还都猖大愿科仪本》是重要的文字载体，规定了仪式的宴席摆设、酒宴饮用的规矩、敬酒辞和唱白动作。从形式来看，巫傩仪式的"长桌席"是在锣鼓、唱颂声中宴饮，与梅山地区民间常见的宴席和其他祀神仪式比较，也可以显示出其特殊性。这可能是宴席民俗融入梅山巫傩系统后，双方融合的结果。①

　　2021年民俗文化研究的一个突出现象是研究民俗文化与艺术表达相互关系的文章比较多。从民俗文化的传播方式上来看，音乐、舞蹈等艺术形式能直观地、生动地表达民俗信息并传递民俗价值，故而研究者也能够通过田野调查捕捉到民俗文化演化的情形，并通过观察民俗文化变迁而观察社会变化。显然，研究者也发现，随着现代化的推进，人口、村庄的变迁，传统的民俗文化的传承是很艰难的，大多只存在少数非物质文化传承者那里。因此，如何激发新一代的人主动去学习、传承这些非物质文化民俗，确实需各方面想想办法。

　　总体而言，2021年的宗教工作和研究最有特点的是紧跟时代，紧紧抓住了党史教育和宗教中国化、现代化主题，研究了历史时期宗教人士为国为民的事迹，研究了当今社会中国宗教各个层面的人如何推进宗教中国化、法制化、现代化问题。民间信仰和民俗文化研究既探讨了历史时期民间信仰、民俗文化的演进，更探讨了当今现代化过程中，民间信仰和民俗文化的传承问题。2021年宗教信仰和民俗文化的研究总体上来说取得了一定成果，但是深入的研究还是很缺乏。

---

① 田彦：《梅山巫傩仪式中的"长桌席"——以新化县广阐坛傩事〈还都猖愿〉为例》，《湖南人文科技学院学报》2021年第6期。

第 七 章

湖湘史志与文献：
千年多元复合中的独特与辉煌

湖南历史悠久，一代又一代的湖湘儿女，跟随着时代的步伐，在湖湘大地上谱写了波澜壮阔的历史。学术界从不同角度对湖湘千年历史进行了探讨，2021年的相关研究成果，既有勾勒湖南历史进程中政治、经济、社会等各方面的史实，也有基于湖湘特色文献所做的整理与挖掘，以小见大，以微知著，从多个角度、多个方向呈现湖南精彩的历史进程与独特的文化特质。

第一节 环境、族群与空间探讨中的湖湘史志研究

地域环境作为客观存在，为人类提供生产资料、生活空间的同时，必然也会对生活在特定环境的族群产生不可忽略的影响，不同的地域环境下孕育出了更加多样化、丰富多彩的地域文化。湖南独特的地理环境孕育了灿烂的湖湘文明，在不断嬗变中，逐步融入中华文明发展大潮之中，这种演化与发展历程向来为学术界所关注。2021年关于湖湘史志的研究成果依然硕果累累，这些成果既有揭示在湖南新石器文化在内外文化交流碰撞中逐步融入中华文化的进程，也有反映千百年来湖湘人士上下求索、立功立德立言的艰难历程。

一 文化进程中的多元与一元：考古研究中的湖南

新中国成立以来，湖南考古取得一系列重大成果，这些重大考古发

现在增强湖南历史信度、使湖湘文化的历史得到极大延伸的同时，也凸显了湖湘文化与周边文化、与中原文化在悠长的历史长河中不断融合与互动的进程，共同谱写了中华民族光辉灿烂的历史篇章。2021年，学术界围绕湖南考古发现，从多个角度探讨湖南古文明的起源、发展，全方位展现了璀璨的湖南古文明。

2021年10月，由国家文物局指导，中国考古学会、中国文物报社主办的"百年百大考古发现"公布，湖南的道县玉蟾岩遗址、澧县城头山遗址、里耶古城遗址、长沙马王堆汉墓等4项入选。刘敏婕在学术顾问郭伟民、吴顺东的指导下，撰写了《中国百年考古，为何它们代表湖南？》一文，对这4项考古发现进行了介绍，反映了湖湘文化的源远流长。①

刘晓勇介绍了位于道县寿雁镇白石寨村的玉蟾岩遗址。该遗址先后经历1993年、1995年、2004年、2005年4次考古发掘，发掘出了世界上最早的栽培稻标本和最早的陶制品，令世界瞩目。早在2001年6月，玉蟾岩就被列入20世纪中国100项重大考古发现之一。考古专家对在湖南省道县玉蟾岩新石器时代遗址中，发现年代较早的陶片，经多种科学方法测定，陶片的最早年代为距今17000—18000年。刘晓勇指出，玉蟾岩遗址早期陶器材料为夹炭、夹砂陶，成型方法多为泥片敷贴拍打法；装饰方法用编织纹；烧成方式比较简单且烧制温度较低，基本反映了早期陶器的工艺特点。②

鸡叫城遗址位于湖南省常德市澧县涔南镇鸡叫城村，地处洞庭湖西北史前遗址密集的澧阳平原，是新石器时代遗址的典型代表。该遗址发现了中国最早、最完整的木结构建筑基，年代距今约4700年，其体量大、结构规整、基础保存完好，为中国考古百年首次发现，填补了中国史前建筑的空白，丰富了中国土木建筑史的内容，为理解长江流域史前建筑形式与技术提供了重要资料。③ 该遗址入选了2021年度全国十大考古新

---

① 刘敏婕：《中国百年考古，为何它们代表湖南？——揭秘湖南四大考古发现》，《湘声报》2021年12月4日。
② 刘晓勇：《湖南道县玉蟾岩遗址早期陶器探源》，《陶瓷科学与艺术》2021年第12期。
③ 李政：《湖南鸡叫城遗址考古发现距今4700年保存最完整的大型木结构建筑基础》，《中国文物报》2021年10月26日。

第七章　湖湘史志与文献:千年多元复合中的独特与辉煌

发现。

同样发现大型建筑的还有湖南岳阳罗城遗址,2020 年 6 月至 2021 年 1 月,湖南省文物考古研究所、武汉大学历史学院考古系对遗址点进行了考古发掘,获得一批春秋时期典型楚文化陶器等遗物,同时发现了一座大型建筑 F1,可能与作坊类建筑有关。[①]

罗家冲遗址 2013—2017 年的发掘发现了丰富的石家河文化遗存,清理了房址、灰沟、灰坑、长方形坑状遗迹等遗迹,出土了陶器、石器等遗物。这批材料,特别是 3 组高规格回廊建筑材料对研究湘中地区石家河文化时期的聚落特征有重要价值。[②]

2018 年七星墩遗址的调查、勘探和发掘,发现七星墩城址由内、外两圈城垣与城壕组成,内、外两圈城垣为同时修筑。发掘的遗迹有窑址、土坑墓、瓮棺葬等,出土遗物有陶器和石器。此次发掘的遗存分三期,分属于屈家岭文化、石家河文化和肖家屋脊文化,绝对年代为公元前 3100—1800 年。[③]

湖南晚商至西周时期青铜器的文化归属和来源问题由来已久。近年来,伴随着多个重要遗址的发掘,炭河里文化的面貌逐渐清晰,其分布范围与集中出土青铜器的沩水流域重合,成为解决该问题的关键。李朵从辨析炭河里文化的青铜器出发,发现湖南及其邻近地区出土的晚商至西周时期青铜器实际上属于两种年代相继、特征不同的青铜器群,进而具体分析了各器群的文化内涵及其反映的历史背景。[④]

张晓英、杨先云通过徒手切片,并利用光学显微镜对慈利白公城遗址出土的 10 件木质样品进行鉴定。初步推测井壁的制作在当时是比较重要的工作,此时已经在选择性地使用木质井壁原料。从树种适宜生长的环境上看,同时期该遗址附近可能是以阔叶材为主的针阔叶混交林,气

[①] 何晓琳等:《湖南岳阳罗城遗址小洲罗地点 2020 年发掘简报》,《江汉考古》2021 年第 4 期。

[②] 曹栋洋、何佳:《湖南宁乡市罗家冲遗址石家河文化遗存发掘简报》,《考古》2021 年第 5 期。

[③] 王良智等:《湖南华容县七星墩遗址 2018 年调查、勘探和发掘简报》,《考古》2021 年第 2 期。

[④] 李朵:《湖南及邻近地区晚商至西周时期青铜器分群研究》,《江汉考古》2021 年第 4 期。

候温暖湿润。①

　　1987年，长沙市文物工作队在中南工业大学桃花岭建筑工地发掘了一座规模较大的竖穴土坑墓，出土珍贵文物50余件。通过梳理相关考古发现和历史文献，笔者认为此墓是一座五代墓葬，墓主身份为三品以上的高级官吏。②

　　2019年12月，为配合基本建设，长沙市文物考古研究所对湖南省长沙市岳麓区坪塘街道连山村建设项目所在区域进行了考古勘探，对发现的一座砖室墓进行了抢救性发掘。墓葬地形为南方地区典型的低矮丘陵，2012年以来此区域曾多次发现战国至明清时期墓葬。③

　　伍家岭位于湖南省长沙市开福区芙蓉中路与开福寺路交汇处西侧。该区域2004年和2010年先后经过两次发掘，发现战国至明清时期的墓葬80余座，另有少量古井。2017年2月至9月，为配合"天健·芙蓉盛世花园项目三期"工程建设，长沙市文物考古研究所对该区域进行第三次抢救性发掘。④

　　湖南是我国南方出土商周青铜器较为集中的地区之一，出土的铜器中除了部分为典型的中原器，多数具有明显的地方特色，但因铜器很多为零散出土，其族属问题成为重要的学术课题。20世纪末，高砂脊遗址的墓葬出土了一批青铜器，部分形体完整，时代特征明确，并伴出陶器，为研究湖南商周铜器群提供了非常重要的实物材料。⑤

　　湖南宁乡花草坪遗址分别于2001年和2014年度进行了发掘，获得一批新石器时代晚期的遗存。遗存主体属于"堆子岭文化"，年代相当于大溪文化三四期或略晚。这批遗存的发掘和整理为研究湘江流域新石器时代晚期考古学文化面貌提供了重要的材料。⑥

---

　　① 张晓英、杨先云：《慈利白公城遗址出土木材种属的鉴定研究》，《文物保护与考古科学》2021年第6期。
　　② 曹昭：《论长沙中南工业大学桃花岭古墓的年代与墓主身份》，《江汉考古》2021年第1期。
　　③ 孙明等：《湖南长沙连山东晋墓发掘简报》，《文物》2021年第5期。
　　④ 孙明、何佳：《湖南长沙开福区伍家岭唐墓发掘简报》，《文物天地》2021年第5期。
　　⑤ 马江波等：《湖南望城高砂脊遗址出土青铜器科技分析》，《考古》2021年第10期。
　　⑥ 王良智等：《湖南宁乡花草坪遗址新石器时代遗存发掘简报》，《江汉考古》2021年第5期。

第七章　湖湘史志与文献:千年多元复合中的独特与辉煌

2015年年底至2016年年初,为配合炭河里国家考古遗址公园配套设施项目建设,湖南省文物考古研究所对项目用地内的文物埋藏状况进行了考古调查,在钟家湾和新屋湾两处地点发现有商周时期的遗存分布。①

2015年10月至12月,湖南省文物考古研究所等单位对罗城遗址进行了考古发掘,发现该遗址由大小两座城址组成,并大致确定大城年代约在战国时期,为楚国南方一座县城。小城年代为六朝时期,可能为文献记载的罗县。本次发掘对于进一步研究罗城遗址的年代与性质、探讨楚国对南方的开发等问题提供了重要的新材料。②

随着新的材料和研究成果的涌现,人们对包括湖南在内的长江中游新石器时代文化相关问题的认知不断深化,郭伟民梳理了这一过程,包括彭头山文化、高庙文化、汤家岗文化、柳林溪文化、王岗一期文化、大溪文化、油子岭文化、屈家岭—石家河文化的发展流变。郭伟民进一步分析指出,总体考察长江中游新石器文化发展进程,既是不断吸收外来多元文化因素融合统一的过程,也是统一文化共同体内部各区域互动交流的过程。在发展过程中,南北二元结构特征是较为明显的。中国文化正是以这样的二元结构为出发点,创新出华夏文明的多元一体结构,呈现出中华文化恒久的生命活力。③

这一系列全国重大考古发现,让中华文化的天空闪耀着湖湘文化的光芒,而这些研究成果,全方位呈现了看得见、摸得着的湖南历史,在不断完善湖南历史时空框架的同时,也刷新了数千年来人们对上古时期湖南的固有认知,意识到湖湘文化在华夏文明历史进程中的独特地位与作用。

二　新问题、新资料：行进中的湖南古代史研究

湖南古代史研究一直是薄弱环节,一方面是因为湖南的开发较广大中原地区晚,其经济与社会影响力不足;另一方面是地方文献资料相比

---

① 盛伟、赵亚锋:《湖南宁乡市炭河里遗址钟家湾地点商周遗存发掘简报》,《考古》2021年第4期。
② 盛伟等:《湖南岳阳罗城遗址2015年度发掘简报》,《江汉考古》2021年第2期。
③ 郭伟民:《一体化,还是多样性?——长江中游新石器文化进程反思》,《江汉考古》2021年第6期。

文化昌盛的中原与江南地区要少，往往要通过其他文献才能勾勒古代湖南某些历史图景。不过值得关注的是，由于湖南地区出土简牍不仅数量众多，而且序列完整，从战国楚简到晋简一应俱全，为研究湖南，乃至中国上古史、中古史提供了宝贵的原始资料，有效弥补了《史记》《汉书》等传世纸质文献的不足。新资料在2021年湖南古代历史研究中体现得特别明显，围绕简牍等出土文献发现的新问题不断涌现，成为2021年湖南古代历史研究鲜明的特色，这些研究成果为我们更加全面、准确地认识古代湖南发展脉络和历史场景，更好地认识源远流长、博大精深的中华文明提供了可靠的历史经验。

（一）硕果累累的先秦两汉时期湖南史志研究

经过几代学者的辛勤努力，有关秦汉历史研究的基本文献资料大多经过整理，为秦汉史研究提供了良好的基础条件，随着湖南大量简牍文献的陆续出土与整理，为秦汉历史研究开阔了新的视野。尽管秦汉时期湖南经济政治文化发展相对中原地区滞后不少，但是简牍大省的丰富出土文献让湖南成为秦汉历史研究的重镇。

简牍文书中有大量的政治史资料，特别是以当时政府公文为主的官文书，作为政治史料的价值尤为可贵。

《岳麓书院藏秦简（伍）》中有几则关于秦代"案行"制度的史料。张楠对史料本身进行了重新整理，并对其中所反映的"先请""屏匿"和"覆治"三个问题做了新的考述，指出对于有令规定案行须"先请"的官吏、官府，案行官吏和被案行者都要遵守"先请"制度。[①]《岳麓书院藏秦简（伍）》公布了新发现的《秦始皇禁伐湘山树木诏》，孙家洲确认它颁布于秦始皇二十六年（前221），这使完成统一的秦始皇出巡荆楚故地的重要政治举措得以确认，从而增补了《史记》的漏载，联系《史记》的相关记载，可以为确认秦始皇的出巡年份提供关联性思考。这道诏书所体现的文风与传世的秦始皇诏书有明显不同，孙家洲对该诏书的形成

[①] 张楠：《岳麓秦简（伍）所见"案行"史料考论三题》，《中国区域文化研究》2021年第2期。

第七章　湖湘史志与文献:千年多元复合中的独特与辉煌

原因进行了探索。① 曹旅宁对岳麓书院藏秦昭王、庄襄王两条令文的年代、内容进行考释,指出其立法意图及对研究律令法系起源的上限的重大意义。②"从反者"见于《岳麓书院藏秦简(四)》的令文。温俊萍认为就现有出土和传世史料来看,"从反者"之"从"应读本字,释为追随义,"从反者"指反者的依附从属群体。秦政府对"从反者"进行严密追查,捕而不得者,发布"谇书"跨郡县通缉。"从反者"没有被处以死刑,而是从空间上被放逐到边远机构苦作,这一方面可以达到处罚的目的,另一方面也是维护秦新地秩序的需要,不失为一种因时之举。③ 苑苑分析《岳麓书院藏秦简(陆)》新刊布的令文,指出秦代泰匠或宫司空下属的匠负责设计和修建宫室的墙垣,职能包括画图、计算和建造。④

2002年湘西里耶古城出土大批秦简牍,其中包含了丰富的历史地理内容,其编号为"J1(16)3[116]"的秦简牍记载有"昆阳邑"。惠梦蛟以秦汉时期简牍资料和地方志为主要资料,对"昆阳邑"其历史沿革及地望进行考察,并以此为基础探索秦代湘西地区与中原腹地之间的交通路线。⑤ 秦灭楚后新占领的地区可统称为"荆新地"。张梦晗分析里耶秦简记载,指出"荆新地"的郡县设置与秦的军事占领几乎同步,这一方面可能是因为秦的准备充分,另一方面或是出于尽快推行秦制的需要。⑥ 向朝廷进献地方特产,在古代中国是地方顺服的象征。王勇对里耶秦简中的捕猿进献记载进行了探讨,指出秦代迁陵县进献的物产种类很多,猿就是进献的地方特产之一,捕猿进献是迁陵每年都进行的常规活动。从迁陵捕猿的情形判断,进献物品的置办主要是使用官有劳动力,负担本身也不是特别重。进献在当时应该是地方政府负责,而非普通百

---

① 孙家洲:《史籍失载的秦始皇荆楚故地的一次出巡及其诏书析证——岳麓书院藏秦简〈秦始皇禁伐湘山树木诏〉新解》,《中国史研究》2021年第4期。
② 曹旅宁:《岳麓书院藏秦简昭王、庄襄王之令考初步研究》,《秦汉研究》2021年第1期。
③ 温俊萍:《岳麓秦简所见"从反者"发覆》,《简帛研究》2021年第1期。
④ 苑苑:《岳麓秦简所见秦代官方建筑的管理》,《四川文物》2021年第1期。
⑤ 惠梦蛟:《里耶秦简昆阳邑地望考》,《黑龙江史志》2021年第9期。
⑥ 张梦晗:《从里耶秦简看"荆新地"的秦制化进程》,《江苏师范大学学报》(哲学社会科学版)2021年第2期。

— 199 —

姓的法定义务，其费用由地方财政支出。①祁萌以里耶秦简为中心，探讨了秦代私记人称使用现象，指出里耶秦简私记、私检中常以"季""柏"指称收信人，其中的"季""柏"当为收信人的排行或字。里耶秦简中的私记当以迁陵县当地为主，但亦有来自遥远外地者，在称谓的使用方式上有一定共性。②里耶秦简"义陵用度简"是一份官文书，张显成通过对其复原，探讨了秦代官文书的生成、传递和存档，指出其传递过程是"A县库→A县廷→迁陵县廷→迁陵库"，可分为"库告县廷书""丞欧告迁陵主书""迁陵守丞殷告库书"三个传递阶段。此种处理流程是秦汉时期官文书传递流转的重要方式之一，可用于分析"义陵用度简"同类文书的流转情况。③

走马楼西汉简中的别治醴陵、别治长濑是县一级的行政单位，设有县丞、官啬夫、乡啬夫、令史等县廷官职，其民户在户籍上也是登记为别治醴陵、别治长濑。郑威指出，它们可能没有独立辖区，而是寄治于长沙国首县临湘。"别治"这种县级行政单位，可能是西汉废除王陵陵邑制度后，用于管理王陵奉邑的特殊政区。④新近披露的长沙走马楼西汉古井和益阳兔子山七号井所出简牍均属西汉长沙国。⑤

简牍资料中包括许多可以反映当时经济形态和经济水平的重要内容。利用简牍资料研究当时的经济生活状况的论著在2021年秦汉史研究成果中占有较大比重。

谢华对秦朝迁陵县社会生活进行了考察，认为秦朝迁陵县的社会生活真实地反映了当地处在艰辛的开发之中。⑥在另一篇论文中，谢华探讨了里耶秦简中秦朝迁陵县地方治理，指出迁陵县的治理手段与方法具有鲜明的针对性与实用性。迁陵县借助酉水组建了一个区域广大的水路交通网，从而实现了人员、物资的跨地区流动。管控物资钱财是迁陵县官

---

① 王勇：《对里耶秦简中捕猿进献的探讨》，《中国农史》2021年第4期。
② 祁萌：《秦代私记人称使用现象初探——以里耶秦简为中心》，《文史》2021年第3期。
③ 张显成、唐强：《通过里耶秦简"义陵用度简"的复原看秦代官文书的生成、传递和存档》，《档案学通讯》2021年第2期。
④ 王勇：《走马楼西汉简中的"别治醴陵"与"别治长濑"》，《简帛》2021年第2期。
⑤ 郑威：《新见西汉长沙国简牍地名读札四则》，《江汉考古》2021年第5期。
⑥ 谢华：《里耶秦简牍中秦朝迁陵县社会生活考察》，《今古文创》2021年第43期。

府的治理重心。制度完善、监管到位,这样就确保了社会经济与生活的正常运行。①

《史记·货殖列传》所载秦始皇褒奖"巴寡妇清"的原因学界争论纷纭。王博凯认为,当前存在的"尊富重商""供应丹砂""笼络安抚"诸说均缺乏必要理据,难以成立。"改易风俗说"虽符合史实亦有一定道理,但仍未触及问题本质。王博凯结合岳麓秦简新材料,认为秦始皇褒奖"巴寡妇清"可能与秦代推行家庭治理政策有关,道德旌表作为配合法律颁行的手段,将"巴寡妇清"列为典型予以表彰,向巴蜀地区,乃至全国倡导、推行秦家庭治理方针,保持个体小家庭的完整,保证秦徭役征发和赋税征收,维护社会秩序安定才是其褒奖"巴寡妇清"的深层原因。②

《都乡七年垦田租簿》是长沙走马楼出土的一份重要的"乡"一级行政单位土地面积和租税统计材料,记录了临湘县都乡长沙顷王七年的垦田总面积、总田租和平均每亩所收田租,以及各项"出田"记录,并指明了整个都乡的土地使用情况。吕志峰对部分词语进行了解释,并对垦田租簿的结构与内容进行了讨论。③ 原发掘简报认为,走马楼西汉简《都乡七年垦田租簿》的年代当在西汉中期,"七年"即长沙王刘庸七年。但从田租征收来看,按汉武帝早期推算的平均亩产量高达每亩四石,与"卑湿贫国"的长沙国面貌存在很大反差。种种迹象表明,此簿纪年都不像是汉武帝早期,而应当是西汉前期的文帝元年。④《长沙走马楼三国吴简·竹简》(伍)、(陆)、(柒)、(捌)发现了多条新格式的"雀"简,朱文慧综合以往吴简中"雀手足"的记录和以往学者关于"雀"之含义

---

① 谢华:《里耶秦简牍中秦朝迁陵县地方治理考察》,《衡阳师范学院学报》2021年第2期。
② 王博凯:《家庭治理视域下秦始皇褒奖"巴寡妇清"原因新探——基于岳麓秦简一条令文的考察》,《简帛研究》2021年第1期。
③ 吕志峰:《长沙走马楼西汉简〈都乡七年垦田租簿〉考论》,《中国文字研究》2021年第2期。
④ 晋文:《走马楼西汉简〈都乡七年垦田租簿〉的年代问题》,《山东师范大学学报》(社会科学版)2021年第3期。

的假说，认为"雀手足"的"雀"很可能指的是后天疾病造成的手足短小。①

东汉时期的长沙郡人口流动频繁，五一简所见的人口流动类型有流民、客和亡人。五一简可见的东汉临湘地区基层组织有乡、亭、里、丘。百姓生活在这些基层组织中，国家也通过这些基层组织实现对百姓的控制。②

简牍对一些新兴学科的发展起到了前所未有的推动作用，逐渐进入历史地理研究者的视野，简牍携载的人文地理信息得以发掘，大大推进了对历史时期湖南的行政沿革、疆域地理和历史地名学研究。

地名是人类思维对地理实体的概括和反映，是带有稳固性质的专有名词，也是历史和社会的产物。每个时代的地名都在一定程度上反映了当时的语言状况和社会文化。长沙走马楼三国吴简不仅记录了孙吴时期真实的社会生活制度，还保存了大量地名。耿晓晴以《长沙走马楼三国吴简·竹简（陆）》为研究材料，以其他几卷吴简为参考材料，应用审形辨字法、统计分类法和二重证据法等方法对《竹简（陆）》中的地名进行穷尽性整理和系统研究，探讨相关丘、里、乡地名所反映的孙吴相关社会历史制度和县、郡、州地名的建置沿革情况。通过校正补充县级及以上地名的地理历史研究和整合探索乡级及以下地名的基层组织情况，丰富了对三国时期长沙地区地名的认识。③ 湖南是古代百越族群聚居的重要区域。古代湖南区域地名的汉化进程，既是湖南区域古代百越族群与汉族地名文化从隔离到接触、共存和融合的过程，也是认识和理解南方区域地名文化演变的良好案例。④

自元封五年（前106年）汉武帝初置刺史部十三州，将郡国分为多个监察区，诏刺史诣所部以六条问事以来，汉代国家通过分部的方式，

---

① 朱文慧：《走马楼吴简所见"雀"及"雀右旨"》，《湖北文理学院学报》2021年第9期。
② 王朝铭：《五一简所见的人口流动与基层设置问题研究》，硕士学位论文，郑州大学，2021年。
③ 耿晓晴：《〈长沙走马楼三国吴简·竹简（陆）〉地名整理与研究》，硕士学位论文，西南大学，2021年。
④ 周宏伟：《百越族群与湖南区域地名的汉化进程》，《中国历史地理论丛》2021年第3期。

第七章　湖湘史志与文献:千年多元复合中的独特与辉煌

自中央至地方,逐渐建立起一套层次分明的监察体系:中央通过刺史部监察属郡,郡(国)通过督邮部监察属县,县(道)通过廷掾部监察属乡。①

庄小霞对汉晋名刺、名谒简地名书写范式进行了考述,指出《长沙尚德街东汉简牍》184号名刺简载"汉昌待史"之"汉昌",应指东汉时期长沙郡属县汉昌县,而非整理者所言指中山国汉昌县。由此进而指出汉晋时期名刺、名谒简的官爵及郡县乡里(籍贯)的地名书写存在一定范式:根据使用环境(郡国内外)、适用对象(郡国内外人士)、是否同籍熟识等,名刺、名谒简在书写官爵及郡县乡里(籍贯)根据实际情况决定是否省缺郡国名。②

吴简所见临湘模乡辖有九个里,其中宜阳里、富贵里、阳贵里、义成里之名又见于临湘侯国的其他乡,属于"同名里"。这种现象在吴简中相当多见,但却与一般地名规律相悖,亦不见于秦汉至隋唐的其他史料,因而十分特殊。由五一广场简看,东汉时期临湘境内并不存在"同名里",并且诸乡所辖里名与吴初全然不同,这很可能是吴初临湘侯国推行户籍整顿的结果。③

简牍资料中有许多可以使我们较全面地认识当时社会生活风貌的内容,2021年的研究成果为我们呈现了秦汉时期湘人丰富的生活图景。《岳麓书院藏秦简》(陆)中出现的"宫屏"律令,则与皇室祠相关,针对的"浴者"是指在祠庙中供职的太祝、祠祀、太宰等高级官吏,他们受到内史的监管。④ 新近披露的岳麓秦简中有诸多反映秦代孝道伦理问题的新材料。张楠对这些材料予以解读,指出秦人的占梦风俗中蕴含着要求祭亲的孝道伦理,是孝道伦理在秦人精神世界中的体现,孝道伦理是秦

---

① 徐畅:《再谈汉吴简牍中的"长沙太守中部督邮书掾"》,《文物》2021年第12期。
② 庄小霞:《汉晋名刺、名谒简地名书写范式考述——由〈长沙尚德街东汉简牍〉184号名刺简说起》,《简帛研究》2021年第1期。
③ 连先用:《吴简所见临湘模乡辖里与"同名里"现象考论》,《出土文献》2021年第2期。
④ 谢伟斌:《〈岳麓书院藏秦简(陆)〉中"宫屏"及相关问题探析》,《简帛研究》2021年第1期。

代制定法律与政策的重要依据之一,也是考察秦代社会的重要视角。①

西汉中央集权制下,各诸侯国受制于朝廷,包括葬制在内的各项礼制皆"仿帝制"。从目前资料来看,西汉长沙国葬制受汉葬制影响较深。然而长沙地区是先秦楚文化的核心地区之一,楚文化的影响根深蒂固,强势入侵的汉葬制与楚葬制(俗)开始了碰撞、融合,最终形成了以园邑、陵园、陵寝、陪葬墓、外藏坑、黄肠题凑等汉葬制为轮廓,以墓道偶人、椁箱分室形制、内外髹漆套棺、笭床等楚葬俗为内核的极富特色的西汉长沙国陵墓制度。②

除此之外,蒋响元根据交通地理和文献传说,探讨了黄河流域先民入湘的交通问题,指出黄河流域先民沿荆襄道或随枣走廊南迁江汉后,华夏族系多循湘水扩张,栖息长衡盆地及湘南丘地,远及岭南;黎苗族系则溯资水、沅水、澧水退匿,流徙西南。同南阳盆地一样,交通便利、水草丰茂的洞庭盆地是华夏、黎苗两大集团对峙前线,也是争夺焦点。③

(二)颇具特色的三国两晋时期湖南史志研究

走马楼吴简发表以来,学界对该简中关于三国时期孙吴土地相关问题进行了详细研究,取得了丰硕的成果,这些研究主要可分为田土性质、土地制度、田租赋税等几个方面。有学者探讨了孙吴政权之所以制定出这样的土地及租税政策,并且在嘉禾四年到五年进行了一定程度的改革的原因、与当时国内总体形势的变化关系等。④ 走马楼吴简中的"女户"作为当时孙吴基层社会的一种重要现象,是孙吴社会历史研究的重要组成部分。张治华在其学位论文中,对走马楼吴简所见孙吴"女户"问题进行了研究分析,认为"女户"与成年孩子组合家庭的存在是孙吴政府"从俗而治"的结果,且这种现象在西汉时便已存在。作者通过引入恩格尔系数的计算方法推测,"女户"拥有佃田总量的多少并不能完全决定其

---

① 张楠:《岳麓秦简所见秦代孝道伦理问题——以社会风俗、不孝犯罪和官民使役为中心》,《青海社会科学》2021年第1期。
② 陈杰、石荣传:《西汉长沙国诸侯王陵墓制度研究》,《江汉考古》2021年第4期。
③ 蒋响元:《黄河流域先民入湘与南北交通雏形》,《湘学研究》第17辑,湘潭大学出版社2021年版。
④ 曾心昊:《走马楼吴简土地问题研究回顾与展望》,《湖北文理学院学报》2021年第1期。

生活水平的高低,田地质量是其重要影响因素。① 王承干在其学位论文中,对走马楼吴简土地制度进行了研究,指出吴简田地可分为性质田、身份田和赋税田三大类。赋税田则为租田、税田和限田三类,分别对应租米、税米和限米,纳米标准由低至高,缴纳限米者的身份多样,涵盖了从国家官吏到正户民再到依附民乃至叛逃之人的众多群体,显示了孙吴社会控制的体系性、广泛性与严密性。②

关于简牍时代的户籍,里耶秦简和走马楼吴简中有不少户口简例证。虽然目前尚不能完全确定这些简的性质一定是户籍,但秦代、孙吴时期户籍的基本样式已经呈现出来。③

(三) 行进中的唐宋元时期湖南史志研究

唐宋以降,随着经济中心的逐步南移,湖南的开发程度日趋加深,湖南在国家经济版图中的影响力也日益增大,学界对此予以了关注。2021年,学界从政区变革、徭役、地方办学等方面探讨了这一时期湖南地方史志。

唐末时期,湖南地方势力以州为单位纷纷自立,或以观察使治所州为核心开始扩张,或以各自所在州为基础自我防卫。谢宇荣对唐宋之际湖南地区州级政治演变进行了探讨,指出至马楚政权,渐次吞并各州势力,并开始通过马氏子弟掌控节度使治所州,亲信将领分领治下州的模式来掌控整个湖南。马楚亡后,朗州政权依然利用亲信将领统治各州,但逐渐用文人取代武将,并派兵更戍各州。随着各州的地方势力逐渐削弱,北宋才能在灭亡朗州政权后,将北方的文人知州制迅速移植到湖南地区。④

李少伟、周方高从"集议帐"视角探讨了宋代荆湖南路民户对乡役负担的应对,指出北宋前中期,荆湖南路乡役征调以劳役形态为主,其中负责催税的里正、户长役较为艰辛。王安石推行免役法后,湖南路民户深受役钱困扰,免役钱宽剩率始终处于全国高位,这与役钱征收标准

---

① 张治华:《走马楼吴简所见孙吴"女户"问题研究》,硕士学位论文,郑州大学,2021年。
② 王承干:《走马楼吴简土地制度研究》,硕士学位论文,南京师范大学,2021年。
③ 凌文超:《长沙尚德街东汉户口简考释》,《文物》2021年第3期。
④ 谢宇荣:《唐宋之际湖南地区州级政治演变》,《中国历史地理论丛》2021年第4期。

多元化、宽剩钱的制度设计有密切关系。随着保甲法与乡役制的融合，湖南路役法亦反复多变，催税役时差甲头，时差保正、长，实质上又回到了劳役形态。"集议帐"法是由官方提出与保障，民间积极响应，官民共同应对科役不均问题的役法新创，是湖南地区对苛繁乡役的应对与调适，体现了公权力主动吸收基层力量参与乡村秩序整合的尝试。[1]

彭曙蓉关注到了元代关涉湖南的学记文，指出，这些学记文十分推崇儒道，从中梳理出一段由官员主导的学校建设史，有着突出的教育史料价值。正是地方官对学校的积极建设和无私捐助，造就了政学相通的局面，使湖南成为新的邹鲁之邦。[2]

（四）明清时期湖南史志研究

明清时期是湖南传统社会快速发展的时期，同时也是中原王朝对湖南有效控制进程不断深入的时期。2021 年的研究成果主要集中于清代对湖南"苗疆"的治理、湖南经济发展等领域。

明代湖南研究成果并不多。近年来，有关湖南新田骆氏锦衣卫家族的历史资料逐渐被重视，在一些专家学者的爬剔梳抉下开始有了清楚的呈现。安频通过《明史》《明神宗实录》《新田县志》等史料、方志，勾勒锦衣卫家族的基本轮廓，探寻锦衣卫制度在家族内的传承与运转，以此进一步地了解锦衣卫制度的奥秘。[3] 此外，张莹在其学位论文中，对明嘉靖时期洞庭湖区洪灾治理进行了研究。[4]

张爱萍以衡州卫罗氏为例，探讨了明代班军家族的军役承充问题，衡州卫罗氏在经历数代的繁衍之后，逐渐分户别居，形成同籍而异财的军户家族。在这一家族之中，有的分支已经在事实上摆脱世袭军役，由于屯田的存在，军户身份的保持仍是家族生存发展的必要条件。[5]

清初两湖"分家"一直是学界研究的热点问题之一，学者们围绕湖

---

[1] 李少伟、周方高：《从"集议帐"看宋代荆湖南路民户对乡役负担的应对》，《宋史研究论丛》2021 年第 2 期。

[2] 彭曙蓉：《元代湖南学记文与官员教育政绩关系考论》，《湘学研究》第 17 辑，湘潭大学出版社 2021 年版。

[3] 安频：《湖南新田骆氏锦衣卫家族考论》，《湖北第二师范学院学报》2021 年第 3 期。

[4] 张莹：《明嘉靖时期洞庭湖区洪灾治理研究》，硕士学位论文，吉首大学，2021 年。

[5] 张爱萍：《明代班军家族的军役承充——以衡州卫罗氏为个案》，《湘学研究》第 17 辑，湘潭大学出版社 2021 年版。

南建省的相关问题展开了充分讨论。朱永泉认为，湖南建省（湖广分省）并非一蹴而就，而是逐步完成的，考察湖南建省应该以"省"的军政首脑——巡抚以及其衙署的变迁为主要参照。其他如布政使、按察使、学政等均是巡抚的属官，他们的废设对建省、成省并不是决定性因素。作者认为在湖广分省、湖南建省过程中，偏沅巡抚起到十分重要的作用。因此，湖南建省（湖广分省）始于巡抚分治，偏沅巡抚设立之初，负责代理湖广巡抚属地职责，到与湖广巡抚划区分治，再到更名为湖南巡抚，实际上是湖南建省（湖广分省）的过程。[1]

乾隆前期皇帝励精图治重视国家治理，以保甲为核心的地方社会职役得到推行与完善，行使各种职能，在治理地方社会中发挥着重要作用。如何把握地方社会职役的权限，成为官府实践中遇到的重要问题。常建华认为，湖南地方社会职役不仅在缉盗、治理私宰方面发挥作用，在治理溺婴、卖休以及自杀轻生方面也引人注目。湖南官府借助保甲等职役的地方社会治理，是清代国家治理中的重要实践，湖南民众的日常生活也被纳入国家治理的背景之下。[2]

湘西是苗族聚居地，历代中央王朝都无法对其实施有效控制，这一局面一直持续到清代康雍乾年间对湘西"苗疆"的大规模开辟，在一系列强有力的军事、政治、经济措施之下，"苗疆"最终纳入了国家的治理体系之中。学界围绕这一过程展开了充分研究。

明清以来，湘西地区治理成为中国西南区域治理的重要内容。在"改土归流"以及"苗疆"与内地"一体化"进程中，"军管苗寨"制度应运而生，并在当地基层管理中发挥重要作用。而大量客民的进入使湘西基层社会矛盾有所加剧，爆发了"乾嘉之乱"。至此，康乾时期所形成的营汛—村寨体系已不能适应地方治理的需要，清王朝不得不根据实际情况对已形成的营、汛、塘治理格局进行反复调适。周妮认为，从管控体系的初步形成到普遍适用及适时调整，这一变化过程深刻地反映出湘

---

[1] 宋永泉：《偏沅巡抚在湖南建省中的作用探析》，《贵州师范学院学报》2021年第10期。
[2] 常建华：《乾隆前期湖南的职役与地方社会治理》，《江西社会科学》2021年第8期。

西地区基层治理、民族融合的艰辛以及区域社会历史发展的大趋势。①

清朝有严格的民苗隔离政策。为了避免军队与苗人接触，清廷推行了限制军屯扩大并从内地输送军粮、协饷的补给模式。谢祺认为这一模式并未彻底解决军队补给问题，苗疆清军往往自行就地解决补给——向驻地和运输路线附近苗人派差役、采买物资。接受军粮的贵州和提供军粮的湖南出现了两种不同的财政处境，造成湖南比贵州承受更大的政治压力以及运输带来的社会经济消耗。直至嘉庆年间，湖南走出了与贵州不同的苗疆治理路线，以节省经费为直接目的的新式复合屯田制度应运而生，此举不仅节省了经费，更终止了前述的恶性循环，促进了湘西民族融合和社会发展。②

三 稛载而归：令人瞩目的晚清湘军集团与近代湖南

在中国数千年历史长河中，湖南在多数时间里默默无闻，但是近代以来，湖南人才井喷，形成了一个又一个数目庞大的人才群体，为世人所瞩目，从鸦片战争后出现的经世派群体，到咸丰同治年间出现的湘军集团，到19世纪末的维新派群体，再到清末民初的辛亥革命领袖群体，五四运动后，又有毛泽东、刘少奇、贺龙、彭德怀等中共革命领袖，在以救世匡难为担当的近代，千年湖湘文化哺育的湖湘英杰迸发出璀璨光芒，绘就了近代中国最华美的篇章。

晚清湘军集团的强势崛起，对中国近代历史进程产生了极其深远而重大的影响，湘军研究一直是晚清史研究、中国近代史研究的重要课题之一。近年来，新理论和新方法的引入，使得晚清湘军集团研究不断深入。2021年，学术界围绕湘军集团的自身建设、湘军对晚清政局和本地社会的影响等问题进行了探讨。

两江总督为清朝东南第一要缺，重要性不言而喻。1902年湘军领袖刘坤一去世后，江督陷入群雄逐鹿的境地，湘人江督格局难以为继，东

---

① 周妮：《清代"军管苗寨"制度与湘西基层治理机构的设置及运行》，《中央民族大学学报》（哲学社会科学版）2021年第6期。
② 谢祺：《清代湘黔苗疆的粮饷供给模式及其分化原因探析》，《中国农史》2021年第4期。

南湘军随之衰落。韩策认为，究其原因，除湘系自身老化外，实与辛丑回銮后清廷的集权政策和袁世凯的北洋势力强势南下密不可分。①

晚清湘军的兴起对湖南乃至全国产生了重要的影响，湘中地区作为多位湘军将领的出生地，受其影响更加深远。社会结构转变，士绅阶层权势扩张，士绅民居出现阶段性繁荣。龙晓露以娄底涟源市杨市镇务本堂刘氏家族湘军将领府第建筑的变迁为例，从湘军历史源流和刘氏家族发展史入手，结合实地考察、测绘以及相关族谱资料，对刘氏家族湘军将领府第建筑的演变进行剖析，构建湘军兴起这一历史事件与湘军将领府第建筑演变这一建筑现象的内在逻辑关联。②

黄鹤鸣认为，湘军的出现和发展，在一定程度上影响了中国近代历史的进程，对清末社会影响颇深，主要体现在：汉人在清朝权力格局的地位有所提高，改变了清朝的兵制，加速了晚清中国的近代化进程，地方的地主武装成为国家军事的支柱，促进了湖南地区的人才辈出。③

庞毅以湖南和浙江为例，探讨了地方五四运动的内在理路及其影响，指出地方的五四运动研究经历了三波浪潮。第一波主要是对地方"五四"的全面介绍，第二波则是聚焦于地方"五四"的某个方面。两波浪潮均受到了"国史"叙事的影响，地方"五四"的叙述多是对"五四"中心北京、上海的回应。第三波以地方为"中心"，重新审视"五四"在地方发生的内在理路及其影响大小。作为地方的五四运动研究，还可以从扩大研究人群、进行比较研究、回应"五四"研究的重要议题等方面做进一步的推进和拓展。④

---

① 韩策：《清季"湘人江督格局"的终结与"北洋下南洋"的形成》，《史学月刊》2021年第8期。

② 龙晓露：《湘军将领府第建筑的变迁——以务本堂刘氏家族建筑为例》，《湖南人文科技学院学报》2021年第5期。

③ 黄鹤鸣：《论湘军的组建发展对清末社会的影响》，《湖南人文科技学院学报》2021年第4期。

④ 庞毅：《地方的五四运动：从"边缘"回应到地方"中心"——以湖南和浙江为例》，《广东党史与文献研究》2021年第1期。

第二节　互为补益的湘学出土文献与传世文献研究

湖南是文化大省，数千年历史的积淀造就了丰富的历史文献，尤其是以简牍为代表的出土文献更是让湖南成为简牍大省，这些文献记录了湖南历史发展历程，其蕴含的独特文化价值让湖湘文化充满了魅力与张力。2021年的湖南文献整理与研究仍然硕果累累，特别是适逢中国共产党建党100周年，红色文献与传统历史文献的整理与研究相得益彰，共同谱写了湖湘文化的绚丽篇章。

一　简策汗青今具在：简牍文献整理与研究

湖南是简牍大省，自20世纪90年代以来，湖南常德市、湘西自治州、怀化沅陵、长沙走马楼和东牌楼、郴州苏仙桥、益阳等地陆续发现简牍遗址，出土简牍数量更是达到惊人的数十万枚，简牍所载内容，几乎涵盖了我国使用简牍记事的所有时代。学界围绕湖南出土简牍的整理研究、保护与修复，积累了大量的文献资料，浮现了一批优秀的简牍整理保护专业人才。2021年，湖南出土简牍的整理方兴未艾，有力地推进了中国古代史和湖南地方史的深入研究。

郭伟涛根据古井简的发掘情况，包括层位、伴出物、简牍状态，并结合简牍内容，分析了走马楼吴简、里耶秦简等古井简的弃置过程与性质问题。指出，走马楼吴简属于官府档案的一次性集中清理废弃，应该是直接从文书档案室拿来弃置井中的，且弃置之前简牍保持编联成卷的状态。五一广场简、东牌楼东汉简等与之近似。兔子山九号井简牍、苏仙桥晋简，或介于走马楼吴简与里耶秦简两种类型之间。[①]

（一）里耶秦简整理与研究

里耶秦简发现于湖南省湘西土家族苗族自治州龙山县里耶镇里耶古城，主要内容是秦洞庭郡迁陵县的档案，包括祠先农简、地名里程简、户籍简等。对于里耶秦代简牍发现的意义，学界认为它是继秦始皇兵马俑之后秦代考古的又一重大发现，其研究成果将大大填补史料的缺轶。

---

① 郭伟涛：《论古井简的弃置与性质》，《文史》2021年第2期。

2021年，学术界从小学、文献学等不同角度对里耶秦简进行了解读与释义。

沈刚对里耶秦简中的"谒"和"应"为核心的语词进行了探讨，认为它们在行政文书中均有其特殊意义，并指出"谒告"主要发生在县与县之间，基本流程是本地诸官（谒告）→本县丞（中转）→外县丞（报）→外地诸官。"谒令"为县级下属机构，请求县廷命令某机构做某事。县与郡之间也存在着谒令。"应令"或"应书"是上级机构要求下级机构执行政务的文书用语。"谒"到了汉代，仅仅是文书中的谦辞，反映了地方统治技术逐渐成熟。①

李官丽辑录了里耶秦简缀合成果492组，并对每组缀合简的简号、缀合者、出处、时间以及争议缀合、误缀等相关信息进行整理，再以表格方式呈现。②

谢坤对里耶秦简做了四则札记。具体包括：补释8—479号简中的"自食"；缀合8-257+8-937+8-1078、8-1882+8-1849+8-1322、8-24+8-331等三组残简。③

孔德超以《岳麓秦简》第四册和第五册中两组秦律和四组秦令简文为语料，从字词关系、造词理据等方面，利用文字学、音韵学和训诂学的相关知识对其中"觉室""澍穜""子""办治""都市""从事"六组词语进行相关补释。④

里耶秦简蕴含较为丰富的中医学内容。张炜等从里耶病方、服药宜忌、药物制备、疾病看护等方面对里耶秦简涉医内容进行较为全面的梳理，发现里耶秦简记录有疾病十余种，植物、动物、矿物类药物二十余种，病方十余首，以及服药宜忌，药物种植、采收与炮制储存等内容。治疗疾病有汤、散、丸、酒等药物剂型，以及艾灸、熨法、外洗、敷药、热饮法、巫术疗法等治法，当时甚至还有病者看护所。与马王堆《五十二病方》比对，里耶秦简出现了多条与之相同的病方简文，可见《五十

---

① 沈刚：《里耶秦简牍中的"谒"与"应"》，《简帛研究》2021年第1期。
② 李官丽：《里耶秦简缀合概览》，《简帛》2021年第2期。
③ 谢坤：《里耶秦简校读四则》，《江汉考古》2021年第5期。
④ 孔德超：《〈岳麓秦简〉第四、五册词语补释六则》，《乐山师范学院学报》2021年第9期。

二病方》所收录的病方早在秦代就已经出现。①

何有祖考释了里耶秦简 8 - 782 + 8 - 810 "𩠹" "欲报"、8 - 1174 "䌛"、8 - 1554 "择" "发"、8 - 2134 + 8 - 2102 + 8 - 2099 "庆" "适"、8 - 2364 "达" 等字,对简文文意做了进一步疏解。②

(二) 长沙走马楼吴简整理与研究

1996 年 7 月至 11 月在湖南省长沙市五一广场走马楼街西南侧的平和堂商贸大厦建设工地编号为 J22 的古井中出土了大量竹简,简牍记载的时间大致是建安二十五年（220）到嘉禾六年（237）。2003 年 11 月,长沙市文物考古研究所等配合当地建设工程进行考古发掘,清理出一批古代水井,在 8 号井（J8）中出土了 2191 件竹木简牍,同出的还有一批陶器和建筑材料。宋少华做了发掘简报,指出这批简牍应为汉武帝时期长沙国第二代康王刘庸在位时的官方行政文书,对研究汉代法律制度的演变,尤其是诸侯王国的法制状况提供了珍贵资料。③ 陈松长根据长沙走马楼西汉古井出土的简牍材料,分别对西汉中期长沙国的县置新知、职官新名、狱讼文书、巡查劾状、赋税征收、文字异写与草化等六个方面进行较为详细的分析和论证。④

张赟综合利用前人的研究成果,以汉字构形学理论为基础,运用对比、归纳的方法全面考察《长沙走马楼三国吴简·竹简》（陆）的构形情况,分析《长沙走马楼三国吴简·竹简》（陆）文字构形的系统性及其演变。⑤ 走马楼吴简作为手写材料,存在不可避免的别字现象。耿晓晴以《长沙走马楼三国吴简·竹简》（陆）中的简文材料为基础,搜集分析其中的九组别字,可以发现与正字对比,别字产生的类型可分为简省构件或笔画、繁增构件、偏旁讹混三类。从别字出现的语境看,可分为出现在年号"嘉禾";出现于地名,大多为丘名两类。产生别字主要原因是读

---

① 张炜等:《里耶涉医秦简研究》,《中医文献杂志》2021 年第 3 期。
② 何有祖:《读〈里耶秦简（壹）〉札记（五则）》,《出土文献》2021 年第 1 期。
③ 宋少华:《长沙市走马楼西汉古井及简牍发掘简报》,《考古》2021 年第 3 期。
④ 陈松长:《长沙走马楼西汉古井出土简牍概述》,《考古》2021 年第 3 期。
⑤ 张赟:《〈长沙走马楼三国吴简·竹简（陆）〉文字构形系统研究》,硕士学位论文,山东师范大学,2021 年。

音相近、字形相近、个人简省等几个方面。① 走马楼西汉简中有十五支简属于同一册书，是一份关于"传舍"损坏情况的举劾通报，内容完整，涉及对失职官员的举报与处理，同时反映了当时传舍的建筑规模与常规设施，具有鲜明的地方特色，未见于传世古籍，是不可多得的珍贵史料②。

（三）岳麓书院藏秦简整理与研究

2007年12月，湖南大学岳麓书院从香港古董市场购来2000余枚秦简，这些秦简所载内容可分为《质日》《为吏治官及黔首》《占梦书》《数书》《奏谳书》《秦律杂抄》《秦令杂抄》七类，为研究秦时数学、法律、社会、地理等不可或缺的第一手材料。2010年起，整理小组按其所分类别将岳麓秦简陆续整理出版，各卷揭载了岳麓秦简的彩色图版、红外线图版及简册报告等材料，并明示释文。王牧云等研究人员发表了一系列文章，对岳麓书院藏秦律令简进行了集注。③ 孔德超、牛海茹结合出土文献和传世典籍，分别对《为吏治官及黔首》和《占梦书》中的八个字词进行了解诂。"栈"指马床，也就是编木制成的垫子，用于防马受湿；"隋"释为"堕"和"隳"皆可，"隳"为"堕"字俗体，可训为"毁坏"；"徼迣"即"邀迣"，为一个同义复合词，义为遮拦、拦截；"貣責"，即贳贷，可理解为借贷、赊欠；"邦门"指"国都之门"；"洫"当释为"溢"，指水满而流出；"潘洛"当读为"繁露"，指古代帝王贵族冕旒上所悬的玉串；"兵死"指"死于战争的人的鬼魂"。④《岳麓书院藏秦简》第四卷第366—371号6枚简，整理者称为"毋夺田时令"。陈伟改释"入""八月"等字，拟释"然""农"等残字，并通过对竹简形制的分析，推测372、374两枚残简可缀合为一简，插在366号与367号二简之间。在内涵解读方面，辨明"禁锢"是针对黔首活动空间的限制，"锢"指固化罪犯身份，二者是否等同尚难断言。对种、治苗、获等"田

---

① 耿晓晴：《〈长沙走马楼三国吴简·竹简（陆）〉中的别字现象例析》，《湖北文理学院学报》2021年第3期。
② 李均明：《走马楼西汉简〈长沙邸传舍劾文书〉解析》，《中州学刊》2021年第1期。
③ 王牧云等：《岳麓书院藏秦律令简集注（一）》，《简帛研究》2021年第1期。
④ 孔德超、牛海茹：《〈岳麓秦简（壹）〉字词解诂（八则）》，《简帛研究》2021年第1期。

时"所指，也做有分析。①《岳麓书院藏秦简》因其年代久远，疑难词较多，黄丽梅运用训诂、文字、音韵等知识，选择八个尚存分歧或未注释的疑难词，对其进行考释②。

陈松长主编的《岳麓书院藏秦简（伍）》于 2017 年由上海辞书出版社出版发行，该书是有关秦代律令文献的汇集，共收 337 枚简，是研究秦代法律和历史的最新材料。整理者对这批简进行了注释，张馨月发现释文存在体例不一、释字有误、文字可释而未释、简序编联有误、符号标点有误等几个方面的问题，故在其学位论文中，按照整理者的分组进行校注，并根据简文文意参照相关编联成果对简序进行调整，重新做了释文。③ 张立东在其学位论文中，搜集、整理学界已有的相关研究成果，以及传世文献与出土文献中可以与《岳麓书院藏秦简（伍）》相互印证的材料，对其进行全面解读，形成集释。④

（四）长沙五一广场东汉简整理与研究

2010 年 6 月，在施工中的长沙市中心五一广场东南侧的地铁 2 号线"五一广场站"下，于距地表 6 米深的地下隧道工地中发现了简牍。五一广场东汉简牍数量近 7000 枚，是全国东汉简牍中数量最多的一批。

目前，法律文书是长沙五一广场东汉简牍出土最多的文书种类，王致远在其学位论文中，以文书的内容为依据进行划分，其中主要包括司法判决记录、执法过程记录、案情记录等多方面或不同环节的内容。王致远在其学位论文中，以法律文书的内容为依据将长沙五一广场东汉简牍的法律文书划分为三类。第一类文书主要涉及对案件的调查考证。第二类文书主要涉及执法环节和司法环节的过程记录。第三类文书是案件记录，一方面是以汇报的形式呈现法律案情，另一方面仅见法律案情记录，但内容涉及不同领域，其中包括特定地区的民情调查、经济活动以

---

① 陈伟：《岳麓秦简"毋夺田时令"文本复原和相关问题探讨》，《江汉考古》2021 年第 6 期。
② 黄丽梅：《〈岳麓秦简〉疑难词考释八则》，《四川职业技术学院学报》2021 年第 2 期。
③ 张馨月：《〈岳麓书院藏秦简（伍）〉校注》，硕士学位论文，辽宁师范大学，2021 年。
④ 张立东：《〈岳麓书院藏秦简（伍）〉集释》，硕士学位论文，吉林大学，2021 年。

及其他不同形式的违法犯罪内容。①

其他一些地方的出土简牍同样一直为学界所关注。

长沙市尚德街084号木牍集中摘抄了一些以诏书形式颁布的令文，因其多以"诏书"起首，暂称之为"诏书"木牍。该木牍纵裂，文字不易辨识，杨小亮对木牍文字重新释读，并在此基础上对其内容、性质等略做讨论。②

2013年5—11月，湖南省文物考古研究所与益阳市文物管理处联合对兔子山遗址进行了抢救性发掘，11口古井中出土了简牍，其中七号井（编号J7）出土简牍资料甚为丰富。张春龙、张忠炜将简牍的初步整理情况进行了述略。③

马王堆汉简《十问》"麂"，旧多释为"麓黎"，孟跃龙认为应改释为"霉（麋）墨"。马王堆帛书《老子》甲本"揣"字，传本多作"投"，前人或释为"拄"，作者认为可改读为"触"。④

除了简牍文献的整理与研究，其他一些文献载体在2021年也取得了一定的成果，如简帛、石刻等。

《长沙马王堆汉墓简帛集成》中收录的汉简遣册、签牌，整理者已经做了高水平的整理，是目前最为精审的整理本。但存留的疑难问题还有一些，也有继续研究的必要。萧旭侧重语词考辨，在前贤时彦研究基础上，信守"考本字、探语源、寻语流、破通假、征方俗、系同源"的治学理念，是而未尽者申证之，未及者补之，误者正之。⑤

二　石刻研究

永州位于潇湘二水交汇之地，又处于荆楚——岭南南北交通要道之上，其独具特色的"水石文化"为永州摩崖石刻的产生提供了自然地理

---

① 王致远：《长沙五一广场东汉简牍法律文书分类整理及研究》，硕士学位论文，河北师范大学，2021年。
② 杨小亮：《长沙尚德街084号东汉"诏书"木牍补征》，《文物》2021年第3期。
③ 张春龙、张忠炜：《湖南益阳兔子山遗址七号井出土简牍述略》，《文物》2021年第6期。
④ 孟跃龙：《马王堆简帛札记二则》，《文献语言学》2021年第2期。
⑤ 萧旭：《马王堆汉简遣册、签牌校补》，《秦汉研究》2021年第2期。

的条件。中唐时代,生性浪漫的文学家元结对永州山水泉石情有独钟,他对阳华岩、朝阳岩、三吾胜迹的命名与文化开发,他对《大唐中兴颂》的改写与书刻,使永州摩崖成为南北乃至中外文学文化交流的重要平台,并由此形成永州摩崖石刻的三大特色系列:偏重政治性的铭颂、偏重文化性的榜题以及偏重文艺性的诗文。这不仅丰富了永州地方文化和古代石刻文化的内涵,而且从一个特殊角度展示了中国古代文化的精神与特色。① 玉琯岩位于九嶷山旁,现有石刻 23 处,其中最具标志性的石刻当属岩洞门口左侧的"九疑山"巨幅榜书,为南宋道州刺史方信儒所书,每字 1.7 公尺见方。岩洞门口右上方的《无为观庄田记》记载了无为观的始创年代及庄田分布,依据石刻的落款年代及字体、刻工,可知此石刻磨勒于唐代晚期,当为玉琯岩可见的最早摩崖石刻。此石刻的发现,为将玉琯岩的刻石历史推至唐代提供了有力的证据支持。② 李花蕾甄选了湖南两宋摩崖石刻一百幅,分为诗刻、题记、题名、榜书、图刻五类。各类之下,按时间依次编联。每幅拓片又分为标题、图像、提要、释文、人物小传、考证六项,事多则详,事简则略。③

兰溪勾蓝瑶寨位于湖南省永州市江永县兰溪瑶族乡,近年来,该地历史文化遗产不断被发掘,高健在其学位论文中,探讨了勾蓝瑶寨碑林石刻。④

三 册府千年:湘学传世文献整理与研究

2021 年湖湘传世文献整理与研究,从涉及内容来看,涵盖了汇编性文献专著、历史人物文集的结集出版,也有今人整理之名家散逸文献刊于相关刊物;从文献涉及时间来看,主要集中在近代,又以晚清湘军集团文献资料的整理与研究最为亮眼。

自 2007 年中华古籍保护计划实施以来,全国古籍保护工作获得长足

---

① 程章灿:《方物:从永州摩崖石刻看文献生产的地方性》,《武汉大学学报》(哲学社会科学版)2021 年第 1 期。
② 敖炼:《湖南玉琯岩唐代摩崖〈无为观庄田记〉考释》,《湖南科技学院学报》2021 年第 4 期。
③ 李花蕾:《湖南两宋摩崖石刻考释》,广西师范大学出版社 2021 年版。
④ 高健:《勾蓝瑶寨碑林石刻研究》,硕士学位论文,湖南师范大学,2021 年。

第七章　湖湘史志与文献：千年多元复合中的独特与辉煌

发展，其中各地古籍普查登记工作进展顺利，《湖南省古籍普查登记目录》是湖南省古籍保护工作的阶段性成果，具有里程碑意义。收录古籍普查数据近2.2万条，按地区分为五卷，分别为长沙市·株洲市·湘潭市卷、衡阳市·永州市·郴州市卷、邵阳市·娄底市卷、岳阳市·常德市·益阳市·怀化市卷、湘西土家族苗族自治州卷。2021年，邵阳市·娄底市卷①和湘西土家族苗族自治州卷②顺利出版。同年还有公藏机构古籍线装书目出版：中共湖南省委党校图书馆等九家收藏单位的古籍普查登记目录出版，收录湖南中医药大学图书馆、湖南大学岳麓书院、岳麓书社、浏阳市图书馆等九家收藏单位的4000余条数据。③ 此外，还有湖南省二十三家收藏单位古籍普查登记目录（岳阳市；常德市；益阳市；怀化市）收入岳阳市图书馆等单位古籍5072部50455册。④

2021年湖南人物文献整理与研究集中于明代李东阳。湖南茶陵人李东阳是明代著名政治家、文学家，作有《拟古乐府》101题101首，学界大多以古乐府评之。张煜则认为，李东阳创作乐府诗的初衷、乐府诗命题与选材、诗歌的音乐性与体式非传统意义上的古乐府，名为"拟古"，其实为"新"。⑤ 李东阳同样也精于篆书，但印史未曾留名。朱琪指出，李东阳有多首诗作论及治印，并自述篆刻石章经历，可为篆刻史补缺。以李东阳为中心，可以进一步勾勒出其学生乔宇，以及徐霖等文彭之前的篆刻家群体，进而提出"前流派篆刻"这一新印学概念。⑥ 新见李东阳撰《明故御用监太监掌浣衣局事傅公墓志铭》《明故司设监太监韦公墓志铭》，记述了明代宦官傅庆和韦记的生平及内廷任职情况。在明代，一些

---

① 本书编委会：《湖南省八家收藏单位古籍普查登记目录 邵阳市 娄底市》，国家图书馆出版社2021年版。
② 本书编委会：《湖南省四家收藏单位古籍普查登记目录 湘西土家族苗族自治州》，国家图书馆出版社2021年版。
③ 本书编委会：《湖南省九家收藏单位古籍普查登记目录 长沙市 株洲市 湘潭市》，国家图书馆出版社2021年版。
④ 本书编委会：《湖南省二十三家收藏单位古籍普查登记目录 岳阳市 常德市 益阳市 怀化市》，国家图书馆出版社2021年版。
⑤ 张煜：《李东阳〈拟古乐府〉新变——兼论对明清咏史乐府的开启》，《北京化工大学学报》（社会科学版）2021年第3期。
⑥ 朱琪：《明代中期篆刻家钩沉与"前流派篆刻"概念的构建——以李东阳、乔宇、徐霖为中心的印史思索》，《中国书法》2021年第8期。

宦官权如外廷元辅，一度和士大夫分庭抗礼。李花蕾指出，李东阳位居士大夫阶层的顶端，却频频为宦官撰写墓志，所撰墓志又均未载入其文集，这一现象从侧面反映了明代士大夫阶层与宦官之间错综复杂的关系。[1]

在濂溪学史料中，有一些出现在濂溪学专门文献或理学相关文献卷首或卷尾，主题与周敦颐著述、思想相关的序跋，这些被王晚霞概括为濂溪学序跋。这些序跋部分被收录入已有濂溪学文献中，还有大量散见于相关地方志、别集中，大致有一百多篇，其内容在追忆周敦颐生平、阐述文献编订因缘的同时，更重要的是从不同侧面阐发、传播周敦颐思想。[2]

清乾隆三十七年（1772），乾隆帝下诏开始编纂《四库全书》。此后，各省将公私所藏善本书籍纷纷进呈到北京。《四库全书》是收录中国传统典籍最丰富、最完备的集成之作，但同时禁毁书籍之多也是我国文化史上的一次巨大灾难，湖南一直与采书和禁书运动相始终。陈锦涛指出，相较于其他省，湘省所能进呈的书目较少，但禁毁数量居全国前列。这其中既有三湘先后为南明、吴三桂等势力所据，清廷统治力量薄弱的政治因素，也有王夫之等明遗民著述和文化活动的影响。[3]

随着地域文学研究的兴起，地域总集的研究也逐渐成为焦点。清代湖南文章总集作为地域总集的重要分支，数量浩繁且类型多样，蕴藏着丰富的历史文献资料，具有重要的文学价值、史料价值和文化价值。黄丽俐在其博士论文中以清代湖南文章总集为研究主体，根据文本的性质和内容，将其分为省域、郡邑、宗族、课艺四类，既探讨各类总集在时代背景之下的形成、发展与变革，又以具体的总集文本为参照，探究其中蕴藏的文学文化内涵，指出清代湖南文章总集经宋代发轫、明代发展，到清代步入编纂高峰期。[4] 在黄丽俐的另一篇论文中，对近四十年来湖南

---

[1] 李花蕾：《新见李东阳撰宦官墓志铭考述》，《兰台世界》2021 年第 1 期。

[2] 王晚霞：《濂溪学序跋的内容与价值》，《湘学研究》第 17 辑，湘潭大学出版社 2021 年版。

[3] 陈锦涛：《〈四库全书〉纂修过程中的湖南采进与禁毁书目》，《贵州文史丛刊》2021 年第 3 期。

[4] 黄丽俐：《清代湖南文章总集研究》，博士学位论文，湖南师范大学，2021 年。

文章总集的整理与研究成绩进行了全面回顾，指出，这些成果丰富和推进了湖南文章总集的研究，但尚有不少文献有待进一步发掘和整理。①

近代湖南人物，特别是湘军集团人物历史文献整理与研究依然是2021年湘学文献研究与整理的重点。

曾国藩是晚清湘军集团的核心人物，与之相关的文献整理与研究总是学界关注的重点。晚清曾国藩编选《十八家诗钞》收魏晋到宋元时期18位诗人的6500余首诗歌，附少量点评校注，其书特色鲜明，所选录的诗人和作品体现了诗歌发展的时代风貌和诗人的主要成就，然体量巨大，读来颇费工夫。雷黎明、吴遁生对曾氏《十八家诗钞》进行了选注，选取其中尤精之诗426首，按诗体（五古、七古、五律、七律、七绝）排序，每体下按作者编排，增入作者小传和名物典故注释，诗择有补于时、多可取法者，注择义最安、易阅读者。②

胡林翼是晚清中兴名臣之一、湘军重要首领。胡林翼主编汇纂的《读史兵略》应战争所需专门批注军事地理相关内容，其疏于章句训诂的专题注释属于实用之学，为后世读者研讨兵略学习兵法提供了极大便利。秦跃宇、符静经过整理辨析，指出《读史兵略》误注类型主要存在同名异实、混淆致误，以偏概全、欠详致误，因袭致误，不明地望致误，不明政区界线致误以及其他个别原因致误。③ 牛树梅、牛树桃《胞兄纪略》一书录有胡林翼致牛树梅信札一通、祁寯藻复牛树梅信二通，均不见胡、祁二人相关著述，当为佚札。孟永林对信札内容进行了研究，指出信札对于研究湘军以及胡林翼吏治、人才思想具有重要的文献价值，而对于钩稽祁寯藻晚年生平事迹、师友交际也具有一定的史料参考价值。④

左宗棠是晚清重臣，军事家、政治家，湘军著名将领，洋务派代表人物之一，与曾国藩、李鸿章、张之洞并称"晚清中兴四大名臣"。国家博物馆藏四通左宗棠致许振祎信札，与《左宗棠全集》所据底本不同，是平定回民起义期间，两人关于恢复推动陕甘教育举措的讨论。单凌寒

---

① 黄丽俐：《近四十年来湖南文章总集的整理与研究》，《湖南人文科技学院学报》2021年第1期。
② 雷黎明著，吴遁生注释：《学生国学丛书 十八家诗钞》，商务印书馆2021年版。
③ 秦跃宇、符静：《胡林翼〈读史兵略〉地名误注考释》，《城市学刊》2021年第5期。
④ 孟永林：《胡林翼、祁寯藻集外书札三通考释》，《古籍整理研究学刊》2021年第1期。

指出，其中最重要的是两人配合恢复岁考科考，除去极边远地区外，陕甘各地均一一按试；推动陕甘分闱，请设甘肃学政，并谋求增加甘肃乡试中额。对左宗棠的武功定边、文教治理是极有力的佐证。①

王玮以晚清重要人物郭嵩焘为例，根据史料对其的记载和撰述，将有关其档案类史料、奏议类史料、书札和日记类史料、传记类史料、结集类史料等不同史料进行勾连贯通，指出对比勘验印证，能够对郭嵩焘的人生历程有着清晰认识和准确评价。②

曾国荃是晚清名将，湘军首领之一。国家图书馆与故宫博物院藏有曾国荃致翁同龢信札4通，是研究曾国荃与翁同龢关系的重要材料。李文君对这4通信札进行了考订，指出，从时间上看，主要作于曾国荃任职两江总督期间；从内容上看，主要涉及曾纪泽后事的处理、陈湜复出的运作、江南地方事务的通报等；从文献价值上看，对研究湘乡曾氏与常熟翁氏的关系、地方督抚与京官要员的往来、丰富《曾国荃全集》等均有一定的意义。③

李元度乃清代湘军著名将领、官员、学者，与曾国藩、沈葆桢、郭嵩焘等近世名人关系甚密。广西壮族自治区博物馆藏有李元度书信一通，书于清光绪二年，此前未刊。李霞、刘少波通过对该书信的研究，指出书信内容涉及其东游之行、沈葆桢收复淮盐引地以及两江和福建两地高级官员的任免、更替，从中可以窥见晚清名人间的复杂关系、淮盐整顿之难、不同官员在利益面前的个人选择，其中透露的一些细节还可以匡正某些笔记史料之误。④

李超平、朱耀斌在考证《湘勇原流记》的版本流传基础上探讨了该书与湘军史实解构问题，指出《湘勇原流记》是关于肇创湘勇、湘军始末的最早文献者，该书成稿于清咸丰八年十一月，亦即湘军李续宾部惨败于安徽三河镇之后、湖南巡抚骆秉章奉调督川之前，该文献曾经先后

---

① 单凌寒：《由国博藏左宗棠信札看晚清陕甘分闱》，《档案》2021年第1期。
② 王玮：《中国近代人物史料的搜集运用——以郭嵩焘相关史料为例》，《淮北职业技术学院学报》2021年第2期。
③ 李文君：《曾国荃致翁同龢信札考释》，《湖南人文科技学院学报》2021年第2期。
④ 李霞、刘少波：《广西壮族自治区博物馆藏李元度书信一通考释》，《福建文博》2021年第1期。

出现过八个版本。①

　　晚清云南景东人刘崐，两仕湖南，先后任湖南学政和湖南巡抚，掌湘学与湘政，建树良多，致仕后长期客寓湖南，去世后亦葬在岳麓山麓，在湘、滇士林颇有清名。由于刘崐资料散佚，学术界关注不多，生卒年月也存多种说法。王继平依据《郭嵩焘日记》及刘崐本人奏稿，考定刘崐生卒年月，并对其散佚各处的奏稿、诗文、书信进行考述，对其赢得湖南士人盛赞的"同治重建岳麓书院"史迹亦予以考述。②

　　近代湖南涌现了一些学问大家，如谭嗣同、王先谦、叶德辉等人，他们在哲学、历史学、文献学方面颇有建树。

　　《仁学》是近代湖南维新志士谭嗣同的哲学名著，该书杂糅儒、佛、道、墨各家及西方自然科学、社会学说、宗教思想等，构成独特的哲学体系，号召人们勇敢地冲决君主、伦常、利禄、俗学、天命、佛法等网罗，宣传资产阶级的自由平等和个人"自决之权"，在晚清思想界产生了很大影响。《仁学》自问世后，先后出现了清议报本、亚东时报本、清议报全编本、国民日报本、中华书局单行本、谭嗣同全集本等多个版本，文字差异，内容错讹，在所难免。张玉亮将这些版本搜罗汇校，前有导读，后有附录，具有很高的文献价值。③

　　日本学者八百谷晃义从新的视角论述维新运动时期在湖南长沙发行的《湘学报》被反复重印、重编的史事，展现出在先行研究中鲜少被关注的晚清报刊内容流通的状况。晚清报刊的流通网络有不可忽视的局限性，存在很大的地域性差异。《湘学报》也一直无法解决在派报上存在的问题。部分书贾在《湘学报》流通的困难上看出商机，制造了"盗版"《湘学报》。进入20世纪初清末新政时期，《湘学报》还以不同的方式继续重编。另外，清末新政时期科举改制，给《湘学报》的内容赋予了考试参考书的意义。这些政治与改革的形势都给《湘学报》的重编、重印提供了有利的条件。④

---

　　① 李超平、朱耀斌：《〈湘勇原流记〉的版本流传与湘军史实解构》，《湘学研究》第17辑，湘潭大学出版社2021年版。
　　② 王继平：《刘崐生卒年月、遗著及史实考述》，《船山学刊》2021年第2期。
　　③ 谭嗣同作，张玉亮校注：《仁学 汇校本》，浙江古籍出版社2021年版。
　　④ ［日］八百谷晃义：《〈湘学报〉重编与重印研究》，《汉语言文学研究》2021年第4期。

王先谦是近代湖南文献学家、湘学代表人物，为官与治学均体现出经世致用的主导思想。王先谦于学术涉猎广博，校注群史，考证诸子，领域诸多，兼容并包，对保存文献产生了积极作用，影响至为深远。林奕锋分别从其经史子集等几个方面加以探讨，以窥其"集大成"式的文献学研究特点。① 周振鹤等以王先谦《汉书集解》中地理志部分为基础，整理吸收清代以及近代、当代有关汉书地理志的相关研究，尤其是近年来出土文献如里耶秦简、清华简等进行增订整理，较初版又有很多增加。②

　　叶德辉《郋园读书志》，是叶德辉的读书题跋集。此书大量录入所题跋之书的各种印章，其中有不少印章的印主无（姓）名，这给读者阅读、研究此书造成一定困难。为此，孙文周、刘亚楠便择其要者，以卷次为序，多方查找资料，考索出这些印主的（姓）名，并对这些印主做一简单介绍，同时补充其印章③。孙文周、刘亚楠还对叶德辉文献进行了辑刊。④ 孙俊整理的《国家图书馆藏未刊稿丛书 叶德辉致松崎鹤雄书札》为《国家图书馆藏未刊稿丛书》之《书札编》之一种，为国家图书馆藏现代学者叶德辉致日本友人松崎鹤雄的手札97通。叶德辉将松崎鹤雄引为知己，在信中常常吐露心声，道未向旁人道之言。整体而言，此批书札内容丰富，学术价值、史料价值较高，值得深入梳理和研究。⑤

　　对黄兴的研究是辛亥革命研究的重要内容，黄兴文集的整理出版为研究黄兴奠定了文献基础。曹隽平逐字点校、研究整理《黄兴上孙中山论革命计划书》及附于书末的民国政要谭延闿、于右任等十六人题跋。黄兴在此计划书中从起义、人事、训练、外援等方面向孙中山提出了系

---

① 林奕锋：《王先谦"集大成"文献出版思想述略》，《玉林师范学院学报》2020年第2期。

② 周振鹤、张莉：《汉书地理志汇释》，凤凰出版社2021年版。

③ 罗瑛：《叶德辉〈郋园读书志〉所录印章之无（姓）名印主释读》，《图书馆界》2021年第6期。

④ 孙文周、刘亚楠主编：《叶德辉文献辑刊》，北京燕山出版社2021年版。

⑤ 叶德辉著，孙俊整理：《国家图书馆藏未刊稿丛书 叶德辉致松崎鹤雄书札》，凤凰出版社2021年版。

第七章 湖湘史志与文献：千年多元复合中的独特与辉煌

统的建议。这是一份反映辛亥革命的珍贵历史文献。①

1907—1908年出版于日本东京的《云南》杂志先后以击椎生的名义发表了近8万字的诗文作品。这个击椎生究竟是谁？有论者认为是蔡锷，也有论者认为不是。敖凯认为问题的关键在于击椎生在《云南》杂志发表这些诗文时，是否像蔡锷一样也身居国内。击椎生发表于《云南》杂志的译文《佛国陆军之腐败》的日文原文，以及日本为"二辰丸事件"所印发的"号外"时间的发现，为击椎生不是蔡锷而"八九不离十"是当时在日本的唐璆提供了有力的补证。②

湖南是中国近现代新闻出版事业发达地区，不仅报章和刊物等出版物数量众多，且具有敢于创新的精神。作为创新和求进步的一部分，民国时期的湖南报刊多有翻译作品推出，从而为省内翻译事业的发展起到了很好的推进作用。③陈汝双、彭敏通过搜寻《爱莲说》在民国时的文献资料，共汇集28篇相关文献，将这些资料分为教本、书跋与书后、艺文创作、仿作、游戏之作、注释与翻译等六种类型。④

《中华归主》是西方研究中国近代社会历史状况的第一手资料性工具书，该书对湖南行政区划、地势、气候、经济、交通、语言、邮电事业、人口、教育、医疗事业、基督教发展以及主要城市等情况进行了详细记录，其有关湖南记录的内容是同时代及其之前其他任何西方文献无法比拟的。范大明认为，《中华归主》记录湖南情况的真正目的不是向西方建构湖南形象，而是一种以宗教传播和侵略服务为目的的情报收集活动。⑤

刘康是清末湖南知名藏书家，好收藏历代名人墨迹书本，编纂有《红豆山房法帖》。但由于年代久远及藏书多毁，刘康事迹已久不为人所知。李坤坪通过对刘康藏书、刻帖、刻书活动的发掘、考证及参考湖湘

---

① 曹隽平：《辛亥革命的珍贵文献——黄兴上孙中山论革命计划书》，《艺术中国》2021年第10期。
② 敖凯：《关于击椎生是否蔡锷问题的补证》，《近代史学刊》2021年第2期。
③ 车树昇：《民国时期的报刊与湖南翻译考察》，《外语与翻译》2021年第2期。
④ 陈汝双、彭敏：《周敦颐〈爱莲说〉在民国的传播与接受》，《湖南科技学院学报》2021年第6期。
⑤ 范大明：《西方文献〈中华归主〉记录的近代湖南形象研究》，《怀化学院学报》2021年第3期。

近代名人对其评价，较为详细地介绍了刘康藏书其事。①

国学大师钱基博于抗战期间到湖南任教，有感于近代湖南之英杰辈出，遂撰《近百年湖南学风》，共九章，选择曾国藩、左宗棠、郭嵩焘、王闿运、魏源等17位学人，用传记形式呈现湖南近百年来的学术思想史，着力凸显湖南学人独立自由之思想、坚强不磨之志节以及对近代中国之巨大贡献。此书手稿1944年捐入国立中央图书馆，久不为人知。陈宇翔整理后，将手稿全彩影印出版，后附整理释文及与通行排印本的校勘数百条，可弥补民国版多处漫漶错漏之缺憾。②

除此之外，沈菊对清至民国湖南善书编纂与刊刻进行了研究，阐述了历代湖南善书的编纂主体及其编纂内容，从善书文献资料中总结出湖南善书刊刻的经费来源以及现存善书文献主要的刊刻时间和地点，分别从官刻、坊刻、私刻、寺观刻与善会善堂刻五个刻书系统论述湖南这一时期善书刊刻概况，指出坊刻和善会善堂刻在其中发挥了至关重要的作用。③

地方志是记载某一地方的地理、历史、风俗、教育、物产、人物等情况的书，中国历来有盛世修志的传统，目前可考的官方明令修志最早出现在隋朝，宋代地方修志开始繁兴，明、清则是修纂地方志的高峰时期，尤以清代的修志成果更为突出。陈郑云、巴兆祥指出，清代两江、湖广地区省志修纂可分为康雍时的"沿袭期"、乾嘉时的"转型期"及道光以降的"成熟期"。④ 针对《（同治）衡阳县图志》作者争议，马美著通过考证，指出王闿运是该县志的主纂人员，推论王闿运只是鬻文代笔，他本身淡泊名利，无意在书中留下自己的名字，且外乡人参与当地县志的编纂工作恐令地方蒙羞，故留下一段公案。⑤ 晚清湖南名士王闿运曾纂《东安县志》，当今学者多认为其书已遭毁版或者佚失。张明涓通过考察

---

① 李坤坪：《湖南近代藏书家刘康的藏书、刻书、刻帖活动考略》，《图书馆》2021年第4期。
② 钱基博著，陈宇翔整理：《〈近百年湖南学风〉手稿》，中华书局2021年版。
③ 沈菊：《清至民国湖南善书编纂与刊刻研究》，硕士学位论文，湘潭大学，2021年。
④ 陈郑云、巴兆祥：《合修到分修：清代两江、湖广省志编修中的制度博弈与省籍意识》，《史林》2021年第5期。
⑤ 马美：《〈（同治）衡阳县图志〉作者考》，《书屋》2021年第2期。

现存《(光绪)东安县志》版本、内容特征和相关文献,考证此志即王闿运所纂。①

其他史志方面,伍远安等在湖南鱼类系统调查的基础上,对国内外学者有关湖南鱼类的研究进行了厘定,分类系统编撰而成,总论主要介绍湖南地质构造、地势地貌、地质演变、气候环境、水系概况、鱼类研究简史、鱼类区系及鱼类形态术语等。②

湖南抗战档案编辑出版取得新成果。截至2021年,湖南省档案局为深入贯彻"让历史说话,用史实发言,深入开展中国人民抗日战争研究"的中央重要指示精神,组织出版一系列湖南地方抗战档案。2021年出版的是《临澧县抗日战争宣传档案汇编》,选用档案为湖南省常德市临澧县档案馆藏原件全文影印。收录1936年1月至1945年9月临澧县有关抗战宣传的档案215件。文件的责任者都属于本级县乡政府、公法团体及本籍爱国人士。文件的内容有层层晓谕的训令、代电、公函,也有广为张贴的文告、标语、布告,有谋划决策的会议记录、指令,也有社会鼓呼的文稿等,既展示宣传的形式,也显示宣传的主旨,从不同侧面集中反映临澧县抗日战争时期的救亡宣传和抗战动员,体现出发动民众、组织民众的宣传广度与深度。全书分为国防动员、民训鼓动、役政宣导、后援发动、捐募劝导、军情通报等六个专辑。各专辑内的文件按时间顺序排列。③夏军在《民国档案》上整理发表《抗战时期资源委员会湖南湘江电厂办理迁移及结束情形的相关文书》,此组史料选自资源委员会全宗,从一个侧面反映了战时工业企业受战争影响举步维艰的生存状态,及其为抗战胜利竭尽全力的民族精神。④孙道凤、干保柱利用日方的各类档案和报刊资料进一步探讨《论持久战》在战时日本的译介及反响。全面抗战时期,日本媒体、军方和政府为了摸清中共的抗战战略,以节译、摘译、译述、编译、全译等方式介绍了毛泽东的《论持久战》。媒体的译介

---

① 张明涓:《〈(光绪)东安县志〉为王闿运所纂考》,《湖南科技学院学报》2021年第1期。
② 伍远安等:《湖南鱼类志》,科学出版社2021年版。
③ 临澧县档案馆编:《临澧县抗日战争宣传档案汇编》,中华书局2021年版。
④ 夏军:《抗战时期资源委员会湖南湘江电厂办理迁移及结束情形的相关文书》,《民国档案》2021年第1期。

较早，以节译、摘译为主，日本民间和官方都给予了相当程度的重视。[①]

四　百年恰是风华正茂：红色文献整理与研究

红色文献承载了中国革命宝贵的红色记忆，是传承红色文化的重要载体，是中国共产党百年奋斗历程的见证。2021年，习近平总书记在2021年第10期《求是》杂志上发表重要文章《用好红色资源，传承好红色基因，把红色江山世世代代传下去》，他指出："要抓好党史、新中国史的学习，用好红色资源，增强党性教育实效，让广大党员、干部在接受红色教育中守初心、担使命，把革命先烈为之奋斗、为之牺牲的伟大事业奋力推向前进。"指明了红色文献资源的发展方向与发展道路。湖南是中国近代革命的重要策源地，有着众多极为珍贵的红色文献资源，2021年恰逢建党100周年，围绕湘学红色文献的整理与研究成为热点。

谭可可从湖湘红色文化微传播的公众账号持续增长、形式内容持续增强与技术迭代持续推进三个维度，整体性揭示了湖湘红色文化微传播以先进技术为支撑，在新的层面上有新的发展、新的成就。[②]陈姣凤、徐浪基于20世纪20年代毛泽东等积极筹建的长沙文化书社运营模式，探讨了建党初期湖南地区红色文献的传播，认为中国共产党成立初期，在新文化运动发展和传播马克思主义的过程中，革命进步文献、红色文献发挥了重要的作用。[③]

围绕毛泽东文献的研究一直以来都是学术研究的热点，2021年更是取得了丰硕成果。作为毛泽东思想的重要载体和集中展现，《毛泽东选集》是马克思主义中国化的经典成果和光辉篇章。毫无疑问，它是20世纪对中国影响最深远的书籍之一。

1944年晋察冀版《毛泽东选集》是晋察冀日报社编辑出版的《毛泽东选集》早期版本，具有重要的理论价值和研究价值。董思彬立足

[①] 孙道凤、干保柱：《毛泽东〈论持久战〉在战时日本的译介及其影响》，《抗日战争研究》2021年第3期。

[②] 谭可可：《湖湘红色文化微传播的新取径、新特征与新趋势》，《新闻知识》2021年第6期。

[③] 陈姣凤、徐浪：《建党初期湖南地区红色文献的传播及其启示——基于文化书社运营模式分析》，《图书馆》2021年第9期。

北京市文物局图书资料中心馆藏《毛泽东选集》的版本,通过搜集大量史料和研究文献,梳理和研究中心所藏其他《毛泽东选集》藏品的版本源流,考证该版《毛泽东选集》的实际出版日期为 1944 年 6 月,主编应为邓拓,解决了学术界一直以来关于这两个问题存在的争议。① 田建平、张金凤认为,这版《毛泽东选集》立意高远,理论性与现实性紧密结合,选文精粹,主题鲜明,集中体现了当时毛泽东思想的精华;体例严谨,分卷科学,反映了编辑出版者高度的政治觉悟及高超的编辑艺术。② 吴永贵、吴梓童从图书出版的视角,对 1937 年 7 月至 1949 年 9 月根据地解放区出版的毛泽东著作,从出版时空分布、单行本著作版本流变谱系、合辑本与副文本选印形式、《毛泽东选集》精校精印四个方面再现了根据地解放区毛泽东著作的出版概貌,着重探讨了出版如何通过其独有的作为和方式,成为毛泽东著作经典化建构过程中的重要参与力量。同时还阐明了毛泽东著作早期的经典化,是文本内容品质、政治动员需要、群众政治情感以及出版媒介推动等多重因素共同作用下的结果。③ 黄苏芬、周家华探讨了 1991 年出版的《毛泽东选集》(第二版)编辑特征体现,指出,该版在篇目选择上注重著作的全面性、代表性和顺序性,增加的注释体现了编辑的思想性、科学性和艺术性,实现了内容与形式的高度统一,体现了毛泽东思想的核心力量,具有很高的历史价值和实践意义。④

除了《毛泽东选集》,毛泽东的其他著作与藏书同样受到了关注。

中央党校图书馆收藏有少量延安时期毛泽东藏书,主要为哲学类著作,杨耀田通过比对藏书印章,大致推断出藏书的具体来源,并指出,这批藏书作为毛泽东革命斗争时期读书生活的真实记录,对毛泽东思想

---

① 董思彬:《1944 年晋察冀版〈毛泽东选集〉出版基础及版本研究——以北京市文物局图书资料中心馆藏为例》,《文献与数据学报》2021 年第 3 期。

② 田建平、张金凤:《1944 年初版〈毛泽东选集〉编辑出版考论》,《出版发行研究》2021 年第 6 期。

③ 吴永贵、吴梓童:《广印、选印、精印:毛泽东著作初期的经典化》,《出版广角》2021 年第 9 期。

④ 黄苏芬、周家华:《〈毛泽东选集〉(第二版)的编辑特征及历史价值》,《邢台学院学报》2021 年第 3 期。

的形成和发展有着重要的推动作用。① 调查研究是中国共产党人最为重要的工作方法之一。从 1941 年至 1982 年，毛泽东《农村调查》先后出版多个版本，其出版及传播过程与抗战局势变化密切相关。《农村调查》既是毛泽东对于如何认识中国农村问题的方法总结，也是对中国共产党科学地认识现实问题的方法论指导性著作，该著作的传播和经典化过程对于中国共产党以调查研究作为基本方法具有重要意义。何宛昱对中国国家博物馆所藏毛泽东《农村调查》多个版本进行了探讨，指出这些版本是历史地认识共产党人的革命精神和群众路线内涵的重要文本。②

  毛泽东著作的编排整理与修订出版是中国共产党开展理论学习与思想研究的重要支点。为纪念毛泽东逝世 10 周年，中共中央文献研究室修订整理的《毛泽东著作选读》新编本（两卷本）于 1986 年由人民出版社出版发行。新编本以《关于建国以来党的若干历史问题的决议》的精神为指针，共选编毛泽东 1921 年至 1965 年的 68 篇重要著作。柳作林、冯文姬阐述了新编本的基本情况，指出新编本基于原有篇目进行发掘和编选，在文章的刊印、版本上体现出独具特色的风格，在还原历史人物真貌等方面取得系列重大突破，充分地反映出国内学术界拨乱反正的重大硕果。③ 吴密、黄霞编汇集了国家图书馆所藏新中国成立以前的毛泽东著作各类版本近 700 种，每种文献均有提要文字，介绍撰写背景、主要内容以及版本演变情况，较为全面地反映了国内革命战争、抗日战争和解放战争时期毛泽东著作的出版发行和传播情况，从出版史角度展现了毛泽东思想在中国革命取得最终胜利过程中所发挥的巨大且具有决定性的作用。该书所收的众多毛著版本中，既有红色根据地印刷发行的版本，也有敌占区和国统区的出版物，所收版本既精且全，还有不少的初版本、伪装本、签名本更是难得一见，是红色革命文献研究、收藏的必备参考读物。④

---

① 杨耀田：《中央党校图书馆藏毛泽东藏书介绍》，《图书馆杂志》2021 年第 11 期。
② 何宛昱：《中国国家博物馆藏毛泽东〈农村调查〉研究》，《中国国家博物馆馆刊》2021 年第 7 期。
③ 柳作林、冯文姬：《〈毛泽东著作选读〉新编本的编辑出版与现实启示》，《出版发行研究》2021 年第 6 期。
④ 吴密、黄霞编：《国家图书馆藏毛泽东著作早期版本图录》，中华书局 2021 年版。

第七章 湖湘史志与文献:千年多元复合中的独特与辉煌

此外,中央文献出版社再版了毛泽东年谱。①

毛泽东思想传播载体是多样的,作为新民主主义革命时期重要的党刊,《群众》周刊在传播毛泽东思想方面具有独特的历史地位且作出了特殊的历史贡献。刘涛、陈答才在研究中指出,《群众》周刊立足解答时代提出的问题,在特殊地域刊发毛泽东把脉时局、提出政策的重要著作或言论,满足群众渴望了解中国共产党及其领袖人物的愿望,多视角登载反映毛泽东生平和传记的文章。② 张晓彤通过考察河南师范大学图书馆新乡地方文献整理中心所收藏的相关文献,明晰了新乡县七里营人民公社成立的原因和过程,追述毛主席视察新乡县七里营人民公社时的详细经过,回顾了毛主席视察后人民公社的发展过程。③

在隆重庆祝中国共产党成立100周年之际,中共中央党史和文献研究院编辑了《毛泽东邓小平江泽民胡锦涛关于中国共产党历史论述摘编》。该书内容分别摘自毛泽东、邓小平、江泽民、胡锦涛的讲话、报告、谈话和书信等重要文献,共计一百四十一段论述,其中部分论述是第一次公开发表。④ 其中,还有朝文版⑤、维文版⑥、哈文版⑦、藏文版⑧、蒙文版。⑨

全面抗战时期,日本媒体、军方和政府为了摸清中共的抗战战略,

---

① 《毛泽东年谱1893—1976》,中央文献出版社2021年版。
② 刘涛、陈答才:《〈群众〉周刊(1937—1949)传播毛泽东思想的文本样态及启示》,《毛泽东思想研究》2021年第5期。
③ 张晓彤:《从历史文献看毛泽东主席视察第一个人民公社》,《档案管理》2021年第4期。
④ 中共中央党史和文献研究院编:《毛泽东邓小平江泽民胡锦涛关于中国共产党历史论述摘编》,中央文献出版社2021年版。
⑤ 中共中央党史和文献研究院编:《毛泽东邓小平江泽民胡锦涛关于中国共产党历史论述摘编》(朝文版),民族出版社2021年版。
⑥ 中共中央党史和文献研究院编:《毛泽东邓小平江泽民胡锦涛关于中国共产党历史论述摘编》(维文版),民族出版社2021年版。
⑦ 中共中央党史和文献研究院编:《毛泽东邓小平江泽民胡锦涛关于中国共产党历史论述摘编》(哈文版),民族出版社2021年版。
⑧ 中共中央党史和文献研究院编:《毛泽东邓小平江泽民胡锦涛关于中国共产党历史论述摘编》(藏文版),民族出版社2021年版。
⑨ 中共中央党史和文献研究院编:《毛泽东邓小平江泽民胡锦涛关于中国共产党历史论述摘编》(蒙文版),民族出版社2021年版。

以节译、摘译、译述、编译、全译等方式介绍了毛泽东的《论持久战》。媒体的译介较早，以节译、摘译为主，日本民间和官方都给予了相当程度的重视。随着侵华战争的推进，媒体对《论持久战》的评价从刻意贬低趋向客观，尤其重视持久战三阶段的论断。在战争相持阶段之初，《论持久战》在日本军政界引起的反响并不很强烈，随着败退之势显现，日本政府日益重视《论持久战》的前瞻性和预言性，加以全文翻译供军政界参考利用。在迟迟不能实现战争意图时，日本对侵华战略失误根源进行了更多的追溯，其中对中共的持久战战略方针也不得不投入更多的精力进行研讨。①

毛泽东著作的外译、传播也是值得关注的主题。毛泽东著述是近代以来在海外流传最为广泛、影响最为深远的红色文献，为在世界范围内塑造中国形象、建构中国话语权做出了重要贡献。毛泽东著述多语种版本的海外传播首先得到中国官方的推动。随着中外人文交流日益频繁，毛泽东文献的中文本在海外也更容易获取。海外利用毛泽东著述的群体呈现出多元化特征，学者、政治家、革命者和普通民众都以不同方式阅读、利用相关文献，将著述中的思想资源融入自身知识体系，形成新认知，并付诸实践。② 何明星通过对《毛泽东选集》伦敦英文版世界传播的历史梳理，总结了中英出版成功合作的国际背景特点、中英双方的互补因素，指出这一长期在党史领域研究的案例，是新中国最早进行国际出版的成功典范，其成功经验对于中国出版"走出去"具有颇多的启示与借鉴。③ 何明星等人探讨了毛泽东著作在第三世界的传播及相关问题，如非洲民族语言的翻译、出版与传播问题，研究评估了毛泽东著作在非洲大陆的传播效果，提出这是在冷战格局下为世界提供中国道路、中国智慧、中国方案的较早实践，特别是新中国经济建设之路的探索，对于非

---

① 孙道凤、干保柱：《毛泽东〈论持久战〉在战时日本的译介及其影响》，《抗日战争研究》2021年第3期。

② 张放、严丹：《毛泽东著述多语种版本的海外传播及利用》，《图书馆杂志》2021年第7期。

③ 何明星：《〈毛泽东选集〉伦敦英文版的世界传播》，《出版发行研究》2021年第6期。

第七章 湖湘史志与文献：千年多元复合中的独特与辉煌

洲发展中国家具有方向性意义。① 何明星还研究了毛泽东著作在巴基斯坦、孟加拉国、尼泊尔的翻译、出版与传播，认为本土化语言的翻译与出版是毛泽东著作在南亚传播取得巨大效果的关键。②

---

① 何明星、李佳：《毛泽东著作非洲民族语言的翻译、出版与传播》，《中国出版》2021年第21期。
② 何明星：《中国共产党百年对外翻译出版与传播的本土化探索——毛泽东著作在巴基斯坦、孟加拉国、尼泊尔》，《中国出版》2021年第11期。

第八章

当代价值:推动"两个结合" 赋能湖南高质量发展

中国的传统文化源远流长、博大精深。在建设中国特色社会主义的道路上,中华优秀传统文化是我们民族的思想文化宝库,为现代化中国提供丰富的养分。习近平总书记在庆祝中国共产党成立100周年大会上的重要讲话中明确提出"把马克思主义基本原理同中国具体实际相结合、同中华优秀传统文化相结合"的重大理论观点。湘学蕴含了丰富的中华优秀传统文化基因,在马克思主义与中国具体实际相结合、与中华优秀传统文化相结合的历程中发挥了重要的作用。在当前的国际形势和国内发展环境下,如何深入、广泛地挖掘湖湘优秀传统文化内核,推动"两个结合",助力新时代中国特色社会主义建设,是学术界、思想界和理论界关注的重大问题。

第一节 红色湖湘浸润党史教育

2021年2月1日,中共中央决定的在全党开展党史学习教育。湖南是孕育伟大建党精神的热土,是传承伟大建党精神的高地。湖南是中国共产党创建的重要策源地,大批共产党人在这片热土上谱写了感天动地的英雄壮歌,在百年党史上开创了惊天动地的历史壮举,谱写了感天动地的英雄壮歌,可谓"十步之内,必有芳草""寸土千滴红军血,一步一尊英雄躯"。2021年,湖南各界积极开展党史学习教育,深入研究和阐释湖南对伟大建党精神的形成和发展所作出的历史贡献,展示湖南弘扬伟大建党精神所取得的伟大成就，丰富、深化对伟大建党精神的理解、更好地传承弘扬伟大建党精神。

一　将党史学习教育与弘扬伟大建党精神相结合

2020年9月，习近平总书记在湖南考察，第一站就到汝城沙洲瑶族村参观"半条被子的温暖"专题陈列馆，强调要用好红色资源，讲好红色故事，接受红色教育，让红色基因代代相传；在听取省委、省政府汇报后，叮嘱湖南"发扬革命传统，传承红色基因，牢记初心使命，走好新时代长征路"。湖南认真贯彻习近平总书记重要指示精神，以高标准高质量开展党史学习教育为载体，推动全省各级党组织和广大党员从党的光辉历史中汲取砥砺奋进的精神力量，满怀信心投身实施"三高四新"战略、建设现代化新湖南的火热实践，奋力走好新的赶考之路。

在中国共产党成立100周年之际，集中开展党史学习教育，是正当其时的精神洗礼。许达哲指出，要从党的百年历史中感悟共产党人的政治品格和道德风范，切实增强学史崇德自觉性主动性；要准确把握学史崇德的深刻内涵，切实把党的优良传统传承好、革命精神发扬好；把学史崇德与学史明理、学史增信、学史力行贯通起来，切实把党史滋养转化为建功新时代、谱写新篇章的实绩实效。[①] 王文珍通过学习习近平总书记2021年"七一"重要讲话的内容指出，党史工作者要努力结合党史学习教育，结合党史、新中国史、改革开放史、社会主义发展史"四史"宣传教育，以高度的责任心从事党史读物的编写和宣传，用经得起历史推敲、经得起实践考验的党史研究成果。[②]

湖南在党史学习教育中，非常注重把湖南百年沧桑巨变放到党的百年奋斗史中去全面理解，这也是弘扬伟大建党精神的重要方式。

2021年3月16日上午，省委理论学习中心组围绕"学史明理"主题开展党史学习教育第一次专题学习，中心组全体成员先后到橘子洲头、

---

① 许达哲：《把党史滋养转化为建设现代化新湖南的强大精神动力》，《新湘评论》2021年第13期。

② 王文珍：《学习习近平总书记"七一"重要讲话，做好新时代党史工作》，《湘潮》2021年第10期。

岳麓书院、湖南第一师范学院接受党史教育、初心洗礼。许达哲以"从百年党史中汲取奋进力量"为题讲党史学习教育主题党课,阐述了湖南在不同历史时期走过的光辉历程。4月15日,时任省委书记、省人大常委会主任许达哲带领中心组成员依次前往吉首市马颈坳镇隘口村、矮寨大桥和花垣县十八洞村等地接受教育,进一步开展党史学习教育第二次专题学习。许达哲在十八洞村主持召开"学史增信"专题研讨会,强调要把增信建立在全面把握精准扶贫的历史进程和伟大成就上。5月13日上午,许达哲率湖南省委理论学习中心组全体成员前往任弼时同志故居和纪念馆、许光达故居开展党史学习教育第三次专题学习。许达哲在研讨会上强调,要深入学习贯彻习近平总书记关于党史学习教育的重要讲话指示精神,把学史崇德与学史明理、学史增信、学史力行贯通起来,切实把党史滋养转化为建功新时代、谱写新篇章的实绩实效。湖南省委理论学习中心组将党史学习教育与传承弘扬伟大建党精神相结合的实践,为广大干部群众赓续红色血脉、传承建党精神做了引领,起了示范表率作用。

湖南具有弘扬和激活伟大建党精神的得天独厚的优势和基础,是伟大建党精神的重要策源地,湘籍革命先驱用生命和鲜血留下了永不磨灭的精神遗产,伟大建党精神深深根植于湖湘儿女血脉。曹普华等人指出,要进一步认识和挖掘这些熔铸于伟大建党精神之中的独特优势,深入研究、阐释湖南对建党精神的重大贡献,发挥党史学习教育在推进"三高四新"战略、奋进新征程中凝聚团结奋斗之精气神的独特作用,在现代化新湖南建设中凝聚起忠诚担当、开拓进取的更为磅礴之力量,努力把湖南打造成为传承弘扬伟大建党精神的高地,为文化强省建设鼓足干劲。[①]

伟大建党精神和党的精神谱系无一不与党领导人民在湖南的伟大社会革命紧密相连,无一不饱含着湘籍革命家和共产党人的牺牲和奉献。传承红色基因、走好新的赶考之路,就要从百年党史中深刻领会把握中国共产党人的精神谱系,弘扬伟大建党精神,挺起共产党人的精神脊梁,

---

① 曹普华等:《大力激活和弘扬伟大建党精神 加快现代化新湖南建设的若干思考》,《湖南智库成果专报》2021年第41期。

第八章 当代价值:推动"两个结合"赋能湖南高质量发展

以永不懈怠的精神状态、革命到底的斗争精神办好湖南的事情,不断打开全省各项事业发展新局面。①

二 将传承湖湘红色文化与弘扬伟大建党精神相结合

邓艳君等从湖湘红色文化的价值功能入手,分析了湖湘红色文化对大学生成长成才的重要作用,提出了湖湘红色文化融入大学生成长成才教育的实现路径:创新湖湘红色文化融入大学校园文化建设的育人方式,发挥湖湘红色文化融入大学生成长成才教育的课堂主渠道作用,形成湖湘红色文化融入大学生成长成才教育的"三全"模式,优化湖湘红色文化融入大学生成长成才教育的网络环境,加强湖湘红色文化融入大学生成长成才教育的校地合作。②邓艳君等人以点带面展现了湖南红色文化的独特魅力,阐述了湖南红色精神的主要内涵和时代体现,将红色文化的高校教育落到实处。③

近年来,湖南红色资源保护开发利用力度大、成效显著,目前各地都比较注重加大红色场馆建设和硬件物质投入,红色潇湘的地域文化形象和伟人故里、将帅之乡,品牌影响显著提升,走在全国前列。湖南积极开发利用本土红色资源开展党员干部教育,比如借助红色资源开展干部党性教育现场教学、专题教学,打造干部党性教育红色文艺作品等。湖南各电视台、电台、网络媒体都积极打造宣传红色文化的节目,特别是《百年正青春》等大型史诗歌舞晚会节目,极大地震撼和感动了广大人民群众,增强了观众对中国共产党百年历程和伟大成就、伟大建党精神的理解和感悟。

2021年7月30日,湖南省第十三届人民代表大会常务委员会第二十五次会议通过《湖南省红色资源保护和利用条例》,湖南进一步加强对红色资源的保护利用,把党史滋养转化为建设现代化新湖南的强大精神动力。

---

① 《传承红色基因 走好新的赶考之路——写在习近平总书记考察湖南一周年之际》,《湖南日报》2021年9月18日。
② 邓艳君、余晖:《湖湘红色文化与大学生成长成才教育》,湖南师范大学出版社2021年版。
③ 邓艳君等:《湖湘红色文化教程》,高等教育出版社2021年版。

第二节　岳麓书院与实事求是思想

2020年9月17日，习近平总书记考察岳麓书院，指出岳麓书院是党的实事求是思想路线的策源地。此次考察后，从湖南省委到社会各界展开了对"实事求是"思想持续的学习、讨论、研究等工作。湖南通过举办专题研讨、设置专门课题、组织专家深入研究，特别是对岳麓书院与实事求是思想路线、实事求是思想路线与湖湘文化等展开重点研究攻关，将习近平总书记对岳麓书院提出的新思想新观点新论断学习好、宣传好、贯彻好，为大力实施"三高四新"战略、奋力建设现代化新湖南凝聚力量。

一　深入学习实事求是思想

习近平总书记考察湖南期间关于岳麓书院的重要论述阐明了岳麓书院与实事求是思想路线的关系、坚定马克思主义信仰与推进马克思主义中国化的关系、坚持和发展中国特色社会主义与弘扬中华优秀传统文化的关系、培养时代新人与实现中华民族伟大复兴的关系等重大问题。[①]2021年3月16日上午，省委理论学习中心组以"学史明理"为主题开展党史学习教育第一次专题学习。省委理论学习中心组一行参观了"岳麓书院与实事求是思想路线"研究成果展示，听取了"党的实事求是思想路线策源地"专题讲解。习近平总书记关于岳麓书院的重要讲话精神，丰富和发展了新时代中国共产党人的历史观、文化观、实践观、时代观和人才观，对岳麓书院、对湖湘文化、对新时代党的理论创新都具有十分重要的意义和启示。许达哲梳理了习近平总书记2011年3月来湘考察、2013年11月在湘西十八洞村考察、2020年9月来湘考察时，就坚持实事求是作出的重要指示。习近平总书记从历史与现实相贯通、理论与实践相结合的高度阐发实事求是精神，进一步丰富和发展了我们党的实事求

[①]《在习近平新时代中国特色社会主义思想指引下——岳麓书院与实事求是思想路线》，《新湘评论》2021年第4期。

第八章　当代价值：推动"两个结合"赋能湖南高质量发展

是思想路线，释放了一以贯之坚持实事求是、做到求真务实的鲜明信号。①

习近平总书记对岳麓书院的考察，对岳麓书院和实事求是思想关系的论断，对岳麓书院和湖湘文化的现代化发展具有重要的意义。习近平总书记高度肯定了岳麓书院的历史地位，赋予其新的时代定位。曹建文指出，我们要提高政治站位，从传承红色基因、加强党的建设、推进伟大事业的高度来认识和把握，谱写岳麓书院传承红色基因的新篇章。② 奉清清提出，要进一步挖掘红色资源，将岳麓书院打造成为以湖湘文化为重要组成的中华优秀传统文化、书院文化、革命文化融为一体的全国党性教育新典范，进而把由岳麓书院发展而来的湖南大学早日建成富有历史文化传承的中国特色世界一流大学，再创"惟楚有材、于斯为盛"的新辉煌。③ 曹普华指出，深入贯彻习近平总书记考察湖南重要讲话精神，应加快推进湘江流域文化产业带建设，保护和发展好湘江千年历史文脉，擦亮湖湘文化名片。浸润了"经世致用"湘学精神的湖南人最应该走好实事求是的思想路线，不断加强思想淬炼、政治历练、实践锻炼、专业训练，汇聚各方推力，强化承载能力，增强续航耐力，发挥实际效力。④

二　湘学背景与实事求是思想

实事求是思想产生于丰厚的文化土壤，要把握其思想精神的精髓，还要从历史角度、学术角度梳理实事求是思想的产生历史过程。

岳麓书院朱汉民教授从学术史角度对"实事求是"概念做了深入浅出的梳理与分析。从经学角度来看，实事求是思想结合了汉代古文经学的治学主张和宋代理学"格物致知"认识论。晚清以后，实事求是的观念开始发生了两个重要变化，湘学学者恰恰是这两个重要思想变化的倡导者。湖湘学人将西方的近代科学技术称之为"实事求是之学"和"格

---

① 许达哲：《坚持实事求是思想路线 奋力建设现代化新湖南》，《湖南日报》2021年10月14日。
② 曹建文：《担负时代赋予岳麓书院的新使命》，《新湘评论》2021年第4期。
③ 奉清清：《实事求是思想路线的湖湘文化渊源》，《湖南日报》2021年9月14日。
④ 曹普华：《从三块匾额看湘学精神的传承》，《新湘评论》2021年第4期。

致之学"。1917年由岳麓书院改制而成的湖南公立工业专门学校校长宾步程确立起"实事求是"的校训，就受到上述思想传统的深刻影响。①

根据习近平总书记在岳麓书院考察时的讲话精神，一些学者聚焦探讨毛泽东与实事求是思想渊源及发展的关系。青年毛泽东成长于深厚的湘学文化传统中，同时受教育于近代科学思想文化背景下。与毛泽东、蔡和森发起新民学会的罗章龙曾撰文回忆，1915年深冬毛泽东邀请他到朱张渡泛舟过湘江、共攀岳麓山，在赫曦台讨论朱熹、张栻在湖南留下的学术影响。中共中央党校出版社出版的《毛泽东传奇》记载，毛泽东在省第一师范学校读书时，常在岳麓书院活动。②毛泽东深受从事实出发、崇尚科学、追求真理思想的影响，立志"要引入实际去研究实事和真理"。1917年和1918年夏，毛泽东与同学先后游学到了长沙、宁乡、安化、益阳、沅江、湘阴、岳阳、平江、浏阳等县，在阅读"无字之书"中，加深了对中国当时国情的理解。在革命实践中，毛泽东通过调研撰写了《中国社会各阶级的分析》《湖南农民运动考察报告》等光辉著作，开始结合中国具体实际解决中国革命问题。③ 毛泽东的《中国社会各阶级的分析》《湖南农民运动考察报告》两篇文章是他将马克思主义与中国革命实际结合起来的实事求是思想的雏形。李佑新认为，毛泽东在1930年5月写作的《反对本本主义》一文，可以说是实事求是思想形成的标志。延安时期，毛泽东的实事求是思想臻于成熟，通过延安整风运动，使实事求是成为全党的共识，成为党的思想路线。④

通过从概念史角度厘清"实事求是"，梳理这一思想产生的根源和背景，进一步认识岳麓书院、湖湘文化与"实事求是"思想的密切关系，将使我们更坚定、更准确地继续践行这一思想指导。李捷从研究中得出三点启示：第一，实事求是思想路线，是毛泽东思想的精髓与灵魂，也是中国特色社会主义理论体系的精髓与灵魂，更是习近平新时代中国特色社会主义思想的精髓与灵魂。第二，实事求是思想路线，是坚持马克

---

① 朱汉民：《实事求是思想的传承与发展》，《新湘评论》2021年第4期。
② 唐珍名：《毛泽东与湖南大学的渊源及其受岳麓书院的教育影响》，《大学教育科学》2021年第6期。
③ 邹艳：《湖南是党的思想路线重要策源地》，《新湘评论》2021年第13期。
④ 李佑新：《毛泽东实事求是思想的文化渊源和思想源头》，《新湘评论》2021年第4期。

思主义指导地位，不断推进实践创新基础上的理论创新，推动马克思主义中国化时代化大众化，坚持和发展当代中国马克思主义、21世纪马克思主义的重要法宝。第三，实事求是思想路线，是我们进行伟大斗争、建设伟大工程、推进伟大事业、实现伟大梦想，增强"四个意识"、坚定"四个自信"、做到"两个维护"的强大思想武器。① 对湖南而言，大力实施"三高四新"战略，就是贯彻实事求是思想路线，要坚持以"三高四新"战略统一思想行动、凝聚广泛共识，不断把建设现代化新湖南引向深入。②

综上所述，深入挖掘湖湘文化内容与特色，深入学习实事求是思想深刻内涵，充分发挥湖湘文化的教育功能，融合发展文化产业，对湖南省建设文化强省、打造"三个高地"、完成"四新"使命具有十分重要的意义。

第三节 拓展传统文化教育功能

中华民族历来是一个极其重视教育的民族，儒家经典《论语》就是孔子与弟子谈话、教育弟子的内容的精华，优秀的传统教育理念和教育方式到今天依然具有借鉴价值。习近平总书记在全国高校思想政治工作会议上的讲话强调："要坚持把立德树人作为中心环节，把思想政治工作贯穿教育教学全过程。"③ 湖湘文化中包含着传统儒家文化的宝贵财富，也造就出近代革命史上的红色奋斗精神。充分发挥湖湘文化的教育功能，增强文化自信，树立正确的文化发展方向。

创建于北宋时期的岳麓书院，作为一所高等教育机构，以"成就人才，以传斯道而济斯民"为教育宗旨，在历史上培养了大量优秀的学者和经世致用的人才。岳麓书院本身包含的教育理念、教育方法、章程、教材、师生关系，对现代大学教育依然具有价值，同时，其教育传统的

---

① 李捷：《从岳麓书院牌匾到中央党校校训——党的实事求是思想路线溯源》，《新西藏》2021年第3期。

② 许达哲：《坚持实事求是思想路线 奋力建设现代化新湖南》，《湖南日报》2021年10月14日。

③ 怀进鹏：《不断推动高校思想政治工作高质量发展》，《人民日报》2021年12月10日。

创造性转化与创新性发展也是学者们积极探讨的问题。朱汉民等人指出，岳麓书院培养人才、传承道学、经世济民三大基本功能，其中已经包含了现代大学人才培养、科学研究、服务社会的内容，具有明显的现代意义而又体现出中国高等教育的特色。岳麓书院实行的学规、章程强调进德成人必先于修业成才，注重学术传统的传承与创新，重经史、强基础而又考时势、通世务，是书院教育实践经验的结晶，可以为当代大学管理提供借鉴。经史之学是古代书院教育的核心内容，《读经六法》《读史六法》体现了岳麓书院教育的精神取向，从中可以提炼出新时代经典教育的基本原则。志趣的养成为学生提供持久稳定的内在动力，发掘古代岳麓书院志趣养成教育的丰富资源，可以为当今拔尖人才培养模式的探索与构建提供启示。[①] 中国传统礼育思想，具有对国民进行道德教化、培养国民君子品格、构建人与社会和谐关系等方面的重要文化功能。孙建平等人指出，从传统礼育思想中汲取智慧，开展习礼育人活动，切实提高德育工作水平，增强大学生文化自信，提升人才培养质量，是高校文化育人工作的有益探索和实践方向。湖南大学岳麓书院将中国传统礼育思想与高校文化育人工作实践相结合，组织学生对传统礼仪进行研究、学习、践行和展示活动，育人效果非常显著，为高校实施文化育人提供了新范式。[②] 还有学者从细化而具体的书院教材为切入点，梳理出明清时期不同于官学的教材内容变化，从不同的讲学者、不同的书单、不同的注疏版本各方面呈现出异彩纷呈、推陈出新的教材选择。[③] 此类研究有助于破除人们对明清科举教育的刻板印象，为当今的教育的教材选择提供一种反思路径。

湖湘名人中，曾国藩、左宗棠等对教育问题都有自己独到的看法和实践。挖掘他们教育思想中的优秀理念，并应用到当代的思想政治教育中去，具有重要的现实意义和文化意义。王泓博士探究了左宗棠德育思

[①] 朱汉民等：《笔谈：岳麓书院教育传统的创造性转化与创新性发展》，《大学教育科学》2021年第5期。

[②] 孙建平、潘彬：《礼育思想在高校文化育人中的价值与实践——以湖南大学岳麓书院"习礼育人"项目为中心》，《原道》2021年第1期。

[③] 张传燧、钟伟春：《明清书院教材的类型、建设逻辑及其特点》，《教育史研究》2021年第3期。

想当代价值的应用及实践路径。一方面从理论层面出发，借鉴左宗棠德育思想当代价值的精华内容，用于提升社会成员中不同群体的道德素质，对峙部分社会成员出现的道德问题；另一方面从实践层面出发，结合社会成员中不同群体的学习、生活及成长规律，寻求左宗棠德育思想当代价值应用的可行性实践方法。①

湖湘文化视域下的传统教育可以与高校的德育、思想政治教育充分融合。青少年的教育工作更是关系民族与国家的未来。党的十九大报告明确提出，培育和践行社会主义核心价值观要从娃娃抓起。高雨乔认为，中华优秀传统文化在弘扬社会主义核心价值观的过程中发挥着独特作用，其蕴含的丰富哲学思想、人文精神、教化认知、价值观念等可以为青少年认识和改造世界提供有益启迪。做好优秀传统文化在青少年群体中的传承发扬，既是全面提升国民素质的核心要义，也是文化艺术事业落实立德树人根本任务的应有之义。②

三湘大地上的地域文化完全可以与中小学教育结合，令文化活起来的同时，让学生、学校更具人文色彩。将非物质文化遗产引入学校教育便是一种十分有益的尝试。湘西土家族苗族自治州作为典型的民族聚集区，各级学校在基础教育课程改革背景下，积极实践探索开发具有地方特色的"非遗"传承校本课程，可进一步丰富学校课程教育内容，在传承民族文化中育人，在育人中凸显文化特色，打造学校教育特色品牌。龙芳指出，在相关课程内容中渗透"非遗"文化元素，不仅能够有效地帮助民族地区的学生更好地了解本民族文化发展的历史和现状，而且能够培养一批能为本民族文化传承和发展服务的人才，为繁荣社会主义民族文化事业贡献自己的聪明才智。③

---

① 王泓：《左宗棠德育思想研究》，博士学位论文，哈尔滨工程大学，2021年。
② 高雨乔：《文化自信视阈下青少年传统文化传承的湖南模式探析》，《艺海》2021年第8期。
③ 龙芳：《民族地区非遗文化传承的校本课程开发路径——以湖南湘西土家族苗族自治州为例》，《大视野》2021年第1期。

第四节　湖湘文化赋能高质量发展

湖湘文化作为中国传统文化重要的组成部分，其哲学内涵与思想精神对中国的思想文化与历史发展产生过十分重要的积极作用。在现代社会经济变迁中，湖湘文化将继续发光发热，充分融入新的时代环境，助力于谱写中国特色社会主义湖南新篇章。

一　文化创意产业方兴未艾

在当代，文化创意产业作为一种新兴的经济形态，在文化产业乃至整个产业经济中占据越来越重要的位置。湖湘文化中蕴含的丰富文化元素，为湖南现代文化创意产业提供着源源不断的滋养和支持。2021年，有关学者从理论和具体案例角度探讨湖南文化创意产业，旨在进一步促进未来文创产业的繁荣。

在宏观层面，推进湖湘文化的创造性转化就是将其中的合理部分和因子经过改造、创造赋予新的内涵；在微观层面，对文化内容的选择同样是转化与创新的起点，它决定了转化与创新的方向和文化传播可能达到的层次。博物馆一直是文创产品开发的积极参与者。以长沙博物馆为例，长期以来，长沙博物馆以湖湘文化中的器物、建筑和工艺为主要内容，在文创产品开发中进行了积极的探索。[1]

优秀的文化创意产品不仅是带来直接收益的商品，更是一种旅游记忆的凝结，体现出地方文化的内涵与特色的高质量文创产品对旅游品牌的建立具有重要作用。湘西作为湖南主要的旅游发展区域之一，其丰富的自然、文化、历史、少数民族特色资源为旅游业长期发展提供了充足的保障。马宗禹、徐兰兰通过观察研究提出了基于湘西少数民族特色文化的旅游纪念品创意设计的原则与策略。[2] 段湘华提出，高职院校应将传

---

[1] 陈璐：《湖湘文化在文创产品开发中的应用研究——以长沙博物馆为例》，《湖南大众传媒职业技术学院学报》2021年第3期。

[2] 马宗禹、徐兰兰：《少数民族文化特色旅游纪念品创意设计——以湖南湘西地区为例》，《北京印刷学院学报》2021年第1期。

统的湘楚意象美术融入高职文创产品设计教学中，进一步突出湖南文化创意产业的特色和亮点。①

由于承载的文化内涵丰富，文化创意产业除了经济效益，还将产生难以量化的社会效益。贺培育建议，要聚焦文创产业的高质量发展，优化文化产业园总体布局，把马栏山视频文创产业园打造成为具有国际竞争力的"中国V谷"，推进湘潭昭山、长沙天心、湖南游戏产业园、湖南演艺集团总部基地、沙洲红色文旅、铜官窑、怀化、常德等园区建设。②杨毅、唐钰雯通过考察湖南文化产业的历史与现状，对湖南的文化创意产业充满信心，认为湖南丰富的历史文化资源、自然资源是发展文化创意产业的基础，"文化湘军"不断输送的后备人才，以及良好的政策保障，将持续助力湖南的文化创意产业的进步。③

二 "文化+"深度融合发展

湖湘文化内容丰富、底蕴深厚。相关研究指出，要发挥湖湘文化的当代价值，需要充分利用其优秀文化元素。

"文化+"深度融合是现代创新文化发展的大趋势。对于湖南的文化产业，要强化公共文化机构、互联网公司以及各类文化企业的协同合作，依托湖湘文化原力、IP引力、网红活力、品牌潜力，在文化供给侧提供更多优质产品，实现文化产业系统化、体系化建设。④"文化+"方式创新文化发展，在湖南已有颇为成功的案例。在文化信息快速更迭的新时代，湖南花鼓戏仍然从众多民间传统戏曲艺术中脱颖而出，甚至呈现不断扩大知名度与影响力的上升趋势，实现了不断创新化、多元化的良性发展模式，为社会主义文艺繁荣贡献了自己的价值和力量。刘新敖等分析了花鼓戏成功的原因，认为根源在于它把握了时代潮流，在不断吸收、完善、创新、改革的过程中找到了在城镇化进程中作为民间艺术的定位

---

① 段湘华：《湘楚意象美术融入高职文创产品设计教学新探》，《湖南大众传媒职业技术学院学报》2021年第3期。

② 贺培育：《把握文化赋能现代化新湖南建设的着力点》，《新湘评论》2021年第22期。

③ 杨毅、唐钰雯：《加快湖南文化创意产业发展探究》，《湖南人文科技学院学报》2021年第1期。

④ 贺培育：《把握文化赋能现代化新湖南建设的着力点》，《新湘评论》2021年第22期。

和发展方向。创作主体的解放使湖南花鼓戏剧目经典迭出；将高科技声光电技术、"互联网+"等手段融入舞美设计；适当采用现代编曲以及西方乐队和声配器，巧妙结合了花鼓音乐与现代音乐。①通过打开思路实现多元化的创作、接受新理念新技术等方式实现了花鼓戏在新时代发展中的良性蜕变，向当地乃至更广泛地区的人民展现了湖湘文化的独特魅力。

非物质文化遗产是中华优秀传统文化的重要组成部分，是中华文明绵延传承的生动见证，是联结民族情感、维系国家统一的重要基础。2021年5月，在湖北美术馆举办的第五届鄂湘赣皖非物质文化遗产联展上，湖南的湘南木雕、湘绣、制伞技艺等非遗项目融入生活场景，为观众提供沉浸式的非遗体验。湖南省文化和旅游厅发布了"鱼米之湘·非遗环湖之旅""千里湘江·非遗探源之旅""神秘湘西·非遗探秘之旅""梅山神韵·非遗寻踪之旅""楚南福地·非遗祈福之旅""人文始祖·非遗寻根之旅""五彩茶瓷·非遗品鉴之旅""锦绣潇湘·非遗匠心之旅""伟人故里·非遗红色之旅""湘风新韵·非遗体验之旅"10条非遗主题（研学）旅游线路，覆盖湖南14个市（州）100个县（市、区），串联156个传承传习点，涉及367个非遗项目。②

现代工业文明与城市化的快速发展，面对富有特色的乡土文化，如何传承和发展历史悠久的传统文化是一重要课题。肖霞等学者认为，在发展休闲农业的过程中，对传统农业文化资源进行深入挖掘、科学整理，通过展示加以传承和传播，使传统的农耕文化融入现代乡村文明之中。③在三湘大地上，多民族悠久的历史造就了各具特色的地域文化。在科学保护地方文化的前提下、积极创新融合发展，令地域文化元素焕发新的活力，进而产生社会效益和经济效益。曹改平指出，乡村文化、历史经验教训是乡村自信的源泉，也是乡村振兴的基础；乡村人文脉络在乡村振兴中起到历史的航标作用，充分体现乡村社会历史资源在乡村振兴中

---

① 刘新敖、周婉怡、周勇：《湖南花鼓戏剧种文化形态和社会功能的当代呈现》，《城市学刊》2021年第6期。
② 高慧：《湖南非遗保护传承"版图"不断扩展》，《中国旅游报》2021年10月5日。
③ 肖霞、向平安、李涵：《实现休闲农业文化提升的路径探讨——以湖南为例》，《湖南社会科学》2021年第3期。

第八章　当代价值:推动"两个结合"赋能湖南高质量发展

的重要价值。① 地名文化是地域文化的重要载体,探究地域乡村文化,从地名入手是不可忽视的一环。有学者建议积极利用信息化技术和平台,政府主导、专业组织人员指导、民众积极参与进来,建立"湖南省民族地区地名库",实现民族地区地名管理的规范化,以保护地名文化。② 要充分挖掘民族地区地名文化,打造"网红地标",将湖南民族地区地名打造成极具吸引力的名片与招牌。

充分发挥地方特色,挖掘、保护、利用地方文化资源是地域文化融合发展的主要道路。利用的前提是保护和研究。西南民族村寨是当地居民生活的"家园",沉淀了历史上该族人民生存智慧的结晶,寄托着该族人民浓厚的认同情感,不等同于物质文化遗产和非物质文化遗产的简单加总。村寨与生活在此的居民与周围的生态环境已融为一个"文化生态共同体"。吉首大学杨浏熹认为,需从空间和时间的双向维度去审视西南民族村寨区别于其他地域民族村寨生成和发展的独特性,对西南民族村寨的保护即是对这个共同体的整体性保护。③三湘大地上,散落着宝贵的文化遗产。湖南的石窟摩崖造像是中国石窟摩崖造像的组成部分,也是湖湘艺术中一个独立的重要艺术门类,其独特的艺术手法是湖湘文化中的瑰宝,要科学保护、精准开发、合理利用。2021 年,湖南科技学院国学院的李花蕾教授甄选湖南两宋摩崖石刻 100 幅,分五类编联,并为拓片做了考订工作。④ 对湖南石窟摩崖造像遗存的整体研究、保护和利用是传承中华文明,认知湖南古代政治、经济、军事、文化、艺术的重要方式,也为乡村振兴提供了独特的旅游文化资源,推动经济社会高质量发展。⑤

融合发展、综合开发地方红色文化资源,打造各具特色、高质量的湖南红色旅游品牌,将产生教育、文化、经济等方面的综合效益,提高

---

① 曹改平:《乡村社会历史文化资源在乡村振兴中的价值与开发利用》,《内江师范学院学报》2021 年第 9 期。
② 贺琛、阳峰、吴刚、李芊:《湖南民族地区地名文化价值评估、保护与传播研究》,《民族论坛》2021 年第 4 期。
③ 杨浏熹:《乡村振兴背景下传统村落的活态化保护研究——以西南侗寨为例》,《中国特色社会主义研究》2021 年第 4 期。
④ 李花蕾:《湖南两宋摩崖石刻考释》,广西师范大学出版社 2021 年版。
⑤ 张辛欣:《乡村振兴视域下湖南石窟摩崖造像遗存考述》,《湖南社会科学》2021 年第 5 期。

湖南在全国乃至世界的知名度和影响力。曹普华提出要在保护红色场所和发扬红色精神的指导下，盘活红色资源，推动红色+绿色+古色+特色+暖色融合发展，把红色文化富矿变成富民强国、富民强省的金矿，要大力发展红色文创、红色文旅、红色经济、红色消费，以全民红色品格推动全民精神共富。① 李斌提出，红色文化具有地域性、时代性，要在地域文化的框架下，将红色文化与优秀传统文化结合，与当地特色结合，与时代发展的需要结合。要在坚持守正创新、以人民为中心的原则上进一步完善红色文化保护传承机制，拓展红色资源挖掘利用的广度和深度，加强红色资源教育功能，发展红色旅游，助推乡村振兴和湖南高质量发展。② 王靖涵等通过分析炎陵县红色文化产业品牌化过程，认为虽然红色历史文物和营造景区红色氛围是开展红色旅游的基本要素，但单纯的红色精神旅游已不能吸引游客驻足，需要以红色文化为底料，拓展红色文化底蕴的体验式、互动式、参与式的活动及表演，增强文化吸引力，创新优秀文创产品。③

三 文化出海促湖南对外开放

促进文化出海、提高对外开放水平是提升中国文化国际影响力的重要措施。湖南有深厚的湖湘文化，有一支包括文艺湘军、出版湘军、文学湘军等在内的文化湘军，要发挥其学识、创造力和市场洞察力，推进湖南文化产业不断发展壮大、创新出海。

文化出海与文化传播的现象自古有之，中国文化在历史上对日韩等国家产生过十分重要的影响。湖湘文化作为中国文化的一部分，在日韩的传播和影响也是古来有之，特别体现在湖湘思想方面，比如《张南轩集》《濂溪志》在日韩的流传史，日韩学者对王夫之等湖南思想家的研究状况。中国人民大学向世陵教授认为，湖湘文化的海外传播实际上是有两个途径：主动的传播和被动的传播。被动的传播，主要是指湖湘元素的

---

① 曹普华：《大力推动红色文化的系统化研究》，《邵阳日报》2021年11月16日。
② 李斌：《将湖南红色资源转化为现实发展动能的对策建议》，《湖南省情要报》2021年第12期。
③ 王靖涵、肖志高：《湘赣边区红色文化产业融合策略——以炎陵县红色文化产业品牌化发展为例》，《湖南包装》2021年第4期。

内容通过网络、电视等媒体在不经意间为外所知。主动的传播的优势是在传播内容上更有选择性，即经过了筛选。①

积极推动湖湘文化向域外传播是中国文化走出国门、提高中华文化的软实力和影响力的题中之义。贺培育提出，要进一步强化省内40余所涉文艺类高校产学研融合，谱写从"内容出海"到"创新体系出海"的新篇章。② 王莉提出，大学—产业—政府"创新三螺旋"模式，即政府、高校、产业平台展开积极合作，在人员、信息和输出效果三方面形成良性循环。③ 除了与政府、企业的合作外，高校的教育功能对湖湘文化的传播同样重要。通过优化专业结构和人才培养模式，建立文化传播、文化创意及服务的应用型人才培养目标，使其更能适应本土经济文化对外发展的需要。④ 另外，还要提高湖湘文化氛围的体验感。在高校学生群体中，留学生群体是湖湘文化与其他文化交流与传播中一个不可忽视的媒介。段胜峰、李罡对在湘留学生的问卷调查显示，"你是否对湖湘文化感兴趣"选择题的统计结果为，97%的留学生表示非常想了解湖湘文化。⑤ 王莉建议，在隐性文化建设上，高校要依托湖湘文化进行校园精神文明建设。高校可以突出学校建筑及景观设计的湖湘特色，将湖南名人进行展现；还可以成立以湖南非物质文化遗产为内容的花鼓戏、湘绣、陶艺等学生社团，在传统节日开展湖湘文化宣传及非遗进校园等多种活动。⑥

推动湖湘文化对外传播，一方面要继续引进来，进一步挖掘和整理日韩等国家所藏汉籍，摸透其学术源流。另一方面，要从理论到具体措施，有计划地推动湖湘文化的对外传播。余承法、万光荣提出，理论上要内省，进一步提炼湖湘文化的思想价值与艺术价值；要优选优创湖湘文化作品和产品，兼顾传统与当代、特色与全面，采取差异化路径，打

---

① 胡杰、李永红、李恩润：《"湖湘文化海外传播研究"学术研讨会综述》，《湘潭大学学报》（哲学社会科学版）2021年第3期。
② 贺培育：《把握文化赋能现代化新湖南建设的着力点》，《新湘评论》2021年第22期。
③ 王莉：《"双三螺旋"模型下高校提升湖湘文化国际影响力的创新可持续路径》，《牡丹江教育学院学报》2021年第10期。
④ 王莉：《高校助力湖湘文化提升国际影响力的路径研究》，《大学》2021年第1期。
⑤ 段胜峰、李罡：《湖湘文化元素融入留学生汉语教育的困境与策略研究》，《重庆文理学院学报》（社会科学版）2021年第2期。
⑥ 王莉：《高校助力湖湘文化提升国际影响力的路径研究》，《大学》2021年第1期。

造文化输出精品工程。优选优创的核心问题是如何提升创作能力和创作质量，实现丰富的创作形态。① 文化传播的具体工作则包括从翻译、出版、学校、交流、学术会议等方面入手。从翻译传播学角度来看，湖湘文化"走出去"的策略应遵循"异语场景信息传递"的过程规律，重视翻译传播的主体、客体、译者、媒介、受体、效果六个元素。②当下，中国文化作品的翻译和输出面临着投资多但接受效果不足的问题。余承法、万光荣提出，为了追求湖湘文化外译质量的最大化、效果的最优化，要根据湖湘文化外译的实际需求，分别制定涉及译者、客体、受体、时空、工具、策略、方法等方面的优先战略规划。③

---

① 余承法、万光荣：《翻译传播学视域下湖湘文化"走出去"策略体系建构》，《湘潭大学学报》（哲学社会科学版）2021年第1期。
② 余承法、万光荣：《翻译传播学视域下湖湘文化"走出去"策略体系建构》，《湘潭大学学报》（哲学社会科学版）2021年第1期。
③ 余承法、万光荣：《翻译传播学视域下湖湘文化"走出去"策略体系建构》，《湘潭大学学报》（哲学社会科学版）2021年第1期。

第九章

研究热点与研究动态透视

在中国近代史上，湖南有着深厚的爱国传统和革命传统。湖南儿女走出湖南，为了民族解放和民族复兴抛头颅、洒热血。三湘大地上，更是发生过无数可歌可泣的革命斗争、爱国事迹。2021年，是辛亥革命爆发110周年，同时又是中国共产党成立100周年。全国上下召开了一系列纪念会议、举办了许多纪念活动。一些研究成果也追思风云年代、缅怀革命先烈。

第一节 聚焦世纪热点

"一篇湘人奋斗章，半部中国近代史。"早在2012年湖南省湘学研究院成立大会上，时任中国社会科学院院长、党组书记王伟光就以此概况湘人在中国近代史上的重要影响。近代以来，无论是洋务运动、戊戌维新运动、辛亥革命，还是新民主主义革命，湘人的思想及事功都在其中发挥了极其重要的作用。因此，每逢中国近代史上的重大历史事件纪念周年、重要人物诞辰纪念周年，就会出现相关的研究热点，也会有丰硕的研究成果产出。

一 建党100周年专题研究

2021年是中国共产党建党100周年。在建党百年的历史背景下，2021年也是党史研究的蓬勃之年。习近平总书记指出："我们党的一百年，是矢志践行初心使命的一百年，是筚路蓝缕奠基立业的一百年，是创造辉煌开辟未来的一百年。"① 值此重大纪念之年，思想界、理论界、学术界积极围绕建党历史、建党精神展开了广泛深入的讨论。

2021年，广大党史研究工作者考察了建党过程中的湖南贡献。习近平总书记在湖南考察时指出："湖南是一方红色热土，大批共产党人在这片热土谱写了感天动地的英雄壮歌。"湖南是中国共产党的初心发源地之一。第十三届全国人民代表大会第四次会议结束后，人大代表、党史研究专家陈晋在接受记者采访时指出，站在百年党史上看湖南有两个特点：一个是重大事件、重大人物集群式出现，一个是在革命道路探索上具有创造性。湖南是建党精英的集中地，是马克思主义中国化理论探索的先声地。②湘籍建党先驱站在传播马克思主义的前列，党创建时期的湘籍共产党人在革命实践中逐渐成长为中国革命的中坚力量。③

湖南早期马克思主义者通过一系列社会活动，推动了中国共产党的成立。受新文化运动和《新青年》的影响，湖南的进步报刊、书社、社团纷纷出现。王文珍指出，五四时期，新民学会、马克思主义研究会、社会主义青年团、崇新学社、心社、俄罗斯研究会、健学会、浏西文化促进会等传播马克思主义的社团在湖南相继出现，成为湖南传播马克思主义的主要阵地。1920年春，李梅羹翻译了德文版《共产党宣言》，并油印发行，比陈望道1920年8月翻译出版的《共产党宣言》中文铅印本要早。④ 1918年4月毛泽东、蔡和森等在长沙领导成立的新民学会尤其突出。新民学会不仅是湖南反帝反封建运动初期的领导核心，而且造就了一大批栋梁之才，特别是为中国共产党的创建准备了骨干力量，⑤ 他们求索救国救民的真理，经历了近代湖南乃至全中国一系列翻天覆地的大事件。⑥

有学者探讨早期无产阶级革命家与湖南第一师范学校的关系。湖南

---

① 习近平：《在党史学习教育动员大会上的讲话》，人民出版社2021年版，第5页。
② 陈晋：《湖南在百年党史中谱写了感天动地的英雄壮歌》，《新湘评论》2021年第13期。
③ 邹瑾：《湖南是中国共产党创建的重要策源地》，《新湘评论》2021年第13期。
④ 王文珍：《从文化视角看锻造伟大建党精神的湖南贡献》，《湘潮》2021年第12期。
⑤ 王文珍：《湖南建党群英与中国共产党的创建》，《湘潮》2021年第6期。
⑥ 曾长秋：《新民学会先驱是湖南建党活动的中坚力量》，《广东党史与文献研究》2021年第4期。

第一师范学校是毛泽东、蔡和森、何叔衡、任弼时等无产阶级革命家的母校,不仅是湖湘文化的重要发祥地和中国近现代师范教育的先驱,而且是中国新民主主义革命的策源地和毛泽东的初心萌发地。这里走出了3位中共一大代表、6位湖南早期省委书记以及20多位革命先驱,为中国共产党和湖南省级组织的创建与发展写下了浓墨重彩的一笔。[1]

中国工农红军先后在湖南文家市、株洲和通道三次转兵,在探索和开辟中国革命道路中发挥了重要作用。其中,文家市转兵开辟了中国革命新道路的光辉起点,株洲转兵是探索中国革命新道路的重大转折,通道转兵是开拓中国革命新道路的前提条件。[2]

湖南也是人民政权建设的重要开创地和人民军队的重要诞生地。全国第一个县级红色政权诞生于湖南东南部的茶陵。全国第一个省级红色政权是湖南省苏维埃政府。湖南人为陕甘宁边区政府建设也作出了突出贡献。从土地革命时期到新中国成立,湖南在人民政权建设探索中留下了不可磨灭的历史印记,使湖南成为当之无愧的人民政权建设的开创地。[3]大革命失败后,面临中国革命何去何从的重大抉择,毛泽东在八七会议上提出"枪杆子里面出政权"的英明论断。1927年9月,毛泽东亲自领导的秋收起义,首次打出中国共产党的旗帜,并创建工农革命军第一军第一师。[4]

桂新秋总结了党史上至关重要的第七次全国代表大会上的三位湖南人物:毛泽东、刘少奇和任弼时。评述他们的历史贡献:毛泽东对开辟中国革命新道路作出了最卓越的贡献,成为中国共产党第一代领导集体的核心;刘少奇为七大的召开作出了不可磨灭的重要贡献,为毛泽东思想的形成与发展贡献了卓越智慧;任弼时被誉为"党和人民的骆驼",作为大会筹委会秘书长,他协助党中央和毛泽东筹备七大,为大会的成功召开作出了重大贡献。[5]

湖南和湖南人在中国共产党创立之前的准备阶段和正式成立的过程

---

[1] 颜兼葭、赵小群:《湖南一师的建党贡献与精神传承》,《新湘评论》2021年第6期。
[2] 吴义国:《湖南与中国革命道路转折》,《新湘评论》2021年第13期。
[3] 高青:《湖南是人民政权建设的重要开创地》,《新湘评论》2021年第13期。
[4] 朱柏林:《湖南是人民军队的重要诞生地》,《新湘评论》2021年第13期。
[5] 桂新秋:《湖南领袖群体闪耀党的七大》,《新湘评论》2021年第13期。

中都积极走在前列,成为党创建的先锋力量。在大革命时期,创建人民军队和政权,迎来曙光的艰难过程中,湖南也做出了很大贡献。这些贡献经过历史沉淀成为宝贵的精神财富,指引着我们在新的时代无愧使命,勇于担当。李永春从学术史角度全面梳理了 70 余年来开展建党纪念活动的历史演进,概述了建党纪念活动的基本内容,从不同角度分析了建党纪念活动的功能价值。① 马延炜提出要深刻理解中国共产党百年奋斗的主题。②

朱明辉从蔡和森的个人的思想理论和实践经历考察他首提建立中国共产党的背景原因。③ 卿孟军则偏向从文化背景和时代背景分析蔡和森在法国勤工俭学前后思想的转变。④ 刘风雪探讨了蔡和森"为中国人民谋幸福、为中华民族谋复兴"的初心,"解救劳苦大众的崇高情怀是其初心生成的内在动力,民族危机是其初心孕育的契机,中华传统文化是其初心生成的文化根源,马克思主义是其初心生成的思想根源,革命实践是其初心生成的土壤。"⑤

二 辛亥革命 110 周年纪念

2021 年 10 月 9 日上午,纪念辛亥革命 110 周年大会在北京人民大会堂隆重召开。习近平总书记做了重要讲话,指出辛亥革命极大地促进了中华民族的思想解放,传播了民主共和的理念,打开了中国进步潮流的闸门,撼动了反动统治秩序的根基,在中华大地上建立起亚洲第一个共和制国家,以巨大的震撼力和深刻的影响力推动了中国社会变革,为实现中华民族伟大复兴探索了道路。

习近平总书记在大会上的重要讲话,在湖南省社会各界人士中引发热烈反响。湖南籍辛亥革命先烈黄兴、蒋翊武的后人,湖南社科界的专

---

① 李永春、余国全:《关于中国共产党建党纪念活动的研究综述》,《广东党史与文献研究》2021 年第 6 期。
② 马延炜:《深刻理解中国共产党百年奋斗的鲜明主题》,《湖南日报》2021 年 8 月 2 日。
③ 朱明辉:《蔡和森:提出"中国共产党"名称的第一人》,《北京档案》2021 年第 12 期。
④ 卿孟军:《蔡和森思想转变的历程与逻辑》,《湖南人文科技学院学报》2021 年第 4 期。
⑤ 刘风雪:《论蔡和森初心的生成逻辑》,《湖南人文科技学院学报》2021 年第 4 期。

家、学者收看了大会实况。孙中山先生等辛亥革命先驱为中华民族建立的历史功绩彪炳千秋,其中湖南人以其人数之众、知名度之高、贡献之大、影响之深格外引人瞩目。譬如与孙中山齐名、领导过十多次武装起义的陆军总长黄兴,护国将军蔡锷,以及武昌起义前被推举为临时总司令的开国元勋蒋翊武等,他们广泛开展革命舆论宣传,深入组织发动,积极开展反清武装斗争……湘籍志士在辛亥革命中的特殊贡献值得后辈永远怀念。①

湖南是辛亥革命的重要策源地。湖南志士是辛亥革命的主力军,涌现出了黄兴、蔡锷、宋教仁等一大批民主革命领袖人物和革命英雄,他们用鲜血和生命谱写了惊天动地的壮歌。② 纪念辛亥革命,是要继承辛亥革命的精神,坚持中国共产党的领导。民进湖南省委会主委潘碧灵提出,要将辛亥革命先驱们留下的精神财富作为各级政协组织和广大政协委员加强思想建设、凝聚思想共识的重要思想政治基础。③

郭辉和傅伟男从观念史的角度注意到"20世纪"这种表达所蕴含的历史信息。即什么时候开始人们动辄称"20世纪","20世纪"的时间观念如何与"辛亥革命"相勾连。他的文章"从时人言论出发阐述革命兴起与时间观念的关系,展示出人们关于未来的想象中蕴藏的革命因子。"④ 从此角度展示了辛亥革命对人们观念变化产生的影响,对20世纪中国革命的引导意义。

2021年是中国革命的纪念之年。这一年既是辛亥革命爆发110周年,又是中国共产党成立100周年。后人追思历史,勿忘昨天的苦难,以史为鉴,理解现在,从党的百年奋斗历史经验中汲取智慧和力量,开创未来。

---

① 陈昂昂、梁可庭:《携手向着中华民族伟大复兴的目标继续奋勇前进——习近平总书记在纪念辛亥革命110周年大会上的重要讲话在我省社会各界人士中引发热烈反响》,《湖南日报》2021年10月10日。
② 何报翔:《弘扬辛亥革命精神 共襄民族复兴伟业》,《团结报》2021年10月14日。
③ 潘碧灵:《传承辛亥革命精神 致力民族复兴伟业》,《人民政协报》2021年10月14日。
④ 郭辉、傅伟男:《"二十世纪"表述与辛亥时期的革命意识》,《理论月刊》2021年第8期。

第二节　湘学研究动态分析

2021年的湘学研究在原有的基础上继续推进。湖南省内各科研机构和单位组织了各类学术会议和文化交流活动，出版了湖湘文化的相关著作，发表了一定数量的研究论文，显示出湖南湘学研究的特点。同时，国内其他科研机构与湘学相关题目的研究也颇有新成果，尤其是展现在更广视域下的新角度、新方法，值得湖南湘学研究进一步学习和交流。

一　湘学研究机构与平台

因湘学、湘人、湘事在中国历史上有着重要的地位，历年关于湘学的研究成果都非常丰富。而相关的研究机构、报纸杂志等为研究、宣传、普及湘学提供了良好的平台。从事湘学研究的专业机构主要有湖南省湘学研究院、湖南省湘学研究院基地、部分高校社科院系等。湖南省内刊发湘学研究成果的平台主要是湖南省湘学研究院主编的《湘学研究》，主要刊发湘学学术研究论文；《新湘评论》，主要登载红色人物、红色文化传播的文章；《湖南日报》《省情要报》《决策参考》等内刊主要登载弘扬湘学的成果。

湖南省湘学研究院不仅着力于研究湘学，而且致力于宣传和普及湘学。湖南省湘学研究院在学习贯彻党的十九大精神、习近平总书记"七一"重要讲话精神的基础上，积极举办、承办了多次学术研讨会和座谈会，从红色党史、湖湘文化、理论与实践结合等方面积极推进了2021年的湘学研究工作。红色文化研究围绕挖掘红色资源、传承红色基因展开。[1] 李斌研究员提出，从长江流域红色基因中汲取前行力量，凝聚复兴伟力。[2] 马延炜通过回顾百年党史去理解党百年奋斗的主题，认为是"历史选择了中国共产党，人民选择了中国共产党"。[3] 在湖湘文化建设与研

---

[1] 毛健：《讲好红色故事，传承红色基因，弘扬伟大建党精神》，《湖南日报》2021年9月26日。

[2] 李斌：《从长江流域红色基因中汲取前行力量》，《湖南日报》2021年8月7日。

[3] 马延炜：《深刻理解中国共产党百年奋斗的鲜明主题》，《湖南日报》2021年8月2日。

究上，既有学术性较强的研究成果产出，考察宋代湖湘人物胡寅的思想与政治主张，[1]也有偏通俗文化的建设与推广。

为打造具有湖湘特色的文化品牌，湖南省湘学研究院近年另辟蹊径，重点研究湖南区域文化，以此拓展湘学研究领域和视角。2021年，湘学研究院充分挖掘省内名胜品牌的文化元素，完成《湖湘文化百大品牌及其影响力评价》一书。[2]该书汇集了人物、山水、文学、艺术、饮食、文创、工艺等十个方面的湖南标识并评估其影响力，试图通过文化品牌带动文化传播，助力打造具有湖湘特色、国内乃至国际闻名的湖湘文化品牌。为提升湖南文化软实力，实践文化强省战略，推动湖湘文化建设与研究，研究院组织立项编写湖南流域文化丛书。2021年完成了《湖南"一湖四水"流域文化丛书》的编撰工作，启动了《湖南山脉文化研究》丛书编纂工作，由此，与之前的《湖湘文化区域精粹丛书》形成一个系列，创新了湘学研究。此外，研究院在整合全省湘学研究资源的基础上，每年编辑出版《湘学研究》[3]集刊2辑，并完成湘学研究成果评价年度报告《湘学研究报告（2020）》[4]。

在理论与实际相结合方面，湘学研究院在2021年进行了诸多探索，充分利用研究基地的理论优势，积极地为湖南的经济文化建设建言献策。或是建议将红色资源转化为发展的新动能[5]，或是从建党精神中引发对湖南现代化建设的思考[6]，抑或是提出以改革促高水平开放[7]，其中，多项建议获得省级领导批示。

湘学研究院设立在湖南各个高校的湘学研究基地在2021年也取得了丰富的研究成果。中南大学湘学研究基地挂靠在马克思主义学院，其湘

---

[1] 李超：《胡寅对南宋初期主和论的批判——基于胡寅孝道观的考察》，《求索》2021年第5期。

[2] 贺培育等：《湖湘文化百大品牌及其影响力评价》，社会科学文献出版社2021年版。

[3] 贺培育、李斌主编：《湘学研究》，社会科学文献出版社2021年版。

[4] 贺培育等：《湘学研究报告（2020）》，社会科学文献出版社2021年版。

[5] 李斌：《将湖南红色资源转化为现实发展动能的对策建议》，《湖南省情要报》2021年第12期。

[6] 李斌：《大力激活和弘扬伟大建党精神 加快现代化新湖南建设的若干思考》，《决策参考》2021年第41期。

[7] 陶庆先：《以改革引领湖南高水平对外开放》，《湖南日报》2021年3月2日。

学研究以"红色湖南"为特色。曾长秋教授在2021年主要关注百年党史研究，包括新民学会和湖南第一师范在建党中的作用，[①] 建党精神研究等。[②] 湖南城市学院湘学基地的湘学研究特色鲜明，即"三周一叶"（周谷城、周扬、周立波、叶紫）和湖湘方言与文化研究。2021年有讨论湘西少数民族文学与湘楚文化关系[③]，以及周立波文学研究的论文。[④] 抗日战争研究，特别是细菌战研究，是湖南省湘学研究基地湖南文理学院基地的长项。

此外，其他湘学研究基地以挂靠的高校单位做成果统计，旨在与其他方面的研究做一对比考察。

湖南大学岳麓书院下设中国哲学研究所、历史研究所、中国思想文化研究所、中国书院研究中心和中国软实力文化研究中心等多个部门。近年来，岳麓书院在古籍整理与研究、中国思想史研究特别是儒学、宋学研究中成绩突出。2021年习近平总书记的到访，更是强化了岳麓书院作为思想理论建设阵地的信心与动力。据不完全统计，湖南大学岳麓书院2021年科研立项12项，其中湘学领域占6项；出版书籍5部，全与湖湘思想文化密切相关，其中4部为古籍整理；发表论文56篇，内容以哲学、思想史为主，其中半数以上与湘学思想史文化史相关。

湘潭大学的毛泽东研究以及相关革命史、近代史的研究成果较为突出。以2021年的成果情况来看，湘潭大学的湘学研究是以湖南近代史为主要阵地。[⑤] 湘潭大学中国古代史专业出版书籍2部，湖湘文化研究占1部；论文发表22篇，湘学研究直接相关1篇。中国近现代史专业出版书

[①] 曾长秋：《新民学会中的湖南第一师范学人与湖南建党实践》，《嘉兴学院学报》2021年第4期。

[②] 曾长秋：《伟大建党精神是党的百年精神谱系之源》，《毛泽东研究》2021年第5期。

[③] 吴正锋：《论湘西少数民族文学与湘楚文化的关系》，《中国文学研究》2021年第2期。

[④] 罗孝廉：《周立波散文的红色文化精神》，《城市学刊》2021年第5期。

[⑤] 2021年湘潭大学湖南近代史相关成果如下：王继平：《近代湖南乡村社会研究》，中国社会科学出版社2021年版；王继平、杨晓晨：《论中国共产党领导的湖南文化抗战》，《湘潭大学学报》（哲学社会科学版）2021年第2期；李永春、贾姣：《蔡畅留法期间的思想转变》，《湖南工程学院学报》（社会科学版）2021年第3期；熊元彬：《论湖南近代夏布业的产销及工商的活动》，《兰州学刊》2021年第5期；周锦涛：《重温任弼时的党性观》，《党建》2021年第5期；宋银桂：《蔡和森入党入团时间考辨》，《湘潭大学学报》（哲学社会科学版）2021年第6期。

籍 4 部，其中两部研究湖湘社会，1 部与湖湘人物有关；发表论文 15 篇，半数研究湖南历史与人物；科研立项 2 项，皆为湘学研究领域。世界史专业科研立项 2 项，论文发表 5 篇，涉及日本史、美国史和世界史教学。

湖南科技大学既有少数民族碑刻文献，也有近代历史人物以及社会经济史方面的研究成果。湖南科技大学历史专业科研立项 6 项，湘学研究占 4 项（两项湖南古代史、两项湖南近现代史）；出版著作 2 部，1 部研究湖湘人物；发表论文 9 篇，其中两篇为湖南历史研究。

吉首大学的历史研究在 2021 年取得了丰硕成果，其中多采用人类学研究方法研究湘西地区社会史，以及延展至周边西南少数民族地区历史，进而上升到讨论边疆治理问题。[①] 吉首大学历史文化学院出版书籍 3 部，皆与湖南历史相关；发表论文 11 篇，其中 10 篇研究湖南相关历史，在研项目情况与论文发表类似。

湖南文理学院历史专业科研立项 1 项，为湖南革命史领域；出版的两部著作和发表的两篇论文皆为抗日战争研究。

其他科研院校也或多或少有相关的湖湘文化研究，如湖南人文科技学院有 8 篇关于湖湘文化的论文，其曾国藩研究基地继续推进曾国藩研究。

湖南社会科学院、湘南学院、中南大学、湖南第一师范学院、湖南农业大学、湖南工商大学等都有相关产出，在此不一一列举。

湖南师范大学的湘学研究侧重文化史范畴，地方院校的湘学研究多与当地的特色相结合，通过挖掘地方的历史文化资源，发挥区位优势，助力地方文旅开发，比如湖南科技学院国学院的向薛峰注意到明清时期对濂溪故里的开发。[②]

二　湘学交流与传播

在湘学的学术交流方面，各单位仍以重大历史事件、重要历史人物

[①] 暨爱民、彭应胜：《清代湘西苗疆"均屯"：从地方治理到国家建构》，《民族论坛》2021 年第 3 期；曹景文、卜岚：《民国学者边疆治理思想与统一多民族国家建构述论——基于改土归流问题的分析》，《民族论坛》2021 年第 3 期。

[②] 向薛峰：《明清两代对濂溪故里的开发》，《湖南科技学院学报》2021 年第 2 期。

纪念周年为契机召开相关学术研讨会、出版相关研究成果。尽管受制于新冠疫情的影响，2021年，湖南在推动学术、文化的交流传播方面依然做了不少工作。

湖南省湘学研究院全年共举办、承办多次学术研讨会和座谈会："中国共产党百年红色文化研究学术研讨会""湖湘文化与中国革命学术研讨会""《湘西民族文库》新书首发式暨学术研讨会""湖南史学界学习贯彻党的十九届六中全会精神座谈会""湖南山脉文化研究座谈会"等。

蔡和森作为第一个提出建立中国共产党的人，在2021年建党百年之际，关于蔡和森的研究和纪念活动十分丰富。2021年3月26日至28日，在蔡和森的家乡湖南娄底举行了"蔡和森建党思想暨蔡和森诞辰126周年"学术研讨会。会议聚焦蔡和森同志革命实践的历史贡献，探究蔡和森同志革命思想的丰富内涵，旨在传承、弘扬蔡和森同志革命思想的时代价值。①

2021年4月9日，湖南神农炎帝研究会年会在株洲召开，50余名专家学者齐聚一堂，共探炎黄文化传承发展新思路。研究会将目标定位打造"炎帝文化进校园"品牌，依托湖南省"祭祀炎帝陵典礼"活动、炎帝陵"海峡两岸交流基地"等平台，努力拓展炎帝文化普及传播的点和面，不断完善提升炎帝品牌效应。

2021年4月24日，由湘潭大学社科处、碧泉书院哲学与历史文化学院共同主办的"湖湘文化海外传播研究"学术研讨会在湘潭大学举行。会上，湖南师范大学的范丽娜分析和评价了汉学家卫德明对曾国藩《顺性命之理论》的英译，为湖湘文化在当代的对外翻译与传播提供思路，具有重要的参考价值。②

2021年是湘籍革命家林伯渠诞辰135周年。2021年5月20日，在湖南常德召开"学习弘扬林伯渠革命精神"学术研讨会。会议指出，

---

① 李盼强、张娟：《缅怀革命先烈 赓续精神血脉——"蔡和森建党思想暨蔡和森诞辰126周年"学术研讨会综述》，《湖南人文科技学院学报》2021年第4期。

② 范丽娜：《论卫德明对曾国藩易学思想的英译——以〈顺性命之理论〉为例》，《湘潭大学学报》（哲学社会科学版）2021年第5期。

在危险的变局中,在人生道路、革命道路的选择中,林伯渠始终坚定自己的理想、信念,始终朴素自律、谦虚谨慎,严格要求自己。林伯渠一生以自己的实际行动,为党员干部加强党性修养、养成好的工作作风、树立良好形象做了最好的表率。①

为了纪念建党100周年与辛亥革命爆发110周年,2021年6月16日,在湖南长沙召开了"毛泽东等党史人物与百年大党"研讨会暨中国中共党史人物研究会2021年年会。会议强调,要用全面、客观、历史、辩证的观点开展以毛泽东等老一辈革命家为代表的重要党史人物研究;要向老一辈湘籍共产党人学习其信念和精神;要始终注重总结运用党的历史经验,多角度展示对习近平新时代中国特色社会主义思想的研究成果。

2021年11月23日,"北伐首战首捷攸县渌田"学术研讨会在湖南攸县举行。会议充分肯定了北伐勇士们光照千秋的革命精神,讨论了北伐首战渌田大捷所具有的革命教育意义和历史文化价值,要将宝贵而丰富的红色文化遗产发扬光大,决定要让后人铭刻中国共产党为实现祖国统一民族独立之初心。

2021年12月11日至12日,以"湖湘文化与中国革命"为主题的湖南省历史学会年会在邵阳学院举行。湘潭大学碧泉书院历史系教授吉成名总结了湖南人的历史成就,分析了湖南对辛亥革命的重要贡献。邵阳学院文学院博士刘锋详细分析了吕振羽历史研究中的文化思想探讨,介绍了全面、系统、深刻的文化体系。湘潭大学碧泉书院历史学专业学生白钦哲讲解了长沙文化书社经营状况研究,以"新"为定位,总结出了"新文化与新思想是时代发展必不可少的因素"这一观点。邵阳学院文学院胡克森教授讲述了宋代"梅山峒蛮"区域研究的史源辩证,阐述了战争争论的关键证据。

如何将红色资源与新时代需要结合?如何在红色资源开发上实现省际合作?2021年12月24日,在湖南湘西召开了"湘鄂川黔革命根据地历史价值与新时代乡村振兴"学术研讨会暨任弼时思想生平研究会年会。研讨会围绕深入学习贯彻党中央关于党的百年奋斗重大成就和历史经验

---

① 王文珍、邹瑾:《学习、弘扬林伯渠崇高的政治品格》,《湘潮》2021年第8期。

的重大论断重要论述、贯彻党中央和国务院关于实施乡村振兴战略的重大决策部署，聚焦"湘鄂川黔革命根据地历史价值与新时代乡村振兴"主题，从根据地斗争与历史贡献、根据地领导人与革命精神、开发红色资源与乡村振兴等方面展开深入研究研讨。

三 研究动向与前景分析

2021 年，总体上看，湘学研究在思想史、文化史、经济史、军事史等方面取得了丰富的研究成果，但仍有很大的深入和拓展空间。

湖湘学派虽然是一个地域性学术流派，但其根基、发展历程和产生的影响都不仅仅局限于湖南一省。因此，对文献古籍的深入研究、对湖湘学派经典思想的探索、对前辈学者大家作品的挖掘学习，将进一步丰富和延展湖湘思想研究、加强文化交流与传播，形成当代有力的思想力量。

湖湘思想在湘学研究中占有核心重要的地位，是湖湘文化的精华所在。目前，湖湘思想研究虽然成果累累，但仍然有广阔的空间待探索。2021 年，湖湘思想研究体现在三个方面：一是继续挖掘、拓展研究湖湘学研究，此方面的研究以整理和述评为主；二是继续挖掘湖南重要思想家、学者的思想成果。思想史的研究是探索和延展湘学的重要途径，湖南的湖湘思想史研究，势头强劲，水平较高，比肩国内思想史研究的水平；三是湖湘区域文化研究视野得到拓展，民族史研究与经济社会发展史相结合，凸显了湖南各民族的"交往、交流、交融"。

如何发挥湖湘文化优秀传统为新时代的思想理论建设贡献力量，是思想理论研究需要进一步解决的问题。这方面的成果主要体现在实事求是思想与岳麓书院文化传承的研究上，同时也是"两个结合"研究成果的展示。

2021 年的湘学研究取得发展的同时，也存在不少进步的空间。新的时代有新的使命，在新时代如何拓宽湖湘文化的边界，充实思想内容，提高思想理论水平，建设新时代思想高地；如何将湖湘思想精髓提炼、转化，为新时代思想理论建设、现代化实践提供养分，是当下和未来研究需要思考的问题和努力的方向。

未来如何打造更好的湘学科研平台、提高科研机构的学术实力？如何认定、强化湖湘文化的精神标识？如何进一步推进湘学的交流与传播？这都是需要思考和解决的问题。未来，期待产生更多更高质量的湘学研究成果，形成百花齐放同时又特色鲜明的研究格局，助力文化强省战略的实施。

参考文献

一 著作

《毛泽东年谱 1893—1976》，中央文献出版社 2021 年版。

毛泽东：《毛泽东文集》（第 2 卷），人民出版社 1993 年版。

毛泽东：《毛泽东文集》（第 7 卷），人民出版社 1999 年版。

毛泽东：《毛泽东文集》（第 8 卷），人民出版社 1999 年版。

毛泽东：《毛泽东选集》（第 3 卷），人民出版社 1991 年版。

刘少奇：《刘少奇选集》（下卷），人民出版社 1985 年版。

习近平：《在党史学习教育动员大会上的讲话》，人民出版社 2021 年版。

习近平：《在庆祝中国共产党成立 100 周年大会上的讲话》，人民出版社 2021 年版。

本书编委会：《湖南省八家收藏单位古籍普查登记目录 邵阳市 娄底市》，国家图书馆出版社 2021 年版。

本书编委会：《湖南省二十三家收藏单位古籍普查登记目录 岳阳市 常德市 益阳市 怀化市》，国家图书馆出版社 2021 年版。

本书编委会：《湖南省九家收藏单位古籍普查登记目录 长沙市 株洲市 湘潭市》，国家图书馆出版社 2021 年版。

本书编委会：《湖南省四家收藏单位古籍普查登记目录 湘西土家族苗族自治州》，国家图书馆出版社 2021 年版。

陈书良主编：《湖南文学史》，湖南教育出版社 2008 年版。

邓艳君等：《湖湘红色文化教程》，高等教育出版社 2021 年版。

邓艳君、余晖：《湖湘红色文化与大学生成长成才教育》，湖南师范大学出版社 2021 年版。

何薇：《欧阳询书法艺术研究》，太白文艺出版社 2021 年版。

贺培育等：《湖湘文化百大品牌及其影响力评价》，社会科学文献出版社 2021 年版。

贺培育等：《湘学研究报告（2020）》，社会科学文献出版社 2021 年版。

贺培育、李斌主编：《湘学研究》，社会科学文献出版社 2021 年版。

胡治洪：《中国哲学通史·现代卷》，江苏人民出版社 2021 年版。

黄宗羲原著，全祖望补修：《宋元学案》，中华书局 1986 年版。

蒋波等：《秦汉时期湖湘历史文化初探》，湘潭大学出版社 2021 年版。

蒋响元：《黄河流域先民入湘与南北交通雏形》，《湘学研究》第 17 辑，湘潭大学出版社 2021 年版。

邝杨华、赵丰作：《中国历代丝绸艺术民间刺绣》，浙江大学出版社 2021 年版。

雷黎明著，吴遁生注释：《学生国学丛书 十八家诗钞》，商务印书馆 2021 年版。

李超平、朱耀斌：《〈湘勇原流记〉的版本流传与湘军史实解构》，《湘学研究》第 17 辑，湘潭大学出版社 2021 年版。

李花蕾：《湖南两宋摩崖石刻考释》，广西师范大学出版社 2021 年版。

李慧君：《从神医到巫医之神——木雕神像中所见梅山文化圈的药王信仰》，《中国本土宗教研究》第四辑，社会科学文献出版社 2021 年版。

临澧县档案馆编：《临澧县抗日战争宣传档案汇编》，中华书局 2021 年版。

聂荣华、万里主编：《湖湘文化通论》，湖南大学出版社 2005 年版。

彭曙蓉：《元代湖南学记文与官员教育政绩关系考论》，《湘学研究》第 17 辑，湘潭大学出版社 2021 年版。

钱基博著，陈宇翔整理：《〈近百年湖南学风〉手稿》，中华书局 2021 年版。

石欣宇：《基于田野调查的湘西土家族摆手舞研究》，东南大学出版社 2021 年版。

《宋史》，中华书局 1977 年版。

孙文周、刘亚楠主编：《叶德辉文献辑刊》，北京燕山出版社 2021 年版。

谭嗣同作，张玉亮校注：《仁学 汇校本》，浙江古籍出版社 2021 年版。

田文军、文碧芳：《中国哲学通史·宋元卷》，江苏人民出版社 2021 年版。

王继平：《近代湖南乡村社会研究（1840—1949）》，中国社会科学出版社 2021 年版。

王继平：《近代湖南乡村社会研究》，中国社会科学出版社 2021 年版。

王晚霞：《濂溪学序跋的内容与价值》，载贺培育主编《湘学研究》第 17 辑，湘潭大学出版社 2021 年版。

魏义霞：《康有为与谭嗣同思想比较研究》，人民出版社 2021 年版。

吴根友：《中国哲学通史·清代卷》，江苏人民出版社 2021 年版。

吴密、黄霞编：《国家图书馆藏毛泽东著作早期版本图录》，中华书局 2021 年版。

吴晓美：《商镇兴衰：洪江的商业历史与地域社会建构》，社会科学文献出版社 2021 年版。

伍远安等：《湖南鱼类志》，科学出版社 2021 年版。

杨世文：《张南轩著作整理研究五题》，《国学》第九辑，巴蜀书社 2021 年版。

姚才刚、曾诚：《传统儒家"万物一体"说及其现代价值——以明儒蒋信为中心》，《文化发展论丛 2021 年卷》，社会科学文献出版社 2021 年版。

叶德辉著，孙俊整理：《国家图书馆藏未刊稿丛书 叶德辉致松崎鹤雄书札》，凤凰出版社 2021 年版。

曾亦：《湖湘学派研究》，商务印书馆 2021 年版。

张爱萍：《明代班军家族的军役承充——以衡州卫罗氏为个案》，《湘学研究》第 17 辑，湘潭大学出版社 2021 年版。

张利文：《民国学者唐大圆行迹考述——兼评"东方文化"思想》，《湘学研究》第 17 辑，湘潭大学出版社 2021 年版。

张栻：《张栻集·新刊南轩先生文集》卷十《道州重建濂溪周先生祠堂记》，中华书局 2015 年版。

张震英主编《中华优秀传统文化研究》第三辑，社会科学文献出版社 2021 年版。

郑熊：《〈中庸〉学与儒家形而上学关系研究》，人民出版社 2021 年版。

中共中央党史和文献研究院编：《毛泽东邓小平江泽民胡锦涛关于中国共产党历史论述摘编》（藏文版），民族出版社2021年版。

中共中央党史和文献研究院编：《毛泽东邓小平江泽民胡锦涛关于中国共产党历史论述摘编》（朝文版），民族出版社2021年版。

中共中央党史和文献研究院编：《毛泽东邓小平江泽民胡锦涛关于中国共产党历史论述摘编》（哈文版），民族出版社2021年版。

中共中央党史和文献研究院编：《毛泽东邓小平江泽民胡锦涛关于中国共产党历史论述摘编》（蒙文版），民族出版社2021年版。

中共中央党史和文献研究院编：《毛泽东邓小平江泽民胡锦涛关于中国共产党历史论述摘编》（维文版），民族出版社2021年版。

中共中央党史和文献研究院编：《毛泽东邓小平江泽民胡锦涛关于中国共产党历史论述摘编》，中央文献出版社2021年版。

中共中央文献研究室编：《毛泽东年谱：1893—1949》上卷，中央文献出版社2002年版。

周振鹤、张莉：《汉书地理志汇释》，凤凰出版社2021年版。

朱熹：《朱子全书》，朱杰人、严佐之、刘永翔主编，上海古籍出版社、安徽教育出版社2010年版。

二 报纸期刊

习近平：《把中国文明历史研究引向深入 增强历史自觉坚定文化自信》，《求是》2022年第14期。

《习近平总书记同人大代表、政协委员共商国是纪实》，《人民日报》2014年3月13日。

安频：《湖南新田骆氏锦衣卫家族考论》，《湖北第二师范学院学报》2021年第3期。

敖凯：《关于击椎生是否蔡锷问题的补证》，《近代史学刊》2021年第2期。

敖炼：《湖南玉琯岩唐代摩崖〈无为观庄田记〉考释》，《湖南科技学院学报》2021年第4期。

白克伟：《传统文化视域下毛泽东党建思想的理论渊源探微》，《品位·经典》2021年第22期。

鲍田原：《曾国藩处理湖团案考察》，《齐鲁师范学院学报》2021 年第 2 期。

宾娟：《唐代长沙窑瓷器上的外来纹饰》，《福建文博》2021 年第 3 期。

蔡家和：《王船山〈庄子解·达生〉之儒道会通》，《商丘师范学院学报》2021 年第 1 期。

蔡杰：《胡宏与朱熹"察识""涵养"先后之争的原因检论》，《船山学刊》2021 年第 2 期。

蔡双全：《梁启超地方自治思想之"善变"述评》，《湖北社会科学》2021 年第 11 期。

曹栋洋、何佳：《湖南宁乡市罗家冲遗址石家河文化遗存发掘简报》，《考古》2021 年第 5 期。

曹改平：《乡村社会历史文化资源在乡村振兴中的价值与开发利用》，《内江师范学院学报》2021 年第 9 期。

曹建文：《担负时代赋予岳麓书院的新使命》，《新湘评论》2021 年第 4 期。

曹健华、钟晴伟：《毛泽东军事行动自觉能动性思想探析》，《湖湘论坛》2021 年第 6 期。

曹景文、卜岚：《民国学者边疆治理思想与统一多民族国家建构述论——基于改土归流问题的分析》，《民族论坛》2021 年第 3 期。

曹隽平：《辛亥革命的珍贵文献——黄兴上孙中山论革命计划书》，《艺术中国》2021 年第 10 期。

曹丽芳：《李群玉诗集版本源流及补遗考辨》，《东华理工大学学报》（社会科学版）2021 年第 3 期。

曹旅宁：《岳麓书院藏秦简昭王、庄襄王之令考初步研究》，《秦汉研究》2021 年第 1 期。

曹普华：《从三块匾额看湘学精神的传承》，《新湘评论》2021 年第 4 期。

曹普华：《大力推动红色文化的系统化研究》，《邵阳日报》2021 年 11 月 16 日。

曹普华等：《大力激活和弘扬伟大建党精神 加快现代化新湖南建设的若干思考》，《湖南智库成果专报》2021 年第 41 期。

曹昭：《论长沙中南工业大学桃花岭古墓的年代与墓主身份》，《江汉考古》2021 年第 1 期。

常改香：《论毛泽东哲学思想发展中的"四个转向"》，《湖南科技大学学报》（社会科学版）2021 年第 6 期。

常建华：《乾隆前期湖南的职役与地方社会治理》，《江西社会科学》2021 年第 8 期。

车树昇：《民国时期的报刊与湖南翻译考察》，《外语与翻译》2021 年第 2 期。

陈昂昂、梁可庭：《携手向着中华民族伟大复兴的目标继续奋勇前进——习近平总书记在纪念辛亥革命 110 周年大会上的重要讲话在我省社会各界人士中引发热烈反响》，《湖南日报》2021 年 10 月 10 日。

陈邦臣：《金岳霖回答了真之符合论的问题吗？——兼谈当代真之符合论问题与金氏符合论的建构》，《清华西方哲学研究》2021 年第 2 期。

陈波：《罗素和金岳霖论真理：一个比较研究》，《北京大学学报》（哲学社会科学版）2021 年第 3 期。

陈代湘、孟玲：《胡安国〈春秋传〉义利之辨的展开及其影响》，《湘潭大学学报》（哲学社会科学版）2021 年第 3 期。

陈芳字、蒋建农：《毛泽东口述史料研究综述及未来研究设想》，《毛泽东邓小平理论研究》2021 年第 6 期。

陈嘉明：《略论金岳霖〈知识论〉中的几个问题》，《中国社会科学评价》2021 年第 1 期。

陈建军：《〈大国民报〉刊沈从文佚文及其他》，《新文学评论》2020 年第 3 期。

陈姣凤、徐浪：《建党初期湖南地区红色文献的传播及其启示——基于文化书社运营模式分析》，《图书馆》2021 年第 9 期。

陈杰、石荣传：《西汉长沙国诸侯王陵墓制度研究》，《江汉考古》2021 年第 4 期。

陈金星：《红军长征过滇西北贺龙的统战工作实践及启示》，《云南社会主义学院学报》2021 年第 1 期。

陈锦涛：《〈四库全书〉纂修过程中的湖南采进与禁毁书目》，《贵州文史丛刊》2021 年第 3 期。

陈晋：《湖南在百年党史中谱写了感天动地的英雄壮歌》，《新湘评论》

2021年第13期。

陈力祥、汪美玲：《张栻义利双彰视域下之王道政治伦理思想探微》，《中原文化研究》2021年第6期。

陈力祥、汪美玲：《朱子与船山体用视域下的"四端""七情"之分判》，《船山学刊》2021年第2期。

陈璐：《湖湘文化在文创产品开发中的应用研究——以长沙博物馆为例》，《湖南大众传媒职业技术学院学报》2021年第3期。

陈勤学：《从水龙祠壁画看瑶族女神崇拜观的生成逻辑》，《民族论坛》2021年第3期。

陈汝双、彭敏：《周敦颐〈爱莲说〉在民国的传播与接受》，《湖南科技学院学报》2021年第6期。

陈尚君：《唐代民间读什么诗歌？》，《古典文学知识》2021年第6期。

陈邵桂：《魏源"履"论及影响述略》，《邵阳学院学报》（社会科学版）2021年第3期。

陈松长：《长沙走马楼西汉古井出土简牍概述》，《考古》2021年第3期。

陈松青、黄丽俐：《略论晚清湘军幕府文士对屈原与楚辞的接受》，《湖南大学学报》（社会科学版）2021年第3期。

陈伟：《岳麓秦简"毋夺田时令"文本复原和相关问题探讨》，《江汉考古》2021年第6期。

陈先初：《李石岑与尼采思想的中国之行》，《中国文化研究》2021年第1期。

陈彦桥：《毛泽东文化自信思想及其时代价值研究》，《洛阳理工学院学报》（社会科学版）2021年第6期。

陈秧林：《袁国平与"红军第一报"》，《湘潮》2021年第12期。

陈以敏：《黎锦明：一位中国新文学的助推者》，《湘潭大学学报》（哲学社会科学版）2021年第1期。

陈寅恪：《敦煌劫余录序》，《海潮音》1932年第11期。

陈瑜：《湘昆文化空间演变及其影响因素》，《江苏师范大学学报》（哲学社会科学版）2021年第4期。

陈赟：《自然与天道：船山哲学中的"终极无为宇宙观"》，《哲学与文化》2021年第9期。

陈郑云、巴兆祥：《合修到分修：清代两江、湖广省志编修中的制度博弈与省籍意识》，《史林》2021年第5期。

成新湘：《打造湘绣品牌，擦亮湖南名片》，《中国品牌》2021年第4期。

程军、汪慧中：《论左宗棠的读书观——以〈左文襄公家书〉为中心》，《长春大学学报》2021年第9期。

程谦、程峰：《以廉律己与以廉律他：曾国藩的廉政之道及其资鉴》，《焦作大学学报》2021年第3期。

程章灿：《方物：从永州摩崖石刻看文献生产的地方性》，《武汉大学学报》（哲学社会科学版）2021年第1期。

程志华：《无有不极也，无有一极也——关于究竟何为王船山哲学本体之辨析》，《河北大学学报》（哲学社会科学版）2021年第3期。

褚静涛：《自力更生与争取外援——毛泽东在抗战中的探索》，《学术界》2021年第12期。

《传承红色基因 走好新的赶考之路——写在习近平总书记考察湖南一周年之际》，《湖南日报》2021年9月18日。

崔之清：《晚清危局及其出路——洪秀全、曾国藩的认知与抉择》，《史学理论研究》2021年第1期。

达赛日：《郭嵩焘外交思想及其影响研究》，《今古文创》2021年第14期。

代红凯：《运用〈毛泽东年谱（1949—1976）〉深化毛泽东研究的三维论析》，《毛泽东邓小平理论研究》2021年第10期。

戴楚洲：《红二方面军长征出发前后的几个历史疑难问题探究》，《武陵学刊》2021年第3期。

戴薇薇：《论湖南皮影戏传承与创新发展》，《艺海》2021年第7期。

戴宇妙：《碑耶？帖耶？关于何绍基书学思想的探讨》，《中国书法》2021年第12期。

单凌寒：《由国博藏左宗棠信札看晚清陕甘分闱》，《档案》2021年第1期。

邓江祁：《蔡锷行政主权思想与实践述论》，《邵阳学院学报》2021年第1期。

邓江祁：《蔡锷邮政主权思想与实践述论》，《邵阳学院学报》2021年第

4 期。

邓江祁：《论宁调元的情诗》，《湖南工业大学学报》（社会科学版）2021年第3期。

邓杨：《民国时期中南地区经济学的发展》，《中南财经政法大学学报》2021年第2期。

丁俊萍、李雅丽：《毛泽东廉政思想的发展历程、鲜明特色与重要意义》，《廉政文化研究》2021年第1期。

丁玲：《"说话"要"到底"——〈新的信念〉中的女性觉醒及其历史语境》，《妇女研究论丛》2021年第5期。

董丽霞：《谭延闿与民初湖南财政整理》，《史学月刊》2021年第7期。

董思彬：《1944年晋察冀版〈毛泽东选集〉出版基础及版本研究——以北京市文物局图书资料中心馆藏为例》，《文献与数据学报》2021年第3期。

董一冰、毕志晓：《刘少奇共青团建设思想及其现实启示》，《毛泽东思想研究》2021年第1期。

杜立芳：《从"以俄为师"到"以苏为鉴"——刘少奇与马克思主义中国化》，《毛泽东思想研究》2021年第1期。

杜品：《悟者践行担当精神——对谭嗣同殉难的再解读》，《牡丹江师范学院学报》2021年第4期。

杜沁芬：《唐代长沙窑陶瓷釉彩绘画的审美特征》，《美术观察》2021年第9期。

杜睿：《隐匿的革命主线与脆弱的二元性格——丁玲建国前小说中的共产党员形象释探》，《文艺论坛》2021年第4期。

杜以恒：《王文清〈仪礼分节句读〉析论》，《中国经学》2021年第2期。

段从学：《〈边城〉：古代性的"人生形式"与现代性的错位阐释》，《福建论坛》（人文社会科学版）2021年第3期。

段胜峰、李罡：《湖湘文化元素融入留学生汉语教育的困境与策略研究》，《重庆文理学院学报》（社会科学版）2021年第2期。

段湘华：《湘楚意象美术融入高职文创产品设计教学新探》，《湖南大众传媒职业技术学院学报》2021年第3期。

樊士博、齐卫平：《青年毛泽东对妇女解放问题的求解——以"赵五贞花轿自杀事件"为中心的考察》,《现代哲学》2021年第4期。

范大明:《西方文献〈中华归主〉记录的近代湖南形象研究》,《怀化学院学报》2021年第3期。

范大平:《论罗泽南理学经世思想及其对湘军的影响》,《湖南人文科技学院学报》2021年第6期。

范丽娜:《论卫德明对曾国藩易学思想的英译——以〈顺性命之理论〉为例》,《湘潭大学学报》(哲学社会科学版)2021年第5期。

范雪:《谁能照顾人——丁玲延安时期(1936—1941)对人与制度关系的探索》,《中国现代文学研究丛刊》2021年第1期。

方啸天:《翦伯赞对〈史通〉中〈史记〉体例批判的辩证研究》,《渭南师范学院学报》2021年第9期。

冯朝辉、李亦澎:《画虫布物器,前人不为——论齐白石对中国传统文人写意花鸟画的发展》,《齐白石研究》2021年第12期。

冯利华、释清仁:《新中国成立后毛泽东对战争的判断》,《学习时报》2021年11月22日。

冯琳:《王船山实践观的近代影响——以维新派谭嗣同、梁启超为例》,《孔子研究》2021年第1期。

奉清清:《实事求是思想路线的湖湘文化渊源》,《湖南日报》2021年9月14日。

付定裕:《王夫之"继善成性"说辨证》,《鹅湖学刊》2021年第7期。

付金:《与毛泽东携手创建湖南共产党早期组织的湘籍英烈》,《湘潮》2021年第11期。

干春松:《文明论视野下的民族与国家(上)——杨度〈金铁主义论〉中的民族观与国家观》,《现代哲学》2021年第3期。

高慧:《湖南非遗保护传承"版图"不断扩展》,《中国旅游报》2021年10月5日。

高青:《湖南是人民政权建设的重要开创地》,《新湘评论》2021年第13期。

高文霞、杨建艳:《王夫之"和乐"〈诗〉教思想影响下的生死观——以〈诗广传〉为核心》,《邯郸学院学报》2021年第2期。

高新民、李好笛:《金岳霖的分析性心灵哲学建树及其世界意义》,《武汉科技大学学报》（社会科学版）2021年第1期。

高阳：《王夫之罪情论发微——兼论其对情的界定及省察治情之道》，《海南大学学报》（人文社会科学版）2021年第6期。

高雨乔：《文化自信视阈下青少年传统文化传承的湖南模式探析》，《艺海》2021年第8期。

葛焕礼：《程颐、胡安国〈春秋〉异解析证》，《隋唐辽宋金元史论丛》2021年第1期。

耿晓晴：《〈长沙走马楼三国吴简·竹简（陆）〉中的别字现象例析》，《湖北文理学院学报》2021年第3期。

耿子扬、张莉：《系统科学视角下的王夫之〈周易外传·系辞传〉解读》，《船山学刊》2021年第2期。

谷继明：《张载与王夫之关于乾父坤母说的政治哲学差异》，《人文杂志》2021年第1期。

谷继明：《重思王夫之对天主教的理解与评价》，《船山学刊》2021年第6期。

顾建娣：《同治初年湘淮集团对长江下游清军水师的整顿和重建》，《军事历史研究》2021年第6期。

顾铮：《身体作为政治与情感动员的手段——在新闻与宣传之间的宋教仁肖像（遗体）照片，以〈民立报〉为例》，《艺术收藏与鉴赏》2021年第1期。

官心、仇发华：《〈湖南农民运动考察报告〉农民政治动员思想及其现实启示》，《沈阳农业大学学报》2021年第6期。

官心：《毛泽东确立唯物史观信仰的历程考察（1918.8—1921.1）》，《理论观察》2021年第6期。

桂海斌：《知识和真命题的关系——回到金岳霖的〈知识论〉》，《哲学分析》2021年第4期。

桂新秋：《湖南领袖群体闪耀党的七大》，《新湘评论》2021年第13期。

郭芳：《解放战争时期毛泽东战略追击指导艺术探析》，《军事史林》2021年第10期。

郭峰：《近代道教与武陵山地区民间信仰的交融互摄——以〈灵宝还天王愿科〉为中心的探讨》，《宗教学研究》2021年第1期。

郭辉、傅伟男：《"二十世纪"表述与辛亥时期的革命意识》，《理论月刊》2021年第8期。

郭铁民：《中国共产党领导百年农民合作社发展的"三个逻辑"》，《福建论坛》（人文社会科学版）2021年第12期。

郭伟民：《一体化，还是多样性？——长江中游新石器文化进程反思》，《江汉考古》2021年第6期。

郭伟涛：《论古井简的弃置与性质》，《文史》2021年第2期。

郭文杰：《毛泽东的绝密电报与湖南和平解放》，《湘潮》2021年第11期。

韩步江：《论以现实问题导向为基础的毛泽东实践哲学》，《湖南科技大学学报》（社会科学版）2021年第5期。

韩策：《清季"湘人江督格局"的终结与"北洋下南洋"的形成》，《史学月刊》2021年第8期。

翰萱：《返璞归真大巧不工——齐白石"三鱼图"赏析》，《收藏家》2021年第12期。

何报翔：《弘扬辛亥革命精神 共襄民族复兴伟业》，《团结报》2021年10月14日。

何浩：《"搅动"—"调治"：〈暴风骤雨〉的观念前提和展开路径》，《中国现代文学研究丛刊》2021年第7期。

何明星、李佳：《毛泽东著作非洲民族语言的翻译、出版与传播》，《中国出版》2021年第21期。

何明星：《〈毛泽东选集〉伦敦英文版的世界传播》，《出版发行研究》2021年第6期。

何明星：《中国共产党百年对外翻译出版与传播的本土化探索——毛泽东著作在巴基斯坦、孟加拉国、尼泊尔》，《中国出版》2021年第11期。

何潭：《诗人将领袁国平》，《湘潮》2021年第9期。

何宛昱：《中国国家博物馆藏毛泽东〈农村调查〉研究》，《中国国家博物馆馆刊》2021年第7期。

何晓琳等：《湖南岳阳罗城遗址小洲罗地点2020年发掘简报》，《江汉考古》2021年第4期。

何有祖：《读〈里耶秦简（壹）〉札记（五则）》，《出土文献》2021年第

1 期。

贺琛、阳峰、吴刚、李芊：《湖南民族地区地名文化价值评估、保护与传播研究》，《民族论坛》2021 年第 4 期。

贺培育：《把握文化赋能现代化新湖南建设的着力点》，《新湘评论》2021 年第 22 期。

贺全胜：《毛泽东共同富裕思想探微》，《湖南行政学院学报》2021 年第 5 期。

贺银垠、尚庆飞：《毛泽东探索社会主义建设的主体意识及其当代启示》，《江海学刊》2021 年第 6 期。

衡阳市南岳区民宗局：《"庆祝建党一百周年"爱国宗教活动场所系列报道之六：红色衡山 薪火相传 南岳佛教的爱国爱教之路》，《中国宗教》2021 年第 6 期。

洪梅：《湖湘学派道德理想主义探论》，《伦理学研究》2021 年第 5 期。

侯有德：《清代湘西苗疆边墙民族贸易探析》，《怀化学院学报》2022 年第 1 期。

胡逢祥：《"从选题到著述，每每是感于历史使命"——吕振羽的治学之要》，《历史评论》2021 年第 3 期。

胡杰、李永红、李恩润：《"湖湘文化海外传播研究"学术研讨会综述》，《湘潭大学学报》（哲学社会科学版）2021 年第 3 期。

胡晋峰：《王铎及其怀素"野道"观论析》，《中国书法》2021 年第 10 期。

胡静：《从"主静"到"主敬"——"二程"对周敦颐修养工夫的厘革》，《武汉理工大学学报》（社会科学版）2021 年第 5 期。

胡忆红：《清末湖南地方自治教育与社会动员》，《中华文化论坛》2021 年第 3 期。

胡月星：《军事谋略与领导智慧的典范——毛泽东在抗日战争时期的军事领导力思想》，《中国党政干部论坛》2021 年第 8 期。

胡振荣：《湖南为中国共产党早期发展作出开创性贡献》，《新湘评论》2021 年第 13 期。

怀进鹏：《不断推动高校思想政治工作高质量发展》，《人民日报》2021 年 12 月 10 日。

黄鹤鸣：《论湘军的组建发展对清末社会的影响》，《湖南人文科技学院学报》2021年第4期。

黄嘉福：《唐宋都城城郊农业研究反思》，《中国社会科学报》2021年10月27日。

黄丽俐：《近四十年来湖南文章总集的整理与研究》，《湖南人文科技学院学报》2021年第1期。

黄丽俐：《论清代湖南宗族文章总集编纂与文学世家建构》，《中国文学研究》2021年第2期。

黄丽梅：《〈岳麓秦简〉疑难词考释八则》，《四川职业技术学院学报》2021年第2期。

黄苏芬、周家华：《〈毛泽东选集〉（第二版）的编辑特征及历史价值》，《邢台学院学报》2021年第3期。

黄文丽：《文史融合：翦伯赞治学路径初探》，《理论学刊》2021年第4期。

黄宣谕：《刘少奇城市工作思想探析》，《理论观察》2021年第6期。

黄玉雪：《论郭嵩焘的法律观及其贡献》，《湖南工程学院学报》2021年第4期。

黄远帆：《理论智慧的能力之维——从金岳霖到布兰顿》，《哲学分析》2021年第4期。

黄梓根：《论湖南大学时期李达对马克思主义中国化的学术贡献》，《湖南大学学报》（社会科学版）2021年第5期。

惠梦蛟：《里耶秦简昆阳邑地望考》，《黑龙江史志》2021年第9期。

嵇雪娇：《王船山对宋易图书学及朱子易学的批判与新诠》，《山东青年政治学院学报》2021年第6期。

暨爱民、彭应胜：《清代湘西苗疆"均屯"：从地方治理到国家建构》，《民族论坛》2021年第3期。

贾正东：《湖湘文化与近代中国社会——以湖湘人才群体为视野》，《湖南行政学院学报》2021年第1期。

姜涛：《太平天国：造反者的失败事业》，《史学理论研究》2021年第1期。

蒋菲：《魏了翁与湘学之关系》，《怀化学院学报》2021年第1期。

蒋菲：《真德秀与湘学之关系》，《上饶师范学院学报》2021年第1期。

蒋炎洲：《中国共产党指引下的佛道教联合抗日行动——以南岳佛道救难协会为例》，《宗教学研究》2021年第3期。

焦茵：《王夫之道德动力研究》，《衡阳师范学院学报》（社会科学）2021年第2期。

金民卿：《建党时期蔡和森的精神风范及其当代启示》，《广东社会科学》2021年第4期。

金星宇：《美国"心理历史学派"的毛泽东研究及其历史唯物主义评判》，《现代哲学》2021年第2期。

晋文：《走马楼西汉简〈都乡七年垦田租簿〉的年代问题》，《山东师范大学学报》（社会科学版）2021年第3期。

荆月新：《从暗合到皈依：吕振羽马克思主义人民自治观的形成》，《吉林大学社会科学学报》2021年第4期。

景杰：《髡残早期行实二考兼论其佛禅思想》，《中国书画》2021年第1期。

康宇：《试论王夫之经典诠释的思想与实践》，《中南大学学报》（社会科学版）2021年第1期。

孔德超、牛海茹：《〈岳麓秦简（壹）〉字词解诂（八则）》，《简帛研究》2021年第1期。

孔德超：《〈岳麓秦简〉第四、五册词语补释六则》，《乐山师范学院学报》2021年第9期。

孔宪峰：《毛泽东独立自主思想的话语体系与精神实质》，《学术探索》2021年第6期。

乐爱国：《论朱熹"利者，人情之所欲"的内涵——兼与胡安国"利者，人欲之私"之比较》，《西南民族大学学报》（人文社会科学版）2020年第9期。

雷定京、李夫泽：《王闿运〈老子注〉"德充应帝王"政治哲学思想探析》，《湖南人文科技学院学报》2021年第3期。

雷恩海：《以赋为诗：韩愈〈八月十五夜赠张功曹〉赏析》，《名作欣赏》2021年第4期。

雷乐街：《晚清时期厘金与湘军饷需制度的变革》，《湖南大众传媒职业技术学院学报》2021 年第 3 期。

黎汉基：《"孔子出而有经之名"驳议——皮锡瑞〈经学历史〉的论证问题》，《文史哲》2021 年第 5 期。

李斌：《从长江流域红色基因中汲取前行力量》，《湖南日报》2021 年 8 月 7 日。

李斌：《大力激活和弘扬伟大建党精神 加快现代化新湖南建设的若干思考》，《决策参考》2021 年第 41 期。

李斌：《将湖南红色资源转化为现实发展动能的对策建议》，《湖南省情要报》2021 年第 12 期。

李博权：《"工作队下乡"与"东北"叙事——重读周立波〈暴风骤雨〉》，《中国现代文学研究丛刊》2021 年第 4 期。

李长泰：《王夫之人本之仁诠释的四层逻辑》，《船山学刊》2021 年第 2 期。

李长泰：《张栻对礼范畴内涵诠释的四个维度》，《中原文化研究》2021 年第 6 期。

李超：《胡寅对南宋初期主和论的批判——基于胡寅孝道观的考察》，《求索》2021 年第 5 期。

李德辉、夏名金：《湖南安化"123456"工作法规范宗教事务管理》，《中国宗教》2021 年第 2 期。

李朵：《湖南及邻近地区晚商至西周时期青铜器分群研究》，《江汉考古》2021 年第 4 期。

李凤华：《人民话语的变迁——从马克思到毛泽东》，《现代哲学》2021 年第 6 期。

李官丽：《里耶秦简缀合概览》，《简帛》2021 年第 2 期。

李国良：《增进文化认同 坚定文化自信》，《学习时报》2016 年 10 月 27 日。

李花蕾：《新见李东阳撰宦官墓志铭考述》，《兰台世界》2021 年第 1 期。

李会丽：《介入历史的方式与可能性——论沈从文〈市集〉兼及农村题材小说中的集市叙述》，《现代中文学刊》2021 年第 5 期。

李慧君：《梅山文化对道教神祇信仰的接受和改造——基于清代以来湘中木雕神像的考察》，《东方哲学与文化》2021 年第 2 期。

李慧君：《梅山文化圈关公信仰初探——基于清代以来湘中木雕神像的考察》，《湖南人文科技学院学报》2021年第5期。

李慧：《沈从文与威廉斯历史书写中的人类意识》，《吉首大学学报》（社会科学版）2021年第5期。

李捷：《从岳麓书院牌匾到中央党校校训——党的实事求是思想路线溯源》，《新西藏》2021年第3期。

李捷：《开创与奠基——毛泽东对中华民族伟大复兴的独特历史贡献》，《湘潭大学学报》2021年第6期。

李敬峰：《从〈大学〉诠释看王船山对朱子学态度的嬗变》，《求索》2021年第6期。

李静、杨声军：《历史与当下：湘西苗族传统婚俗仪式音乐文化的变迁》，《歌海》2021年第5期。

李均明：《走马楼西汉简〈长沙邸传舍劾文书〉解析》，《中州学刊》2021年第1期。

李坤坪：《湖南近代藏书家刘康的藏书、刻书、刻帖活动考略》，《图书馆》2021年第4期。

李丽珠：《孤悬与浑融——朱熹与张栻太极思想异同比较》，《中国哲学史》2021年第2期。

李美玲：《刘少奇天华调查彰显的人民情怀》，《湘潮》2021年第6期。

李盼强、张娟：《缅怀革命先烈 赓续精神血脉——"蔡和森建党思想暨蔡和森诞辰126周年"学术研讨会综述》，《湖南人文科技学院学报》2021年第4期。

李仁彬：《论毛泽东对党的群众路线的重要贡献》，《中共成都市委党校学报》2021年第4期。

李少伟、周方高：《从"集议帐"看宋代荆湖南路民户对乡役负担的应对》，《宋史研究论丛》2021年第2期。

李世佳：《刘友光〈香山草堂集〉考论》，《西安文理学院学报》（社会科学版）2021年第1期。

李维昌、王阳宇：《毛泽东关于"人民"概念创立与运用的历史考察及意义辨析》，《云南社会主义学院学报》2021年第2期。

李维武：《从李达到陶德麟的〈实践论〉解读之路》，《马克思主义哲学研究》2021 年第 1 期。

李玮皓：《论王船山〈孟子〉学的"情""才"观》，《船山学刊》2021 年第 6 期。

李玮皓：《论王船山诠释视域下〈中庸〉的"君子"观》，《孔子学刊》第十二辑。

李文君：《曾国荃致翁同龢信札考释》，《湖南人文科技学院学报》2021 年第 2 期。

李文：《理解毛泽东大同观的三重逻辑》，《湖南科技大学学报》（社会科学版）2021 年第 5 期。

李文：《论毛泽东早期政治思想的元叙事结构——以〈民众的大联合〉为考察中心》，《现代哲学》2021 年第 6 期。

李霞、刘少波：《广西壮族自治区博物馆藏李元度书信一通考释》，《福建文博》2021 年第 1 期。

李香月：《新见王闿运序跋八篇考述》，《宁夏大学学报》（人文社会科学版）2021 年第 1 期。

李晓强、王诺倩、郭磊：《秋收起义中毛泽东的决策智慧》，《党史文苑》2021 年第 10 期。

李新宇、辛宝海：《抗日战争时期毛泽东为人民服务思想发展的历史考察》，《长春理工大学学报》2021 年第 5 期。

李秀娟、陈力祥：《论王船山的人禽之辨何以可能——以两世界与三进路为中心》，《衡阳师范学院学报》（社会科学）2021 年第 4 期。

李学林等：《乡村振兴视域下毛泽东农村建设思想及其当代启示》，《湖北经济学院学报》（人文社会科学版）2021 年第 12 期。

李闫如玉、王杰：《周敦颐政德思想探微》，《领导科学》2021 年第 10 期。

李永春、贾姣：《蔡畅留法期间的思想转变》，《湖南工程学院学报》（社会科学版）2021 年第 3 期。

李永春、余国全：《关于中国共产党建党纪念活动的研究综述》，《广东党史与文献研究》2021 年第 6 期。

李永春、岳梅：《毛泽东对党的政治纪律建设的重要贡献》，《湘潭大学学报》（哲学社会科学版）2021 年第 2 期。

李永进、刘亦泽：《毛泽东与中国共产党人精神谱系的构建》，《毛泽东研究》2021年第6期。

李勇：《吕振羽史料学理论与实践》，《历史教学问题》2021年第1期。

李勇：《民国时期吕振羽批评郭沫若古史研究的原因及史料学意义》，《四川师范大学学报》（社会科学版）2021年第5期。

李佑新：《毛泽东实事求是思想的文化渊源和思想源头》，《新湘评论》2021年第4期。

李张容：《毛泽东关于中国共产党创建史的记忆》，《近代史研究》2021年第6期。

李政航：《湘西土家族摆手锣鼓音乐民族志》，《艺术评鉴》2021年第11期。

李政：《湖南鸡叫城遗址考古发现距今4700年保存最完整的大型木结构建筑基础》，《中国文物报》2021年10月26日。

连先用：《吴简所见临湘㵋乡辖里与"同名里"现象考论》，《出土文献》2021年第2期。

梁晨晨、罗运胜：《唐代长沙窑与湖南区域经济文化关系探析》，《科技资讯》2021年第11期。

梁帆：《重审"红色经典"的生成过程——解读〈暴风骤雨〉的一种路径》，《文艺理论与批评》2021年第4期。

林孝斌：《"感通"具有认识论功能吗？——基于周敦颐、张载的感通观研究》，《中国哲学史》2021年第3期。

林奕锋：《王先谦"集大成"文献出版思想述略》，《玉林师范学院学报》2020年第2期。

林约珥：《曾国藩书法美学研究》，《美与时代》（中）2021年第6期。

凌斐然：《论易元吉绘画艺术风格与成因》，《美与时代》（中）2021年第10期。

凌文超：《长沙尚德街东汉户口简考释》，《文物》2021年第3期。

刘安全：《文学意象、景观叙事与文化重塑——沈从文〈边城〉与湘西边城互构的考察》，《吉首大学学报》（社会科学版）2021年第5期。

刘秉毅：《如何理解毛泽东"哲学就是认识论"命题》，《武汉大学学报》（哲学社会科学版）2021年第4期。

刘晨：《李石岑、范寿康：运用马克思主义阐释中国哲学史的启蒙者》，《阜阳师范大学学报》（社会科学版）2021年第5期。

刘丰：《"吟风弄月"还是"得君行道"——周敦颐礼学思想新论》，《湖南大学学报》（社会科学版）2021年第6期。

刘风雪：《论蔡和森初心的生成逻辑》，《湖南人文科技学院学报》2021年第4期。

刘涵之：《小说新质与现代文艺高峰——以鲁迅、沈从文为中心》，《文艺争鸣》2021年第7期。

刘淮：《欧阳通〈道因法师碑〉的当代启迪意义》，《戏剧之家》2021年第1期。

刘建军：《中国共产党人"信仰"概念的历史考察》，《思想教育研究》2021年第4期。

刘俊：《罗泽南〈姚江学辨〉的核心要旨及其思想史意义》，《东岳论丛》2021年第9期。

刘茂旺、刘德军：《左宗棠家庭教育观的"四个维度"及其当代价值》，《湖南人文科技学院学报》2021年第2期。

刘敏婕：《中国百年考古，为何它们代表湖南？——揭秘湖南四大考古发现》，《湘声报》2021年12月4日。

刘敏璇、朱耀斌：《曾国藩"立德"思想及其现代价值——以〈曾国藩家书〉为中心》，《湖南人文科技学院学报》2021年第4期。

刘乾阳：《本立而道生：周敦颐"诚"学探微》，《船山学刊》2021年第5期。

刘涛、陈答才：《〈群众〉周刊（1937—1949）传播毛泽东思想的文本样态及启示》，《毛泽东思想研究》2021年第5期。

刘巍：《西学中用：熊希龄财政思想与实践研究》，《福建论坛》（人文社会科学版）2021年第1期。

刘晓蓉：《湘西宝卷七言诗概说》，《怀化学院学报》2021年第1期。

刘晓颖：《〈论语〉"观过知仁"释义——以朱子与湖湘学派的辩论为中心》，《汉字文化》2021年第19期。

刘晓勇：《湖南道县玉蟾岩遗址早期陶器探源》，《陶瓷科学与艺术》2021年第12期。

刘新敖、周婉怡、周勇：《湖南花鼓戏剧种文化形态和社会功能的当代呈现》，《城市学刊》2021年第6期。

刘新文：《论〈逻辑〉中的"所以"》，《哲学动态》2021年第5期。

刘艳明、谢卓芝：《刘少奇关于工作方法的重要论述及其基本特征》，《湖南行政学院学报》2021年第3期。

刘阳琼：《湘西阳戏文化生态变迁研究》，《艺术评鉴》2021年第5期。

刘祎家：《"魇"的"错综"——沈从文〈七色魇〉中的形式与政治》，《中国文学研究》2021年第4期。

刘又铭：《王船山神圣气本论的哲学典范》，《哲学探索》2021年第2辑。

刘月悦：《〈天下月刊〉与邵洵美、项美丽译本〈边城〉》，《兰州大学学报》（社会科学版）2021年第6期。

刘振范等：《怀素书法"势"的视觉意境解析》，《赤峰学院学报》（哲学社会科学版）2021年第10期。

刘治立：《王夫之的诸葛亮论》，《湖北文理学院学报》2021年第6期。

刘智锋、陈宜：《谭延闿及其书法艺术》，《艺术中国》2021年第3期。

刘宗灵、严静：《论延安时期刘少奇对民主集中制思想的理论探索及其历史贡献》，《思想政治课研究》2021年第3期。

柳平生、葛金芳：《试析宋代海上丝绸之路勃兴的内在经济动因——兼论两宋经济结构变迁与三大文明竞争格局形成》，《文史哲》2021年第1期。

柳作林、冯文姬：《〈毛泽东著作选读〉新编本的编辑出版与现实启示》，《出版发行研究》2021年第6期。

龙芳：《民族地区非遗文化传承的校本课程开发路径——以湖南湘西土家族苗族自治州为例》，《大视野》2021年第1期。

龙开义：《湖南原生态民歌"活态传承"研究》，《文艺观察》2021年第9期。

龙其鑫：《毛泽东关于铸牢中华民族共同体意识的思考及其启示》，《湖南科技大学学报》2021年第6期。

龙晓露：《湘军将领府第建筑的变迁——以务本堂刘氏家族建筑为例》，《湖南人文科技学院学报》2021年第5期。

龙新民：《湘籍建党先驱的历史贡献光耀千秋》，《湘潮》2021年第

12 期。

龙珍华：《"孤臣"与"黄神"——柳宗元〈游黄溪记〉考论》，《中南民族大学学报》（人文社会科学版）2021 年第 12 期。

卢岳华：《何叔衡："三牛"精神的诠释者践行者》，《新湘评论》2021 年第 24 期。

鲁晓聪：《王夫之"慎动以永命"思想的三个维度》，《衡阳师范学院学报》（社会科学）2021 年第 4 期。

陆群：《苗族巴岱信仰中"杀茅人"仪式符号解析——兼论飞山信仰在湘西苗区的适应与改造》，《宗教学研究》2021 年第 3 期。

陆胤：《从"自讼"到"自适"——曾国藩的读书功程与诗文声调之学的内化》，《北京大学学报》（哲学社会科学版）2021 年第 6 期。

鹿义霞：《时代语境与故事的加减法——欧阳予倩与"木兰"故事的改写及重述》，《中国戏剧》2021 年第 7 期。

吕翠萍：《新民主主义革命时期毛泽东"三农"思想及其价值》，《商洛学院学报》2021 年第 3 期。

吕志峰：《长沙走马楼西汉简〈都乡七年垦田租簿〉考论》，《中国文字研究》2021 年第 2 期。

罗鸿：《王船山宋代观探赜》，《船山学刊》2021 年第 1 期。

罗建华：《毛泽东的阅读史：理解毛泽东思想与人格魅力的重要维度》，《湖南科技大学学报》（社会科学版）2021 年第 5 期。

罗建华：《毛泽东精神的三重理论渊源考察》，《湖南第一师范学院学报》2021 年第 2 期。

罗建华：《毛泽东研究中历史虚无主义的三重渗透及其批判》，《现代哲学》2021 年第 2 期。

罗淼、甄龙：《论王船山"有限的"历史进步论》，《周易研究》2021 年第 4 期。

罗胜强等：《清代湖南桂阳州绿紫坳矿厂研究》，《广西民族大学学报》（自然科学版）2021 年第 3 期。

罗孝廉：《周立波散文的红色文化精神》，《城市学刊》2021 年第 5 期。

罗瑛：《叶德辉〈郋园读书志〉所录印章之无（姓）名印主释读》，《图书馆界》2021 年第 6 期。

罗宗宇：《城里人下乡：叙事空间的打开与控制——沈从文小说〈三三〉解读》，《首都师范大学学报》（社会科学版）2021年第6期。

麻勇斌：《苗族东部方言民间信仰"巴狄扎"研究》，《原生态民族文化学刊》2021年第6期。

马纯英、田祖国、张子沙：《尚武救国：湘籍辛亥精英体育思想及实践》，《绥化学院学报》2021年第9期。

马华、焦茵：《论王船山"人心"之三重"危"——以〈尚书引义〉为例》，《山西高等学校社会科学学报》2021年第12期。

马江波等：《湖南望城高砂脊遗址出土青铜器科技分析》，《考古》2021年第10期。

马俊：《湖湘学派"觉仁"说探析——以朱子与湖湘学派的论战为中心》，《中国哲学史》2021年第5期。

马美：《〈（同治）衡阳县图志〉作者考》，《书屋》2021年第2期。

马延炜：《深刻理解中国共产党百年奋斗的鲜明主题》，《湖南日报》2021年8月2日。

马苑：《"小姑山"及陈少梅的山水画风格》，《中国美术研究》2021年第4期。

马宗禹、徐兰兰：《少数民族文化特色旅游纪念品创意设计——以湖南湘西地区为例》，《北京印刷学院学报》2021年第1期。

毛健：《讲好红色故事，传承红色基因，弘扬伟大建党精神》，《湖南日报》2021年9月26日。

毛丽娅：《张栻的道统思想及其对儒家道统传承的贡献》，《中国哲学史》2021年第1期。

毛胜：《论毛泽东"批判神学"的内涵和要求》，《世界宗教研究》2021年第4期。

梅松鹤：《欧体结字特点分析——以欧阳询〈九成宫醴泉铭〉为例》，《书法》2021年第12期。

［美］罗靓：《抗战大后方的儿女英雄——国际先锋主义视野下的田汉研究》，金玥译，《济南大学学报》（社会科学版）2021年第4期。

孟永林：《胡林翼、祁寯藻集外书札三通考释》，《古籍整理研究学刊》2021年第1期。

孟跃龙：《马王堆简帛札记二则》，《文献语言学》2021 年第 2 期。

孟召汉：《不失天然，落笔成趣——"天趣"美学与齐白石画学观念的生成及衍变》，《齐白石研究》2021 年第 9 期。

孟子萌：《湘西永顺县双凤村土家族传统建筑装饰的文化内涵探析》，《湖南师范大学社会科学学报》2021 年第 3 期。

莫林恒等：《湖南桂阳县明清炼锌遗址群调查与初步研究》，《广西民族大学学报》（自然科学版）2021 年第 3 期。

南洋：《西柏坡时期毛泽东党建思想研究》，《石家庄职业技术学院学报》2021 年第 5 期。

聂勇钢：《新民主主义革命时期毛泽东对党的建设探索的历史贡献》，《南昌师范学院学报》2021 年第 5 期。

聂勇、刘新庆：《刘少奇与中国共产党》，《湘潮》2021 年第 12 期。

牛志芳：《赓续守正创新：〈湖南自修大学创立宣言〉》，《湘潮》2021 年第 11 期。

钮则圳：《王船山后期的"人禽之辨"思想及其时代关切》，《湖州师范学院学报》2021 年第 11 期。

欧阳奇：《毛泽东论中共党史》，《毛泽东研究》2021 年第 4 期。

欧阳奇：《中国共产党对毛泽东和毛泽东思想评价的历史进程及方法启示》，《思想理论教育导刊》2021 年第 10 期。

欧阳英：《毛泽东实践概念与马克思主义哲学中国化》，《理论视野》2021 年第 5 期。

欧永宁、吴翠云：《李达、李汉俊批判基尔特社会主义的思想贡献》，《衡阳师范学院学报》2021 年第 2 期。

潘碧灵：《传承辛亥革命精神 致力民族复兴伟业》，《人民政协报》2021 年 10 月 14 日。

潘先林、肖春梅、白义俊：《构造统一国家与建设现代边防：民国前期"西南政策"考论》，《中国边疆史地研究》2021 年第 3 期。

潘信林、杨若楠：《毛泽东文化自信思想及其时代价值》，《毛泽东思想研究》2021 年第 4 期。

庞毅：《地方的五四运动：从"边缘"回应到地方"中心"——以湖南和浙江为例》，《广东党史与文献研究》2021 年第 1 期。

彭迪：《明代道教民俗文化的图像解读 以湖南江永水龙祠壁画为中心的考察》，《中国宗教》2021年第10期。

彭佩文、肖光荣：《大革命时期林伯渠对统一战线作出的贡献及启示》，《湖南省社会主义学院学报》2021年第3期。

彭曙蓉：《元代湖湘学术源流考论——基于学记文中的记述》，《地方文化研究》2021年第4期。

彭玉屏：《湘西土家族哭嫁歌的艺术特点及传承发展研究》，《艺术评鉴》2021年第17期。

彭铮琦：《论两汉时期湖南地区军事价值的演变》，《军事史林》2021年第10期。

彭忠信、彭锴：《吕振羽在新民主主义革命时期的教育思想及实践》，《邵阳学院学报》（社会科学版）2021年第6期。

祁萌：《秦代私记人称使用现象初探——以里耶秦简为中心》，《文史》2021年第3期。

钱朝军、田密：《曾国藩劳动思想及其当代价值》，《湖南人文科技学院学报》2021年第5期。

钱思远、吐尔逊娜依·赛买提：《周敦颐圣人思想的内在性哲学探析——基于以〈易〉释〈庸〉的易学本体论》，《文化创新比较研究》2021年第17期。

秦晋楠：《性形同原 情才同原——〈周易外传〉对人性的看法再论》，《周易研究》2021年第6期。

秦行国：《乾隆时期科考废除胡安国〈春秋传〉原因再析》，《原道》第42辑。

秦跃宇、符静：《胡林翼〈读史兵略〉地名误注考释》，《城市学刊》2021年第5期。

卿孟军：《蔡和森思想转变的历程与逻辑》，《湖南人文科技学院学报》2021年第4期。

曲广娣：《论斯大林体系之于李达唯物辩证法研究的影响》，《中国延安干部学院学报》2021年第2期。

饶赟、李永春：《蔡和森与中国共产党人的初心和使命》，《学校党建与思想教育》2021年第15期。

任慧婷：《湖南花鼓戏舞蹈创新研究》，《戏剧之家》2021 年第 17 期。

任慧婷：《湖南益阳地区花鼓戏舞蹈形态特征研究》，《戏剧之家》2021 年第 5 期。

任慧婷：《文化复兴视野下的湖南花鼓戏舞蹈创新发展研究》，《今古文创》2021 年第 27 期。

任向阳、李斯：《论李达对马克思主义宣传思想中国化的历史贡献》，《湖南科技学院学报》2021 年第 4 期。

［日］八百谷晃义：《〈湘学报〉重编与重印研究》，《汉语言文学研究》2021 年第 4 期。

阮凯：《事实的建构何以可能：论金岳霖事实观的当代价值》，《哲学分析》2021 年第 4 期。

桑东辉：《李达对中共早期意识形态理论建构的贡献——以〈社会学大纲〉为例》，《武陵学刊》2021 年第 3 期。

沈刚：《里耶秦简牍中的"谒"与"应"》，《简帛研究》2021 年第 1 期。

沈雅彤：《谭嗣同"度社会"佛学政治观之探究》，《重庆三峡学院学报》2021 年第 1 期。

圣辉：《命运与共 同向同行——湖南佛教界喜迎中国共产党百年华诞》，《法音》2021 年第 8 期。

盛伟等：《湖南岳阳罗城遗址 2015 年度发掘简报》，《江汉考古》2021 年第 2 期。

盛伟、赵亚锋：《湖南宁乡市炭河里遗址钟家湾地点商周遗存发掘简报》，《考古》2021 年第 4 期。

史晨曦：《崇理重法，因势求变——试论欧阳询对元代书风的影响》，《中国书法》2021 年第 6 期。

史义银：《论新四军苏中"十团大战"》，《盐城师范学院学报》2021 年第 5 期。

束荣华、朱庆葆：《晚清湘籍官僚集团私谊关系及特点》，《安徽史学》2021 年第 2 期。

双立珍：《宋教仁精神的形成及其时代价值》，《西部学刊》2021 年第 3 期。

宋健：《论谭嗣同的启蒙思想——以荀学批判为例》，《黑龙江史志》2021

年第 9 期。

宋少华：《长沙市走马楼西汉古井及简牍发掘简报》，《考古》2021 年第 3 期。

宋夜雨：《早期新诗与现代中国的"抒情"起源——以田汉、周作人的抒情实践为中心》，《文学评论》2021 年第 3 期。

宋银桂：《蔡和森入党入团时间考辨》，《湘潭大学学报》（哲学社会科学版）2021 年第 6 期。

宋银桂、李泽民：《蔡和森入党入团时间考辨》，《湘潭大学学报》2021 年第 6 期。

宋永泉：《偏沅巡抚在湖南建省中的作用探析》，《贵州师范学院学报》2021 年第 10 期。

宋玉蓉、吴家骏：《毛泽东把握全局的艺术——以推动建立抗日民族统一战线为例》，《探求》2021 年第 6 期。

苏爱：《刘少奇劳动教育思想的价值意蕴与实践路径》，《世纪桥》2021 年第 9 期。

苏冰：《中国传统修身思想的传承与创造性转化——以刘少奇〈论共产党员的修养〉为例》，《现代哲学》2021 年第 5 期。

苏晗：《〈虹桥〉内外：1940 年代的边地旅行与观景》，《中国现代文学研究丛刊》2021 年第 1 期。

苏振华：《试论荆河戏的起源与声腔——兼论传承人"话语"的重要性》，《音乐探索》2021 年第 2 期。

粟品孝：《万历〈濂溪志〉三种及其承继关系》，《图书馆杂志》2021 年第 5 期。

孙道凤、干保柱：《毛泽东〈论持久战〉在战时日本的译介及其影响》，《抗日战争研究》2021 年第 3 期。

孙国亮、高鸽：《沈从文在德国的译介史述与接受研究》，《中国比较文学》2021 年第 3 期。

孙家洲：《史籍失载的秦始皇荆楚故地的一次出巡及其诏书析证——岳麓书院藏秦简〈秦始皇禁伐湘山树木诏〉新解》，《中国史研究》2021 年第 4 期。

孙建平、潘彬：《礼育思想在高校文化育人中的价值与实践——以湖南大学岳麓书院"习礼育人"项目为中心》,《原道》2021年第1期。

孙明等:《湖南长沙连山东晋墓发掘简报》,《文物》2021年第5期。

孙明、何佳:《湖南长沙开福区伍家岭唐墓发掘简报》,《文物天地》2021年第5期。

孙阳:《全面抗战初期徐特立的抗战救国思想及其实践》,《创造》2021年第1期。

孙泽晨:《由伐山到植树:雍乾时期"苗疆"林业政策的演变——以湘黔二省为例》,《北京林业大学学报》(社会科学版)2021年第4期。

谭可可:《湖湘红色文化微传播的新取径、新特征与新趋势》,《新闻知识》2021年第6期。

谭徐锋:《人民史观、贯通视野与义理涵养——张舜徽史学片思》,《华中师范大学学报》(人文社会科学版)2021年第4期。

唐柳琦:《〈目连传〉中"花目连"的搬演形式与文化功能》,《戏剧艺术》2021年第3期。

唐晴雨:《善于正确解决复杂重大问题的任弼时》,《湘潮》2021年第12期。

唐文明:《气化、形化与德化——周敦颐太极图再论》,《清华大学学报》(哲学社会科学版)2021年第4期。

唐小祥:《从〈湘行散记〉〈湘西〉看沈从文的多重面相》,《中南大学学报》(社会科学版)2021年第3期。

唐珍名:《毛泽东与湖南大学的渊源及其受岳麓书院的教育影响》,《大学教育科学》2021年第6期。

陶旅枫:《辛亥革命时期民主革命志士中的明德群落》,《艺术中国》2021年第10期。

陶庆先:《以改革引领湖南高水平对外开放》,《湖南日报》2021年3月2日。

滕瀚:《全面抗战时期中国共产党国际宣传理念的成熟及作用》,《毛泽东思想研究》2021年第6期。

田丰:《新发现田汉六则佚文佚简考释》,《中国现代文学研究丛刊》2021年第2期。

田丰:《义例、善恶与工夫——王船山〈春秋〉学中的变与常》,《船山学刊》2021 年第 6 期。

田建平、张金凤：《1944 年初版〈毛泽东选集〉编辑出版考论》，《出版发行研究》2021 年第 6 期。

田克勤：《中国共产党三个"历史决议"对毛泽东思想的认识和概括》，《马克思主义理论学科研究》2021 年第 12 期。

田彦：《梅山巫傩仪式中的"长桌席"——以新化县广阐坛傩事〈还都猖愿〉为例》，《湖南人文科技学院学报》2021 年第 6 期。

万尚真：《厘金：湘军制胜的保障》，《中国税务》2021 年第 9 期。

汪兵：《新中国成立初期胡乔木对毛泽东思想的阐释》，《湖南第一师范学院学报》2021 年第 3 期。

汪恩光：《贺龙元帅在肃宁指挥的几场战斗》，《党史博采》2021 年第 7 期。

汪效驷、阮平：《新中国成立初期毛泽东统一战线思想的发展——以〈论反对日本帝国主义的策略〉的文本修改为中心》，《学术界》2021 年第 12 期。

汪信砚：《陶德麟对李达的继承与发展：马克思主义哲学中国化的百年思想接力》，《哲学研究》2021 年第 1 期。

王爱红：《湖南常宁塔山瑶族"谈笑"仪式音乐考察研究》，《黄河之声》2021 年第 15 期。

王博凯：《家庭治理视域下秦始皇褒奖"巴寡妇清"原因新探——基于岳麓秦简一条令文的考察》，《简帛研究》2021 年第 1 期。

王猜猜、徐玉兰：《湖南原生态民歌钢琴即兴伴奏艺术特色探究》，《传媒论坛》2021 年第 8 期。

王传飞：《屈原身心历程的现实逻辑与〈离骚〉的文脉结构新论》，《三峡大学学报》（人文社会科学版）2021 年第 5 期。

王东、陈玲：《宋元棉花东进的技术社会形成理论研究》，《科学技术哲学研究》2021 年第 1 期。

王芳：《海外毛泽东传记文本中历史虚无主义的表现与批判》，《毛泽东研究》2021 年第 4 期。

王菲：《唐长沙窑陶瓷纹饰的意义》，《大众文艺》2021 年第 9 期。

王高升：《笃守、博取与创变——曾熙小楷的取法路径和风格形态》，《艺术品》2021 年第 10 期。

王光辉、李星星：《二十世纪湘籍舞蹈家群体研究》，《文艺论坛》2021 年第 6 期。

王红霞：《毛泽东的思想理论建设之重点对象研究》，《南都学刊》2021 年第 5 期。

王宏超：《郭嵩焘伦敦画像事件考：图像的政治与文化相遇中的他者套式》，《复旦学报》2021 年第 3 期。

王继平：《刘崐生卒年月、遗著及史实考述》，《船山学刊》2021 年第 2 期。

王继平、杨晓晨：《论中国共产党领导的湖南文化抗战》，《湘潭大学学报》（哲学社会科学版）2021 年第 2 期。

王金华：《蔡锷将军身后家事》，《书屋》2021 年第 3 期。

王金：《〈论语〉"观过知仁"章诠释浅探——以湖湘学派为重点的考察》，《汉字文化》2021 年第 18 期。

王靖涵、肖志高：《湘赣边区红色文化产业融合策略——以炎陵县红色文化产业品牌化发展为例》，《湖南包装》2021 年第 4 期。

王君、唐燕玲、彭奇峰：《文化间性视域下土家族哭嫁文化的比较研究——以湘西土家族苗族自治州永顺县为例》，《今古文创》2021 年第 2 期。

王莉：《高校助力湖湘文化提升国际影响力的路径研究》，《大学》2021 年第 1 期。

王莉：《"双三螺旋"模型下高校提升湖湘文化国际影响力的创新可持续路径》，《牡丹江教育学院学报》2021 年第 10 期。

王立胜：《中国马克思主义哲学范式下的毛泽东哲学研究》，《哲学动态》2021 年第 4 期。

王良智等：《湖南华容县七星墩遗址 2018 年调查、勘探和发掘简报》，《考古》2021 年第 2 期。

王良智等：《湖南宁乡花草坪遗址新石器时代遗存发掘简报》，《江汉考古》2021 年第 5 期。

王露斯：《"踩麻石"的戏曲——湘剧之形成与发展探微》，《戏剧之家》2021 年第 16 期。

王明哲：《毛泽东对抗美援朝作战的决策》，《团结报》2021 年 10 月 28 日。

王牧云等：《岳麓书院藏秦律令简集注（一）》，《简帛研究》2021 年第 1 期。

王倩：《新民主主义革命时期刘少奇对群众工作的认识和思考》，《党的文献》2021 年第 5 期。

王强山：《郭嵩焘在第二次鸦片战争期间》，《书屋》2021 年第 3 期。

王沁凌：《〈春秋〉"借事明义"说辨析：〈公羊传〉的传统与宋代理学的新诠》，《中国哲学史》2021 年第 2 期。

王涛、宋元明：《革命、建设与水利——毛泽东水利建设思想探析》，《古今农业》2021 年第 2 期。

王晚霞、池陈琦：《周敦颐〈爱莲说〉在韩国的受容与发展》，《南华大学学报》（社会科学版）2021 年第 1 期。

王晚霞：《濂溪祠记的内容和价值》，《延安大学学报》（社会科学版）2021 年第 6 期。

王晚霞、陆露：《〈爱莲说〉在东亚：同源异境与文化环流中的文学镜像》，《湖南第一师范学院学报》2021 年第 5 期。

王玮：《中国近代人物史料的搜集运用——以郭嵩焘相关史料为例》，《淮北职业技术学院学报》2021 年第 2 期。

王文珍：《从文化视角看锻造伟大建党精神的湖南贡献》，《湘潮》2021 年第 12 期。

王文珍：《湖南建党群英与中国共产党的创建》，《湘潮》2021 年第 6 期。

王文珍：《学习习近平总书记"七一"重要讲话，做好新时代党史工作》，《湘潮》2021 年第 10 期。

王文珍、邹瑾：《学习、弘扬林伯渠崇高的政治品格》，《湘潮》2021 年第 8 期。

王习明：《毛泽东的师范学习经历与马克思主义信仰的确立》，《毛泽东研究》2021 年第 1 期。

王向民：《知识、权力与历史：中国政治学史研究的问题意识》，《学海》2021 年第 4 期。

王潇：《田汉现代歌诗与"传统文学的创造性转化"论》，《荆楚学刊》

2021 年第 2 期。

王晓峰：《论毛泽东转向马克思主义后的"社会革命"思想》，《湖南科技大学学报》（社会科学版）2021 年第 6 期。

王兴国：《共识、超越与不及：郭嵩焘开创公祭船山 150 周年回顾》，《船山学刊》2021 年第 1 期。

王兴国：《毛泽东与船山学社和船山学》，《船山学刊》2021 年第 4 期。

王学锋：《王夫之义利观的价值取向》，《南华大学学报》（社会科学版）2021 年第 5 期。

王雅宁、刘晓堂：《报刊舆论视野下的湖南联省自治运动——以吴佩孚和赵恒惕政争为中心》，《内蒙古农业大学学报》2021 年第 4 期。

王洋：《陈少梅山水绘画风格成因——以吉林省博物院藏陈少梅作品分析》，《文物天地》2021 年第 11 期。

王宜君、张冀：《迷失的自我与自我的疗伤——〈莎菲女士的日记〉再解读兼论新文学作家的身份转变》，《江汉论坛》2021 年第 12 期。

王毅：《五四时期毛泽东的思想特质——基于〈伦理学原理批注〉的思考》，《毛泽东思想研究》2021 年第 4 期。

王勇：《对里耶秦简中捕猿进献的探讨》，《中国农史》2021 年第 4 期。

王勇：《走马楼西汉简中的"别治醴陵"与"别治长赖"》，《简帛》2021 年第 2 期。

王泽应、陈佳文：《王船山的家国情怀及其精湛智慧探论》，《杭州师范大学学报》2021 年第 6 期。

王泽应：《船山伦理思想和青年毛泽东对船山伦理思想的创新性发展》，《船山学刊》2021 年第 5 期。

王政杰：《王夫之易学中的"贞智"说与"贞信"说辨》，《周易研究》2021 年第 2 期。

王子剑：《"降衷"与"保极"——陆九渊对周敦颐"太极"说之融会》，《哲学动态》2021 年第 4 期。

韦凯：《明至民国时期湖南森林开发利用变迁及原因探析》，《农业考古》2021 年第 4 期。

魏家文：《莫言与沈从文的死亡书写比较论》，《中国政法大学学报》2021 年第 5 期。

魏义霞：《近代哲学与戊戌启蒙——双重视域下的康有为与谭嗣同》，《云梦学刊》2021年第4期。

魏义霞：《康有为、谭嗣同的国学称谓及国学研究》，《理论探讨》2021年第2期。

魏义霞：《康有为、谭嗣同的经典观与国学观》，《齐鲁学刊》2021年第1期。

魏义霞：《康有为、谭嗣同的老子观比较》，《中国人民大学学报》2021年第6期。

魏义霞：《康有为、谭嗣同的人性论比较研究》，《佛山科学技术学院学报》（社会科学版）2021年第3期。

魏义霞：《论康有为、谭嗣同的荀子观》，《孔子研究》2021年第2期。

魏义霞：《仁与天、气——康有为、谭嗣同哲学比较》，《哈尔滨市委党校学报》2021年第5期。

温俊萍：《岳麓秦简所见"从反者"发覆》，《简帛研究》2021年第1期。

温亚旗：《程潜与辛亥革命时期的汉口战役》，《团结报》2021年10月21日。

文贵良：《"文字德性"与"人性谐调"——论〈边城〉的汉语诗学》，《中国现代文学研究丛刊》2021年第11期。

吴灿：《易元吉生平与作品考》，《中国书画》2021年第5—6期。

吴丹：《湘剧高腔曲牌音乐研究》，《艺术评鉴》2021年第9期。

吴根友、孔建龙：《"成人"优于"举业"——左宗棠〈家书〉的核心价值取向探论》，《湖北大学学报》（哲学社会科学版）2021年第1期。

吴广平、邓康丽：《"美美与共"的审美理想境界——论屈原赋的生态美》，《湖南工业大学学报》（社会科学版）2021年第5期。

吴广平、邓康丽：《自然至美 本真生存——论屈原赋的生态审美意蕴》，《湖南科技大学学报》（社会科学版）2021年第5期。

吴国梁：《王夫之对张载"礼之本"论的承继与新释》，《船山学刊》2021年第1期。

吴戬：《黄仁宇与王夫之史学思想之比较》，《衡阳师范学院学报》（社会科学）2021年第1期。

吴瑞静、莫林恒、范宪军：《汉晋时期湘西地区农业初探——以官田遗址为例》,《农业考古》2021 年第 3 期。

吴姝环:《从〈读四书大全说〉看王夫之"理气关系"》,《长安学刊》2021 年第 5 期。

吴义国:《湖南与中国革命道路转折》,《新湘评论》2021 年第 13 期。

吴义国:《中国共产党在湖南境内有几次重大转兵?》,《湘潮》2021 年第 11 期。

吴永贵、吴梓童:《广印、选印、精印:毛泽东著作初期的经典化》,《出版广角》2021 年第 9 期。

吴照云、姜拾荣:《曾国藩家书中的组织管理思想探究》,《江西社会科学》2021 年第 3 期。

吴正锋:《论湘西少数民族文学与湘楚文化的关系》,《中国文学研究》2021 年第 2 期。

夏春涛:《太平天国再评价——金田起义 170 周年之反思》,《中国社会科学》2021 年第 7 期。

夏军:《抗战时期资源委员会湖南湘江电厂办理迁移及结束情形的相关文书》,《民国档案》2021 年第 1 期。

夏明星、高桃源:《粟裕:反常用兵,出奇制胜》,《党史博采》2021 年第 4 期。

夏明星:《粟裕:进不求名,退不避罪》,《党史博采》2021 年第 3 期。

夏远生:《党的创建史上的那些湖南人》,《湘潮》2021 年第 5 期。

相宜:《胡为乎来哉——论田汉话剧〈秋声赋〉之"秋声"》,《当代文坛》2021 年第 6 期。

向恩明:《"推进我国宗教中国化走深走实"系列之一:湖南主抓四个环节 积极推进宗教中国化》,《中国宗教》2021 年第 1 期。

向吉发:《从"人性"的描绘到"哀歌"的鸣奏——沈从文小说〈萧萧〉1930 年初刊本与 1936 年再刊本对读》,《中国文学研究》2021 年第 2 期。

向薛峰:《明清两代对濂溪故里的开发》,《湖南科技学院学报》2021 年第 2 期。

项元顺、丁俊萍:《毛泽东对近代中国国情的研究及其对于中国革命的影响》,《高校马克思主义理论研究》2021 年第 1 期。

萧旭：《马王堆汉简遣册、签牌校补》，《秦汉研究》2021 年第 2 期。

肖贵清、蒋旭东：《论毛泽东著作及版本研究的几个问题》，《湘潭大学学报》（哲学社会科学版）2021 年第 5 期。

肖霞、向平安、李涵：《实现休闲农业文化提升的路径探讨——以湖南为例》，《湖南社会科学》2021 年第 3 期。

谢安松：《宋祁〈渡湘江〉一诗作者归属考辨》，《中国诗歌研究》2021 年第 2 辑。

谢华：《里耶秦简牍中秦朝迁陵县地方治理考察》，《衡阳师范学院学报》2021 年第 2 期。

谢华：《里耶秦简牍中秦朝迁陵县社会生活考察》，《今古文创》2021 年第 43 期。

谢俊如：《毛泽东农业合作化思想及其当代启示》，《湖南科技大学学报》（社会科学版）2021 年第 5 期。

谢坤：《里耶秦简校读四则》，《江汉考古》2021 年第 5 期。

谢敏：《欧阳予倩与南通"更俗"》，《中国戏曲学院学报》2021 年第 4 期。

谢祺：《清代湘黔苗疆的粮饷供给模式及其分化原因探析》，《中国农史》2021 年第 4 期。

谢伟斌：《〈岳麓书院藏秦简（陆）〉中"宫屏"及相关问题探析》，《简帛研究》2021 年第 1 期。

谢宇荣：《唐宋之际湖南地区州级政治演变》，《中国历史地理论丛》2021 年第 4 期。

谢忠强：《刘少奇读书观研究：价值、现状与展望》，《天中学刊》2021 年第 4 期。

熊元彬：《论湖南近代夏布业的产销及工商的活动》，《兰州学刊》2021 年第 5 期。

徐畅：《再谈汉吴简牍中的"长沙太守中部督邮书掾"》，《文物》2021 年第 12 期。

徐敏菁、沈志忠：《晚清至民国时期湖南油茶产业发展探究》，《古今农业》2021 年第 2 期。

徐鹏飞、张武军：《政治与艺术的往复：田汉〈黄花岗〉版本流变考》，

《现代中文学刊》2021年第3期。

徐孙铭：《船山心性学与唯识心学的辨析会通》，《衡阳师范学院学报》（社会科学）2021年第2期。

徐晓钟：《深入学习田汉同志的文学和精神财富 弘扬我国戏剧艺术的民族灵魂》，《戏剧》2018年第6期。

徐学文、胡新圆：《中国唐代书法与西方现代派绘画的异同——以欧阳询和马蒂斯为例》，《美与时代》（中）2021年第3期。

许冲：《论毛泽东党的创建史观：构成、逻辑及启示》，《科学社会主义》2021年第5期。

许存健：《清代咸同年间湖南捐输的运作与协饷转变》，《清史研究》2021年第6期。

许达哲：《把党史滋养转化为建设现代化新湖南的强大精神动力》，《新湘评论》2021年第13期。

许达哲：《坚持实事求是思想路线 奋力建设现代化新湖南》，《湖南日报》2021年10月14日。

许洪位：《毛泽东社会主义现代化建设思想论析》，《毛泽东研究》2021年第2期。

许烨：《学习贯彻落实〈湖南省宗教事务条例〉做好新时代湖南宗教工作》，《湖南社会主义学院学报》2021年第3期。

许屹山、吴慧、彭大成：《"融通中西"与"新吾中国"：唐才常改革思想再探赜》，《山东理工大学学报》（社会科学版）2021年第2期。

薛光远：《毛泽东实事求是思维方式的四重维度》，《湖南科技大学学报》2021年第6期。

薛浩：《抗战时期粟裕的财政思想探析》，《湖南工程学院学报》2021年第1期。

薛庆超：《马克思主义基本原理同中华优秀传统文化相结合的典范——毛泽东对中华优秀传统文化的创造性转化和创新性发展》，《统一战线学研究》2021年第5期。

鄢福初：《浯溪〈大唐中兴颂〉的书法美学与盛唐精神》，《书法》2021年第7期。

闫丽茹：《论曾纪泽在中俄圣彼得堡谈判期间的外交策略》，《现代商贸工业》2021年第29期。

闫伟、舒乙:《土家族民间信仰及其民族精神》,《贵州民族研究》2021年第1期。

闫云:《胡安国"私淑洛学而大成"解》,《中国哲学史》2021年第5期。

闫云:《"理一分殊"与〈春秋〉笔削——论胡安国〈春秋传〉的书法解释体系》,《宋史研究论丛》2021年第2期。

严珊、王伊人:《巴陵戏器乐曲牌的艺术特征》,《艺术评鉴》2021年第9期。

颜蒹葭、赵小群:《湖南一师的建党贡献与精神传承》,《新湘评论》2021年第6期。

颜清辉:《情之功夫——王船山〈诗广传〉的诠释核心》,《衡阳师范学院学报》(社会科学)2021年第5期。

颜全己:《论邹汉勋对地方志舆图绘制的继承与发展》,《中国地方志》2021年第4期。

阳海燕:《"未完成的巨变"——时务学堂事件与近代湖湘文化转型》,《长沙大学学报》2021年第4期。

阳姣:《船山易学中"象"的本体伦理学》,《周易研究》2021年第4期。

杨超逸:《践形闺庭内 位育天地间——船山〈西铭〉题解之"孝"探微》,《船山学刊》2021年第3期。

杨冬权:《开国领袖的立国之战——再论毛泽东与抗美援朝战争》,《军事历史研究》2021年第1期。

杨厚均、方韬慧:《〈奔丧〉:家庭视角下的瘟疫叙事文本》,《华夏文化论坛》2021年第1期。

杨浏熹:《乡村振兴背景下传统村落的活态化保护研究——以西南侗寨为例》,《中国特色社会主义研究》2021年第4期。

杨柳岸:《人能改变命运吗?——王夫之"造命论"新解》,《南京大学学报》(哲学·人文科学·社会科学)2021年第5期。

杨柳青:《王夫之老学思想辨析》,《船山学刊》2021年第3期;《论王夫之解〈庄子〉方法》,《湖南工程学院学报》(社会科学版)2021年第2期。

杨明刚、王炼彬:《湖南城步苗族婚嫁歌初探》,《艺术评鉴》2021年第

6 期。

杨少波：《通道转兵：长征途中的历史转折》，《湘潮》2021 年第 7 期。

杨声军、陈静茹：《湖南蓝山县汇源瑶族乡"还家愿"仪式音乐民族志——以荆竹坪村赵氏家族为例》，《歌海》2021 年第 2 期。

杨声军、李祖胜：《共享·互文·场域——以湘中新化县红旗新村梅山师公教"抛牌"与道教"奏职"仪式音声为例》，《贵州大学学报·艺术版》2021 年第 4 期。

杨世文：《蜀湘共宗南轩学——张栻的历史贡献》，《巴蜀史志》2021 年第 6 期。

杨书睿：《以现实话语重释传统——论田汉〈秋声赋〉中的叙事方法》，《东方艺术》2021 年第 4 期。

杨小亮：《长沙尚德街 084 号东汉"诏书"木牍补征》，《文物》2021 年第 3 期。

杨晓斌：《〈阴铿集〉的结集与流传——著录、题跋、版本相结合的考察》，《励耘学刊》2021 年第 1 期。

杨耀田：《中央党校图书馆藏毛泽东藏书介绍》，《图书馆杂志》2021 年第 11 期。

杨一丹：《国际先锋主义视野下的田汉研究》，《现代中文学刊》2021 年第 3 期。

杨毅、唐钰雯：《加快湖南文化创意产业发展探究》，《湖南人文科技学院学报》2021 年第 1 期。

杨振闻：《从〈实践论〉〈矛盾论〉探究毛泽东的哲学自觉、哲学思维与哲学智慧》，《中国井冈山干部学院学报》2021 年第 1 期。

姚彩虹：《论沈从文创作的"基督教面孔"》，《名作欣赏》2021 年第 4 期。

叶林涛、雷家军：《李达〈矛盾论解说〉的历史贡献》，《世纪桥》2021 年第 7 期。

伊纪民：《沈志华〈毛泽东、斯大林与朝鲜战争〉评述》，《职大学报》2021 年第 5 期。

伊纪民：《在宗藩体制与国际公法之间：曾纪泽控御藩国属地的思想及实践》，《甘肃广播电视大学学报》2021 年第 5 期。

殷波：《从湘绣"百鸟绣屏"看花鸟绣屏的历史文化内涵》，《美术与设计》2021年第2期。

游森：《理气之会转向理气之合——从朱子到船山的心统性情说》，《船山学刊》2021年第1期。

于学强：《毛泽东人民观的新解读及其现实意义——基于权利归属与实现的认识视角》，《中共合肥市委党校学报》2021年第2期。

余承法、万光荣：《翻译传播学视域下湖湘文化"走出去"策略体系建构》，《湘潭大学学报》（哲学社会科学版）2021年第1期。

余乃忠：《毛泽东"极"性辩证法的"气度"》，《毛泽东邓小平理论研究》2021年第3期。

喻中：《王夫之对儒家法理学的重整及当代价值》，《中南大学学报》（社会科学版）2021年第4期。

袁建军：《周敦颐"淡和"音乐观再识》，《中国音乐》2021年第11期。

袁先欣：《沈从文三十年代中后期湘西叙述中的民族与区域》，《文学评论》2021年第2期。

苑苑：《岳麓秦简所见秦代官方建筑的管理》，《四川文物》2021年第1期。

《在习近平新时代中国特色社会主义思想指引下——岳麓书院与实事求是思想路线》，《新湘评论》2021年第4期。

臧文禄：《粟裕官陡门题字始末》，《江淮文史》2021年第5期。

曾长秋：《红星照耀下的湘鄂赣苏区》，《湘潮》2021年第10期。

曾长秋：《伟大建党精神是党的百年精神谱系之源》，《毛泽东研究》2021年第5期。

曾长秋：《新民学会先驱是湖南建党活动的中坚力量》，《广东党史与文献研究》2021年第4期。

曾长秋：《新民学会中的湖南第一师范学人与湖南建党实践》，《嘉兴学院学报》2021年第4期。

曾桂林：《生计与风水：清代湘南地区的矿业开发与生态环境》，《史学集刊》2021年第2期。

曾慧林：《湖湘文化与湖南现代话剧作家》，《艺海》2021年第12期。

曾慧林：《艺术与社会双重价值的调融——试析湖南现代话剧作家的艺术

探索之路》，《四川戏剧》2021 年第 12 期。

曾珺：《李达解读〈实践论〉和〈矛盾论〉》，《炎黄春秋》2021 年第 4 期。

曾娜妮：《近代湖南民间音乐分期与史学思考》，《艺术评鉴》2021 年第 1 期。

曾荣：《唯物辩证法视域下毛泽东话语体系构建的基本逻辑——以毛泽东〈辩证法唯物论（讲授提纲）〉为中心》，《毛泽东思想研究》2021 年第 1 期。

曾祥金：《〈大国民报〉上的沈从文佚文及其他》，《中国现代文学研究丛刊》2021 年第 2 期。

曾心昊：《走马楼吴简土地问题研究回顾与展望》，《湖北文理学院学报》2021 年第 1 期。

曾亦：《论胡安国的〈春秋〉学》，《社会科学辑刊》2021 年第 4 期。

翟墨：《李东阳：一代文宗的自我修养》，《读书》2021 年第 11 期。

张爱萍：《清初湘西辰沅地区的军需供应、赋役调整与里甲重构》，《中国社会经济史研究》2021 年第 2 期。

张瑷：《丁玲延安时期报告文学的叙事范式及价值重估》，《东吴学术》2021 年第 6 期。

张保军、孙婷艺：《重温刘少奇的党性观》，《团结报》2021 年 4 月 8 日。

张弛：《潇湘的衰变与晚清湖南形象的转型》，《中南大学学报》（社会科学版）2021 年第 4 期。

张传燧、钟伟春：《明清书院教材的类型、建设逻辑及其特点》，《教育史研究》2021 年第 3 期。

张春龙、张忠炜：《湖南益阳兔子山遗址七号井出土简牍述略》，《文物》2021 年第 6 期。

张大为：《"本天道为用"：文明儒学引论——以张载、王夫之为中心》，《学术界》2021 年第 5 期。

张放、严丹：《毛泽东著述多语种版本的海外传播及利用》，《图书馆杂志》2021 年第 7 期。

张海燕：《对陈少梅花鸟绘画创作的思考》，《美术教育研究》2021 年第 10 期。

张欢：《主角与主体的交互及其政治赋权——以丁玲〈新的信念〉为问题线索》，《现代中文学刊》2021年第5期。

张家康：《"杀蒋"还是"放蒋"——西安事变前后毛泽东的战略方针》，《炎黄春秋》2021年第12期。

张杰：《蔡和森留法期间成为坚定的马克思主义者》，《东华理工大学学报》2021年第6期。

张杰：《蔡和森在留法勤工俭学期间参与领导的三次斗争》，《中国国家博物馆馆刊》2021年第5期。

张锦少：《论王先谦对〈诗三家义集疏〉的定位》，《经学文献研究集刊》2021年第1期。

张晶萍：《近代"湘学观"中的"宗朱子"现象》，《上饶师范学院学报》2017年第5期。

张利文：《二十世纪初"东方文化派"学者唐大圆思想述评》，《船山学刊》2021年第4期。

张梦晗：《从里耶秦简看"荆新地"的秦制化进程》，《江苏师范大学学报》（哲学社会科学版）2021年第2期。

张敏：《自我辩难：丁玲"女超人"的追寻与失落》，《现代中国文化与文学》2021年第4期。

张明涓：《〈（光绪）东安县志〉为王闿运所纂考》，《湖南科技学院学报》2021年第1期。

张楠：《岳麓秦简（伍）所见"案行"史料考论三题》，《中国区域文化研究》2021年第2期。

张楠：《岳麓秦简所见秦代孝道伦理问题——以社会风俗、不孝犯罪和官民使役为中心》，《青海社会科学》2021年第1期。

张瑞安：《"常胜将军"粟裕》，《文史春秋》2021年第4期。

张三夕：《坚守中国传统学术表达方式的现代意义——从张舜徽校雠学著述看"以中释中"之学术经验》，《华中师范大学学报》（人文社会科学版）2021年第4期。

张树德、孟国丽、刘景昊：《〈毛泽东军事文集〉编辑的回顾与思考》，《毛泽东思想研究》2016年第6期。

张斯璐、王希俊：《唐代长沙窑瓷器书法民间性特征研究》，《陶瓷》2021

年第 1 期。

张炜等：《里耶涉医秦简研究》，《中医文献杂志》2021 年第 3 期。

张显成、唐强：《通过里耶秦简"义陵用度简"的复原看秦代官文书的生成、传递和存档》，《档案学通讯》2021 年第 2 期。

张晓彤：《从历史文献看毛泽东主席视察第一个人民公社》，《档案管理》2021 年第 4 期。

张晓英、杨先云：《慈利白公城遗址出土木材种属的鉴定研究》，《文物保护与考古科学》2021 年第 6 期。

张辛欣：《乡村振兴视域下湖南石窟摩崖造像遗存考述》，《湖南社会科学》2021 年第 5 期。

张新朋：《〈全唐诗补——长沙窑唐诗遗存〉所收长沙窑瓷器题诗考辨九则》，《湖南科技学院学报》2021 年第 4 期。

张鑫洁：《从〈礼记·大学〉篇论王闿运的天子之学》，《湖南大学学报》（社会科学版）2021 年第 3 期。

张星、文碧方：《从〈张子正蒙注〉管窥船山"气"的层次》，《船山学刊》2021 年第 4 期。

张学俊：《毛泽东伟大人格与崇高精神形成的文化因素分析》，《决策与信息》2021 年第 5 期。

张学松：《身份认同与精神超越——以柳宗元流寓书写为中心》，《江汉论坛》2021 年第 10 期。

张学智：《中国哲学与史学——兼论王夫之〈读通鉴论〉的历史哲学》，《船山学刊》2021 年第 5 期。

张玉亮：《谭嗣同诗中的"粗"》，《古典文学知识》2021 年第 5 期。

张煜：《李东阳〈拟古乐府〉新变——兼论对明清咏史乐府的开启》，《北京化工大学学报》（社会科学版）2021 年第 3 期。

章扬定、倪腊松：《中法战争前清政府对越南问题的政策和态度探析（1880—1883）》，《广州社会科学》2021 年第 5 期。

赵昌平：《文献、文化、文学之契合》，《文学遗产》2013 年第 6 期。

赵丛浩：《毛泽东应对美国核讹诈的战略思维探析》，《古田干部学院学报》2021 年第 4 期。

赵聘：《胡宏的道统思想及其在道统思想发展史上的地位和影响》，《中共宁波市委党校学报》2021年第6期。

赵嘉霖：《言说形上者的儒家之道——由"负的方法"与"本然陈述"而思》，《当代儒学》2021年第2期。

赵书峰：《文化重构与声景变迁——以瑶族"还家愿"与"盘王节"仪式音声为例》，《民族艺术研究》2021年第6期。

赵亚军、李国平：《左宗棠用兵新疆粮饷筹备述论》，《牡丹江大学学报》2021年第7期。

赵延垒：《解放战争时期人民解放军对战略主动权的争夺》，《军事历史》2021年第6期。

赵炎才：《清季民初革命派的尚俭善政思想刍议——以孙中山和宋教仁为中心》，《平顶山学院学报》2021年第1期。

赵彦辉：《刻帖所见怀素法书考论》，《北华大学学报》（社会科学版）2021年第1期。

赵阳：《"在中"与"时中"：王夫之对程朱"中和"说的整合与反思》，《朱子学研究》2021年第2期。

赵智、黎倬：《近代湘商文化的特质探析》，《湖南行政学院学报》2021年第3期。

郑成航：《欧阳询、虞世南与魏晋南北朝的书学传统》，《中国书画》2021年第3—4期。

郑佳明：《船山知行观与近代湘学认识论》，《船山学刊》2021年第4期。

郑君山：《粟裕浙南三年游击战与其军事指挥风格形成的关系研究》，《浙江工贸职业技术学院学报》2021年第3期。

郑威：《新见西汉长沙国简牍地名读札四则》，《江汉考古》2021年第5期。

郑湘：《毛泽东与通道转兵》，《湘潮》2021年第6期。

郑湘：《试论毛泽东在通道转兵会议上体现的时代精神》，《湘潮》2021年第12期。

郑熊：《从"实在"到"实有"——王夫之对张载"诚"说的继承与发展》，《船山学刊》2021年第4期。

中共怀化市委宣传部、中共通道侗族自治县委员会：《牢记通道转兵历史，走好新时代长征路》，《新湘评论》2021年第9期。

周阿红：《王夫之"训诂必依古说"新解》，《船山学刊》2021 年第 5 期。

周德贺：《欧阳予倩"红楼戏"文化特质与艺术审美》，《戏剧文学》2021 年第 10 期。

周国林：《唯物史观对张舜徽史学研究的深刻影响》，《华中师范大学学报》（人文社会科学版）2021 年第 4 期。

周宏伟：《百越族群与湖南区域地名的汉化进程》，《中国历史地理论丛》2021 年第 3 期。

周骅、王晚霞：《论湖湘学派朝鲜传播的内在逻辑——以胡安国〈春秋传〉为中心》，《湖南大学学报》（社会科学版）2021 年第 5 期。

周接兵：《唐鉴对朱子正学的重振与弘扬——兼论其对湘学近代转型的影响》，《朱子学研究》2021 年第 2 期。

周锦涛：《重温任弼时的党性观》，《党建》2021 年第 5 期。

周励恒：《从〈史学要论〉到〈历史哲学教程〉——论中国马克思主义史学理论的初步发展》，《四川师范大学学报》（社会科学版）2021 年第 5 期。

周娜、梅涵：《周敦颐"诚"的哲学思想对〈周易〉的发微》，《河北工程大学学报》（社会科学版）2021 年第 4 期。

周妮：《清代"军管苗寨"制度与湘西基层治理机构的设置及运行》，《中央民族大学学报》（哲学社会科学版）2021 年第 6 期。

周书俊、常伟：《解构与纠偏：毛泽东同红四军党内各种非无产阶级思想的斗争（1929.6—1929.12）——基于对〈给林彪的信〉〈古田会议决议〉的分析》，《思想政治课研究》2021 年第 6 期。

周婷、陈杉：《清代江华瑶族"张天师神像画"的图像研究》，《装饰》2021 年第 2 期。

周伟：《新中国成立初期（1951—1953）毛泽东"三农"思想及其当代价值》，《安阳工学院学报》2021 年第 5 期。

周文玖：《吕振羽蓟伯赞的学术交谊》，《史学史研究》2021 年第 4 期。

周文玖：《略论中国马克思主义史学理论发展的阶段性》，《史学理论与史学史学刊》2021 年第 1 期。

周欣：《王船山〈思问录〉对理学思想的建构——〈太极图说〉为中心的诠释》，《南华大学学报》（社会科学版）2021 年第 4 期。

周一平、祝永红：《全面搜集版本：毛泽东著作版本研究的基础和前提》，《中国浦东干部学院学报》2021 年第 6 期。

周用宜：《黄兴与周震鳞》，《百年潮》2021 年第 6 期。

周玉莹：《蔡和森社会主义思想研究回顾与展望》，《齐鲁师范学院学报》2021 年第 3 期。

周媛媛：《略论李达妇女解放观的时代价值及其当代启示》，《品位·经典》2021 年第 14 期。

周正、王劲：《谭延闿对颜真卿书法流派的继承与拓展》，《书法》2021 年第 8 期。

朱柏林：《湖南是人民军队的重要诞生地》，《新湘评论》2021 年第 13 期。

朱锋刚：《中西哲学对话中的认知、方法与立场——以王船山论利玛窦为例》，《船山学刊》2021 年第 6 期。

朱光立：《苏中战役：集中优势兵力各个歼敌的经典战例》，《军事史林》2021 年第 11 期。

朱汉民等：《笔谈：岳麓书院教育传统的创造性转化与创新性发展》，《大学教育科学》2021 年第 5 期。

朱汉民：《实事求是思想的传承与发展》，《新湘评论》2021 年第 4 期。

朱汉民、徐艳兰：《论婺学、湖湘学的交流与共识》，《浙江社会科学》2021 年第 8 期。

朱洪举：《论王闿运对魏晋诗歌的模仿及其模仿观》，《云南大学学报》（社会科学版）2021 年第 5 期。

朱君鸿：《熊十力对王船山哲学思想的继承与创发》，《中国石油大学胜利学院学报》2021 年第 2 期。

朱明辉：《蔡和森：提出"中国共产党"名称的第一人》，《北京档案》2021 年第 12 期。

朱琪：《明代中期篆刻家钩沉与"前流派篆刻"概念的构建——以李东阳、乔宇、徐霖为中心的印史思索》，《中国书法》2021 年第 8 期。

朱琦、罗弋：《毛泽东贫困观撷论》，《池州学院学报》2021 年第 5 期。

朱万红：《毛泽东与中央苏区党的建设》，《文史春秋》2021 年第 11 期。

朱万悦：《1944 年粟裕发表的〈告"和平军"将领书〉》，《世纪风采》

2021 年第 8 期。

朱文慧：《走马楼吴简所见"雀"及"雀右旨"》，《湖北文理学院学报》2021 年第 9 期。

朱与墨、邓腾云：《毛泽东群众路线思想的形成在其人际交往中的体现》，《南华大学学报》（社会科学版）2021 年第 2 期。

朱与墨、邓腾云：《我国马克思主义法学理论奠基人李达及其主要思想》，《湖南第一师范学院学报》2021 年第 3 期。

祝浩涵：《简析船山工夫论的特色——以〈俟解〉为中心》，《船山学刊》2021 年第 5 期。

庄小霞：《汉晋名刺、名谒简地名书写范式考述——由〈长沙尚德街东汉简牍〉184 号名刺简说起》，《简帛研究》2021 年第 1 期。

邹瑾：《湖南是中国共产党创建的重要策源地》，《新湘评论》2021 年第 13 期。

邹俊豪：《试析中国宋代猴画艺术——以易元吉猴画为视角》，《艺术与涉及（理论）》2021 年第 5 期。

邹艳：《湖南是党的思想路线重要策源地》，《新湘评论》2021 年第 13 期。

邹艳、吴志平：《叶家祠：毛泽东"连队建党"铸军魂》，《新湘评论》2021 年第 21 期。

邹艳：《袁国平：以为民情怀打造"铁的新四军"》，《湘潮》2021 年第 9 期。

左攀：《清末自治思潮与地方本位主义的泛滥——以"制限外籍学生案"和"驱蔡风潮"为中心》，《西南交通大学学报》2021 年第 1 期。

左文：《传统曲艺形式渔鼓的基础研究及数字化保护——以湖南省为例》，《当代音乐》2021 年第 5 期。

左志南：《湖湘学派之历史哲学特色与渊源流变——以胡安国对程颐〈春秋〉学的承继发展为中心》，《船山学刊》2021 年第 5 期。

三 学位论文

曹晓娇：《魏源边疆民族史学思想研究》，硕士学位论文，内蒙古民族大学，2021 年。

柴春椿：《舜帝传说与信仰研究》，博士学位论文，山西大学，2021年。

晁佳佳：《王船山智德论及其当代价值》，硕士学位论文，湖南师范大学，2021年。

陈继煦：《龙膺诗歌研究》，硕士学位论文，湖南科技大学，2021年。

陈烨：《毛泽东官僚主义批判思想研究》，硕士学位论文，扬州大学，2021年。

陈玉玲：《湘鄂西苏区红军整编、改造及党军关系的历史考察（1928—1934）》，硕士学位论文，安徽大学，2021年。

爨晶：《毛泽东的政体思想研究》，硕士学位论文，南昌大学，2021年。

邓剑纯：《周敦颐人生哲学研究》，硕士学位论文，江西师范大学，2021年。

邓康丽：《生态美学视野下的屈原赋研究》，硕士学位论文，湖南科技大学，2021年。

丁明雪：《清代湘西"苗疆"人口变迁研究——以凤、乾、永三厅为例》，硕士学位论文，吉首大学，2021年。

董小影：《毛泽东调查研究思想研究》，硕士学位论文，沈阳理工大学，2021年。

段灵利：《李星沅及其诗歌研究》，硕士学位论文，湖南理工学院，2021年。

段泽谆：《论欧体书风在统一新罗时期的传播与影响》，硕士学位论文，山东大学，2021年。

方静仪：《唐代长沙窑瓷器研究——以国内出土瓷器为中心》，硕士学位论文，中国社会科学院大学，2021年。

冯博文：《隋代南方政区改革研究——以湘川地区为中心的考察》，硕士学位论文，暨南大学，2021年。

付兵：《王船山〈礼记〉诠释研究》，硕士学位论文，中央民族大学，2021年。

付坤：《怀素草书研习与创作体会》，硕士学位论文，山东建筑大学，2021年。

高德华：《吴敏树纪行诗研究》，硕士学位论文，湖南理工学院，2021年。

高健：《勾蓝瑶寨碑林石刻研究》，硕士学位论文，湖南师范大学，

2021年。

葛怀天：《抗日战争时期毛泽东人民观研究》，硕士学位论文，南京师范大学，2021年。

耿晓晴：《〈长沙走马楼三国吴简·竹简（陆）〉地名整理与研究》，硕士学位论文，西南大学，2021年。

耿子洁：《怀素草书与黄庭坚草书对比研究》，硕士学位论文，上海师范大学，2021年。

郭慧鑫：《曾国藩伦理思想现实意义研究》，硕士学位论文，沈阳工业大学，2021年。

郝锋凯：《毛泽东〈伦理学原理批注〉中的伦理思想研究》，硕士学位论文，湖南师范大学，2021年。

何清林：《唐代长沙窑诗画彩绘装饰研究》，硕士学位论文，湖南工业大学，2021年。

胡启蒙：《建国初期毛泽东国家安全思想研究（1949—1953）》，硕士学位论文，杭州师范大学，2021年。

胡琴：《何孟春〈馀冬录〉政治思想的哲学研究》，硕士学位论文，湘潭大学，2021年。

胡亚辉：《朱熹与胡宏心性思想比较研究》，硕士学位论文，湘潭大学，2021年。

胡月：《张舜徽的湖湘学术思想研究》，硕士学位论文，湖南师范大学，2021年。

胡臻：《沩山灵佑禅学思想研究》，硕士学位论文，南昌大学，2021年。

黄德宝：《毛泽东与习近平青年观比较研究》，硕士学位论文，大理大学，2021年。

黄国盛：《东汉时期的桂阳郡》，硕士学位论文，华中师范大学，2021年。

黄佳婷：《湖南桑植民歌演唱探微——以〈四季花儿开〉〈马桑树儿搭灯台〉为例》，硕士学位论文，上海音乐学院，2021年。

黄丽俐：《清代湖南文章总集研究》，博士学位论文，湖南师范大学，2021年。

季小钰：《毛泽东青年思想研究》，硕士学位论文，长春理工大学，2021年。

贾娇：《蔡畅对马克思主义妇女解放理论中国化的探索》，硕士学位论文，湘潭大学，2021年。

姜雅雯：《宋教仁国际法思想探析》，硕士学位论文，中央民族大学，2021年。

金羽抒：《性别、革命与文学——1926—1949年间白薇的文学创作》，硕士学位论文，上海师范大学，2021年。

鞠杨秀：《新民主主义革命时期毛泽东农民观研究》，硕士学位论文，山东财经大学，2021年。

柯焱：《毛泽东思想活的灵魂时代价值研究》，硕士学位论文，华中师范大学，2021年。

雷鹏文杰：《魏源经世致用爱国主义思想研究》，硕士学位论文，湖南师范大学，2021年。

黎荣昇：《明清时期广东太平关及其商品流通研究》，硕士学位论文，广东省社会科学院，2021年。

李慧君：《明清以来梅山文化圈民间信仰研究——基于湘中木雕神像与发愿文的考察》，博士学位论文，湖南师范大学，2021年。

李佳懿：《南北书风融合的欧阳询行书分析与借鉴》，硕士学位论文，贵州民族大学，2021年。

李杰：《杨度民族国家观初探》，硕士学位论文，烟台大学，2021年。

李敏杰：《刘少奇读书观研究》，硕士学位论文，山西大学，2021年。

李畔：《时代大主题下的个人化表达：论白薇剧作中的"灵"与"肉"的冲突》，硕士学位论文，福建师范大学，2021年。

李莎：《沈从文〈长河〉的景观书写研究》，硕士学位论文，吉首大学，2021年。

李洋洋：《近代醴陵瓷业与地方社会》，硕士学位论文，湖南师范大学，2021年。

刘安安：《湖南抗日战争的电影呈现》，硕士学位论文，湖南师范大学，2021年。

刘方：《顺心而为——论抗战时期沈从文的小说创作》，硕士学位论文，湖南师范大学，2021年。

刘美君：《左宗棠教育思想研究》，硕士学位论文，沈阳工业大学，

2021年。

刘骞澧：《魏源家国思想的现代治理寓意研究》，硕士学位论文，黑龙江大学，2021年。

刘修发：《毛泽东社会革命思想研究》，硕士学位论文，温州大学，2021年。

刘洋之龙：《髡残绘画美学思想研究》，硕士学位论文，东北师范大学，2021年。

刘钰：《毛泽东为人民服务思想研究》，硕士学位论文，湘潭大学，2021年。

刘振乾：《晚清湖湘骈文作家群体研究》，博士学位论文，广西师范大学，2021年。

柳保吉：《毛泽东认识论思想及其当代启示》，硕士学位论文，重庆工商大学，2021年。

罗丹：《施拉姆的毛泽东观研究》，硕士学位论文，山东理工大学，2021年。

罗玉娇：《吕振羽对唯物史观的运用研究》，硕士学位论文，西南科技大学，2021年。

马率帅：《沈从文与现代中国乡土作家比较研究》，博士学位论文，陕西师范大学，2021年。

马如：《长沙影戏巫傩面影及演出形态研究》，硕士学位论文，上海师范大学，2021年。

彭祎炫：《胡寅仁学思想研究》，硕士学位论文，湘潭大学，2021年。

钱恒生：《移民、垦荒与米谷：明清时期湘鄂赣米粮业区域化形成与发展》，硕士学位论文，南昌大学，2021年。

钱玲：《胡宏仁学思想研究》，硕士学位论文，中国科学技术大学，2021年。

冉旭宏：《清代"珠江—西江"流域米粮价格与市场整合研究（1738—1911）》，硕士学位论文，广西师范大学，2021年。

沈菊：《清至民国湖南善书编纂与刊刻研究》，硕士学位论文，湘潭大学，2021年。

施丹：《谭嗣同民主思想的哲学研究》，硕士学位论文，苏州科技大学，

2021年。

施继州：《彭玉麟军事伦理思想研究》，硕士学位论文，湘潭大学，2021年。

史佩岚：《李达的妇女解放思想与实践研究》，硕士学位论文，西安石油大学，2021年。

史雅琴：《建党前毛泽东同志思想转型的整体性研究》，硕士学位论文，山西大学，2021年。

宋芳斌：《两宋时期绘画艺术传播研究》，博士学位论文，东南大学，2021年。

宋雅秋：《宋教仁政治动员实践研究》，硕士学位论文，山东大学，2021年。

苏振华：《土家族民俗音乐文化史研究》，博士学位论文，湖南师范大学，2021年。

孙婧：《毛泽东妇女观研究》，硕士学位论文，哈尔滨商业大学，2021年。

孙鸾：《北宋易元吉〈猴猫图〉技法研究及其在创作中的应用》，硕士学位论文，江苏大学，2021年。

孙鹏懿：《李达的马克思主义哲学自信研究——以二十世纪二十年代为例》，硕士学位论文，湖南师范大学，2021年。

谭天奕：《长沙窑瓷器的鉴藏研究》，硕士学位论文，江苏大学，2021年。

王朝铭：《五一简所见的人口流动与基层设置问题研究》，硕士学位论文，郑州大学，2021年。

王承干：《走马楼吴简土地制度研究》，硕士学位论文，南京师范大学，2021年。

王峰：《湘鄂西根据地贺龙军事体育思想研究》，硕士学位论文，吉首大学，2021年。

王高鹏：《严如煜经世思想与事功》，硕士学位论文，湖北大学，2021年。

王泓：《左宗棠德育思想研究》，博士学位论文，哈尔滨工程大学，2021年。

王健：《欧阳通书法接受研究及实践思考》，硕士学位论文，河北大学，2021年。

王靖颖：《明清湘潭籍诗人用韵研究》，硕士学位论文，湖南师范大学，

2021年。

王思阳：《中国境内出土长沙窑瓷器初步研究——以窑址之外资料为中心》，硕士学位论文，吉林大学，2021年。

王伟伟：《毛泽东文化自信思想的历史考察》，博士学位论文，湖南师范大学，2021年。

王玮玲：《毛泽东关于人民概念的创新及其意义》，硕士学位论文，辽宁大学，2021年。

王小荣：《尼克·奈特"再思毛泽东"的学术理路及其批判性透视》，硕士学位论文，南京大学，2021年。

王晓倩：《新中国成立初期毛泽东民生思想及实践研究（1949—1956）》，硕士学位论文，辽宁大学，2021年。

王旋：《李达的群众观及其实践研究》，硕士学位论文，华中师范大学，2021年。

王亚婷：《刘少奇关于工人思想政治教育工作论述研究》，硕士学位论文，江西财经大学，2021年。

王燕：《新中国成立初期"毛泽东热"现象研究（1949—1956）》，硕士学位论文，湖北省社会科学院，2021年。

王蕴婕：《胡安国理学视域下的〈春秋〉学思想》，硕士学位论文，山东大学，2021年。

王志华：《王船山气学思想研究》，博士学位论文，湖南大学，2021年。

王致远：《长沙五一广场东汉简牍法律文书分类整理及研究》，硕士学位论文，河北师范大学，2021年。

魏佳滢：《沈从文小说的语言艺术追求》，硕士学位论文，浙江师范大学，2021年。

吴国梁：《论王船山对中国传统制礼思想的批判与新诠》，硕士学位论文，湖南师范大学，2021年。

吴美娇：《蔡和森党报思想研究》，硕士学位论文，曲阜师范大学，2021年。

吴倩：《论沈从文小说"轻逸性"》，硕士学位论文，安庆师范大学，2021年。

武若玥：《延安时期西方记者对毛泽东形象的建构与传播》，硕士学位论文，西北大学，2021年。

武雅琨：《西方学者视野下毛泽东对列宁国家学说继承发展研究》，硕士学位论文，中国矿业大学，2021年。

肖艳：《杨度法律思想的两次变化及其原因分析》，硕士学位论文，湘潭大学，2021年。

徐蓉丽：《汇丰银行与西征借款研究》，硕士学位论文，华东师范大学，2021年。

徐玮蓬：《基于明清军事系统的湘西军事聚落景观研究》，硕士学位论文，北京林业大学，2021年。

许静：《李达妇女解放思想研究》，硕士学位论文，湖北大学，2021年。

许雅婷：《曾国藩书学思想研究》，硕士学位论文，泉州师范学院，2021年。

晏雪梅：《湘西抗战文化研究（1937—1945）》，硕士学位论文，吉首大学，2021年。

杨小艺：《唐才常哲学思想研究》，硕士学位论文，黑龙江大学，2021年。

伊纪民：《曾纪泽公法外交研究》，硕士学位论文，湘潭大学，2021年。

尹凤丽：《论沈从文的青岛时期书写》，硕士学位论文，上海师范大学，2021年。

于鸿雁：《毛泽东干部教育思想研究》，硕士学位论文，牡丹江师范学院，2021年。

袁天阳：《左宗棠的边疆治理思想研究》，硕士学位论文，吉林大学，2021年。

张炳闰：《唐代长沙窑陶瓷艺术的情趣化内涵研究》，硕士学位论文，景德镇陶瓷大学，2021年。

张春红：《毛泽东生命价值思想研究》，硕士学位论文，喀什大学，2021年。

张虹娇：《清末新政时期湖南陆军研究》，硕士学位论文，华中师范大学，2021年。

张金：《谭嗣同心学思想研究》，硕士学位论文，黑龙江大学，2021年。

张立东：《〈岳麓书院藏秦简（伍）〉集释》，硕士学位论文，吉林大学，2021年。

张文书：《毛泽东人才思想及其当代启示研究》，硕士学位论文，重庆工商大学，2021 年。

张馨月：《〈岳麓书院藏秦简（伍）〉校注》，硕士学位论文，辽宁师范大学，2021 年。

张怡：《民主革命时期毛泽东的传统文化现代化思想研究》，硕士学位论文，河北大学，2021 年。

张艺斐：《沈从文小说中的色彩叙事研究》，硕士学位论文，山东师范大学，2021 年。

张尹：《毛泽东人才思想研究》，硕士学位论文，沈阳理工大学，2021 年。

张莹：《明嘉靖时期洞庭湖区洪灾治理研究》，硕士学位论文，吉首大学，2021 年。

张赟：《〈长沙走马楼三国吴简·竹简（陆）〉文字构形系统研究》，硕士学位论文，山东师范大学，2021 年。

张治华：《走马楼吴简所见孙吴"女户"问题研究》，硕士学位论文，郑州大学，2021 年。

张智源：《〈净眼因明论〉与〈自叙帖〉比较研究》，硕士学位论文，淮北师范大学，2021 年。

赵曦：《欧阳询的北碑接受状况研究》，硕士学位论文，山西师范大学，2021 年。

赵欣楠：《毛泽东新民主主义话语体系建构研究》，硕士学位论文，浙江大学，2021 年。

赵智奇：《刘少奇民生思想及当代价值》，硕士学位论文，东北石油大学，2021 年。

郑丹丹：《沅水下游清代水文环境变迁的杨泗水神庙实证研究》，博士学位论文，中国地质大学（武汉），2021 年。

郑欢欢：《毛泽东〈反对本本主义〉的哲学思想及其价值研究》，硕士学位论文，陕西科技大学，2021 年。

周杰：《李达对马克思主义早期传播的历史贡献研究》，硕士学位论文，西安理工大学，2021 年。

周明昭：《梁启超与时务学堂》，硕士学位论文，华东师范大学，2021 年。

周轩宇：《王夫之〈尚书引义〉中的人格美思想研究》，硕士学位论文，山东师范大学，2021年。

周舟：《新四军时期刘少奇军队政治工作思想研究》，硕士学位论文，湘潭大学，2021年。

宗坤：《魏源〈圣武记〉研究》，硕士学位论文，曲阜师范大学，2021年。